2022年

国家统一法律职业资格考试

客观题
理论法题库

白斌 ◎ 编著

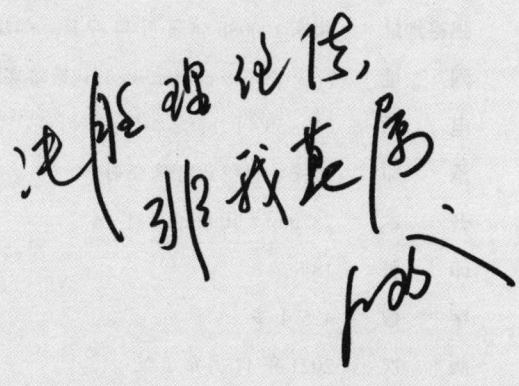

中国政法大学出版社

2021 · 北京

图书在版编目（ＣＩＰ）数据

2022 年国家统一法律职业资格考试客观题理论法题库/白斌编著. 一北京：中国政法大学出版社，
2021.11

ISBN 978-7-5620-9909-3

Ⅰ.①2… Ⅱ.①白… Ⅲ.①法的理论－中国－资格考试－习题集 Ⅳ.①D920.0-44

中国版本图书馆 CIP 数据核字(2021)第 232653 号

出 版 者	中国政法大学出版社
地　　址	北京市海淀区西土城路 25 号
邮寄地址	北京 100088 信箱 8034 分箱　邮编 100088
网　　址	http://www.cuplpress.com (网络实名：中国政法大学出版社)
电　　话	010-58908285(总编室) 58908433（编辑部）58908334(邮购部)
承　　印	固安华明印业有限公司
开　　本	787mm×1092mm　1/16
印　　张	18.5
字　　数	425 千字
版　　次	2021 年 11 月第 1 版
印　　次	2021 年 11 月第 1 次印刷
定　　价	58.00 元

序　言

作为本人具有个人风格的"理论法学四部曲"（《理论法宝典》《理论法题库》《理论法冲刺》（小绿皮）《理论法主观题宝典＋案例分析》）的第二部，《理论法题库》花费了我最多的心血，也承载了我最重的期待——成就一部市场上所能找到的最好的真题解析书！

2018 年国家法律职业资格考试制度改革，真题及其解析、参考答案此后不再公布，这对于本书的完善构成了巨大的障碍。2018 年考试落下帷幕之后，我在糅合修订原来的真题和自己设计的高仿习题的基础上，增加了一部分 2018 年考试的仿真题，形成了本书的2019 年版。

您手中的 2022 年版是在吸收了考生们集体回忆整理的 2019 年、2020 年、2021 年法考三年考查内容的基础上形成的。**因此有必要提请读者诸君注意，凡属原司法部公布的真题，在本书中均于题干之后标注考题时间及题号；凡题干后未标注考题时间及题号的，则为本人命制的仿真题目以及根据考生回忆而还原的近几年的考题。**同时，针对 2021 年版面世之后广大考生在使用过程中所提供的意见和建议，新版加以大范围吸收，并进行全面勘误；法律法规已然修订的，对于引用条款及内容进行更新，特别围绕《国旗法》《国徽法》《选举法》《全国人大组织法》《全国人大议事规则》《香港特别行政区维护国家安全法》《香港基本法》附件一和附件二、《法律援助法》等新修法律法规设计了相关仿真题目，并在中国法律史部分增加了《中国共产党民主政权宪法性文件》的试题，增写了《习近平法治思想》的大部分题目；对于说理不够清晰的解析，全面推倒重写；措辞啰嗦、语义繁复的，则予以简明化，以最大幅度节约考生宝贵的复习时间。

必须牢记，《理论法题库》是基础教材《理论法宝典》的配套工具书，必须配合《理论法宝典》来加以使用。本书对于题目的排列，也是分门别类，一一对应《理论法宝典》中的知识点。因此，建议大家在学习完《理论法宝典》中的某一知识点之后，及时练习本书中相应部分的题目，以检测自己对于相关考点把握的准确程度。

最后，有必要特别感谢许多素未谋面的朋友对于本书的完善所提供的智力贡献和精神支持。正是我的学生们的较真，使作为教师的我不得不认真，从而促成了本书在完美性上更进一步。同样的诚挚请求也呈送给新版的读者朋友：恳请认真细致的诸位，在阅读过程中一旦发现了知识错误或者其他值得完善之点，能够不吝与笔者分享您的智慧，那将是我们成为好朋友的开端！**我的新浪微博：＠白斌的公法梦**。在阅读和学习本书过程中的任何疑问，也请直接发私信交流，笔者将尽可能提供力所能及的"售后服务"。本书的勘误表也将在上述微博公布更新，请读者诸君随时关注。

白斌（竹西君）

2021 年 11 月 1 日

于中央财经大学法学院

目　录

第一编　习近平法治思想

第二编　法理学

第三编　宪法学

第四编　司法制度与法律职业道德

第五编　中国法律史

第一编　习近平法治思想

1. 卡尔·马克思说："法官是法律世界的国王，法官除了法律没有别的上司。"对于这句话，下列哪一理解是正确的？（2015－1－14）

A. 法官的法律世界与其他社会领域（政治、经济、文化等）没有关系

B. 法官的裁判权不受制约

C. 法官是法律世界的国王，但必须是法律的奴仆

D. 在法律世界中（包括在立法领域），法官永远是其他一切法律主体（或机构）的上司

【解析】根据马克思主义的立场，世界是密切联系的一个整体，法律世界和其他社会领域也是联系在一起的，法律存在于社会当中，并服务于社会。A项明显错误。在法治国家，法官的地位异常崇高，但任何权力都需要制约，不受制约的权力必然导致恣意和腐败，司法权也不例外。B项错误。在我国，人民法院由人大产生，对人大负责，受人大监督；同时接受党的政治领导，所以D项明显错误。只有C项强调了法官必须依法裁判，接受法律的统治，因而符合题意。

【答案】C

2. 古希腊思想家亚里士多德最早提出法治概念，他认为，"法治"应当包含的两重含义是（　　）

A. 人权得到尊重和保障

B. 已经成立的法律获得普遍的服从

C. 法律本身是制定得良好的法律

D. 司法独立、律师自由

【解析】古希腊思想家亚里士多德认为，"法治"应当包含两重含义，一是已经制定的法律获得的普遍的服从，二是人们所服从的法律本身又是制定得良好的法律。所以，本题的正确答案是BC两项。

【答案】BC

扫码听课

扫码听课

大咖点拨区

扫码听课

扫码听课

扫码听课

第一章 习近平法治思想的重大意义

1. 明确了习近平法治思想在全面依法治国工作中的指导地位的是哪一次会议?(   )

A. 党的十八届四中全会

B. 党的十九大

C. 2020 年 11 月召开的中央全面依法治国工作会议

D. 党的十九届五中全会

【答案】C

【解析】2020 年 11 月 16 日至 17 日召开的中央全面依法治国工作会议,主题重大、意义重大,最重要的成果是明确了习近平法治思想在全面依法治国工作中的指导地位,这是我国社会主义法治建设进程中具有重大现实意义和深远历史意义的大事。

2. 关于习近平法治思想形成的时代背景,下列说法正确的有(   )

A. 当今世界正经历百年未有之大变局,新冠肺炎疫情全球大流行使这个大变局加速演进

B. 虽然保护主义、单边主义上升,但经济全球化稳步推进,世界经济整体向好,国际贸易和投资大幅增长

C. 我国经济正在形成以国际大循环为主体、国内国际双循环相互促进的新发展格局

D. 我国正处在中华民族伟大复兴的关键时期,中华民族迎来了从站起来、富起来到强起来的伟大飞跃

【答案】AD

【解析】当今世界正经历百年未有之大变局,新冠肺炎疫情全球大流行使这个大变局加速演进,经济全球化遭遇逆流,保护主义、单边主义上升,世界经济低迷,国际贸易和投资大幅萎缩,国际经济、科技、文化发生深刻调整。我国正处在中华民族伟大复兴的关键时期,中华民族迎来了从站起来、富起来到强起来的伟大飞跃。我国经济正处在转变发展方式、优化经济结构、转换增长动力的攻关期,经济已由高速增长阶段转向高质量发展阶段,经济长期向好,市场空间广阔,发展韧性强大,正在形成以国内大循环为主体、国内国际双循环相互促进的新发展格局,改革发展稳定任务日益繁重。AD 正确,BC 错误。

3. 关于习近平法治思想,下列说法正确的有(   )

A. 习近平法治思想是顺应实现中华民族伟大复兴时代要求应运而生的重大理论创新成果,是马克思主义法治理论中国化的最新成果

B. 习近平法治思想是全面依法治国的根本遵循和行动指南

C. 习近平法治思想深刻回答了为什么要依法治国、怎样依法治国等一系列重大问题

D. 习近平法治思想是习近平新时代中国特色社会主义思想的重要组成部分

【答案】ABD

【解析】习近平法治思想是顺应实现中华民族伟大复兴时代要求应运而生的重大理论创新成果，是马克思主义法治理论中国化的最新成果，是全面依法治国的根本遵循和行动指南。习近平法治思想是着眼中华民族伟大复兴战略全局和当今世界百年未有之大变局，顺应实现中华民族伟大复兴时代要求应运而生的重大战略思想。习近平法治思想从历史和现实相贯通、国际和国内相关联、理论和实际相结合上，深刻回答了新时代为什么要实行全面依法治国、怎样实行全面依法治国等一系列重大问题，为深入推进全面依法治国、加快建设社会主义法治国家，运用制度威力应对风险挑战，实现党和国家长治久安，全面建设社会主义现代化国家、实现中华民族伟大复兴的中国梦，提供了科学指南。习近平法治思想是习近平新时代中国特色社会主义思想的重要组成部分。ABD 正确，C 项错误。

4. 关于习近平法治思想形成和发展的理论逻辑，下来说法正确的有（　　）

A. 习近平法治思想凝聚着中国共产党人在法治建设长期探索中形成的经验积累和智慧结晶，标志着我们党对共产党执政规律、社会主义建设规律、人类社会发展规律的认识达到了新高度，开辟了中国特色社会主义法治理论和实践的新境界

B. 习近平法治思想坚持马克思主义法治理论的基本原则，贯彻运用马克思主义法治理论的立场、观点和方法，是马克思主义法治理论中国化的新发展新飞跃，反映了创新马克思主义法治理论的内在逻辑要求

C. 习近平法治思想继承我们党关于法治建设的重要理论，传承中华优秀传统法律文化，系统总结新时代中国特色社会主义法治实践经验，是马克思主义法治理论与新时代中国特色社会主义法治实践和结合的产物

D. 习近平法治思想是从统筹中华民族伟大复兴战略全局和世界百年未有之大变局、实现党和国家长治久安的战略高度，在推进伟大斗争、伟大工程、伟大事业、伟大梦想的实践之中完善形成的，并会随着实践的发展而进一步丰富

【答案】BC

【解析】从历史逻辑来看，习近平法治思想凝聚着中国共产党人在法治建设长期探索中形成的经验积累和智慧结晶，标志着我们党对共产党执政规律、社会主义建设规律、人类社会发展规律的认识达到了新高度，开辟了中国特色社会主义法治理论和实践的新境界。可见，A 项是历史逻辑。

从理论逻辑来看，习近平法治思想坚持马克思主义法治理论的基本原则，贯彻运用马克思主义法治理论的立场、观点和方法，继承我们党关于法治建设的重要理论，传承中华优秀传统法律文化，系统总结新时代中国特色社会主义法治实践经验，是马克思主义法治理论与新时代中国特色社会主义法治实践相结合的产物，是马克思主义法治理论中国化的新发展新飞跃，反映了创新马克思主义法治理论的内在逻辑要求。

从实践逻辑来看，习近平法治思想是从统筹中华民族伟大复兴战略全局和世界百年未有之大变局、实现党和国家长治久安的战略高度，在推进伟大斗争、伟大工程、伟大事业、伟大梦想的实践之中完善形成的，并会随着实践的发展而进一步丰富。可见，D 项属于实践逻辑。

✎ 大咖点拨区

扫码听课

5. 关于习近平法治思想形成和发展的历史进程，下列说法不正确的有（　　）

A. 党的十九大出台了关于全面推进依法治国若干重大问题的决定

B. 党的十八届四中全会提出到2035年基本建成法治国家、法治政府、法治社会

C. 十九届三中全会决定成立中央全面依法治国委员会，加强党对全面依法治国的集中统一领导

D. 十九届五中全会从推进国家治理体系和治理能力现代化的角度，对坚持和完善中国特色社会主义法治体系，提高党依法治国、依法执政能力作出部署

【答案】ABD

【解析】党的十八届四中全会专门研究全面依法治国，出台了关于全面推进依法治国若干重大问题的决定。党的十九大提出到2035年基本建成法治国家、法治政府、法治社会。AB两项错误。十九届二中全会专题研究宪法修改，推动宪法与时俱进完善发展。十九届三中全会决定成立中央全面依法治国委员会，加强党对全面依法治国的集中统一领导。十九届四中全会从推进国家治理体系和治理能力现代化的角度，对坚持和完善中国特色社会主义法治体系，提高党依法治国、依法执政能力作出部署。十九届五中全会对立足新发展阶段、贯彻新发展理念、构建新发展格局的法治建设工作提出新要求。C项正确，D项错误。

6. 习近平总书记以马克思主义政治家、思想家、战略家的深刻洞察力、敏锐判断力和战略定力，在理论上不断拓展新视野、提出新命题、作出新论断、形成新概括，为发展马克思主义法治理论作出了重大贡献。这体现的是习近平法治思想的哪一项特色？（　　）

A. 原创性　　　　B. 系统性　　　　C. 时代性　　　　D. 人民性

【答案】A

【解析】习近平法治思想具有鲜明的原创性。马克思主义创造性地揭示了人类社会发展规律，并随着实践的变化而发展。习近平总书记以马克思主义政治家、思想家、战略家的深刻洞察力、敏锐判断力和战略定力，在理论上不断拓展新视野、提出新命题、作出新论断、形成新概括，为发展马克思主义法治理论作出了重大原创性贡献。所以选A项。

7. 关于习近平法治思想的重大意义，下列说法正确的有（　　）

A. 习近平法治思想是马克思主义法治理论同中国实际相结合的最新成果

B. 习近平法治思想是对党领导法治建设丰富实践和宝贵经验的科学总结

C. 习近平法治思想是在法治轨道上推进国家治理体系和治理能力现代化的根本遵循

D. 习近平法治思想是引领法治中国建设实现高质量发展的思想旗帜

【答案】ABCD

【解析】本题四个选项分别体现了习近平法治思想在马克思主义法治理论中国化、党领导法治建设的实践经验、国家治理体系和治理能力现代化以及法治中国建设四个方面的重大意义，所以全部正确。

8. 依法治国是社会主义法治的核心内容。关于依法治国的理解，下列哪一选项是正确的？（2013 - 1 - 1）

A. 只需建成完备的社会主义法律体系即可实现依法治国

B. 依法治国仅要求运用法律约束国家机关和官员的权力,而无需约束公民的权利和自由

C. 依法治国要求在解决社会问题时应将法律作为主要的、排他性的手段

D. 依法治国就是人民群众在党的领导下,依照宪法和法律的规定,通过各种途径和形式管理国家事务、经济文化事务、社会事务,保证国家各项工作都依法进行,逐步实现社会主义民主的制度化、法律化

【答案】D

【解析】依法治国方略的实施是一项浩瀚庞大、复杂而艰巨的系统工程,不仅需要坚持科学立法,构建和完善中国特色社会主义法律体系,还需要坚持严格执法,切实做到依法行政,同时也要求坚持公正司法,维护社会公平正义,坚持全民守法,形成守法光荣的良好氛围,最后还需要强化监督制约,构建权力制约监督体系与机制。因此,A项错误。我国宪法明确规定,一切国家机关和武装力量、各政党和各社会团体、各企业事业组织都必须遵守宪法和法律。各级领导干部要模范带头遵守法律,每一个社会成员在享有宪法和法律规定的权利的同时,必须自觉履行宪法和法律规定的义务,尤其是在享受自由和行使权利时,不得损害国家利益、社会利益以及其他社会主体的合法权利与自由。所以,B项错误。社会主义法治理念不认同"法律万能"的思维偏向,而是主张要全面发挥各种社会规范的调整作用,综合协调地运用多元化的手段和方式来实现对国家的治理和管理。因此,C项错误。

9. 关于依法治国,下列哪一选项是不正确的?(2012-1-20)

A. 构建和完善中国特色社会主义法律体系是依法治国的必要前提

B. 依法行政在很大程度上决定依法治国的水平和成效

C. 高效公正权威的司法对于依法治国具有举足轻重的意义

D. 确立公民的"法律中心主义"意识是依法治国的根本条件

【答案】D

【解析】A、B、C三项分别强调了构建和完善中国特色社会主义法律体系、依法行政、高效公正权威的司法的重要性,因此均属正确。

【点睛之笔】其一,在马克思主义看来,"法律中心主义""法律万能论""法律虚无主义""法律无用论"等均属错误的立场。其二,强调"完善""依法""高效公正权威"这类高尚的价值一定不会错。

10. 全面依法治国必须坚持从中国实际出发。对此,下列哪一理解是正确的?(2017-1-1)

A. 从实际出发不能因循守旧、墨守成规,法治建设可适当超越社会发展阶段

B. 全面依法治国的制度基础是中华法系,实践基础是中国传统社会的治理经验

C. 从中国实际出发不等于"关起门来搞法治",应移植外国法律制度和法律文化

D. 从实际出发要求凸显法治的中国特色,坚持中国特色社会主义道路、理论体系和制度

【答案】D

【解析】一个国家的法治体系是否有效,关键在于它是否与这个国家的实际

情况相适应。中国的问题只能用中国自己的办法来解决。坚持从中国实际出发，必须从我国基本国情出发，同改革开放不断深化相适应，总结和运用党领导人民实行法治的成功经验，围绕社会主义法治建设重大理论和实践问题，推进法治理论创新，发展符合中国实际、具有中国特色、体现社会发展规律的社会主义法治理论，为依法治国提供理论指导和学理支撑。可见，从实际出发乃是立足于我国当下所处的社会发展阶段，立足于我国的基本国情，A项错误。

中国特色社会主义制度是全面推进依法治国的制度基础。坚持从中国实际出发，解决的是全面推进依法治国的实践基础问题。法治属于上层建筑，是由经济基础所决定并为经济基础服务的。全面推进依法治国，必须从我国国情和实际出发，解决中国实际问题，立足于自身的法治经验，适应自身的法治需求，彰显自身的法治特色。突出中国特色、实践特色、时代特色，走中国特色社会主义法治道路。适应改革发展稳定的法治需求，围绕社会主义法治建设重大理论和实践问题，推进法治理论创新，推动法治实践发展。可见，B项错误。

从中国实际出发，并不意味着固步自封、闭关锁国、盲目排外，而是必须汲取中华法律文化精华，借鉴国外法治有益经验，但决不能照搬照抄外国法治理念和模式、全盘西化。因此，我们要移植的是国外法治的有益经验，批判性地吸收借鉴，而非原样照搬。C项错误。

中国特色社会主义道路、理论体系、制度是全面推进依法治国的根本遵循。D项正确。

11. 全面依法治国，需要解决法治建设不适应、不符合推进国家治理体系和治理能力现代化目标的问题。下列有助于解决上述问题的措施是：(2016－1－86)

A. 增强法律法规的针对性和可操作性，避免立法部门化倾向
B. 改进行政执法体制，消除多头执法、选择性执法现象
C. 大力解决司法不公和司法腐败问题，提高司法公信力
D. 增强社会成员依法维权意识和国家工作人员依法办事观念

【答案】ABCD

【解析】在我国这样一个历史上重人治、轻法治的国家，建设具有现代意义的法律制度，难度很大；同时，我们又要在推翻旧法统的基础上探索建设崭新的社会主义法治，艰辛程度很高。必须清醒看到，同党和国家事业发展要求相比，同人民群众期待相比，同推进国家治理体系和治理能力现代化目标相比，法治建设还存在许多不适应、不符合的问题，主要表现为：

(1) 有的法律法规未能全面反映客观规律和人民意愿，针对性、可操作性不强，立法工作中部门化倾向、争权诿责现象较为突出；因此，A项中的说法符合要求。

(2) 有法不依、执法不严、违法不究现象比较严重，执法体制权责脱节、多头执法、选择性执法现象仍然存在，执法司法不规范、不严格、不透明、不文明现象较为突出，群众对执法司法不公和腐败问题反映强烈；B、C两项中的做法符合题意。

(3) 部分社会成员尊法信法守法用法、依法维权意识不强，一些国家工作人员特别是领导干部依法办事观念不强、能力不足，知法犯法、以言代法、以权压法、徇私枉法现象依然存在。D项中的做法有针对性，正确。

大咖点拨区

扫码听课

第二章 习近平法治思想的核心要义

1. 关于习近平法治思想的核心要义，下列说法不正确的有（　　）

A. 以人民为中心是我国社会主义法治之魂

B. 推进全面依法治国的根本目的是依法保障人民权益

C. 依宪治国、依宪执政是建设社会主义法治国家的首要任务

D. 坚持党的领导是推进全面依法治国的总抓手

【答案】AD

【解析】党的领导是我国社会主义法治之魂。A 错。建设中国特色社会法治体系是推进全面依法治国的总抓手。D 错误。

扫码听课

2. 中国特色社会主义法治道路的核心要义包括（　　）

A. 坚持党的领导

B. 坚持建设中国特色社会主义法治体系

C. 坚持中国特色社会主义制度

D. 贯彻中国特色社会主义法治理论

【答案】ACD

【解析】坚定不移走中国特色社会主义法治道路，必须深刻把握其核心要义。习近平总书记指出："全面推进依法治国这件大事能不能办好，最关键的是方向是不是正确、政治保证是不是坚强有力，具体讲就是要坚持党的领导，坚持中国特色社会主义制度，贯彻中国特色社会主义法治理论。"这三个方面实质上是中国特色社会主义法治道路的核心要义，规定和确保了中国特色社会主义法治体系的制度属性和前进方向。所以本题选 ACD 三项。

扫码听课

3. 对全面依法治国的工作布局是（　　）

A. 坚持依法治国、依法执政、依法行政共同推进

B. 科学立法、严格执法、公正司法、全民守法

C. 坚持法治国家、法治政府、法治社会一体建设

D. 形成完备的法律规范体系、高效的法治实施体系、严密的法治监督体系、有力的法治保障体系，形成完善的党内法规体系

【答案】AC

【解析】全面推进依法治国各领域各方面的工作相互联系、相互衔接，必须加强统筹、协同推进。坚持依法治国、依法执政、依法行政共同推进，法治国家、法治政府、法治社会一体建设，是对全面依法治国的工作布局，为我们从整体上把握全面依法治国提供了科学指引。AC 两项正确。B 项是推进全面依法治国的重要环节。

扫码听课

4. 关于全面推进科学立法、严格执法、公正司法、全民守法，下列说法正确的有（　　）

A. 要突出普法重点内容，落实"谁守法谁普法"的普法责任制

扫码听课

B. 严禁司法人员与当事人、律师、特殊关系人、中介组织的接触、交往行为

C. 要加强行政执法与刑事司法有机衔接，落实以罚代刑

D. 坚决排除对执法活动的非法干预，坚决防止和克服地方保护主义和部门保护主义

【答案】D

【解析】要突出普法重点内容，落实"谁执法谁普法"的普法责任制，努力在增强普法的针对性和实效性上下功夫，不断提升全体公民法治意识和法治素养。A项错误。依法规范司法人员与当事人、律师、特殊关系人、中介组织的接触、交往行为。B项错误。要加强行政执法与刑事司法有机衔接，坚决克服有案不移、有案难移、以罚代刑等现象。C项错误。

5. 关于坚持统筹推进国内法治和涉外法治，下列说法正确的有(　　)

A. 统筹推进国内法治和涉外法治，是建立以国内大循环为主体、国内国际双循环相互促进的新发展格局的客观需要

B. 要加快形成系统完备的涉外法律法规体系，积极构建更加完善的涉外经济法律体系，逐步形成法治化、国际化、便利化的营商环境

C. 要加强反制裁、反干涉的理论研究和制度建设，坚决贯彻"长臂管辖"原则，努力维护公平公正的国际环境

D. 要推进对以联合国为核心的国际体系的改革，改变以联合国宪章宗旨和原则为基础的国际法基本原则和国际关系基本准则，引导塑造全新的国际秩序

【答案】AB

【解析】要加强反制裁、反干涉和反制"长臂管辖"的理论研究和制度建设，努力维护公平公正的国际环境。C项错误。要旗帜鲜明地坚定维护以联合国为核心的国际体系，坚定维护以联合国宪章宗旨和原则为基础的国际法基本原则和国际关系基本准则，坚定维护以国际法为基础的国际秩序。D项错误。

6. 关于坚持建设德才兼备的高素质法治工作队伍，下列哪些说法是错误的?(　　)

A. 加强法治专门队伍建设，必须坚持把政治标准放在首位

B. 建立法律职业准入、资格管理制度，完善法律职业人员统一职前培训制度和在职法官、检察官、警官、律师同堂培训制度

C. 完善从符合条件的律师、法学专家中招录立法工作者、行政复议人员制度，但法官、检察官不宜从律师和法学专家中招录

D. 公证员属于法治专门队伍

【答案】BCD

【解析】完善法律职业准入、资格管理制度，建立法律职业人员统一职前培训制度和在职法官、检察官、警官、律师同堂培训制度。B项错误。完善从符合条件的律师、法学专家中招录立法工作者、法官、检察官、行政复议人员制度。C项错误。公证员属于法律服务队伍。D项错误。

7. 关于坚持抓住领导干部这个"关键少数"，下列理解哪些是正确的?(　　)

A. 领导干部必须做用法的模范，带头厉行法治、依法办事，真正做到在法治之下、法治之外，而不是在法治之上想问题、作决策、办事情

B. 党领导立法、保证执法、支持司法、带头守法，主要是通过各级领导干部的具体行动和工作来体现、来实现

C. 领导干部对法治建设既可以起到关键推动作用，也可能起到致命破坏作用

D. 要把法治素养和依法履职情况纳入考核评价干部的重要内容，让尊法学法守法用法成为领导干部自觉行为和必备素质

【答案】BCD

【解析】领导干部必须做用法的模范，带头厉行法治、依法办事，真正做到在法治之下、而不是法治之外、更不是法治之上想问题、作决策、办事情。A项错误。

8. 全面依法治国，必须坚持人民的主体地位。对此，下列哪一理解是错误的？（2016－1－1）

A. 法律既是保障人民自身权利的有力武器，也是人民必须遵守的行为规范

B. 人民依法享有广泛的权利和自由，同时也承担应尽的义务

C. 人民通过各种途径直接行使立法、执法和司法的权力

D. 人民根本权益是法治建设的出发点和落脚点，法律要为人民所掌握、所遵守、所运用

【答案】C

【解析】人民是依法治国的主体和力量源泉，人民代表大会制度是保证人民当家作主的根本政治制度。全面依法治国，必须坚持人民的主体地位。必须坚持法治建设为了人民、依靠人民、造福人民、保护人民，以保障人民根本权益为出发点和落脚点，保证人民依法享有广泛的权利和自由、承担应尽的义务，维护社会公平正义，促进共同富裕。必须使人民认识到法律既是保障自身权利的有力武器，也是必须遵守的行为规范，增强全社会学法尊法守法用法意识，使法律为人民所掌握、所遵守、所运用。A、B、D三项明显正确。坚持人民的主体地位，必须保证人民在党的领导下，依照法律规定，通过各种途径和形式管理国家事务，管理经济文化事业，管理社会事务，立法权、行政权、司法权由人民直接行使并不符合法治建设的一般规律。C项错误。

9. 法治政府建设要求行政部门不得任意扩权、与民争利，避免造成"有利争着管、无利都不管"的现象。下列哪些做法有助于避免此现象的发生？（2016－1－52）

A. 某省政府统筹全省基本公共服务均等化职能，破除地方保护主义

B. 某市要求行政审批部门与中介服务机构脱钩，放宽中介服务机构准入条件

C. 某区依法纠正行政不作为、乱作为，坚决惩处失职、渎职人员

D. 某县注重提高行政效能，缩短行政审批流程，减少行政审批环节

【答案】ABCD

【解析】根据党的十八届四中全会的《决定》，要推进各级政府事权规范化、法律化，完善不同层级政府特别是中央和地方政府事权法律制度，强化中央政府宏观管理、制度设定职责和必要的执法权，强化省级政府统筹推进区域内基本公共服务均等化职责，强化市县政府执行职责。A项的做法符合要求。

对行政审批涉及的中介服务事项进行清理，除法律、法规、规章和国务院决定按照行政许可法有关行政许可条件要求规定的中介服务事项外，审批部门不得

大咖点拨区

扫码听课

扫码听课

以任何形式要求申请人委托中介服务机构开展服务，不得要求申请人提供相关中介服务资料。审批部门所属事业单位、主管的社会组织及其举办的企业，不得开展与本部门行政审批相关的中介服务，需要开展的应转企改制或与主管部门脱钩。对专业性强、市场暂时无力承接、短期内仍需由审批部门所属（主管）单位开展的中介服务，审批部门必须明确过渡时限。同时，审批部门不得以任何形式指定中介服务机构。行业协会商会类中介服务机构一律与审批部门脱钩，平等参与中介服务市场竞争。这些做法均有助于切断中介服务利益关联，符合法治政府的基本精神。B项正确。

党的十八届四中全会的《决定》指出，要完善行政组织和行政程序法律制度，推进机构、职能、权限、程序、责任法定化。行政机关要坚持法定职责必须为、法无授权不可为，勇于负责、敢于担当，坚决纠正不作为、乱作为，坚决克服懒政、怠政，坚决惩处失职、渎职。行政机关不得法外设定权力，没有法律法规依据不得作出减损公民、法人和其他组织合法权益或者增加其义务的决定。推行政府权力清单制度，坚决消除权力设租寻租空间。C项中的做法正确。《决定》指出，要按照职权法定的原则，以清权厘权、减权简权、确权制权为目标，对各种行政权力进行全面梳理，明确地方各级政府及其工作部门依法能够行使的职权范围，编制权力目录；对保留的行政权力，按照规范运行和便民高效的原则，完善程序，明确办理期限、承办机构等事项，减少运转环节。D项中的做法符合要求。

10. 深入推进依法行政，要求健全依法决策机制。下列哪一做法不符合上述要求？（2016－1－4）

A. 甲省推行"重大决策风险评估"制度，将风险评估作为省政府决策的法定程序

B. 乙市聘请当地知名律师担任政府法律顾问，对重大决策进行事前合法性审查

C. 丙区因发改局长立下"军令状"保证某重大项目不出问题，遂直接批准项目上马

D. 丁县教育局网上征求对学区调整、学校撤并等与群众切身利益相关事项的意见

【答案】C

【解析】深入推进依法行政，加快建设法治政府必然要求健全依法决策机制。把公众参与、专家论证、风险评估、合法性审查、集体讨论决定确定为重大行政决策法定程序，确保决策制度科学、程序正当、过程公开、责任明确。建立行政机关内部重大决策合法性审查机制，未经合法性审查或经审查不合法的，不得提交讨论。可见，对于重大决策进行风险评估、合法性审查、引入公众参与符合依法决策的要求，A、B、D三项没有争议。C项明示系争项目属于重大项目，因此仅仅因为发改局长一个人"立下军令状"，就直接批准上马，而不进行相关论证、评估、审查、集体讨论决定等法定程序，很明显是错误的。C项符合题意。

11. 依法行政是依法治国的一个关键环节，是法治国家对政府行政活动的基本要求。依法行政要求行政机关必须诚实守信。下列哪一行为违反了诚实守信原则？（2014－1－4）

A. 某县发生煤矿重大安全事故，政府部门通报了相关情况，防止了现场矛盾激化

B. 某市政府在招商引资过程中承诺给予优惠，因国家政策变化推迟兑现

C. 某县政府因县内其他民生投资导致资金紧张，未按合同及时支付相关企业的市政工程建设款项

D. 某区政府经过法定程序对已经公布的城建规划予以变更

【答案】C

【解析】依法行政并不反对调整政策，只是要求调整不能是随意的，必须给出充分的理由、遵循相应的程序。A 项与诚实信用无关。B 项呈现了"国家政策变化"的外部原因、D 项说明了"经过法定程序"，这都是正确的标志。而 C 项则明示了"未按合同及时支付"，且理由只是"其他民生投资导致资金紧张"，很显然违反了诚实信用原则。

扫码听课

12. 2018 年 9 月 6 日上午 8 时 50 分许，沈阳市公安局交通警察局蓝盾骑警大队二中队交警张帅和辅警张东东在黄河北大街执行巡逻勤务时，发现一辆无牌摩托车。张帅立即命令该摩托车驾驶员李某停车，但李某不仅拒绝停车，且加速驶入非机动车道逃避检查，并将驾驶警用摩托车进行拦截的张东东撞倒，造成张东东小腿受伤。眼看交警把自己逃走的路线挡住了，李某朝着张东东挥出了两拳，这两拳都被张东东抬手架开，男子随后从衣兜里掏出一把水果刀，追、刺执勤民警。紧急情况下，张帅迅速用标准的执法用语疏散现场群众，保持安全距离："无关者请靠后，警方将要使用警械！""最后一次警告，把刀放下，否则使用警械！"张帅在现场提高武力戒备等级，对李某依法采取强制措施最终将其制服，整个执法过程堪称一场"教科书式执法"。近日，由公安部主管、人民公安报主办的"中国警察网"在其官方微信上发布"2018 年十个规范执法的瞬间"中，张帅的这次"教科书式执法"位列其中。关于"教科书式执法"，下列说法正确的有（　　　）

A. 张帅在此次执法过程中使用规范化的语言和程序，有助于树立执法权威

B. 严格、规范、公正、文明执法，本身就是一次生动的法治宣传教育活动，能够让群众从内心服从和遵从法律

C. "教科书式执法"有助于细化执法标准，严密执法程序，规范执法行为，切实从源头上减少和杜绝执法的随意性

D. 规范执法、严格执法与文明执法并不矛盾，"教科书式执法"有助于规范执法人员的言行举止，有助于改进工作作风，树立服务型执法理念，提高执法水平和执法效率

【答案】ABCD

【解析】"教科书式执法"体现了执法的规范性，兼顾了严格执法与文明执法。执法人员在执法当中用非常规范化的语言和程序，一方面有助于维护执法的权威性、严肃性，规范执法行为，改进执法人员的工作作风，避免随意执法，提高了执法效率；另一方面也有助于教育公民遵纪守法，让老百姓从内心服从和遵从法律，更好地树立行政执法的权威。ABCD 四项均正确。

扫码听课

13. 增强全民法治观念，推进法治社会建设，使人民群众内心拥护法律，需要健全普法宣传教育机制。某市的下列哪一做法**没有体现**这一要求？（2015 - 1 - 7）

大咖点拨区

A. 通过《法在身边》电视节目、微信公众号等平台开展以案释法，进行普法教育

B. 印发法治宣传教育工作责任表，把普法工作全部委托给人民团体

C. 通过举办法治讲座、警示教育报告会等方式促进领导干部带头学法、模范守法

D. 在暑期组织"预防未成年人违法犯罪模拟法庭巡演"，向青少年宣传《未成年人保护法》

【答案】B

【解析】《中共中央关于全面推进依法治国若干重大问题的决定》要求"健全普法宣传教育机制，各级党委和政府要加强对普法工作的领导，宣传、文化、教育部门和人民团体要在普法教育中发挥职能作用。实行国家机关"谁执法，谁普法"的普法责任制，建立法官、检察官、行政执法人员、律师等以案释法制度，加强普法讲师团、普法志愿者队伍建设。把法治教育纳入精神文明创建内容，开展群众性法治文化活动，健全媒体公益普法制度，加强新媒体新技术在普法中的运用，提高普法实效。"可见，普法教育、法治讲座、向青少年宣传《未成年人保护法》等等之类，都是必然正确的。B项中"把普法工作全部委托给人民团体"，这个很明显不妥当。责任政府，该做的还是要做的，不能撂挑子。其二，我们说过，谁执法谁普法，普法完全交给人民团体，肯定不对。

14. 某高校司法研究中心的一项研究成果表明：处于大城市"陌生人社会"的人群会更多地强调程序公正，选择诉诸法律解决纠纷；处于乡村"熟人社会"的人群则会更看重实体公正，倾向以调解、和解等中国传统方式解决纠纷。据此，关于人们对"公平正义"的理解与接受方式，下列哪一说法是不准确的？(2011-1-5)

A. 对公平正义的理解具有一定的文化相对性、社会差异性

B. 实现公平正义的方式既应符合法律规定，又要合于情理

C. 程序公正只适用于"陌生人社会"，实体公正只适用于"熟人社会"

D. 程序公正以实体公正为目标，实体公正以程序公正为基础

【答案】C

【解析】公平正义是一个历史性范畴，不同社会条件下，公平正义的实际内容及其实现方式和手段具有重要差异，所以A项正确。正确处理法理与情理的关系乃是公平正义理念的基本要求，必须注重法理与情理的相互统一，用法理为情理提供正当性支持，以情理强化法理施行的社会效果，所以B项正确。公平正义理念也要求在法治实践活动中，正确处理好程序与实体的关系。程序公正是实体公正的外部形式，是实体公正得以实现的重要途径和重要保证；实体公正是程序公正的内在目标，也是程序公正的价值和意义所在。要把握好两者之间的合理均衡，反对那种"只要程序公正，实体则必然公正"，以及"只要程序正确，实体则可以在所不问"的观念和做法。因此，D项正确，C项错误。

15. 司法公正是司法工作的灵魂，是依法治国的重要标志。社会主义法治理念要求司法机关必须"严格公正司法"。下列哪一选项不符合社会主义法治理念的精神和要求？(2010-1-1)

A. 司法机关必须坚持实体公正和程序公正相结合，做到法律效果、政治效果

扫码听课

扫码听课

和社会效果相统一

B. 司法机关必须进一步提高办案效率，坚持公正与效率兼顾

C. 司法机关为了保障判决有效执行，应对当事人实行"一站式服务"，即谁立案谁审判谁执行

D. 司法机关为了加强审判监督，可主动邀请人大代表、政协委员和新闻媒体旁听重大疑难案件审判

【答案】C

【解析】司法公正是司法工作的灵魂，司法工作人员必须自觉用司法公正理念指导司法工作，坚持实体公正和程序公正相结合，做到法律效果、政治效果和社会效果相统一，故选项A正确。公正与效率都是人民群众最关心、最直接、最现实的利益问题，因此司法机关必须进一步提高办案效率，坚持公正与效率兼顾，故选项B正确。在司法权的配置上，侦查权、检察权、审判权、执行权相互制约、相互配合，这样才能实现司法公正、树立司法权威。依法治国的关键在于依法制权，规范约束公权力，防止其滥用和扩张，保障人民权益。没有权力制约，依法治国就无从谈起。建立健全决策权、执行权和监督权既相互制约又相互协调的权力结构和运行机制，是建设社会主义法治国家的基本要求和特征。在司法领域，这一点就体现为司法机关内部的分工协调、相互制约、相互配合的原则。对当事人实行"一站式服务"，即谁立案谁审判谁执行，违背了上述原则，故C项错误，为应选项。司法民主包括司法主体民主、程序民主和司法目的民主三个方面。其中，司法主体民主又体现为两个方面：一是人民直接参与司法，如人民陪审员制度和检察机关的人民监督员制度；二是司法人员通过人民代表大会制度产生，对其负责，受其监督。司法程序民主的核心内容是司法公开制度。司法目的民主的表现是司法为民。司法机关为了加强审判监督，主动邀请人大代表、政协委员和新闻媒体旁听重大疑难案件的审判，是司法主体民主和司法程序民主的体现。故选项D正确。

【一招制敌】"谁立案谁审判谁执行""谁侦查谁起诉谁审判"等等表述都不符合分工配合、相互制约原则。

16. 某村通过修订村规民约改变"男尊女卑""男娶女嫁"的老习惯、老传统，创造出"女娶男"的婚礼形式，以解决上门女婿的村民待遇问题。关于村规民约，下列哪些说法是正确的？（2016 – 1 – 54）

A. 是完善村民自治、建设基层法治社会的有力抓手

B. 是乡村普法宣传教育的重要媒介，有助于在村民中培育规则意识

C. 具有"移风易俗"功能，既传承老传统，也创造新风尚

D. 可直接作为法院裁判上门女婿的村民待遇纠纷案件的法律依据

【答案】ABC

【解析】村规民约，是指村民群众根据有关法律、法规、政策，结合本村实际制定的涉及村风民俗、社会公共道德、公共秩序、治安管理等方面的综合性规定，是全体村民共同利益的集中体现，是国家法律法规在最基层的具体体现，同时也是村民之间的契约。村规民约是村民进行自我管理、自我教育、自我约束的有效形式，属于《中华人民共和国宪法》第24条规定的"各种守则、公约"的一种。可见，A、B、C三项表述正确。村规民约不具有明定的法律效力，因此属

扫码听课

大咖点拨区

于非正式法律渊源，不可直接作为法官裁判案件的法律根据，D 项错误。

17. 人民调解制度是我国的创举，被西方国家誉为法治的"东方经验"。关于人民调解，下列哪些说法是正确的？（2016－1－55）

A. 人民调解员不属于法治工作队伍，但仍然在法治建设中起着重要作用

B. 法院应当重视已确认效力的调解协议的执行，防止调解过的纠纷再次涌入法院

C. 人民调解制度能够缓解群众日益增长的司法需求与国家司法资源不足之间的矛盾

D. 人民调解组织化解纠纷的主要优势是不拘泥于法律规定，不依赖专业法律知识

【答案】BC

【解析】我国的调解制度主要由三个部分组成：一是法院调解，亦称诉讼调解，是指在人民法院的主持下通过说服教育，促使双方当事人达成和解协议的活动；二是行政调解，是指在具有调解纠纷职能的国家行政机关主持下对纠纷进行调解的活动；三是人民调解，是指在人民调解委员会主持下，依法对民间纠纷当事人说服劝解、消除纷争的一种群众自治活动。根据宪法、民事诉讼法、人民调解委员会组织条例的规定，人民调解委员会是调解民间纠纷的群众性组织，在基层人民政府和基层司法行政机关指导下进行工作。

法治工作队伍包括法治专门队伍和社会法律服务队伍，是国家治理队伍的一支重要力量，处于法治实践的最前沿。其中，法治专门队伍包括立法队伍、行政执法队伍、司法队伍；而律师、公证员、基层法律服务工作者、人民调解员、法律服务志愿者等均属于社会法律服务队伍。A 项错误。

《人民调解法》第三十三条规定，经人民调解委员会调解达成调解协议后，双方当事人认为有必要的，可以自调解协议生效之日起三十日内共同向人民法院申请司法确认，人民法院应当及时对调解协议进行审查，依法确认调解协议的效力；人民法院依法确认调解协议有效，一方当事人拒绝履行或者未全部履行的，对方当事人可以向人民法院申请强制执行。可见，B 项正确。

人民调解是人民群众自我管理、自我教育的好形式，它对增进人民团结，维护社会安定，减少纠纷，预防犯罪，有助于缓解群众日益增长的司法需求与国家司法资源不足之间的矛盾。C 项正确。

根据《人民调解法》第三条的规定，人民调解委员会调解民间纠纷，应当遵循下列原则：（一）在当事人自愿、平等的基础上进行调解；（二）不违背法律、法规和国家政策；（三）尊重当事人的权利，不得因调解而阻止当事人依法通过仲裁、行政、司法等途径维护自己的权利。可见，D 项表述错误。

18. 鹿某为引起政府对其利益诉求的重视，以生产、生活和科研需要为由，在两年内向十几个行政机关提起近百次与其实际利益诉求无关的政府信息公开申请，在接到公开答复后又反复提起行政复议和行政诉讼，向相关部门施加压力。对此，下列哪些说法是正确的？（2017－1－53）

A. 鹿某为向相关部门施压而恶意提起政府信息公开申请的做法不符合法治精神

B. 滥用知情权和诉权造成了行政和司法资源的浪费

C. 法治国家以权利为本位，公民行使权利时不受任何限制

D. 诉求即使合理合法，也应按照法律规定和程序寻求解决

【答案】ABD

【解析】改革法院案件受理制度，变立案审查制为立案登记制，对人民法院依法应该受理的案件，做到有案必立、有诉必理，保障当事人诉权，避免有案不立，有效化解群众诉讼难的难题。立案登记制可以化解"立案难"的问题，但也带来了违法诉讼、滥用诉权等新问题。缠诉、滥诉的行为基于不当的目的，不必要地耗费国家珍贵的行政和司法资源，并不符合法治精神。因此，必须加大对虚假诉讼、恶意诉讼、无理缠诉行为的惩治力度。AB两项正确。

针对虚假诉讼、恶意诉讼等问题，北京市的昌平、海淀、东城等三家法院作为试点法院，已开始探索试行要求当事人签署诚信诉讼承诺书的方式，从源头上预防不诚信诉讼的行为，倡导大家理性诉讼，起到一个主动告知、警示的作用。除了签署诚信诉讼承诺书之外，北京四中院还建立了滥诉人员清单，对于起诉缺乏诉的利益，诉讼目的不具有正当性，有违诚实信用原则的起诉人，滥用诉权引起程序空转，导致司法资源浪费，增加对方当事人诉累的，并被多次驳回起诉的当事人，列入滥诉人员清单。对列入该清单的人员，如果其提起诉讼，将面临更严格的立案审查。

法治国家的确是以权利为本位的，但是这也并不意味着公民的权利及其行使不受到任何的限制。C项错误。D项明显符合法治的精神，正确。

19. 全面依法治国，要求推进覆盖城乡居民的公共法律服务体系建设。下列哪些做法体现了上述要求？（2017–1–54）

A. 甲市整合政府和社会调解资源，建立"一站式"纠纷解决平台

B. 乙社区设置法律服务机器人，存储海量法律法规和专业信息供居民查询

C. 丙省建立法律服务志愿者微信群，打通服务群众的"最后一米"

D. 丁县推行"一村一律师"，律师结对贫困村，为村民提供免费法律咨询

【答案】ABCD

【解析】推进覆盖城乡居民的公共法律服务体系建设，加强民生领域法律服务。我国的法律服务，主要包括律师、公证、调解、基层法律服务、法律援助等。ABCD四项均是便民利民的好举措，帮助人民群众在遇到法律问题或者权利受到侵害时获得及时有效法律服务。

20. 法治社会建设要求健全依法维权和化解纠纷机制，杜绝"大闹大解决、小闹小解决、不闹不解决"现象。下列哪一做法无助于消除此现象？（2016–1–7）

A. 甲市将信访纳入法治轨道，承诺对合理合法的诉求依法及时处理

B. 乙区通过举办"群众吐槽会"建立群众利益沟通机制

C. 丙县通过地方戏等形式普及"即使有理也要守法"观念

D. 丁市律协要求律师不得代理群体性纠纷案件

【答案】D

【解析】党的十八届四中全会的《决定》明确指出，要把信访纳入法治化轨道，保障合理合法诉求依照法律规定和程序就能得到合理合法的结果。A项明显符合规定。全面推进依法治国，必须构建对维护群众利益具有重大作用的制度体系，建立健全社会矛盾预警机制、利益表达机制、协商沟通机制、救济救助机

大咖点拨区

扫码听课

扫码听课

制，畅通群众利益协调、权益保障法律渠道。B项主张建立群众利益沟通机制，这是好事，符合规定。

《决定》指出，要创新普法宣传形式，健全普法宣传教育机制，注重宣传实效。进一步树立普及法律知识与培育法治观念并重的理念，树立普法教育与法治实践结合的理念，树立注重实效的理念，探索建立普法宣传教育效果评估标准体系和跟踪反馈机制。开展群众性法治文化活动，健全媒体公益普法制度，推动普法宣传公益广告公共场所、公共区域全覆盖。加强新媒体新技术在普法中的运用，为公众提供更多、更便捷的学法渠道，提高普法实效。C项中，丙县通过地方戏等形式普法，属于创新普法宣传形式，值得肯定，而且普及的内容是"即使有理也要守法"的观念，即在任何情况下，都应当通过合法的途径和渠道申张权益、寻求救济。C项正确。

为有力地服务社会和谐稳定，必须健全完善法律服务人员参与信访、调解、群体性案（事）件处置工作机制。律师协会禁止律师代理群体性纠纷案件，属于回避问题的表现，无益于和谐社会的建设。D项错误。

21. 20世纪60年代初，浙江省诸暨市枫桥镇干部群众创造了"发动和依靠群众，坚持矛盾不上交，就地解决"。实现"捕人少，治安好"的"枫桥经验"，为此，1963年毛泽东同志就曾亲笔批示"要各地仿效，经过试点，推广去做"。"枫桥经验"由此成为全国政法战线一个脍炙人口的典型。关于"枫桥经验"，下列说法正确的有（　　　）

A. 在我国，法治建设应当坚持群众路线，从群众中来，到群众中去

B. 法治建设应当坚持为了人民、依靠人民、造福人民、保护人民，以保障人民根本权益为出发点和落脚点

C. 在基层社会管理中，应当充分发挥党的政治优势，依靠基层组织和广大群众，就地解决当地发生的各种矛盾、化解纠纷，最大限度地把问题解决在萌芽状态

D. 在正确处理人民内部矛盾方面，应当以完善的制度为保障，健全矛盾纠纷排查调处工作机制，狠抓落实责任制，努力做到组织建设走在工作前，预测工作走在预防前，预防工作走在调解前，调解工作走在激化前

【答案】ABCD

【解析】"枫桥经验"涉及如下几个方面的重要经验：一、发动和依靠群众，理顺群众情绪，化解矛盾纠纷，使具体的改革和发展措施为广大群众所理解、所拥护、所参与；二、就地解决矛盾；三、事先预防为主，尽量把矛盾解决在萌芽状态；四、一切为了群众，以保障人民根本权益为出发点和落脚点；五、重心下移，力量下沉，工作重点要放在基层；六、切实加强以党支部为核心的基层法治队伍建设。ABCD四项均符合题意。

第三章　习近平法治思想的实践要求

1. 某法院在网络、微信等平台上公布失信被执行人名单以督促其履行义务，不少失信被执行人迫于"面子"和舆论压力主动找到法院配合执行。对此，下列哪一理解是正确的？（2017－1－5）

A. 道德问题的有效解决总是必须依赖法律的强制手段

B. 公布失信被执行人名单有助于形成守法光荣、违法可耻的社会氛围

C. 法律的有效实施总是必须诉诸道德谴责和舆论压力

D. 法律与道德具有概念上的必然关系，法律其实就是道德

【答案】 B

【解析】 加强人权的司法保障，要求加快建立失信被执行人信用监督、威慑和惩戒法律制度，对暴力抗拒执行和恶意逃避执行的被执行人，加大曝光和制裁力度，使之不敢抗拒执行、不能抗拒执行司法机关作出的生效法律文书，依法保障胜诉当事人及时实现权益，从而形成守法光荣、违法可耻的社会氛围。B 项正确。

法律不同于道德，国家和社会治理需要法律和道德共同发挥作用。必须坚持一手抓法治、一手抓德治，大力弘扬社会主义核心价值观，弘扬中华传统美德，培育社会公德、职业道德、家庭美德、个人品德，既重视发挥法律的规范作用，又重视发挥道德的教化作用，以法治体现道德理念、强化法律对道德建设的促进作用，以道德滋养法治精神、强化道德对法治文化的支撑作用，实现法律和道德相辅相成、法治和德治相得益彰。法律对道德建设具有促进作用，但是说道德问题的解决任何时候都离不开法律，就没有道理了。这是典型的法律万能论、法律中心主义的立场。AD 两项错误。

本题中，某法院在网络、微信等平台上公布失信被执行人名单，不少失信被执行人迫于"面子"和舆论压力主动找到法院配合执行、履行义务，这是诉诸道德谴责和舆论压力促进法律有效实施的典型例子。但是说法律的有效实施总是必须诉诸道德谴责和舆论压力，这就过于绝对了，因此 C 项是错误的。

2. 必须发挥法治在经济社会发展中的作用，对此，下列说法正确的有（　　）

A. 要营造各种所有制主体依法平等使用资源要素、公开公平公正参与竞争、同等受到法律保护的市场环境

B. 保障政治安全、政治稳定是法律的重要功能

C. 要坚持用社会主义核心价值观引领文化立法，进一步完善中国特色社会主义文化法律制度体系

D. 要加大生态环境保护执法司法力度，大幅度提高破坏环境违法犯罪的成本，强化各类环境保护责任主体的法律责任

【答案】 ABCD

【解析】 厉行法治是发展社会主义市场经济的内在要求，也是社会主义市场

扫码听课

扫码听课

经济良性运行的根本保障。中国特色社会主义进入新时代，党和国家通过完善市场经济法律体系，深化"放管服"改革，加强产权保护，保障公平竞争，鼓励诚实守信，营造公正、透明、可预期的法治环境，有力保障和促进了经济持续健康发展。A项正确。

习近平总书记指出："国际国内环境越是复杂，改革开放和社会主义现代化建设任务越是繁重，越要运用法治思维和法治手段巩固执政地位、改善执政方式、提高执政能力，保党和国家长治久安。"可见，保障政治安全、政治稳定是法律的重要功能。B项正确。

当前，我国文化建设进入一个新的发展阶段，文化事业日益繁荣，文化产业快速发展，特别是互联网新技术新应用日新月异，由此带来的相关法律问题日益突出。要坚持用社会主义核心价值观引领文化立法，完善社会主义先进文化的法治保障机制，依法规范和保障社会主义先进文化发展方向，进一步完善中国特色社会主义文化法律制度体系。C项正确。

生态文明建设必须要纳入法治的轨道，以最严格的制度，最严密的法治，对生态环境予以最严格的保护，对破坏生态环境的行为予以最严厉的制裁，才能遏制住生态环境持续恶化的趋势，保障生态文明建设的持续健康发展。要加大生态环境保护执法司法力度，大幅度提高破坏环境违法犯罪的成本，强化各类环境保护责任主体的法律责任，强化绿色发展法律和政策保障，用严格的法律制度保护生态环境。D项正确。

3. 关于正确处理政治和法治的关系，下列说法不正确的有(　　)

A. 有什么样的政治就有什么样的法治，政治制度和政治模式必然反映在以宪法为统领的法律制度体系上，体现在立法、执法、司法、守法等法治实践之中

B. "党大还是法大"是一个政治陷阱，是一个伪命题

C. 对各级党政组织、各级领导干部来说，"权大还是法大"也是一个伪命题

D. 党的政策是国家法律的先导和指引，是立法的依据和执法司法的重要指导

【答案】C

【解析】有什么样的政治就有什么样的法治，政治制度和政治模式必然反映在以宪法为统领的法律制度体系上，体现在立法、执法、司法、守法等法治实践之中。习近平总书记指出："法治当中有政治，没有脱离政治的法治。""每一种法治形态背后都有一套政治理论，每一种法治模式当中都有一种政治逻辑，每一条法治道路底下都有一种政治立场。"A项正确。

习近平总书记强调："'党大还是法大'是一个政治陷阱，是一个伪命题。对这个问题，我们不能含糊其辞、语焉不详，要明确予以回答。""如果说'党大还是法大'是一个伪命题，那么对各级党政组织、各级领导干部来说，权大还是法大则是一个真命题。"各级领导干部尤其要弄明白法律规定怎么用权，什么事能干，什么事不能干，把权力运行的规矩立起来、讲起来、守起来，真正做到谁把法律当儿戏，谁就必然要受到法律的惩罚。B项正确，C项错误。

党的政策是国家法律的先导和指引，是立法的依据和执法司法的重要指导。要善于通过法定程序使党的政策成为国家意志、形成法律，并通过法律保障党的政策有效实施，从而确保党发挥总揽全局、协调各方的领导核心作用。D项正确。

4. 关于正确处理改革和法治的关系，下列说法不正确的有(　　)

A. 要发挥法治对改革的引领和推动作用，确保重大改革于法有据，做到在法治的轨道上推进改革

B. 立法要主动适应改革需要，积极发挥引导、推动、规范、保障改革的作用

C. 对实践证明已经比较成熟的改革经验和行之有效的改革举措，要尽快上升为法律，先推行改革，再修订、解释或者废止原有法律

D. 立足新发展阶段，贯彻"发展要上，法治要让"的基本原则，对不适应改革要求的现行法律法规，要及时修改或废止，不能让一些过时的法律条款成为改革的"绊马索"

【答案】CD

【解析】对实践证明已经比较成熟的改革经验和行之有效的改革举措，要尽快上升为法律，先修订、解释或者废止原有法律之后再推行改革。C项错误。

对不适应改革要求的现行法律法规，要及时修改或废止，不能让一些过时的法律条款成为改革的"绊马索"。立足新发展阶段，必须坚持以法治为引领，坚决纠正"发展要上，法治要让"的认识误区，杜绝立法上"放水"、执法上"放弃"的乱象，用法治更好地促进发展，实现经济高质量发展。D项错误。

5. 关于正确处理依法治国和以德治国的关系，下列说法正确的有(　　)

A. 法是自律，德是他律，需要二者并用、双管齐下

B. 中国特色社会主义法治道路的一个鲜明特点，就是坚持依法治国与以德治国相结合，既重视发挥法律的规范作用，又重视发挥道德的教化作用

C. 要在道德体系中体现法治要求，发挥道德对法治的滋养作用，努力使道德体系同社会主义法律规范相衔接、相协调、相促进

D. 立法、执法、司法都要体现社会主义道德要求，都要把社会主义核心价值观贯穿其中

【答案】BCD

【解析】法是他律，德是自律，需要二者并用、双管齐下。A项错误。中国特色社会主义法治道路的一个鲜明特点，就是坚持依法治国与以德治国相结合，既重视发挥法律的规范作用，又重视发挥道德的教化作用，这是历史经验的总结，也是对治国理政规律的深刻把握。B项正确。坚持依法治国和以德治国相结合，就要重视发挥道德的教化作用，提高全社会文明程度，为全面依法治国创造良好人文环境。要在道德体系中体现法治要求，发挥道德对法治的滋养作用，努力使道德体系同社会主义法律规范相衔接、相协调、相促进。C项正确。要把道德要求贯彻到法治建设中。以法治承载道德理念，道德才有可靠制度支撑。法律法规要树立鲜明道德导向，弘扬美德义行，立法、执法、司法都要体现社会主义道德要求，都要把社会主义核心价值观贯穿其中，使社会主义法治成为良法善治。D项正确。

6. 关于正确处理依法治国和依规治党的关系，下列说法正确的有(　　)

A. 依规管党治党是依法治国的重要前提和政治保障

B. 党内法规体系是中国特色社会主义法治体系重要组成部分

C. 党内法规是党的中央组织、中央纪律检查委员会以及党中央工作机关和省、自治区、直辖市党委制定的

D. 党内法规体系是以党章为根本，以民主集中制为核心，以准则、条例等中央党内法规为主干，由各领域各层级党内法规制度组成的有机统一整体

【答案】ABCD

【解析】依法治国、依法执政，既要求党依据宪法法律治国理政，也要求党依据党内法规管党治党。依规管党治党是依法治国的重要前提和政治保障。只有把党建设好，国家才能治理好。A项正确。中国特色社会主义法治体系包括五个方面，党内法规体系是其中重要的组成部分。B项正确。党内法规是党的中央组织、中央纪律检查委员会以及党中央工作机关和省、自治区、直辖市党委制定的体现党的统一意志、规范党的领导和党的建设活动、依靠党的纪律保证实施的专门规章制度。C项正确。党内法规体系是以党章为根本，以民主集中制为核心，以准则、条例等中央党内法规为主干，由各领域各层级党内法规制度组成的有机统一整体。D项正确。

7. 程某利用私家车从事网约车服务，遭客管中心查处。执法人员认为程某的行为属于以"黑车"非法营运，遂依该省《道路运输条例》对其处以2万元罚款。对此，下列哪些说法是正确的？（2017－1－55）

A. 当新经营模式出现时，不应一概将其排斥在市场之外

B. 程某受到处罚，体现了"法无授权不可为"的法治原则

C. 科学技术的进步对治理体系和治理能力提出了更高要求

D. 对新事物以禁代管、以罚代管，这是缺乏法治思维的表现

【答案】ACD

【解析】社会在不断地发展进步，新鲜事物、新的问题层出不穷，对国家治理体系和治理能力提出了更高的要求。所以相应地，法律也要与时俱进，主动适应改革和经济社会发展需要。当出现了新的事物、新的现象时，法律不应一概将其排斥于被保护的范围之外；对新事物以禁代管、以罚代管，一禁了之、一罚了之，貌似釜底抽薪一劳永逸，其实则反映出工作方法的粗暴，不符合法治的要求。ACD三项正确。法治的基本精神可以概括为：对于公权力，法无授权不可为；对于私主体，法不禁止即自由。B项认识错误。

8. 相传，清朝大学士张英的族人与邻人争宅基，两家因之成讼。族人驰书求助，张英却回诗一首："一纸书来只为墙，让他三尺又何妨？万里长城今犹在，不见当年秦始皇。"族人大惭，遂后移宅基三尺。邻人见状亦将宅基后移三尺，两家重归于好。根据上述故事，关于依法治国和以德治国的关系，下列哪一理解是正确的？（2016－1－2）

A. 在法治国家，道德通过内在信念影响外部行为，法律的有效实施总是依赖于道德

B. 以德治国应大力弘扬"和为贵、忍为高"的传统美德，不应借诉讼对利益斤斤计较

C. 道德能够令人知廉耻、懂礼让、有底线，良好的道德氛围是依法治国的重要基础

D. 通过立法将"礼让为先"、"勤俭节约"、"见义勇为"等道德义务全部转化为法律义务，有助于发挥道德在依法治国中的作用

【答案】C

【解析】全面推进依法治国，必须坚持依法治国和以德治国相结合。国家和社会治理需要法律和道德共同发挥作用。必须坚持一手抓法治、一手抓德治，大力弘扬社会主义核心价值观，弘扬中华传统美德，培育社会公德、职业道德、家庭美德、个人品德，既重视发挥法律的规范作用，又重视发挥道德的教化作用，以法治体现道德理念、强化法律对道德建设的促进作用，以道德滋养法治精神、强化道德对法治文化的支撑作用，实现法律和道德相辅相成、法治和德治相得益彰。可见，C项表述无误。在法治国家，说道德通过内在信念影响外部行为，是正确的，但是法律与道德毕竟不能等同，认为法律的有效实施总是依赖于道德，没有道德支撑法律就无法有效实施，则有失偏颇，A项错误。或者又认为法律与道德完全等同，道德义务可以全部转化为法律义务，法律义务可以完全转化为道德义务，这些都是错误的观点。D项不正确。弘扬中华传统美德是正确的，但是指责他人借诉讼斤斤计较，则不妥当，因为很多情况下，斤斤计较是权利意识觉醒的体现，是要提倡的。B项错误。

【小技巧】凡是表述过于绝对的，除非是法条原文，否则往往都是错误的。

9. 近年来，一些党员领导干部利用手中权力和职务便利收受巨额贿赂，根据党内法规和法律被开除党籍和公职，并依法移送司法机关处理。对此，下列哪一说法是**错误**的？（2015－1－8）

A. 这表明党员领导干部在行使权力、履行职责时要牢记法律底线不可触碰

B. 依照党内法规惩治腐败，有利于督促党员领导干部运用法治思维依法办事

C. 要注重将党内法规与国家法律进行有效衔接和协调，以作为对党员违法犯罪行为进行法律制裁的依据

D. 党规党纪严于国家法律，对违反者必须严肃处理

【答案】C

【解析】党员领导干部利用职权收受巨额贿赂，被依法移送司法机关处理，表明党员领导干部在行使权力、履行职责时要牢记"法律底线不可触碰"。A项正确。此类违法犯罪行为不仅应当得到法律的制裁，而且也应当用党内法规进行惩治，使更多党员干部心有所畏、言有所戒、行有所止，自觉增强廉洁从政的意识，形成不敢腐、不能腐、不想腐的有效机制，督促其在工作中运用法治思维依法办事。B项正确。必须强调，实施法律制裁的依据只能是法律法规，党内法规只能适用于党员干部，是对党员进行纪律制裁的依据。党内法规并非法的正式渊源，不能说是法律依据，也不能说是法律手段。C项错误。对于党员干部来说，党规党纪提出了比法律更高的标准，对违反者必须严肃处理。D项正确。

大咖点拨区

扫码听课

第二编　法理学

第一章　法的本体

第一节　法的概念

1. 公元前399年，在古雅典城内，来自社会各阶层的501人组成的法庭审理了一起特别案件。被告人是著名哲学家苏格拉底，其因在公共场所喜好与人辩论、传授哲学而被以"不敬神"和"败坏青年"的罪名判处死刑。在监禁期间，探视友人欲帮其逃亡，但被拒绝。苏格拉底说，虽然判决不公正，但逃亡是毁坏法律，不能以错还错。最后，他服从判决，喝下毒药而亡。对此，下列哪些说法是正确的？（2013-1-52）

A. 人的良知、道德感与法律之间有时可能发生抵牾

B. 苏格拉底服从判决的决定表明，一个人可以被不公正地处罚，但不应放弃探究真理的权利

C. 就本案的事实看，苏格拉底承认判决是不公正的，但并未从哲学上明确得出"恶法非法"这一结论

D. 从本案的法官、苏格拉底和他的朋友各自的行为看，不同的人对于"正义"概念可能会有不同的理解

【答案】ABCD

【解析】本题考察对苏格拉底审判的理解。从道德评价的角度看，苏格拉底是善良的；但法律却认定其有罪，这直接说明道德与法律之间有时会发生冲突。A项正确。在审判中，苏格拉底宁死也不承认自己追求真理有什么错误，B项正确。苏格拉底承认判决不公正，但仍然拒绝逃亡，坦然接受死刑，理由是逃亡就是毁坏法律，说明其主张不正义的法律仍然是法律，C项正确。苏格拉底拒绝逃亡，探视他的友人主张其逃亡，双方都认为自己的做法是正义的，因此D项正确。

2. 关于实证主义法学和非实证主义法学，下列说法不正确的是：（2013-1-88）

A. 实证主义法学认为，在"实际上是怎样的法"与"应该是怎样的法"之间不存在概念上的必然联系

B. 非实证主义法学在定义法的概念时并不必然排除社会实效性要素和权威性制定要素

C. 所有的非实证主义法学都可以被看作是古典自然法学

D. 仅根据社会实效性要素，并不能将实证主义法学派、非实证主义法学派和其他法学派（比如社会法学派）在法定义上的观点区别开来

【答案】C

【解析】围绕着法的概念的争论的中心问题是关于法与道德之间的关系。依据人们在定义法的概念时对法与道德的关系的不同主张，我们大致上可以区分出两种基本立场，即实证主义和非实证主义。所有的实证主义理论都主张，在定义法的概念时，没有道德因素被包括在内，即法和道德是分离的。具体来说，实证主义认为，在法与道德之间，在法律命令什么与正义要求什么之间，在"实际上是怎样的法"与"应该是怎样的法"之间，不存在概念上的必然联系。与此相反，所有的非实证主义理论都主张，在定义法的概念时，道德因素被包括在内，即法与道德是相互联结的。非实证主义者以内容的正确性作为法的概念的一个必要的定义要素，但其并不必然排除社会实效性要素和权威性制定要素。也就是说，非实证主义的法的概念中不仅以内容的正确性作为定义要素，同时可以包括社会实效性要素和权威性制定要素。如果以内容的正确性作为法的概念的唯一定义要素，则是传统的自然法理论；如果以内容的正确性与权威性制定或社会实效性要素同时作为法的概念的定义要素，其典型的代表则是超越自然法与法实证主义之争的所谓第三条道路的那些法学理论，例如阿列克西所持理论。因此，A、B、D三项正确。非实证主义包括传统自然法学和第三条道路。C项忽略了第三条道路，因此错误。

【点睛之笔】实证主义有分析主义法学派、法社会学派和法现实主义之分；非实证主义有传统自然法学和第三条道路之分。

3. "法学作为科学无力回答正义的标准问题，因而是不是法与是不是正义的法是两个必须分离的问题，道德上的善或正义不是法律存在并有效力的标准，法律规则不会因违反道德而丧失法的性质和效力，即使那些同道德严重对抗的法也依然是法。"关于这段话，下列说法正确的是：（2015－1－90）

A. 这段话既反映了实证主义法学派的观点，也反映了自然法学派的基本立场

B. 根据社会法学派的看法，法的实施可以不考虑法律的社会实效

C. 根据分析实证主义法学派的观点，内容正确性并非法的概念的定义要素

D. 所有的法学学派均认为，法律与道德、正义等在内容上没有任何联系

【答案】C

扫码听课

【解析】A肯定是错的，题干明确说法律和道德无关，这是典型的实证主义立场。社会法学派将社会实效作为法的首要定义要素，B项错误明显。D项的错误更为无疑，非实证主义认为法律和道德有内容联系。只能选C，分析实证主义强调的是权威性制定，并不强调法的内容正确，符合道德。

4. 下列关于法与道德的表述哪一项是正确的？（2004－1－2）

A. 自然法学派认为，实在法不是法律

B. 分析实证主义法学派认为，法与道德在本质上没有必然的联系

C. 中国古代的儒家认为，治理国家只能靠道德，不能用法律

D. 近现代的法学家大多倾向于否定"法律是最低限度的道德"的说法

【答案】B

扫码听课

【解析】自然法学派认为，道德上不正义的法不是法，并非所有实在法都不

大咖点拨区

是法。因此，A项错误。分析实证主义法学派否定法与道德存在本质上的必然联系，认为不存在适用于一切时代、民族的永恒不变的正义或道德准则；而法学作为科学也无力回答正义的标准问题，因而"是不是法"与"是不是正义的法"是两个必须分离的问题，道德上的善或正义不是法律存在并有效力的标准，法律规则不会因违反道德而丧失法的性质和效力，即使那些同道德严重对抗的法也依然是法，即"恶法亦法"。因此，B项正确。中国古代儒家主张"德主刑辅"，治理国家应以道德教化为主，刑罚惩罚为辅。因此C项错误。在近现代，"法律是最低限度的道德"几乎是通说。因此，D项错误。

5. 道德与法律都属于社会规范的范畴，都具有规范性、强制性和有效性，道德与法律既有区别又有联系。下列有关法与道德的几种表述中，哪种说法是错误的？（2002－1－4）

A. 法律具有既重权利又重义务的"两面性"，道德具有只重义务的"一面性"

B. 道德的强制是一种精神上的强制

C. 马克思主义法学认为，片面强调法的安定性优先是错误的

D. 法律所反映的道德是抽象的

【答案】D

【解析】法律同时关注权利和义务，道德只强调义务，不太重视权利，所以A项正确。法律和道德均具有强制性，只是法律的强制方式是外在强制，或者说是有组织的国家强制，而道德的强制是内在的精神强制，主要依靠内在的良知认同和责难。因此B项正确。从马克思主义法学的立场来说，片面强调任何一点都是错误的。因此，C项当然正确。道德本身可能是抽象的、笼统的、模糊的，但一旦上升为法律，则就转化为具体的、相对明确的行为标准。因此D是错误的，当选。

6. 关于法与道德的共同点，下列哪些选项是正确的？（2007－1－52）

A. 法律和道德都是一种社会规范，都具有规范性

B. 法律和道德都具有强制性，都是人们应该遵循的规范

C. 法律和道德都是历史的产物，都是不断变化的

D. 法律和道德都是建立在一定物质生产方式之上的

【答案】ABCD

【解析】社会规范是调整社会中人与人之间关系的规范，法律和道德均调整人与人之间的关系，因此属于社会规范，具有规范性。A项正确。法律和道德均具有强制性，只是法律的强制方式是外在强制，或者说是有组织的国家强制，而道德的强制是内在的精神强制，主要依靠内在的良知认同和责难。所以，B项正确。马克思主义的历史唯物主义哲学认为，法律和道德均属于人类社会发展到一定阶段的产物，在历史中不断变化发展；作为上层建筑，均建立在一定社会的物质生产方式的基础之上。因此CD两项正确。

7. 关于法与道德的论述，下列哪些说法是正确的？（2009－1－55）

A. 法律规范与道德规范的区别之一就在于道德规范不具有国家强制性

B. 按照分析实证主义法学的观点，法与道德在概念上没有必然联系

C. 法和道德都是程序选择的产物，均具有建构性

扫码听课

扫码听课

扫码听课

D. 违反法律程序的行为并不一定违反道德

【答案】ABD

【解析】法的强制乃是有组织的国家强制，表现为一定的专门机构以暴力为后盾，通过一定的程序，针对外在行为实施外在的强制。而道德在本质上是对良心和信念产生作用，因而强制是内在的，主要凭靠内在良知的认同和责难，即便是舆论压力与谴责也只能在主体对谴责所依据的道德准则认同的前提下发挥作用。因此，选项A正确。分析实证主义法学派否定法与道德存在本质上的必然联系，认为不存在适用于一切时代、民族的永恒不变的正义或道德准则。选项B正确。法乃是由权威主体主动制定或认可，在形式上具有建构性。而道德乃是在社会生产生活中自然演进生成的，不是自觉制定和程序选择的产物，自发而非建构是其本质属性。因此，选项C错误。法律和道德并不总是一致的，因此，违反法律的行为不一定违反道德，违反道德的行为并不一定违法。因此，选项D正确。

【点睛之笔】道德的强制性是常考的要点，请考生加倍注意。

8.“一般来说，近代以前的法在内容上与道德的重合程度极高，有时浑然一体。……近现代法在确认和体现道德时大多注意二者重合的限度，倾向于只将最低限度的道德要求转化为法律义务，注意明确法与道德的调整界限。”据此引文及相关法学知识，下列判断正确的是：（2010－1－91）

A. 在历史上，法与道德之间要么是浑然一体的，要么是绝然分离的

B. 道德义务和法律义务是可以转化的

C. 古代立法者倾向于将法律标准和道德标准分开

D. 近现代立法者均持“恶法亦法”的分析实证主义法学派立场

【答案】B

【解析】法律在内容上与道德的重合程度经历了从浑然一体到相对分离的发展过程。一般来说，近代以前的法律在内容上与道德的重合程度极高，有时甚至浑然一体，古代法学家也大多倾向于将尽可能多的道德义务转化为法律义务；到了近现代，二者在内容上相对分离，倾向于只将最低限度的道德要求转化为法律义务，近现代的法学家大多倾向于将法律标准与道德标准分开。A项表述过于绝对，不符合历史事实；B项正确；C项表述错误。近现代的立法者中，既有持“恶法亦法”的分析实证主义法学派立场者，也有持“恶法非法”的非实证主义立场者。故而，D项错误。

9. 王某参加战友金某婚礼期间，自愿帮忙接待客人。婚礼后王某返程途中遭遇车祸，住院治疗花去费用1万元。王某认为，参加婚礼并帮忙接待客人属帮工行为，遂将金某诉至法院要求赔偿损失。法院认为，王某行为属由道德规范的情谊行为，不在法律调整范围内。关于该案，下列哪一说法是正确的？（2016－1－14）

A. 在法治社会中，法律可以调整所有社会关系

B. 法官审案应区分法与道德问题，但可以进行价值判断

C. 道德规范在任何情况下均不能作为司法裁判的理由

D. 一般而言，道德规范具有国家强制性

【答案】B

【解析】法律不是万能的，其原因之一在于：法律规制和调整社会关系的范

扫码听课

扫码听课

围和深度是有限的，有些社会关系（如人们的情感关系、友谊关系）不适宜由法律来调整，法律就不应涉足其间。因此，在法治社会中，法律不可能调整所有社会关系，必须坚定地反对法律万能论。A 项错误。法官应当依法裁判，法官判案的依据只能是法律，因此，区分案件中的法律问题与道德问题当然非常重要。任何一个案件的审理和判决，都离不开事实判断和价值判断，所以，法官审案进行价值判断是正确的。B 项正确。相对于法律规范而言，道德规范属于非正式的法的渊源。一般而言，司法裁判必须首先考虑适用法的正式渊源，但是，任何国家的法的正式渊源都不可能是一个包罗万象的体系，也就是说，它不可能为法律实践中的每个法律问题都提供一个明确答案，即总会有一些法律问题不可能从正式的法的渊源中寻找到确定的大前提。这包括下列情况：第一，正式的法的渊源完全不能为法律决定提供大前提；第二，适用某种正式的法的渊源会与公平正义的基本要求、强制性要求和占支配地位的要求发生冲突；第三，一项正式的法的渊源可能会产生出两种解释的模棱两可性和不确定性。当这些情况发生时，法律人为了给法律问题提供一个合理的法律决定就需要诉诸于法的非正式的渊源。因此，道德规范在前述这三种情况下能够作为司法裁判的理由。C 项错误。法律、道德、宗教规范等社会规范均具有强制性，但是其强制措施的方式、范围、程度、性质是不同的。法律强制是一种国家强制，是以军队、宪兵、警察、法官、监狱等国家暴力为后盾的强制，而道德的强制是内在强制、精神强制。D 项错误。

10. 孟子的弟子问孟子，舜为天子时，若舜的父亲犯法，舜该如何处理？孟子认为，舜既不能以天子之权要求有司枉法，也不能罔顾亲情坐视父亲受刑，正确的处理方式应是放弃天子之位，与父亲一起隐居到偏远之地。对此，下列说法正确的是：（2017 - 1 - 86）

A. 情与法的冲突总能找到两全其美的解决方案

B. 中华传统文化重视伦理和亲情，对当代法治建设具有借鉴意义

C. 孟子的方案虽然保全了亲情，但完全未顾及法律

D. 不同法律传统对情与法的矛盾可能有不同的处理方式

【答案】BD

【解析】法理与人情的冲突是世界各国各民族都会面临的问题，不同国家基于不同传统，会有不同的处理方式；如果激烈到一定的程度，很难找到两全其美的办法，有时必须在二者之间找到解决的办法。A 项错误，D 项正确。中华传统文化重视伦理和亲情，强调德主刑辅，对当代法治建设具有借鉴意义。B 项正确。孟子的方案保全了亲情，也没有以天子之权要求主管官员枉法裁判，也部分地保全了法律，C 项错误。

11. 在小说《悲惨世界》中，心地善良的冉阿让因偷一块面包被判刑，他认为法律不公并屡次越狱，最终被加刑至 19 年。他出狱后逃离指定居住地，虽隐姓埋名却仍遭警探沙威穷追不舍。沙威冷酷无情，笃信法律就是法律，对冉阿让舍己救人、扶危济困的善举视而不见，直到被冉阿让冒死相救，才因法律信仰崩溃而投河自尽。对此，下列说法正确的是：（2017 - 1 - 88）

A. 如果认为不公正的法律不是法律，则可能得出冉阿让并未犯罪的结论

B. 沙威"笃信法律就是法律"表达了非实证主义的法律观

C. 冉阿让强调法律的正义价值，沙威强调法律的秩序价值

扫码听课

扫码听课

D. 法律的权威源自人们的拥护和信仰，缺乏道德支撑的法律无法得到人们自觉地遵守

【答案】ACD

【解析】围绕着法的概念的争论的中心问题是关于法与道德之间的关系问题，即不符合道德的立法是不是法的问题。根据对此关系的不同认定，我们大致可以概括出两种"法的概念"的立场：实证主义的和非实证主义或自然法的法的概念。实证主义认为法与道德分离，严格区分"法律实际上是什么"和"法律应当是什么"，认为二者之间不存在概念上的必然联系，恶法亦法。非实证主义认为法与道德相互联接，在定义法的概念时，应当将道德因素包括在内，主张恶法非法。

本题中，冉阿让因为偷一块面包而被判刑，很明显并不公正。如果认为不公正的法律就不是法律，即恶法非法，则属于非实证主义立场，自然会得出冉阿让并未犯罪的结论。A 项正确。沙威坚信，法律就是法律，不公正的法律也是法律，也应当得到坚定的执行，这属于典型的实证主义立场。B 项错误。可见，冉阿让强调的是法律应当公正，即捍卫正义价值；而沙威强调由权威者制定的法律应当被严格执行，捍卫的是法的秩序价值。C 项正确。从马克思主义法学派的观点来看，法律的权威源自人民的拥护和信仰，如果缺乏道德的支撑，法律就难以获得人民自觉的遵守，就难以发挥其应有的规范力量。D 项正确。

第二节 法的本质

扫码听课

1. 下列有关法的阶级本质的表述中，哪些体现了马克思主义法学关于法的本质学说？（2002 - 1 - 81）

A. 一国的法在整体上是取得胜利并掌握国家政权的阶级意志的体现

B. 历史上所有的法律仅仅是统治阶级的意志的反映

C. 法的本质根源于物质的生活关系

D. 法所体现的统治阶级的意志是统治阶级内部各党派、集团及每个成员意志的相加

【答案】AC

【解析】首先，法的本质表现为法的正式性。法的正式性又称法的官方性、国家性，指法是由国家制定或认可的并由国家强制力保证实施的正式的官方确定的行为规范。其次，由于国家形成于阶级矛盾不可调和的历史时期，因此，它必然反映阶级对立时期的阶级关系。法所体现的国家意志实际上只能是统治阶级或取得胜利并掌握国家政权的阶级的意志，国家意志就是法律化的统治阶级意志。但是，法体现的统治阶级意志具有整体性，其不是统治阶级内部的各党派、集团及每个成员的个别意志，也不是这些个别意志的简单相加，而是统治阶级的整体意志、共同意志或根本意志，故选项 D 表述错误。法所体现的意志还具有复杂性，其主要反映统治阶级的意志，但同时也反映被统治阶级以及统治阶级的同盟阶级的某些要求和愿望，故选项 B 表述错误。最后，法的本质最终体现为法的物质制约性。法的物质制约性是指法的内容受社会存在这个因素的制约，其最终也

是由一定的社会物质生活条件决定的。

2. 马克思曾说："社会不是以法律为基础，那是法学家的幻想。相反，法律应该以社会为基础。法律应该是社会共同的，由一定的物质生产方式所产生的利益需要的表现，而不是单个人的恣意横行。"根据这段话所表达的马克思主义法学原理，下列哪一选项是正确的？（2007-1-1）

A. 强调法律以社会为基础，这是马克思主义法学与其他派别法学的根本区别

B. 法律在本质上是社会共同体意志的体现

C. 在任何社会，利益需要实际上都是法律内容的决定性因素

D. 特定时空下的特定国家的法律都是由一定的社会物质生活条件所决定的

【答案】D

【解析】法律以社会为基础，这一观点不仅仅是马克思主义法学的观点，其他派别如西方的社会法学派也有此主张。而马克思主义法学和其他派别法学的根本区别应当是法的本质理论，特别是法的物质制约性。因此，A项错误。根据马克思主义关于法的本质的理论，一国的法本质上并非社会共同体意志的体现，而是国家意志、阶级意志和社会物质条件的体现，最终的决定因素是社会物质生活条件。因此，BC两项错误，D项正确。

扫码听课

第三节　法的特征

1. 法是以国家强制力为后盾，通过法律程序保证实现的社会规范。关于法的这一特征，下列哪些说法是正确的？（2013-1-55）

A. 法律具有保证自己得以实现的力量

B. 法律具有程序性，这是区别于其他社会规范的重要特征

C. 按照马克思主义法学的观点，法律主要依靠国家暴力作为外在强制的力量

D. 自然力本质上属于法的强制力之组成部分

【答案】ABC

【解析】规范都具有保证自己实现的力量，没有保证手段的社会规范是不存在的，法律自然也不例外。A项正确。法律具有程序性，其制定和实施都必须遵守法律程序，法律职业者必须在程序范围内思考、处理和解决问题，这是法律区别于其他社会规范的重要特征。B项正确。法律强制是一种国家强制，是以军队、宪兵、警察、法官、监狱等国家暴力为后盾的强制，所以C正确。法的强制属于国家强制，属于人类自觉地运用国家暴力加以强制，这区别于自然法则自发地运用自然力使自己获得实现。因此，D项错误。

2.《最高人民法院关于审理盗窃案件具体应用法律若干问题的解释》规定：各地高级法院可根据本地区经济发展状况，并考虑社会治安状况，在本解释规定的数额幅度内，分别确定本地区执行"数额较大""数额巨大""数额特别巨大"的标准。依据法理学的有关原理，下列正确的表述是：（2007-1-92）

A. 该规定没有体现法的普遍性特征

B. 该规定违反了"法律面前人人平等"的原则

C. 该规定说明：法律内容的决定因素是社会经济状况

D. 该规定说明：政治对法律没有影响

【答案】C

【解析】法是具有普遍性的社会规范，这是法的特征之一。虽然不同地区执行不同的"数额较大""数额巨大""数额特别巨大"的标准，但不论具体标准如何设定，其在公权力所及范围内，具有普遍的约束力，因而体现了法的普遍性。A选项说法错误。但"法律面前人人平等"禁止的是基于不合理根据的差别对待，而题干中的规定乃是基于各地不同的经济发展状况所做的区别处理，并不违背平等原则，反而是为了更好地实现平等原则，B项错误。法与政治是有密切关系的，基于"一般的原理不因个别反例的存在而无效"的原理，该规定并不能否认政治和法律之间的相互影响关系，D项错误。C项符合一般原理，因此正确。

3. 下列哪一选项体现了法律的可诉性特征？（2007 – 1 – 7）

A. 下一级的规范性法律文件因与上一级的规范性法律文件冲突而被宣布无效

B. 公民和法人可以利用法律维护自己的权利

C. "一国两制"原则体现在《香港特别行政区基本法》的制定过程中

D. 道德规范上升为法律规范

【答案】B

【解析】法律的可诉性是指法律具有被任何人（包括公民和法人）在法律规定的机构（尤其是法院或者仲裁机构）中通过争议解决程序（特别是诉讼程序）加以运用以维护自身权利的可能性。法律的实现方式不仅表现在以国家暴力为后盾，更表现在以一种制度化的争议解决机制为权利人提供保障，通过权利人的行动，启动法律与制度的运行，进而凸显法律的功能。所以，判断一种规范是否属于法律，可以从可诉性的角度加以观察。可见，只有B项是正确的。

第四节　法的作用

扫码听课

1. 关于法的规范作用，下列哪一说法是正确的？（2014 – 1 – 10）

A. 陈法官依据诉讼法规定主动申请回避，体现了法的教育作用

B. 法院判决王某行为构成盗窃罪，体现了法的指引作用

C. 林某参加法律培训后开始重视所经营企业的法律风险防控，反映了法的保护自由价值的作用

D. 王某因散布谣言被罚款300元，体现了法的强制作用

【答案】D

【解析】法的规范作用包括指引、评价、教育、预测和强制五种。C项中的"保护自由价值的作用"不符合题意，首先排除。指引作用是指法对本人的行为具有引导作用。在这里，行为的主体是每个人自己。A项中，陈法官在诉讼法的引导下"主动申请回避"，这是典型的指引作用。评价作用是指，法律作为一种行为标准，用以判断、衡量他人的行为是否合法。B项中，法院以法律为标准，评价王某的行为，认为"构成盗窃罪"，体现的是评价作用。法的强制作用是指法可以通过制裁违法犯罪行为来强制人们遵守法律。这里，强制作用的对象是违

扫码听课

大咖点拨区

大咖点拨区

扫码听课

扫码听课

法者的行为；方法是对违法者加以处分、处罚或制裁。D项符合要求。

2. 2011年7月5日，某公司高经理与员工在饭店喝酒聚餐后表示：别开车了，"酒驾"已入刑，咱把车推回去。随后，高经理在车内掌控方向盘，其他人推车缓行。记者从交警部门了解到，如机动车未发动，只操纵方向盘，由人力或其他车辆牵引，不属于酒后驾车。但交警部门指出，路上推车既会造成后方车辆行驶障碍，也会构成对推车人的安全威胁，建议酒后将车置于安全地点，或找人代驾。鉴于我国对"酒后代驾"缺乏明确规定，高经理起草了一份《酒后代驾服务规则》，包括总则、代驾人、被代驾人、权利与义务、代为驾驶服务合同、法律责任等共六章二十一条邮寄给国家立法机关。关于高经理和公司员工拒绝"酒驾"所体现的法的作用，下列说法正确的是：（2011－1－89）

A. 法的指引作用　　　　　　　　B. 法的评价作用

C. 法的预测作用　　　　　　　　D. 法的强制作用

【答案】A

【解析】本题的难点主要在于判断：在题干所述情况中，法究竟对谁发生了作用。如果仅是对行为人本人发生了影响，那就是指引作用；如果针对的是他人的行为，那就是评价作用；如果对于行为人本人、不特定的旁观人等均产生了影响，则是教育作用；如果对当事人之间相互预测对方的行为产生作用，那就是预测作用；如果是以处罚、处分或制裁的方式作用于违法行为人，那就是强制作用。本题的问题是：高经理和公司员工拒绝酒驾体现了什么作用？题干指出："2011年7月5日，某公司高经理与员工在饭店喝酒聚餐后表示：别开车了，'酒驾'已入刑，咱把车推回去。"可见，相关刑法条款只是对高经理等行为人本人产生了引导功能，属于指引作用，因此A项正确。其他均不入选。

3. 法的指引作用可以分为确定的指引和有选择的指引，下列哪些表述属于有选择的指引？（2002－1－32）

A. 公民的人格尊严不受侵犯

B. 当事人协商一致，可以变更合同

C. 故意杀人的，处死刑、无期徒刑或者十年以上有期徒刑

D. 参加农村集体经济组织的劳动者，有权在法律规定的范围内经营自留地、自留山、家庭副业和饲养自留畜

【答案】BCD

【解析】法通过规定公民的权利与义务从而对人的行为具有指引作用，这种指引作用有两种实现模式：一是不确定的指引，又称选择的指引，乃是通过宣告权利，给人们一定的选择范围，允许人们自行决定是否这样行为，其外在标志是语句中出现了"可以""有权"等道义助动词；二是确定的指引，乃是通过设置义务，确定性地要求人们作出或抑制一定行为，其外在标志是语句中出现了"应当""必须""不得""禁止"等道义助动词。A选项，不得侵犯他人的人格尊严是法律为公民所设定的义务，其指引作用为确定的指引。关于B项，法律授权当事人可以协商变更合同，是否变更由当事人自行决定，其指引作用属于不确定的指引或者选择的指引。C项属于裁判规范，一方面，对于行为人而言，其意味着禁止故意杀人行为，是确定的指引；另一方面，对于裁判者而言，其意味着拥有在"死刑、无期徒刑或者十年以上有期徒刑"中选择判断的自由裁量权，因此其

指引作用属于不确定的指引或选择的指引。D 选项，有着明显的不确定的指引或选择的指引的外部标志，即"有权"，为应选项。

4. 孙某早年与妻子吕某离婚，儿子小强随吕某生活。小强 15 岁时，其祖父去世，孙某让小强参加葬礼而小强与祖父没有感情，加上吕某阻挡，未参加葬礼。从此，孙某就不再支付小强的抚养费用。吕某和小强向当地法院提起诉讼，请求责令孙某承担抚养费。在法庭上，孙某提出不承担抚养费的理由是，小强不参加祖父葬礼属不孝之举，天理难容。法院没有采纳孙某的理由，而根据我国相关法律判决吕某和小强胜诉。根据这个事例，下面哪些说法是正确的？（　　）

A. 一个国家的法与其道德之间并不是完全重合的

B. 法院判决的结果表明：一个国家的立法可以不考虑某些道德观念

C. 法的适用过程完全排除道德判断

D. 本案中，法院根据我国相关法律判决吕某和小强胜诉，体现了法的评价作用

【答案】ABD

【解析】法与道德都是调整人们行为的规范，法通过评价人们的行为是否合法来规范人们的行为，道德通过评价人们的行为是否符合道德来规范人们的行为。二者在社会生活中共同发挥着作用。虽然道德对立法具有指导作用，是评价法律善与恶的标准，但二者仍有不一致的地方；在现代社会，法律仅仅是最低限度的道德。尽管如此，仍不能完全忽视道德在法律适用过程中所起的作用。法的评价作用是指，法律作为一种行为标准，具有判断、衡量他人行为合法与否的评判作用。这里，行为的对象是他人。在现代社会，法律已经成为评价人的行为的基本标准。本案中，法院根据我国相关法律判决吕某和小强胜诉，即可以视为是对吕某和小强行为的评价，故本题中只有选项 C 的说法不正确。所以，本题答案为 ABD。

5. 根据法理学的相关知识，下列哪些选项是错误的？（　　）

A. 法是由人创制的，人们在立法时受社会条件的制约

B. 法律人在处理法律问题时没有自己的价值立场

C. 法具有概括性，能够涵盖社会生活的所有方面

D. 法律不能要求人们去从事难以做到的事情

E. 公民的基本需求，都应当制定法律规范

F. 民法典可以一劳永逸地解决所有中国民事法律问题

【答案】BCEF

【解析】本题考查法的作用。法的作用体现在法与社会的相互影响中，法是由人创造的，人们在立法时会受到社会条件的制约，其产生、存在与发展变化都是由社会的生产方式决定的。因此，A 项说法正确。法律人有其特殊的法律思维，法律思维的基本特征之一就是价值判断。因此，B 项说法错误。法不是万能的，法的局限性和法律调整对象的有限性相联系，法不可能调整社会生活的全部，有些社会关系（如人的情感关系、友谊关系）不适宜由法律来调整，法律不应涉足其间。因此，C 项说法错误。法律是以社会为基础的，法律不可能超越社会发展需要，超越人们的能力范围来改变社会，因此，不能要求人们去从事难以做到的事情。此即所谓"法律不强人所难"。D 项说法正确。公民的基本需求有很多方

面，既有物质方面的需求，也有情感方面的需求、精神方面的需求，都制定相应的法律规范是不现实的。比如，公民在社会中生活，都有交朋友的基本需要，但这种对于友谊的需要法律并不调整。E项错误。民法典具有重要的意义，但是不可以认为，只要有了民法典，一切民事法律问题都迎刃而解。在民法典制定出来之后，社会还在发展变化，为了适应不断变化的社会需求，当然需要民事法律规范不停地推陈出新。F项错误。

【点睛之笔】反对"法律万能论"和"法律中心主义"。

6. 西方法律格言说："法律不强人所难"。关于这句格言涵义的阐释，下列哪一选项是正确的？（2008-1-1）

A. 凡是人能够做到的，都是法律所要求的

B. 对人所不知晓的事项，法律不得规定为义务

C. 根据法律规定，人对不能预见的事项，不承担过错责任

D. 天灾是人所不能控制的，也不是法律加以调整的事项

【答案】C

【解析】"法律不强人所难"，强调法律只应当要求人们能够认识、能够做到的事项。对于人无法预见的事项，自然不承担任何责任。C项正确。但是在"人能够做到的"各种行为中，有的属于道德规范所要求的范围，有的属于法律规范所要求的范围，法律只要求其中"最低限度"的部分。选项A说法错误。法律义务具有强制履行性，不能以不知晓而拒绝履行。"法律不强人所难"只是要求法律的规定和要求不能超越普通人的认知和能力。选项B说法错误。选项D说法正确，但与题干没有联系。

7. 法律格言说："紧急时无法律。"关于这句格言涵义的阐释，下列哪一选项是正确的？（2009-1-6）

A. 在紧急状态下是不存在法律的

B. 人们在紧急状态下采取紧急避险行为可以不受法律处罚

C. 有法律，就不会有紧急状态

D. 任何时候，法律都以紧急状态作为产生和发展的根本条件

【答案】B

【解析】选项A错误，现代社会通过法律实施紧急状态，紧急状态下也存在特别的法律。选项B正确，紧急避险行为是法定的免责事由之一。选项C错误，许多情况下，进入紧急状态是由法律明确规定的。选项D错误，法律不是以紧急状态而是以社会生产力和生产关系的社会条件作为产生和发展的根本条件的。

第五节 法的价值

1. "法律只是在自由的无意识的自然规律变成有意识的国家法律时，才成为真正的法律。哪里法律成为实际的法律，即成为自由的存在，哪里法律就成为人的实际的自由存在。"关于该段话，下列说法正确的是：（2016-1-88）

A. 从自由与必然的关系上讲，规律是自由的，但却是无意识的，法律永远是不自由的，但却是有意识的

B. 法律是"人的实际的自由存在"的条件

C. 国家法律须尊重自然规律

D. 自由是评价法律进步与否的标准

【答案】BCD

【解析】法律只是在自由的无意识的自然规律变成有意识的国家法律时，才成为真正的法律。也就是说，从自由与必然的关系上讲，规律是自由的，但却是无意识的，法律只有在将这种无意识的自然规律上升为国家法律时，才成为真正的法律。当法律成为实际的法律之时，法律也就成为自由的存在，就成为保障人的实际的自由存在。法典就是人民自由的圣经，法最本质的价值则是"自由"。A项中"法律永远是不自由的"这一说法错误，B项正确。法律必须体现自由、保障自由，只有这样，才能使"个别公民服从国家的法律也就是服从他自己的理性即人类理性的自然规律"，在这里，"自然规律"指的是理性的自然规律，它当然必须得到国家法律的尊重，否则，国家的法律就会背离理性。C项正确。就法的本质来说，它以"自由"为最高的价值目标。法典是用来保卫、维护人民自由的，而不是用来限制、践踏人民自由的；如果法律限制了自由，也就是对人性的一种践踏。自由既然是人的本性，因而也就可以成为一种评价标准，衡量国家的法律是否是"真正的法律"。D项正确。

2. 关于法律与自由，下列哪一选项是正确的？（2008 - 1 - 2）

A. 自由是至上和神圣的，限制自由的法律就不是真正的法律

B. 自由对人至关重要，因此，自由是衡量法律善恶的唯一标准

C. 从实证的角度看，一切法律都是自由的法律

D. 自由是神圣的，也是有限度的，这个限度应由法律来规定

【答案】D

【解析】法律和自由的关系密切，一方面，法律是自由的保障；另一方面，法律限制一定的自由。故A项说法不正确，D项是正确的。另外，自由是衡量法律真假的标准，也可以用以衡量法律的善恶，但不是唯一的标准，正义、秩序等也可以作为标准。但衡量法的善恶的主要标准是正义。故B项错误。自由是法律最高的价值目标，所以从理想的角度看，一切法律都应当是自由的法律；但现实却并不一定如此，所以C项判断错误。

【点睛之笔】并非所有现实的法律都是自由的法律、正义的法律，否则就没有必要继续完善了，恶法也就不存在了。

3. 法律强制性地要求所有机动车驾驶员在行车时系好安全带，否则便予以法律制裁。此种限制驾驶员的个人自由的措施的理论基础是（　　）

A. 伤害原则
B. 冒犯原则

C. 法律家长主义
D. 比例原则

【答案】C

【解析】在许多社会领域中，个人自主并不能保证自己的选择和对风险的评估是准确的，人民要么仅仅追求短期利益，要么陷入诸多判断相互交织的困境而不能正确决定。家长主义认为，为了国民的福利、需要和利益，国家或政府可以秉持家长"父爱"的立场，采取措施，不同程度地限制相对人的自由或权利，或者阻止相对人自我伤害，或者增进相对人的利益。要求驾驶员在行车时系好安全

带，这是典型的基于家长的"父爱"所采取的限制措施。C项正确。

扫码听课

4. 法律谚语："平等者之间不存在支配权。"关于这句话，下列哪一选项是正确的？（2013-1-9）

A. 平等的社会只存在平等主体的权利，不存在义务；不平等的社会只存在不平等的义务，不存在权利

B. 在古代法律中，支配权仅指财产上的权利

C. 平等的社会不承认绝对的人身依附关系，法律禁止一个人对另一个人的奴役

D. 从法理上讲，平等的主体之间不存在相互的支配，他们的自由也不受法律限制

【答案】C

【解析】诚如马克思所言："没有无义务的权利，也没有无权利的义务。"因此，权利和义务不可能孤立地存在和发展。A项错误。在古代社会，支配既有对财产的支配，也包括对人身的支配。B项错误。各种价值都不是绝对的，都可以被限制，其限制由法律规定。特别是自由，法律保护人的自由，但自由也应受到法律的限制。因此，D项错误。

扫码听课

5. 一外国电影故事描写道：五名探险者受困山洞，水尽粮绝，五人中的摩尔提议抽签吃掉一人，救活他人，大家同意。在抽签前摩尔反悔，但其他四人仍执意抽签，恰好抽中摩尔并将其吃掉。获救后，四人被以杀人罪起诉并被判处绞刑。关于上述故事情节，下列哪些说法是不正确的？（2013-1-53）

A. 其他四人侵犯了摩尔的生命权

B. 按照功利主义"最大多数人之福祉"的思想，"一命换多命"是符合法理的

C. 五人之间不存在利益上的冲突

D. 从不同法学派的立场看，此案的判决存在"唯一正确的答案"

【答案】CD

【解析】五人之间很明显在生命利益上发生了冲突，并最终以牺牲摩尔的生命利益为代价、维护了其他四人的生命。A项正确，C项错误。功利主义的基本立场是"最大多数人的最大幸福"，牺牲一个人，但能让更多的人活下来，这是符合功利主义的立场的。B项正确。不同法学派对此案件自然有不同的看法，他们之间不存在所谓的"唯一正解"。D项错误。

扫码听课

6. 临产孕妇黄某由于胎盘早剥被送往医院抢救，若不尽快进行剖宫产手术将危及母子生命。当时黄某处于昏迷状态，其家属不在身边，且联系不上。经医院院长批准，医生立即实施了剖宫产手术，挽救了母子生命。该医院的做法体现了法的价值冲突的哪一解决原则？（2015-1-9）

A. 价值位阶原则　　　　　　B. 自由裁量原则

C. 个案中的比例原则　　　　D. 功利主义原则

【答案】A

【解析】法的各种价值之间是存在冲突的，因此在各种价值发生冲突之后，需要运用价值位阶、个案平衡、比例原则等三项原则来解决冲突。价值位阶原则强调的是按照重要性的程度对法的各种价值进行先后排序，为了排序在前的价值

可以牺牲排序在后的价值。个案平衡原则则强调在处理个案的时候，要具体问题具体分析，根据个案的特殊情况决定优先保障哪种价值。比例原则是指为了保护较高法益而牺牲较小法益时，对较小法益的伤害不能超过必要的限度。就本题而言，为了母子的生命权牺牲了家属的知情权、同意权，这分明体现的是价值位阶原则。A 项入选。

7. 我国《刑法》第 21 条规定，为了使国家、公共利益、本人或者他人的人身、财产和其他权利免受正在发生的危险，不得已采取的紧急避险行为，造成损害的，不负刑事责任。紧急避险超过必要限度造成不应有的损害的，应当负刑事责任，但是应当减轻或者免除处罚。该条文中的价值平衡，适用的是下列哪一项原则？（2008 - 1 - 3）

A. 价值位阶原则   B. 正义优先原则

C. 个案中的比例原则   D. 功利原则

【答案】C

【解析】价值冲突有三个解决原则：价值位阶原则指在不同位阶的法的价值发生冲突时，在先的价值优于在后的价值；价值平衡原则是指在处于同一位阶上的法的价值之间发生冲突时，必须综合考虑主体之间的特定情形、需求和利益，以适当兼顾各方的利益；个案中的比例原则是指在个案中，为保护某种较为优越的法价值须侵及一种法益时，不得逾越此目的所必要的程度。题干中涉及的条款表现出的是尽可能"最小损害"的理念，即使某种价值的实现必然会以其他价值的损害为代价，也应当使被损害的价值减低到最小限度。这属于典型的个案中的比例原则，因此，本题的正确答案是 C。

8. 2008 年修订的《中华人民共和国残疾人保障法》第五十条规定："县级以上人民政府对残疾人搭乘公共交通工具，应当根据实际情况给予便利和优惠。残疾人可以免费携带随身必备的辅助器具。盲人持有效证件免费乘坐市内公共汽车、电车、地铁、渡船等公共交通工具。盲人读物邮件免费寄递。国家鼓励和支持提供电信、广播电视服务的单位对盲人、听力残疾人、言语残疾人给予优惠。"对此，下列说法错误的是：（2010 - 1 - 92）

A. 该规定体现了立法者在残疾人搭乘公共交通工具问题上的价值判断和价值取向

B. 从法的价值的角度分析，该规定的主要目的在于实现法的自由价值

C. 该规定对于有关企业、政府及残疾人均具有指引作用

D. 该规定在交通、邮政、电信方面给予残疾人的优待有悖于法律面前人人平等原则

【答案】BD

【解析】该规定体现了立法者保障残疾人群体平等地利用社会资源的价值取向，故 A 项正确。从法的价值角度分析，该规定的主要目的是实现对于残疾人的平等保护，因此属于正义价值，故 B 项错误。相应的，该规定能够指引有关企业、政府和残疾人本人安排相应的行为，故 C 项正确。该规定给予残疾人的优待不属于不合理的差别对待，不仅不悖于法律面前人人平等的原则，反而正是法律面前人人平等的体现。故 D 项错误。

9. 秦某以虚构言论、合成图片的手段在网上传播多条"警察打人"的信息，

大咖点拨区

造成恶劣影响，县公安局对其处以行政拘留8日的处罚。秦某认为自己是在行使言论自由权，遂诉至法院。法院认为，原告捏造、散布虚假事实的行为不属于言论自由，为法律所明文禁止，应承担法律责任。对此，下列哪一说法是正确的？（2017-1-8）

A. 相对于自由价值，秩序价值处于法的价值的顶端

B. 法官在该案中运用了个案中的比例原则解决法的价值冲突

C. "原告捏造、散布虚假事实的行为不属于言论自由"仅是对案件客观事实的陈述

D. 言论自由作为人权，既是道德权利又是法律权利

【答案】D

【解析】在法律的各种价值当中，自由是最高价值，处于法的价值序列的顶端；秩序是最基础的价值。A项认识有误。

在题干的案例当中，秦某以虚构言论、合成图片的手段在网上传播多条"警察打人"的信息，造成恶劣影响。法院裁判案件，秉持的是正义价值，为了正义，禁止原告捏造、散布虚假事实的行为，这属于典型的价值位阶原则。B项错误。

"原告捏造、散布虚假事实的行为不属于言论自由"，本句中，"原告捏造、散布虚假事实"这是对案件客观事实的陈述，"不属于言论自由"这是对前述系争行为的价值判断。C项错误。

所谓人权，是指每个人作为人应该享有或者享有的权利。人权既可以作为道德权利而存在也可以作为法律权利而存在。但在根本上，是一种道德权利。为了保障人权的实现，必须将人权法律化，但是，并不是所有的人权都实际上被法律化了。言论自由首先是一种人权，是道德权利；为了保障其实现，将其规定在法律、宪法当中，成为法律权利、基本权利。D项表述正确。

第六节　法的要素

扫码听课

1. 贾律师在一起未成年人盗窃案件辩护意见中写到："首先，被告人刘某只是为了满足其上网玩耍的欲望，实施了秘密窃取少量财物的行为，主观恶性不大；其次，本省盗窃罪的追诉限额为800元，而被告所窃财产评估价值仅为1050元，社会危害性较小；再次，被告人刘某仅从这次盗窃中分得200元，收益较少。故被告人刘某的犯罪情节轻微，社会危害性不大，主观恶性小，依法应当减轻或免除处罚。"关于该意见，下列哪些选项是不正确的？（2010-1-55）

A. 辩护意见既运用了价值判断，也运用了事实判断

B. "被告人刘某的犯罪情节轻微，社会危害性不大，主观恶性小，依法应当减轻或免除处罚"，属于事实判断

C. "本省盗窃罪的追诉限额为800元，而被告所窃取财产评估价值仅为1050元"，属于价值判断

D. 辩护意见中的"只是"、"仅为"、"仅从"这类词汇，属于法律概念

【答案】BCD

【解析】在法学上，事实判断乃是对于客观存在的法律原则、规则、制度等所进行的客观分析与判断。价值判断乃是就某一特定的客体对特定的主体有无价值、有何价值、价值有多大所做的判断。本案中的辩护意见既有对于法律制度的客观描述，也有对于被告人主观恶性、社会危害性、应受处罚性等程度的评价，因此 A 项正确。而 B 项中的语句乃是对于刘某行为的价值评价，属于价值判断，因此 B 项错误。C 项中语句乃是对法律制度以及被告所窃取的价值的客观描述，属于事实判断，故 C 项错误。法律概念是对与法律相关的事物、状态、行为进行概括而形成的精炼术语，如"故意"、"当事人"、"自然人"等。本题辩护意见中的"只是"、"仅为"、"仅从"都是一般性日常词汇，不属于法律概念。选项 D 错误。

2. 关于法律概念，下列说法正确的有(　　　)

A. 法律概念只包括法律和法学中特有的具有专门法律意义的概念，不包括来自日常生活的概念

B. 与自然科学概念相同，法律概念与人的行动和利益有着密切的关联性

C. 法律概念的意义完全是由法律规范所决定的

D. 在目的论证时，法律概念的语义构成了目的论证的界限

【答案】D

【解析】法律概念既包括法律和法学中特有的具有专门法律意义的概念，也包括来自日常生活但具有法律意义的概念。A 项错误。法律概念关系到人的行动和利益，这一点与自然科学概念不同。相对于其他人文社会科学中的概念，法律概念与人的行动和利益具有更密切、更直接的关联性。B 项错误。法律概念具有一定程度的独立性，其意义并不完全由法律规范所决定。C 项错误。在目的论证时，法律概念的语义构成了目的论证的界限。D 项正确。

3. 关于法律概念的分类，下列说法不正确的有 (　　　)

A. "公民"、"法人"属于不确定概念

B. "显失公平"属于描述性不确定概念

C. "因公外出"和"严重侵害"都是评价性概念

D. 民法上的"推定"概念属于评价性概念

【答案】ABCD

【解析】根据概念的定义要素是否清晰，可以将法律概念区分为确定性概念和不确定性概念。确定性概念：如"公民"、"法人"等。不确定性概念又包括描述性不确定概念和规范性不确定概念，前者如"夜间"、"噪音"、"物"等，其不确定性由判断标准的不明所导致的；后者如"恶意遗弃"、"重大事由"、"显失公平"等，由于涉及适用者的主观评价，原本就不存在一个固定的标准。AB 两项错误。

根据概念的功能，可以将法律概念区分为描述性概念、评价性概念和论断性概念。描述性概念用以描述自然事实、制度事实、社会事实，相关语句有真假之分，如火车、森林、配偶、婚姻等。评价性概念则涉及对事实或事物的价值判断，相关语句没有真假之分，如"公序良俗"、"处于卑劣动机杀人"。论断性概念乃是基于对某个事实的确认来认定另一个事实的存在。如民法上的推定概念和刑法上的罪责概念。D 项错误。

就 C 项而言，"因公外出"是描述性概念，"严重侵害"是评价性概念。因此，C 项错误。

4.《刑事诉讼法》第 56 条规定："采取刑讯逼供等非法方法收集的犯罪嫌疑人、被告人供述和采用暴力、威胁等非法方法收集的证人证言、被害人陈述，应当予以排除。"对此条文，下列哪一理解是正确的？（2015－1－10）

A. 运用了规范语句来表达法律规则

B. 表达的是一个任意性规则

C. 表达的是一个委任性规则

D. 表达了法律规则中的假定条件、行为模式和法律后果

【答案】A

【解析】法律规范既可以用规范性语句表述，也可以用陈述句表述。规范性语句与陈述句的区别在于语句外观上是否使用了"应当"、"有权"、"不得"、"禁止"等道义助动词。本题中，该条文中出现了道义助动词"应当"，故属于规范性语句。故 A 项正确。根据法律规则的内容是否可由当事人自由协商加以改变，法律规则分为强行性规则和任意性规则。本题中的条文规定的是非法证据排除规则，不允许相关主体自由协商，因此属于强行性规则，而非任意性规则。B 项错误。根据法律规则的内容是否确定，法律规则可以分为确定性规则、委任性规则、准用性规则。所谓委任性规则是指规则内容自身并不明确，于是条文授权某种国家机关通过制定细则、规定的方式去将其明确下来。本题条文内容清楚，并未授权特定国家机关，因此属于确定性规则，而非委任性规则。C 项错误。法律规则的三要素——假定条件、行为模式和法律后果——在逻辑上缺一不可，但在实际条文中都可以省略。本题中的条文主要规定的是行为模式，所以 D 项错误。

5. 关于法律条文、法律规则及其逻辑结构，下列说法正确的有（　　）

A. 在法律规则的三要素中，除行为模式不可省略外，假定部分和法律后果在条文中均可省略

B. 法律规则也可能以陈述句的形式表达

C. 所有表述法律规则的语句都可以带上道义助动词

D. 法律条文都表述法律规范（法律原则或法律规则）

【答案】BC

【解析】任何法律规则均由假定条件、行为模式和法律后果三个部分构成，三者在逻辑上缺一不可，但在具体条文中都可以省略。A 项错误。法律规则往往通过规范语句的方式表达。而根据所运用的道义助动词的不同，规范语句又可以分为命令句和允许句。前者使用了"必须""应该""禁止"等，允许句使用的是"可以"这类道义助动词。除此之外，法律规则还可能用陈述句或陈述语气来表达。当表达一个法律规则时，该陈述句能够通过增加道义助动词的方式被改写为一个规范语句。BC 两项正确。规范性法文件大都以条文为基本构成单位，法律条文分为规范性条文和非规范性条文两种。规范性条文是直接表述法律规范（法律规则和法律原则）的条文；非规范性条文不直接规定法律规范，而规定某些法律技术内容，如术语界定、公布机关和时间、生效日期等。可见，并非所有法律条文都规定法律规范。D 项错误明显。

【设题陷阱及常见错误分析】（1）法律规则与法律条文并非一一对应，有时一个完整的规则由数个条文来表述，有时一个条文表述多个规则。（2）一般而言，具体法条并不包括完整的法律规则三要素。举例来说，我国《刑法》第102条第1款规定："勾结外国，危害中华人民共和国的主权，领土完整和安全的，处无期徒刑或者十年以上有期徒刑。"该条文所包含的法律规则逻辑结构要素是行为模式和法律后果。

大咖点拨区

扫码听课

6. 关于法律规则、法律条文与语言的表述，下列哪一选项是正确的？（　　）

A. 法律规则必须以"规范语句"的形式表达

B. 所有法律规则都具有语言依赖性，在此意义上，法律规则就是法律条文

C. 所有表述法律规则的语句都可以带有道义助动词

D. 《中华人民共和国民法典》第25条规定："自然人以户籍登记或者其他有效身份登记记载的居所为住所；经常居所与住所不一致的，经常居所视为住所。"本条规定的既不是法律原则，也不是法律规则，而是法律概念

【答案】 C

【解析】 表达法律规则的语句往往是一种规范语句（带有道义助动词的语句）。但是，法律规则也可能用陈述语气或陈述句来表达，但这种情况下，该陈述句可以通过增加道义助动词的方式被改写为一个规范语句。故而，选项A表述错误，选项C正确。法律规则和法律条文是有区别的，法律规则是法律条文的内容，法律条文是法律规则的表现形式。选项B错误。就D项而言，该条款是在表达一个命令，而非描述一个事实，因此虽是陈述句，但可以通过增加道义助动词的方式改写为一个规范语句。质言之，该条规定表达的是法律规则。因此，D项错误。

【点睛之笔】 **无法单纯通过语句来判断表达的是否是法律规则。**

7. 《治安管理处罚法》第115条规定："公安机关依法实施罚款处罚，应当依照有关法律、行政法规的规定，实行罚款决定与罚款收缴分离；收缴的罚款应当全部上缴国库。"关于该条文，下列哪一说法是正确的？（2016-1-8）

A. 表达的是禁止性规则　　　　B. 表达的是强行性规则

C. 表达的是程序性原则　　　　D. 表达了法律规则中的法律后果

扫码听课

【答案】 B

【解析】 义务性规则包括禁止性规则和命令性规则。禁止性规则为主体设置了消极义务（不作为义务），禁止人们作出一定行为，其典型标志是条文使用"禁止"、"不得"等道义助动词。命令性规则规定了人们的积极义务（作为义务），即要求人们必须或应当作出某种行为，其典型标志是条文使用"应当"、"必须"等道义助动词。题干中的法条使用了"应当"，因此属于命令性规则而非禁止性规则。A项错误。强行性规则与任意性规则相对。强行性规则的内容具有强制性质，不允许人们随便加以改变，条文往往使用"禁止"、"不得"、"应当"、"必须"等强制性程度高的道义助动词。任意性规则允许人们在一定范围内自行选择或协商确定内容的法律规则，条文往往使用"可以"等选择性较强的道义助动词。题干所列法条使用了"应当"一词，因此，该法条是强行性规则。B项正确。《治安管理处罚法》属于实体法，而且系争条款规定明确具体，行为模式清楚，是"应当罚缴分离"、"应当全部上缴国库"。可见，该条文是法律规则

而非法律原则。C项错误。法律后果，指法律规则中规定人们在作出符合或不符合行为模式的要求时应承担相应有利或不利的后果，分为两种：（1）合法后果，又称肯定式的法律后果，它表现为法律对合法行为的保护、许可或奖励等有利后果。（2）违法后果，又称否定式的法律后果，它表现为法律对违法行为的制裁、不予保护、撤销、停止，或要求恢复、补偿等不利后果。题干所列法条只是规定应当"罚缴分离"、"全部上缴国库"，这属于行为模式；没有规定全部上缴国库之后有什么奖励，不上缴国库会有什么不利后果。D项错误。

8.《集会游行示威法》第4条规定："公民在行使集会、游行、示威的权利的时候，必须遵守宪法和法律，不得反对宪法所确定的基本原则，不得损害国家的、社会的、集体的利益和其他公民的合法的自由和权利。"关于这一规定，下列哪一说法是正确的？（2009－1－12）

A. 该条是关于权利的规定，因此属于授权性规则

B. 该规定表明法律保护人的自由，但自由也应受到法律的限制

C. 公民在行使集会、游行、示威的权利的时候，不得损害国家的、社会的、集体的利益，因此国家利益是我国法律的最高价值

D. 该规定的内容比较模糊，因而对公民不具有指导意义

【答案】B

【解析】按照规则的内容规定不同，法律规则可以分为授权性规则和义务性规则。所谓授权性规则，是指规定人们有权做一定行为或不做一定行为的规则，即规定人们的"可为模式"的规则。所谓义务性规则，是指在内容上规定人们的法律义务，即有关人们应当作出或不作出某种行为的规则。它也分为两种：（1）命令性规则，是指规定人们的积极义务（作为义务），即人们必须或应当作出某种行为的规则；（2）禁止性规则，是指规定人们的消极义务（不作为义务），即禁止人们作出一定行为的规则。题干中的规定是对权利的限制，是义务性规则中的禁止性规则。选项A错误。该规定表明法律保护公民的集会、游行、示威的权利和自由。但是该自由的行使是有限制的，必须遵守宪法和法律，不得反对宪法所确定的基本原则，不得损害国家的、社会的、集体的利益和其他公民的合法权益。选项B正确。根据该条规定无法看出，国家利益是我国法律的最高价值。选项C错误。法律通过一般的规则对同类的人或行为进行指引。本题中的条款明确规定了公民在行使集会、游行、示威的权利时必须遵守宪法和法律规定，内容明确，对公民具有指导意义。选项D错误。

【一招制敌】自由是法律的最高价值。

9. 关于法律要素，下列哪一说法是错误的？（2011－1－9）

A.《反垄断法》第37条："行政机关不得滥用行政权力，制定含有排除、限制竞争内容的规定。"这属于义务性规则

B.《行政处罚法》第37条第3款："执法人员与当事人有直接利害关系的，应当回避。"这既不属于法律原则，也不属于法律规则

C.《政府信息公开条例》第55条："教育、卫生健康、供水、供电、供气、供热、环境保护、公共交通等与人民群众利益密切相关的公共企事业单位，公开在提供社会公共服务过程中制作、获取的信息，依照相关法律、法规和国务院有关主管部门或者机构的规定执行。全国政府信息公开工作主管部门根据实际需要

可以制定专门的规定。"这属于委任性规则

D.《民法典》第1015条第1款："自然人应当随父姓或者母姓，但是有下列情形之一的，可以在父姓和母姓之外选取姓氏：（一）选取其他直系长辈血亲的姓氏；（二）因由法定扶养人以外的人扶养而选取扶养人姓氏；（三）有不违背公序良俗的其他正当理由。"这属于确定性规则

【答案】B

【解析】A项中的《反垄断法》第37条的规定使用了道义助动词"不得"，即采用了"勿为模式"，可见属于义务性规则中的禁止性规则。选项A说法正确。B项中的《行政处罚法》（2009）第37条第3款内容明确具体，使用了道义助动词"应当"，采用的是"应为模式"，属于义务性规则中的命令性规则。因此，B项表述错误。选项C中的《政府信息公开条例》第55条规定，其内容在自身之中并不清楚，而是将"具体办法"交由"国务院有关主管部门或机构"制定，可见属于委任性规则。C项正确。确定性规则是指内容已经明确规定人们具体的行为模式，无须再援引或者参照其他规则来确定其内容的法律规则。《民法典》第1015条第1款内容确定清楚，可直接适用，不需要找其他法文件或者其他主体帮忙，属于确定性规则。选项D说法正确。

10.《老年人权益保障法》第18条第1款规定："家庭成员应当关心老年人的精神需求，不得忽视、冷落老年人。"关于该条款，下列哪些说法是正确的？（2013－1－54）

A. 规定的是确定性规则，也是义务性规则

B. 是用"规范语句"表述的

C. 规定了否定式的法律后果

D. 规定了家庭成员对待老年人之行为的"应为模式"和"勿为模式"

【答案】ABD

【解析】确定性规则乃是和委任性规则、准用性规则相对的，其内容本已明确肯定，无须再援引或参照其他规则来确定其内容。题目中的条款内容明确肯定，属于确定性规则。义务性规则乃是和授权性规则相对的，在内容上规定人们的法律义务，即有关人们应当作出或不作出某种行为。题目中的条款要求家庭成员"应当关心老年人的精神需求"，"不得忽视、冷落老年人"，规定了家庭成员对待老年人之行为的应为模式和勿为模式，运用了道义助动词，因此属于以规范语句表达的义务性规则。ABD三项正确。但系争条款没有指明如果违反会产生何种法律后果，很明显省略了法律后果。因此C项错误。

11.《民法典》第1065条第1款规定："男女双方可以约定婚姻关系存续期间所得的财产以及婚前财产归各自所有、共同所有或者部分各自所有、部分共同所有。约定应当采用书面形式。没有约定或者约定不明确的，适用本法第一千零六十二条、第一千零六十三条的规定。"关于该条款规定的规则（或原则），下列哪一选项是正确的？（2013－1－10）

A. 任意性规则 　　　　　　　　 B. 法律原则

C. 准用性规则 　　　　　　　　 D. 禁止性规则

【答案】AC

【解析】该条款内容比较具体确定，属于法律规则。B项错误。强行性规则

大咖点拨区

扫码听课

扫码听课

扫码听课

是指内容规定具有强制性质，不允许人们随便加以更改的法律规则。任意性规则是指规定在一定范围内，允许人们自行选择或协商确定为与不为、为的方式以及法律关系中的权利义务内容的法律规则。题干中的条款明确规定"夫妻双方可以约定"，说明属于授权性规则、任意性规则。D项错误、A项当选。系争条款的前半部分内容明确肯定，属于确定性规则；后半部分对于"没有约定或者约定不明确的"情况，法条本身没有规定人们具体的行为模式，而是规定可以援引或参照其他相应内容规定，这是典型的准用性规则。C项也是正确的。

12. 1995年颁布的《保险法》第90条规定："保险公司的设立、变更、解散和清算事项，本法未作规定的，适用公司法和其他有关法律、行政法规的规定。"2009年修订的《保险法》第94条规定："保险公司，除本法另有规定外，适用《中华人民共和国公司法》的规定。"关于二条文规定的内容，下列理解正确的是：(2012-1-87)

A. 均属委任性规则
B. 均属任意性规则
C. 均属准用性规则
D. 均属禁止性规则

【答案】C

【解析】按照规则内容的确定性程度不同，可以把法律规则分为确定性规则、委任性规则和准用性规则。所谓准用性规则，是指内容本身没有规定人们具体的行为模式，而是可以援引或参照其他相应内容规定的规则。题目中的两个条文规定的内容均属于准用性规则。C项当选。

13. 《劳动合同法》第19条第1款规定："劳动合同期限三个月以上不满一年的，试用期不得超过一个月；劳动合同期限一年以上不满三年的，试用期不得超过二个月；三年以上固定期限和无固定期限的劳动合同，试用期不得超过六个月。"关于这个条文，下列哪一选项是错误的？(2008四川-1-5)

A. 该条规定不属于法律原则
B. 该条规定属于法律规则中的授权性规则
C. 该条规定对于签订劳动合同的劳动者与用人单位具有指引作用
D. 审理劳动合同纠纷的仲裁员可以该条规定判断劳动合同的相关条款合法还是违法、有效还是无效，就此而言，该条规定具有评价作用

【答案】B

【解析】《劳动合同法》第19条第1款的规定非常具体明确，因此属于法律规则，而非法律原则，A项说法正确。该条规定中使用了"不得"道义助动词，因此属于"勿为模式"，表达的是义务性规则，而非授权性规则，B项说法错误。法律规范的指引作用是指：法律规范对本人的行为具有引导作用，题干中给出的规定对于签订劳动合同的劳动者与用人单位具有指引作用。因此，C项说法正确。而法律规范的评价作用是指：法律作为一种行为标准，具有判断、衡量他人行为合法与否的评价作用，因此，D项说法正确。

14. 关于法律概念、法律原则、法律规则的理解和表述，下列哪一选项不能成立？(2007-1-3)

A. 法律规则并不都由法律条文来表述，并非所有的法律条文都规定法律规则
B. 法律原则最大程度地实现法律的确定性和可预测性
C. 法律概念是解决法律问题的重要工具，但是法律概念不能单独适用

D. 法律原则可以克服法律规则的僵硬性缺陷，弥补法律漏洞

【答案】B

【解析】法律规则是法律条文的内容，法律条文是法律规则的表现形式，并不是所有的法律条文都直接规定法律规则，也不是每一个条文都完整地表述一个规则或者只表述一个规则，所以 A 项的说法是正确的。法律原则是只对行为或者裁判设定一些概括性的要求或者标准，在适用的时候具有较大的余地供法官选择和灵活应用，同时它具有更大的覆盖性和抽象性，能够克服法律规则的僵硬性缺陷，弥补法律漏洞，所以 D 的说法是正确的。而法律原则的覆盖性和抽象性同时也决定了它不可能最大程度实现法律的确定性和可预测性，B 项的说法有误。法律概念是对各种法律现象或者法律事实加以描述、概括的概念。法律概念本身不是法律规则或者法律原则，而是表述规则和原则之内容的工具，在这个意义上，法律概念不是完全独立的法的要素，而是依附于法律规则或法律原则，其不能单独适用。C 的说法是正确的。

扫码听课

15. 《中华人民共和国民法典》第 8 条规定："民事主体从事民事活动，不得违反法律，不得违背公序良俗。"对这条规定，下列哪些理解不正确？（2005 - 1 - 56）

A. 这一条的内容是法律规则

B. 一切民事案件均可以优先适用这一条文

C. 这一条的内容所反映的是正义的价值

D. 本条规定的属于公理性原则

【答案】ABC

【解析】法律原则是指能够作为法律规则基础或本源的原理或准则。很明显，《民法典》第 8 条笼统抽象，是法律原则而非法律规则。因此，选项 A 错误。法律原则的适用是有条件的。因为法律规则是法律中最具有硬度的部分，能最大程度地实现法律的确定性和可预测性，有助于保持法律的安定性和权威性，避免司法者滥用自由裁量权，保证法治的最起码的要求得到实现。因此，在有具体的法律规则可供适用时，不得直接适用法律原则。即使出现了法律规则的例外情况，如果没有非常强的理由，法官也不能以一定的原则否定既存的法律规则。只有出现无法律规则可以适用的情形，法律原则才可以作为弥补"规则漏洞"的手段发挥作用。因此，选项 B "一切民事案件均可以优先适用这一条文"的说法错误。《民法典》第 8 条规定的内容实际上是公序良俗的要求，更多反映的是公共秩序的价值。选项 C 的表述"这一条的内容所反映的是正义的价值"不正确。本条规定的是公序良俗原则，在国际范围内具有较大的普适性，因此属于公理性原则，选项 D 正确。

16. 我国《民法典》第 498 条规定："对格式条款的理解发生争议的，应当按照通常理解予以解释。对格式条款有两种以上解释的，应当作出不利于提供格式条款一方的解释。格式条款和非格式条款不一致的，应当采用非格式条款。"对该法律条文的下列哪种理解是错误的？（2006 - 1 - 1）

A. 该法律条文规定的内容是法律原则

B. 格式条款本身追求的是法的效率或效益价值，该法律条文规定的内容追求的是法的正义价值

扫码听课

C. 该法律条文是对法的价值冲突的一种解决

D. 该法律条文规定了法律解释的方法和遵循的标准

【答案】A

【解析】法律原则是为法律规则提供某种基础或本源的综合性的、指导性的原理或准则，具有一般性、稳定性和抽象性等特征。法律规则具体规定权利、义务以及相应的法律后果，相较于原则而言，具有微观的指导性和更强的可操作性，确定性程度也更高。本题中的法条规定的内容明确、具体、确定，因此应是法律规则，而非法律原则。因此选项A错误。格式条款是为了反复使用而事先制定的，本身乃是为了追求效率价值，往往对提供格式条款一方更加有利。本条的规定正是为了避免格式条款的上述不足而设计的，以保护接受格式条款一方的利益，追求的显然是正义价值。因此选项B正确。该条文规定了在对格式条款的理解发生争议之后的三种解决方案，即为效率和正义价值发生冲突提供了解决方案，所以C项正确。就D项而言，存在一定的争议。"对格式条款的理解发生争议的，应当按照通常理解予以解释"，这当然属于合同中格式条款的解释方法；"对格式条款有两种以上解释的，应当作出不利于提供格式条款一方的解释。格式条款和非格式条款不一致的，应当采用非格式条款"，此句也涉及解释合同中格式条款应当遵循的标准问题。从私法的角度说，合同乃是当事人之间的法律，即"法锁"，因此合同解释当然也属于法律解释。因此，D项当选。

扫码听课

17. 我国《宪法》第26条第1款规定："国家保护和改善生活环境和生态环境，防治污染和其他公害。"下列哪一选项是正确的？（2007－1－2）

A. 该条文体现了国家政策，是典型的法律规则

B. 该条文既是法律原则，也体现了国家政策的要求

C. 该条文是授权性规则，规定了国家机关的职权

D. 该条文没有直接规定法律后果，但仍符合法律规则的逻辑结构

【答案】B

【解析】法律原则是为法律规则提供某种基础或本源的综合性的、指导性的价值准则或规范，有公理性原则和政策性原则之分。法律规则是采取一定的结构形式具体规定权利、义务及相应后果的行为规范。任何法律规则均由假定条件、行为模式和法律后果三个部分构成，三者在逻辑上缺一不可，但在具体条文中都可以省略。本题中，系争条款乃是国家环境保护方面的基本政策的法律表达，是国家在环境保护方面宏观性、一般性、总体性的法律规定；没有具体规定权利和义务，属于法律原则，而非法律规则。因此，也就谈不上法律规则的逻辑结构问题，自然也不会涉及授权性规则还是义务性规则的问题。因此，ACD三项错误。

扫码听课

18. 全兆公司利用提供互联网接入服务的便利，在搜索引擎讯集公司网站的搜索结果页面上强行增加广告，被讯集公司诉至法院。法院认为，全兆公司行为违反诚实信用原则和公认的商业道德，构成不正当竞争。关于该案，下列哪一说法是正确的？（   ）

A. 诚实信用原则一般不通过"法律语句"的语句形式表达出来

B. 与法律规则相比，法律原则能最大限度实现法的确定性和可预测性

C. 法律原则的着眼点不仅限于行为及条件的共性，而且关注它们的个别性和

特殊性

　　D. 法律原则是以"全有或全无"的方式适用于个案当中

　　E. 诚实信用原则属于政策性原则

【答案】C

【解析】《民法典》第7条规定了诚实信用原则："民事主体从事民事活动，应当遵循诚信原则，秉持诚实，恪守承诺。"可见，诚实信用原则在我国是通过法律条文即法律语句的形式表达出来的。A项错误。法律规则是法律中最具有硬度的部分，能最大程度地实现法律的确定性和可预测性，有助于保持法律的安定性和权威性，避免司法者滥用自由裁量权，保证法治的最起码的要求得到实现。与此不同，法律原则则具有灵活性和抽象性，能够弥补法律规则的漏洞。B项错误。在内容上，法律规则的规定是明确具体的，它着眼于主体行为及各种条件（情况）的共性；其明确具体的目的是削弱或防止法律适用上的"自由裁量"。与此相比，法律原则的着眼点不仅限于行为及条件的共性，而且关注它们的个别性。C项正确。在适用方式上，法律规则是以"全有或全无的方式"或涵摄的方式应用于个案当中的。而法律原则的适用则不同，它不是以全有或全无的方式，而是以衡量的方式应用于个案当中的，因为不同的法律原则具有不同的"强度"，这些不同强度的原则甚至冲突的原则都可能存在于一部法律之中。D项错误。诚实信用原则是由法律上的事理推导出来的，在国际范围内具有较大的普适性，因此属于公理性原则，E项错误。

　　19. 法律格言说："不知自己之权利，即不知法律。"关于这句法律格言涵义的阐释，下列哪一选项是正确的？（2010－1－6）

　　A. 不知道法律的人不享有权利

　　B. 任何人只要知道自己的权利，就等于知道整个法律体系

　　C. 权利人所拥有的权利，既是事实问题也是法律问题

　　D. 权利构成法律上所规定的一切内容，在此意义上，权利即法律，法律亦权利

【答案】C

【解析】本格言强调的是法律和权利是密切相关的：一方面，权利是被法律所规定的，故权利人拥有权利是一个法律问题；另一方面，如果权利人不知道自己的权利，不行使权利，则权利是纸面上的，是虚幻的，一旦其知道且行使权利，则其所拥有的权利就成了一个事实问题，C项说法正确。在现实生活中，权利是现实存在的，和当事人知不知道法律没有关系，故A项说法错误。B项中，法律不仅仅只有权利，还有义务，而且整个法律体系内容非常丰富庞杂，绝不是仅仅知道了权利便能全盘把握的。所以，BD两项错误。

　　20. 下列哪些选项属于积极义务的范畴？（2011－1－55）

　　A. 子女赡养父母　　　　　　　B. 严禁刑讯逼供

　　C. 公民依法纳税　　　　　　　D. 紧急避险

【答案】AC

【解析】积极义务，又称为作为义务，即义务人必须根据权利的内容作出一定的行为，如赡养父母、纳税等。因此，AC入选。消极义务，又称为不作为义务，即义务人不得作出一定行为的义务，如禁止非法拘禁，严禁刑讯逼供等。可

扫码听课

扫码听课

见，B 项错误。紧急避险属于一种免责条件，从某种意义上而言是一项法律权利，与法律义务没有直接关系，D 项错误。

21. 苏某和熊某毗邻而居。熊某在其居住楼顶为 50 只鸽子搭建了一座鸽舍。苏某以养鸽行为严重影响居住环境为由，将熊某诉至法院，要求熊某拆除鸽棚，赔礼道歉。法院判定原告诉求不成立。关于本案，下列哪一判断是错误的？（2012-1-15）

 A. 本案涉及的是安居权与养鸽权之间的冲突

 B. 从案情看，苏某的安居权属于宪法所规定的文化生活权利

 C. 从判决看，解决权利冲突首先看一个人在行使权利的同时是否造成对他人权利的实际侵害

 D. 本案表明，权利的行使与义务的承担相关联

【答案】B

【解析】苏某和熊某毗邻而居。熊某在其居住楼顶为 50 只鸽子搭建了一座鸽舍。苏某认为养鸽行为严重影响居住环境。本案的确涉及养鸽权与安居权之间的冲突，A 项正确。从案情来看，苏某的安居权属于社会权利、环境权利，属于普通权利，不属于宪法所规定的基本权利，也谈不上文化生活权利。B 项错误。从本案最终判决来看，解决权利冲突首先要看一个人在行使权利的同时是否造成对他人权利的实际侵害。C 项正确。权利总是与义务人的义务相关联，离开了义务，权利就不能得到保障。D 项正确。

22. 法律格言云："不确定性在法律中受到非难，但极度的确定性反而有损确定性"。对此，下列哪些说法是正确的？（2017-1-59）

 A. 在法律中允许有内容本身不确定，而是可以援引其他相关内容规定的规范

 B. 借助法律推理和法律解释，可提高法律的确定性

 C. 通过法律原则、概括条款，可增强法律的适应性

 D. 凡规定义务的，即属于极度确定的；凡规定权利的，即属于不确定的

【答案】ABC

【解析】A 项正确，法律中存在着准用性规则，其本身内容不确定，但可以援引其他相关内容规定。在法律规范的内容不明确的情况下，需要由法律人借助于法律推理、法律解释来对规范的内容进行具体化、明确化，B 项正确。法律原则、概括条款虽然相对抽象、笼统，不够确定，但是其对于变动社会中变动中的事件而言，代表了法律的灵活性的部分，有助于增强法律的适应性。C 项正确。法律依赖于语言，凡语言均具有模糊性，都需要解释，说法律规定极度确定，都是错误的。D 项不正确。

23. 许某与妻子林某协议离婚，约定 8 岁的儿子小虎由许某抚养，林某可随时行使对儿子的探望权，许某有协助的义务。离婚后两年间林某从未探望过儿子，小虎诉至法院，要求判令林某每月探视自己不少于 4 天。对此，下列说法正确的是：（2017-1-89）

 A. 依情理林某应探望儿子，故从法理上看，法院可判决强制其行使探望权

 B. 从理论上讲，权利的行使与义务的履行均具有其界限

 C. 林某的探望权是林某必须履行一定作为或不作为的法律约束

 D. 许某的协助义务同时包括积极义务和消极义务

【答案】BD

【解析】法律权利是国家通过法律规定对法律关系主体可以自主决定作出某种行为的许可和保障手段。其特点包括：受国家的认可和保障；一定程度的自主性；与利益紧密相连；权利总是与义务人的义务相关联，离开了义务，权利就不能得到保障。义务则具有强制履行的性质，义务人对于义务的内容不可随意转让或违反。根据行为的内容，义务可以分为作为义务（积极义务）和不作为义务（消极义务）。本案涉及林某的探望权，属于法律权利，具有一定的自主性，法院强制其行使探望权并不妥当。AC 两项误解了权利和义务的属性，错误。从理论上讲，无论权利的行使还是义务的履行均应受到法律的约束，二者均具有自己的边界。B 项正确。对于林某的探望权，许某具有协助义务，消极方面看指其不应阻挠林某的探望，积极方面看则还包括积极创造机会以保证林某探望权的实现。D 项正确。

大咖点拨区

第七节　法的渊源

1. 贾某（女）与赵某（男）婚后经常因家庭琐事产生矛盾，甚至发生肢体冲突。2016 年 11 月 25 日，贾某持受伤照片和医院诊断书向人民法院申请人身安全保护令，请求禁止赵某殴打、威胁、辱骂贾某。法院审理查明，婚前，贾某缺乏对赵某的了解，后从邻居处得知赵某曾因抢劫、敲诈勒索等被判处有期徒刑，双方有了感情隔阂。事发当天，赵某因孩子哭闹问题产生不良情绪，后对贾某及孩子发脾气并动手殴打。贾某向人民法院申请人身安全保护令，人民法院依据《反家庭暴力法》的规定裁定向贾某、赵某发出人身安全保护令，并同时送达给公安机关、贾某和赵某居住村的村民委员会。赵某认为，法院将人身安全保护令寄给自己居住村的村民委员会，对自己的名誉产生了不利影响，构成了对自己隐私权的侵害，因此向原审法院申请复议。法院维持了原裁定。对此，下列说法正确的有（　　）

扫码听课

A. 本案中的人身安全保护令属于规范性法文件

B. 隐私权属于相对权

C. 《反家庭暴力法》在我国属于正式渊源

D. 法院对原裁定的维持，体现了价值位阶原则

【答案】CD

【解析】本案中的人身安全保护令是针对贾某和赵某之间的家庭暴力事件的，也就是针对特定主体特定事项的有法律效力的文件，属于非规范性法文件。A 项错误。隐私权属于人身权利，针对的是除权利主体之外的不特定主体，因此属于绝对权。B 项错误。《反家庭暴力法》具有明定的正式法律效力，属于正式渊源。C 项正确。法院维持原裁定，说明法院认为，和隐私权相比，对贾某的人身权利的保护更为重要，因此此种处理方案体现的是价值位阶原则。D 项正确。

2. 关于行政法规，下列说法正确的有（　　）

A. 重要的行政法规草案由国务院有关部门或者国务院法制机构组织起草

B. 行政法规草案应当向社会公布，征求意见，但是经国务院决定不公布的

扫码听课

大咖点拨区

除外

C. 行政法规起草工作完成后，起草单位应当将草案及其说明、各方面对草案主要问题的不同意见和其他有关资料送国务院法制机构进行审查

D. 行政法规由国务院总理签署总理令公布

E. 行政法规签署公布后，应及时在国务院公报和中国人大网以及在全国范围内发行的报纸上刊登

F. 行政法规应当在公布后的三十日内，报全国人大常委会备案

【答案】BCF

【解析】根据《立法法》的规定，行政法规由国务院有关部门或者国务院法制机构具体负责起草，重要行政管理的法律、行政法规草案由国务院法制机构组织起草。可见，A项错误。行政法规在起草过程中，应当广泛听取有关机关、组织、人大代表和社会公众的意见。听取意见可以采取座谈会、论证会、听证会等多种形式。行政法规草案应当向社会公布，征求意见，但是经国务院决定不公布的除外。B项正确。行政法规起草工作完成后，起草单位应当将草案及其说明、各方面对草案主要问题的不同意见和其他有关资料送国务院法制机构进行审查。国务院法制机构应当向国务院提出审查报告和草案修改稿，审查报告应当对草案主要问题作出说明。C项正确。

行政法规由国务院总理签署国务院令公布。有关国防建设的行政法规，可以由国务院总理、中央军事委员会主席共同签署国务院、中央军事委员会令公布。D项错误。行政法规签署公布后，应及时在国务院公报（标准文本）和中国政府法制信息网以及在全国范围内发行的报纸上刊登。E项错误。行政法规应当在公布后的三十日内，报全国人大常委会备案。F项正确。

3. 关于监察法规，下列说法不正确的有(   )

A. 各级监察委员会均有权制定监察法规

B. 监察法规通过后，应当报全国人大常委会批准后生效

C. 监察法规由国家监察委员会主任签署命令予以公布

D. 全国人大常委会和国务院有权撤销与宪法相抵触的监察法规

【答案】ABCD

【解析】国家监察委员会根据宪法和法律，制定监察法规。A项错误。监察法规可以就下列事项作出规定：①为执行法律的规定需要制定监察法规的事项；②为履行领导地方各级监察委员会工作的职责需要制定监察法规的事项。

监察法规应当经国家监察委员会全体会议决定，由国家监察委员会发布公告予以公布。监察法规应当在公布后的三十日内报全国人民代表大会常务委员会备案。BC两项错误。

监察法规不得与宪法、法律相抵触。全国人民代表大会常务委员会有权撤销同宪法和法律相抵触的监察法规。D项错误。

4. 根据《立法法》的要求，下列哪些事项只能由全国人民代表大会及其常务委员会制定法律加以规定？（2002－1－34）

A. 劳动争议仲裁制度　　　　　　　B. 教育制度

C. 对私有企业的财产征收制度　　　D. 居民委员会、村民委员会制度

【答案】ACD

扫码听课

扫码听课

【解析】A 项属于《立法法》第 8 条所规定的"诉讼和仲裁制度"，因此入选；C 项属于"对非国有财产的征收"，入选；D 项的居民委员会和村民委员会属于"基层群众自治制度"，因此入选。而 B 项的教育制度并不属于法律保留范围，因此排除。

5.《中华人民共和国畜禽遗传资源进出境和对外合作研究利用审批办法》第 3 条规定："本办法所称畜禽，是指列入依照《中华人民共和国畜牧法》第十一条规定公布的畜禽遗传资源目录的畜禽。本办法所称畜禽遗传资源，是指畜禽及其卵子（蛋）、胚胎、精液、基因物质等遗传材料。"对此，下列哪些表述是错误的？（2010 - 1 - 56）

A.《中华人民共和国畜牧法》是《中华人民共和国畜禽遗传资源进出境和对外合作研究利用审批办法》的上位法

B.《中华人民共和国畜牧法》和《中华人民共和国畜禽遗传资源进出境和对外合作研究利用审批办法》均属于行政法规

C. 该条款内容属于技术规范

D. 该条款规定属于任意性规则

【答案】BCD

【解析】《中华人民共和国畜牧法》是由全国人大常委会制定的，因此属于"法律"范畴，《中华人民共和国畜禽遗传资源进出境和对外合作研究利用审批办法》是由国务院制定的，属于"行政法规"范畴，法律效力高于行政法规，故 A 项正确，B 项错误。系争条款内容属于法律术语的界定，属于非规范性条文，而不属于"技术规范"。所谓技术规范，乃是调整人与自然之间关系的规范。故 C 项错误。该条不是法律规则，就谈不上是否属于任意性规则，故 D 项错误。综上，本题应选 BCD。

【点睛之笔】**行政法规只能由国务院制定；技术规范不同于规定技术性事项的条款。**

6.《外国人来华登山管理办法》1991 年 7 月 31 日由国务院批准，1991 年 8 月 29 日由国家体育运动委员会（已变更）发布实施，该办法是下列哪一性质的文件？（　　）

A. 法律　　　　　　　　　　　B. 行政法规
C. 国务院发布的决定和命令　　　D. 部门规章

【答案】D

【解析】2004 年最高人民法院《关于印发〈关于审理行政案件适用法律规范问题的座谈会纪要〉的通知》指出，"现行有效的行政法规有以下三种类型：一是国务院制定并公布的行政法规；二是立法法施行以前，按照当时有效的行政法规制定程序，经国务院批准、由国务院部门公布的行政法规。但在立法法施行以后，经国务院批准、由国务院部门公布的规范性文件，不再属于行政法规；三是在清理行政法规时由国务院确认的其他行政法规。"同时 1987 年《行政法规制定程序暂行条例》第 15 条也规定："经国务院常务会议审议通过或者经国务院总理审定的行政法规，由国务院发布，或者由国务院批准、国务院主管部门发布。"

可见，《外国人来华登山管理办法》由国务院批准、国家体育运动委员会公布。而当时的国家体育运动委员会属于国务院的工作部门。由此可以判断，该文

大咖点拨区

扫码听课

扫码听课

件属于行政法规。B项正确。

7. 关于我国立法和法的渊源的表述，下列选项不正确的是：（2013－1－87）

A. 从法的正式渊源上看，"法律"仅指全国人大及其常委会制定的规范性文件

B. 公布后的所有法律、法规均以在《国务院公报》上刊登的文本为标准文本

C. 行政法规和地方性法规均可采取"条例"、"规定"、"办法"等名称

D. 所有法律议案（法律案）都须交由全国人大常委会审议、表决和通过

【答案】BD

【解析】在正式渊源中的"法律"，乃是狭义的法律，即全国人大及其常委会制定的规范性文件。因此，A项正确。B项错误明显，法律当然不会以《国务院公报》上刊登的为准，而应以其制定机关的公报——《全国人大常委会公报》为准。行政法规和地方性法规均可采取"条例"、"规定"、"办法"等名称。故C项正确。基本法律由全国人大通过，非基本法律由全国人大常委会通过。因此D项错误。

8. 根据我国《立法法》的规定，下列哪一项属于设区的市的地方性法规可以规定的事项？（2003－1－3）

A. 本行政区内市、县、乡政府的产生、组织和职权的规定

B. 本行政区内城乡建设与管理

C. 对传染病人的强制隔离措施

D. 国有工业企业的财产所有制度

【答案】B

【解析】A项涉及政府组织问题，C项属于限制人身自由的强制措施，D项国有工业企业的财产所有制度是全民所有制，后者属于国家的基本经济制度，三者均属于《立法法》第8条规定的法律保留事项，地方性法规不可以规定。B项城乡建设与管理，乃地方性事务，在其需要制定地方性法规时，可以制定。因此，B项入选。

9. 1995年颁布的《保险法》第90条规定："保险公司的设立、变更、解散和清算事项，本法未作规定的，适用公司法和其他有关法律、行政法规的规定。"2009年修订的《保险法》第94条规定："保险公司，除本法另有规定外，适用《中华人民共和国公司法》的规定。"

（1）根据法的渊源的知识，关于《保险法》上述二条规定之间的关系，下列理解正确的是：（2012－1－86）

A. "前法"与"后法"之间的关系

B. "一般法"与"特别法"之间的关系

C. "上位法"与"下位法"之间的关系

D. 法的正式渊源与法的非正式渊源之间的关系

【答案】A

【解析】1995年颁布的《保险法》和2009年修订的《保险法》之间的关系为"前法"和"后法"之间的关系。因此，A项符合题目要求。

（2）根据法的渊源及其效力原则，下列理解正确的是：（2012－1－88）

A. 相对于《公司法》规定而言，《保险法》对保险公司所作规定属于"特别法"

B. 《保险法》对保险公司的规定不同于《公司法》的，优先适用《保险法》

C. 《保险法》对保险公司没有规定的，适用《公司法》

D. 根据 2009 年修订的《保险法》第 94 条规定，对于保险公司的设立、变更、解散和清算事项，《保险法》没有规定的，可以优先适用其他有关法律、行政法规的规定

【答案】ABC

【解析】D 项理解存在问题。2009 年修订的《保险法》第 94 条明确指出："保险公司，除本法另有规定外，适用《中华人民共和国公司法》的规定。"因此，对于保险公司的设立、变更、解散和清算事项，《保险法》没有规定的，应当适用《公司法》的规定；有规定的，基于特别法优于一般法的原理，优先适用保险法的规定。其他各项正确。

10. 1983 年 3 月 1 日，全国人大常委会通过的《商标法》生效；2002 年 9 月 15 日，国务院制定的《商标法实施条例》生效；2002 年 10 月 16 日，最高人民法院制定的《关于审理商标民事纠纷案件适用法律若干问题的解释》施行。对此，下列哪些说法是正确的？（2011 - 1 - 53）

A. 《商标法实施条例》是部门规章

B. 《关于审理商标民事纠纷案件适用法律若干问题的解释》是司法解释

C. 《商标法实施条例》的效力要低于《商标法》

D. 《商标法实施条例》是《关于审理商标民事纠纷案件适用法律若干问题的解释》的母法

【答案】BC

【解析】《商标法》由全国人大常委会通过，性质上属于法律。《商标法实施条例》由国务院制定，因此属于行政法规，而非部门规章。A 项错误。《关于审理商标民事纠纷案件适用法律若干问题的解释》由最高人民法院制定，属于司法解释。B 项正确。行政法规的地位和效力要低于法律，因此 C 项正确。《关于审理商标民事纠纷案件适用法律若干问题的解释》乃是对于《商标法》如何适用的解释，而不是对《商标法实施条例》的解释，况且在一国法律体系中，只有宪法是母法，因此 D 项错误。

【点睛之笔】遇到"母法"，必是"宪法"。

11. 下列关于我国法律效力问题的表述哪些是正确的？（2004 - 1 - 54）

A. 地方性法规的效力高于下级地方政府规章但不高于本级地方政府规章

B. 地方性法规与部门规章之间对同一事项的规定不一致时，由国务院裁决

C. 按照我国《立法法》的规定，为了更好地保护公民的权利和利益，某些行政法规的特别规定可以溯及既往

D. 经济特区法规根据授权对全国人大及其常委会制定的法律作变通规定的，在本经济特区适用经济特区法规的规定

【答案】CD

【解析】根据《立法法》第 89 条第 1 款，地方性法规的法律效力既高于下级地方政府规章又高于本级地方政府规章，A 项不正确。根据《立法法》第 95 条

大咖点拨区

扫码听课

扫码听课

规定，地方性法规和规章之间规定不一致时，由有关机关依照规定的权限情况分别加以处理。所以，B 是错误的。根据《立法法》第 93 条，各种规范性法文件原则上不溯及既往，但为了更好地保护公民、法人和其他组织的权利和利益而作的特别规定除外，因此 C 项正确。根据《立法权》第 90 条第 2 款规定，经济特区法规根据授权对法律、行政法规、地方性法规作出变通规定的，在本经济特区适用经济特区法规的规定。因此 D 项也正确。

12. 某地法院在审理案件过程中发现，该省人民代表大会所制定的地方性法规规定与国家某部委制定的规章规定不一致，不能确定如何适用。在此情形下，根据我国《宪法》和《立法法》，下列哪种处理办法是正确的？（2006 - 1 - 3）

A. 由国务院决定在该地方适用部门规章

B. 由全国人民代表大会决定在该地方是适用地方性法规还是适用部门规章

C. 由最高人民法院通过司法解释加以决定

D. 由国务院决定在该地方适用地方性法规，或者由国务院提请全国人民代表大会常务委员会裁决在该地方适用部门规章

【答案】D

【解析】根据《立法法》规定，地方性法规与部门规章之间对同一事项的规定不一致，不能确定如何适用时，先由国务院提出意见，国务院认为应当适用地方性法规的，应当决定在该地方适用地方性法规的规定；如认为应当适用部门规章的，则应当提请全国人民代表大会常务委员会裁决。由此可知，本题的答案为D 项。

13. 耀亚公司未经依法批准经营危险化学品，2003 年 7 月 14 日被区工商分局依据《危险化学品安全管理条例》罚款 40 万元。耀亚公司以处罚违法为由诉至法院。法院查明，《安全生产法》规定对该种行为的罚款不得超过 10 万元。关于该案，下列哪些说法是正确的？（2016 - 1 - 57）

A.《危险化学品安全管理条例》与《安全生产法》的效力位阶相同

B.《安全生产法》中有关行政处罚的法律规范属于公法

C. 应适用《安全生产法》判断行政处罚的合法性

D. 法院可在判决中撤销《危险化学品安全管理条例》中与上位法相抵触的条款

【答案】BC

【解析】《危险化学品安全管理条例》是国务院制定的行政法规，《安全生产法》是法律，很明显二者位阶不同，后者的法律效力高于前者。A 项错误。公法与私法的划分，是大陆法系国家的一项基本分类。现在公认的公法部门包括宪法和行政法等，私法包括民法和商法等。行政处罚属于行政法律部门中的内容，当然属于公法范畴。B 项正确。耀亚公司以处罚违法为由诉至法院后，法院应当根据法的效力位阶确定适用何种法律规范。在本案中，《安全生产法》的位阶高于《危险化学品安全管理条例》，根据"上位法优于下位法"的效力位阶原则，当然应当适用《安全生产法》判断行政处罚的合法性。C 项正确。《危险化学品安全管理条例》是国务院制定的行政法规，根据《立法法》第 97 条第 2 项的规定，全国人民代表大会常务委员会有权撤销同宪法和法律相抵触的行政法规。进一步来说，我国采用的并非三权分立体制，而是议行合一的体制，法院无权审查人大

的立法、国务院的行政法规，本案中条例的撤销只能由全国人大常委会进行。D
项错误。

14. 林某与所就职的鹏翔航空公司发生劳动争议，解决争议中曾言语威胁将
来乘坐鹏翔公司航班时采取报复措施。林某离职后在选乘鹏翔公司航班时被拒
载，遂诉至法院。法院认为，航空公司依《民法典》负有强制缔约义务，依《民
用航空法》有保障飞行安全义务。尽管相关国际条约和我国法律对此类拒载无明
确规定，但依航空业惯例航空公司有权基于飞行安全事由拒载乘客。关于该案，
下列哪些说法是正确的？（2016 - 1 - 56）

A. 反映了法的自由价值和秩序价值之间的冲突
B. 若法无明文规定，则法官自由裁量不受任何限制
C. 我国缔结或参加的国际条约是正式的法的渊源
D. 不违反法律的行业惯例可作为裁判依据

【答案】ACD

【解析】安全、稳定、和平等属于秩序价值。航空公司依《民用航空法》须
保障飞行安全，即体现了秩序价值。《民法典》规定航空公司负有强制缔约义务，
意在保障公民的出行自由。因此，本案反映了法的自由价值和秩序价值之间的冲
突。A 项正确。不论法律有无明文规定，法官的自由裁量都必须受到合理限制。
法官必须依法裁判，运用法律解释方法、法的非正式渊源、法律论证等原理和技
术填补漏洞，而不能随心所欲、为所欲为。B 项错误。国际条约是指我国作为国
际法主体同外国缔结的双边、多边协议和其他具有条约、协定性质的文件。条约
生效后，根据"条约必须遵守"的国际惯例，对缔约国的国家机关、团体和公民
就具有法律上的约束力，因而国际条约也是当代中国法的渊源之一。国际惯例是
指以国际法院等各种国际裁决机构的判例所体现或确认的国际法规则和国际交往
中形成的共同遵守的不成文的习惯。国际惯例是国际条约的补充。因而国际惯例
也是当代中国法的渊源之一。C 项正确。通过国家"认可"形成法律依据可分成
两种情况：一种是国家立法者在制定法律时将已有的不成文的零散的社会规范系
统化、条文化，使其上升为法律；另一种是立法者在法律中承认已有的社会规范
具有法的效力，但却未将其转化为具体的法律规定，而是交由司法机关灵活掌
握，如有关"从习惯"、"按政策办"等规定。本案中的行业惯例被法院所认可，
因而可以作为裁判依据。D 项正确。

15. 村民姚某育有一子一女，其妻早逝。在姚某生前生活不能自理的 5 年时
间里，女儿对其日常生活进行照顾。姚某去世之后留有祖传贵重物品若干，女儿
想分得其中一部分，但儿子认为，按照当地女儿无继承权的风俗习惯，其妹不能
继承。当地大部分村民也指责姚某的女儿无理取闹。对此，下列哪些说法可以成
立？（2006 - 1 - 53）

A. 在农村地区，应该允许风俗习惯优先于法律规定
B. 法与习俗的正当性之间存在一定的紧张关系
C. 中国法的现代化需要处理好国家的制定法与"民间法"之间的关系
D. 中国现行法律与中国人的传统观念有一定的冲突

【答案】BCD

【解析】只有当正式法源完全不能为法律推理提供大前提，或者其意义模棱

大咖点拨区

扫码听课

扫码听课

两可、不确定，或者其适用会与公平正义的基本要求、强制性的要求和占支配地位的要求发生冲突之时，法律人才诉诸于非正式渊源。因此，A项错误。本题中，当地有女儿无继承权的风俗习惯；而姚某儿子和当地大部分村民认为姚某女儿在无理取闹，这也体现了中国人的传统观念。这种习惯和观念很明显与《民法典》的规定存在一定的矛盾和冲突。B、D两项正确。所谓的"民间法"，含义比较复杂，一般是指社会生活中存在并发挥作用的家法族规、村规民约、行业规范等非国家法的行为规范。自然地，在当代中国现代法治的建设过程中，需要处理好国家的制定法与这类家法族规、村规民约、行业规范等"民间法"之间的关系，但是需要强调国家法律的地位和效力的优先性。因此，C项正确。

16. 杜某委托装修公司装修新婚用房。装修公司的一个员工在杜某的房屋里自缢身亡。杜某认为，按照民间传统，死过人的房屋不宜作新房，遂起诉装修公司，要求为自己另购新房，并承担违约责任和精神损害赔偿。法院驳回了原告的诉讼请求。关于本案，下列哪些选项是正确的？（2008 四川－1－55）

A. 风俗习惯没有法律上的意义

B. 法律的正当性与风俗习惯的正当性不能等同

C. 该民间传统属于宗教信仰的范畴，应当受到法律的保护

D. 法律与人们的传统观念之间存在冲突

【答案】BD

【解析】风俗习惯属于法的非正式渊源，具有一定的说服力，在特定条件下，法官可以引用为法律推理的大前提，因此具有法律上的意义，选项A错误。但是，作为非正式渊源的风俗习惯，其法律地位和法律效力均不及作为正式渊源的制定法，后者具有明确规定的法律效力，法官必须引用。因此，B项正确。该民间传统认为"死过人的房屋不宜作新房"，反映了人们的传统观念，这种观念没有任何科学依据，属于封建迷信，不能等同于宗教信仰，选项C错误。总体而言，本案反映了法律与人们的传统观念之间存在着紧张关系。D项正确。

【点睛之笔】只要有一定的说服力，就属于非正式渊源；只要是非正式渊源，就具有法律意义。

17. 赵某与陈女订婚，付其5000元彩礼，赵母另付其1000元"见面礼"。双方后因性格不合解除婚约，赵某诉请陈女返还该6000元费用。法官根据《民法典》和最高人民法院《关于适用〈婚姻法〉若干问题的解释（二）》的相关规定，认定该现金属彩礼范畴，按照习俗要求返还不违反法律规定，遂判决陈女返还。对此，下列哪一说法是正确的？（2013－1－12）

A. 法官所提及的"习俗"在我国可作为法的正式渊源

B. 在本案中，法官主要运用了归纳推理技术

C. 从法理上看，该判决不符合《民法典》第1065条"夫妻可以约定婚姻关系存续期间所得的财产"之规定

D. 《民法典》和《关于适用〈婚姻法〉若干问题的解释（二）》均属于规范性法律文件

【答案】D

【解析】正式渊源是指具有明定的法效力，并可直接作为法律推理的大前提之规范来源的资料。非正式渊源则不具有明定的法效力，但具有法律说服力并能

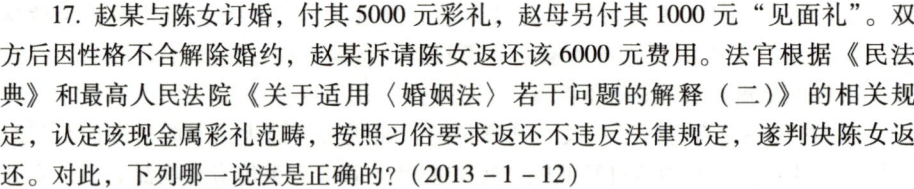

够构成法律推理的大前提的准则来源，包括正义标准、理性原则、政策、道德信念、风俗习惯、乡规民约、外国法、权威著作等。因此，A 项错误。法官首先查明和确认案件事实，作为小前提；其次选择和确定与案件事实相符合的法律规范，作为大前提；最后从两个前提中推导出法律决定，这是典型的演绎推理。B 项错误。法官根据《民法典》和最高人民法院《关于适用〈婚姻法〉若干问题的解释（一）》的相关规定，认定该现金属彩礼范畴，按照习俗要求返还不违反法律规定，遂判决陈女返还，有理有据，并不违反《民法典》规定。C 项错误。规范性法文件是指针对不特定主体的、可以反复适用的、具有普遍拘束力的法律文件；非规范性文件是指不具有普遍约束力的判决书、裁定书、逮捕证、许可证、合同等文件，它们是适用法律的结果而不是法律本身。因此，D 项正确。

扫码听课

18. 2000 年 6 月，最高人民法院决定定期向社会公布部分裁判文书，在汇编前言中指出："最高人民法院的裁判文书，由于具有最高的司法效力，因而对各级人民法院的审判工作具有重要的指导作用，同时还可以为法律、法规的制定和修改提供参考，也是法律专家和学者开展法律教学和研究的宝贵素材。"对于此段文字的理解，下列哪一选项是正确的？（2010 - 1 - 11）

A. 最高人民法院的裁判文书可以构成法的渊源之一

B. 最高人民法院的裁判文书对各级法院审判工作具有重要指导作用，属于规范性法律文件

C. 最高人民法院的裁判文书具有最高的普遍法律效力

D. 最高人民法院的裁判文书属于司法解释范畴

【答案】A

【解析】本题考查对于最高人民法院的裁判文书的理解和认识。判例属于当代中国法的非正式渊源。A 项正确。最高人民法院的裁判文书对各级法院审判具有重要的指导作用，但不属于针对不特定主体可以反复适用的规范性法律文件，而是针对特定主体、特定事项所做的法律判断，不可以反复适用，因此属于非规范性法文件，不具有普遍法律效力，只是具有最高的司法效力。B 项错误，C 项错误。司法解释是我国法定解释的一种，凡属于人民法院审判工作中具体应用法律法令的问题，由最高人民法院进行解释，司法解释属于规范性法文件。最高人民法院的裁判文书属于非正式渊源，属于非规范性法文件。D 项是错误的。

【一招制敌】两个区分：最高人民法院的裁判文书和司法解释；最高法效力和最高司法效力。

【相关法条·《民事诉讼法》】

第 96 条　调解达成协议，必须双方自愿，不得强迫。调解协议的内容不得违反法律规定。

第 97 条　调解达成协议，人民法院应当制作调解书。调解书应当写明诉讼请求、案件的事实和调解结果。

调解书由审判人员、书记员署名，加盖人民法院印章，送达双方当事人。

调解书经双方当事人签收后，即具有法律效力。

19. 某法院在审理一起合同纠纷案时，参照最高人民法院发布的第 15 号指导性案例所确定的"法人人格混同"标准作出了判决。对此，下列哪一说法是正确的？（2017 - 1 - 11）

扫码听课

A. 在我国，指导性案例是正式的法的渊源

B. 判决是规范性法律文件

C. 法官在该案中运用了类比推理

D. 在我国，最高人民法院和各级法院均可发布指导性案例

【答案】C

【解析】在我国，只有最高人民法院有权发布指导性案例，D项错误。指导性案例属于判例，在我国属于非正式渊源，不具有明定的正式的法的效力。A项错误。判决书针对的是特定的主体，不具有普遍法律效力，因此属于非规范性法律文件。B项错误。

题干中，某法院在审理一起合同纠纷案时，参照最高人民法院发布的第15号指导性案例所确定的"法人人格混同"标准作出了判决，秉承的是相同案件相同处理的精神，运用了类比推理。C项正确。

20. 某区质监局以甲公司未依《食品安全法》取得许可从事食品生产为由，对其处以行政处罚。甲公司认为，依特别法优先于一般法原则，应适用国务院《工业产品生产许可证管理条例》（以下简称《条例》）而非《食品安全法》，遂提起行政诉讼。对此，下列哪些说法是正确的？（2017－1－56）

A.《条例》不是《食品安全法》的特别法，甲公司说法不成立

B.《食品安全法》中规定食品生产经营许可的法律规范属于公法

C. 若《条例》与《食品安全法》抵触，法院有权直接撤销

D.《条例》与《食品安全法》都属于当代中国法的正式渊源中的"法律"

【答案】AB

【解析】本案中，《食品安全法》与《条例》之间不是特别法与一般法的关系，而是上位法与下位法的关系。A项正确。但是，在我国，即便下位法抵触上位法，法院也没有对于立法的审查权，无权直接撤销，只能直接适用上位法。C项错误。

《食品安全法》中规定食品生产经营许可的法律规范，很明显涉及行政许可，属于公法中的行政法。B项正确。当代中国法的正式渊源中的"法律"特指全国人大及其常委会制定的规范性法文件，本题中《食品安全法》属于"法律"，但《条例》由国务院制定，属于行政法规。D项错误。

21. 名言"习惯在于自觉遵守，法律在于强制实施。"对这句话的理解正确的有（2020年仿真）

A. 习惯不会为公民设定义务

B. 习惯对于公民没有强制性

C. 如果不运用强制力，就没有人遵守法律

D. 法律如果不加以实施，就不会产生实效

【答案】D

【解析】习惯也是一种社会规范，会为公民设定权利和义务，尽管不是法律权利和法律义务。A项错误。所有社会规范均具有强制性，习惯也具有强制性，只是并非法律所具有的那种国家强制性，而是依赖于社会舆论、公众的谴责实施强制。B项错误。法律的强制是一种国家强制，国家暴力机器是法的实施的最终后盾，但这并不意味着所有人的守法都是由于国家暴力的强制。现实生活中，很

多人会基于习惯、信仰、道德等原因自觉守法，而不需要国家强制力的逼迫。C项错误。立法产生的是纸面上的法律，而这种纸面上的法律要想变成现实生活中具有实际效力的法律，当然需要法律的实施，在这个意义上，D项正确。

22. 尹老汉因女儿很少前来看望，诉至法院要求判决女儿每周前来看望1次。法院认为，根据《老年人权益保障法》第18条规定，家庭成员应当关心老年人的精神需求，不得忽视、冷落老年人；与老年人分开居住的家庭成员，应当经常看望或问候老年人。而且，关爱老人也是中华传统美德。法院遂判决被告每月看望老人1次。关于此案，下列哪一说法是错误的？（2014－1－11）

　　A. 被告看望老人次数因法律没有明确规定，由法官自由裁量

　　B.《老年人权益保障法》第18条中没有规定法律后果

　　C. 法院判决所依据的法条中规定了积极义务和消极义务

　　D. 法院判决主要是依据道德作出的

【答案】D

【解析】在法律没有明确规定的情况下，法官可根据法理、道德、社会一般观念等非正式渊源进行自由裁量。A项没有错误。《老年人权益保障法》第18条仅规定了"应当关心老年人的精神需求，不得忽视、冷落老年人"，"应当经常看望或问候老年人"等行为模式，而对于"不关心"、"不经常看望或问候"、"冷落、忽视"老年人的行为会在法上产生何种不利后果，却没有明确规定。可见，B项正确。法律义务分为积极义务和消极义务，前者规定的是相关主体的作为义务，后者规定的是不作为义务。本条款中，"关心老年人"、"经常看望或问候老年人"，属于作为义务；"不得忽视、冷落老年人"属于不作为义务。据此，C项正确。根据法理学的相关知识，我们知道，在存在正式渊源的情况下，正式渊源优先于非正式渊源。题干中明示，存在《老年人权益保障法》，故法院主要是根据《老年人权益保障法》进行裁判的，所以D项错误。

23. 根据我国宪法和有关法律的规定，下列选项中有关法规"批准"生效的情形哪一个是错误的？（2003－1－9）

　　A. 自治州人大制定的自治条例和单行条例报省或自治区的人大常委会批准

　　B. 自治区人民代表大会制定的自治条例和单行条例报全国人大常委会批准

　　C. 省、直辖市权力机关制定的地方性法规报全国人大常委会批准

　　D. 自治县人大制定的自治条例和单行条例报省或自治区的人大常委会批准

【答案】C

【解析】在我国现行法上，根据《立法法》的规定，只有设区的市、自治州的地方性法规和民族自治地方的自治条例和单行条例才须报请批准。C选项属于省级的地方性法规，无须报请批准即可生效。

24. 2011年，李某购买了刘某一套房屋，准备入住前从他处得知该房内两年前曾发生一起凶杀案。李某诉至法院要求撤销合同。法官认为，根据我国民俗习惯，多数人对发生凶杀案的房屋比较忌讳，被告故意隐瞒相关信息，违背了诚实信用原则，已构成欺诈，遂判决撤销合同。关于此案，下列哪些说法是正确的？（2015－1－56）

　　A. 不违背法律的民俗习惯可以作为裁判依据

　　B. 只有在民事案件中才可适用诚实信用原则

C. 在司法判决中，诚实信用原则以全有或全无的方式加以适用

D. 诚实信用原则可以为相关的法律规则提供正当化基础

【答案】AD

【解析】不违背法律的民俗习惯在我国属于非正式渊源，法官可以在裁判案件时引用。A 项正确。诚实信用原则在民法、行政法中均有其地位，因此 B 项错误。法律规则以全有全无的方式适用于个案，而法律原则是以衡量的方式适用于个案。C 项错误。规则具体明确，原则抽象笼统，为法律规则提供正当化的基础、价值基础。D 项正确。

第八节　法律部门与法律体系

1. 我国某省人大常委会制定了该省的《食品卫生条例》，关于该地方性法规，下列哪一选项是不正确的？（2010 - 1 - 8）

A. 该法规所规定的内容主要属于行政法部门

B. 该法规属于我国法律的正式渊源，法院审理相关案件时可直接适用

C. 该法规的具体应用问题，应由该省人大常委会进行解释

D. 该法规虽仅在该省范围适用，但从效力上看具有普遍性

【答案】C

【解析】当代中国的法律体系主要由七个法律部门组成，分别是宪法与宪法相关法，民商法，行政法，经济法，社会法，刑法，诉讼与非诉讼程序法。《食品安全条例》主要规定的是行政机关对食品安全的管理内容，故属于行政法领域，故 A 项正确。当代中国法的正式渊源包括宪法、法律、行政法规、地方性法规等等，而法的正式渊源，法院在审理相关案件时可以直接适用。故 B 项正确。法是具有普遍性（针对不特定的人，可反复适用）的社会规范，尽管有特定的适用范围，但并不影响该法规效力的普遍性特征。故 D 项正确。凡涉及地方性法规的条文本身需要进一步明确界限或作补充规定的，由制定法规的省级人大常委会进行解释或作出规定；凡涉及地方性法规如何具体应用的问题，由省级政府主管部门进行解释。可见，C 项错误。

2. 法律体系是一个重要的法学概念，人们尽可以从不同的角度、不同的侧面来理解、解释和适用这一概念，但必须准确地把握这一概念的基本特征。下列关于法律体系的表述中哪种说法未能准确地把握这一概念的基本特征？（2002 - 1 - 1）

A. 研究我国的法律体系必须以我国现行国内法为依据

B. 在我国，近代意义的法律体系的出现是在清末沈家本修订法律后

C. 尽管香港的法律制度与大陆的法律制度有较大差异，但中国的法律体系是统一的

D. 我国古代法律是"诸法合体"，没有部门法的划分，不存在法律体系

【答案】D

【解析】法律体系也称部门法体系，是指一国的全部现行法律规范，按照一定的标准和原则，划分为不同的法律部门而形成的内部和谐一致、有机联系的整体。法律体系是一国国内法构成的体系，不包括完整意义的国际法。它是一国现

行法构成的体系，反映一国法律的现实状况。由此，选项 AC 说法正确。选项 D 的表述错误在于即使我国古代法律没有部门法的划分，但仍存在由该时代国内法所构成的法律体系。我国近代意义的法律体系正是在清末法制改革之后形成的，因此，B 项正确。

3. 关于法的渊源和法律部门，下列哪些判断是正确的？（2011 - 1 - 51）

A. 自治条例和单行条例是地方国家权力机关制定的规范性文件

B. 行政法部门就是由国务院制定的行政法规构成的

C. 国际公法是中国特色社会主义法律体系的组成部分

D. 划分法律部门的主要标准是法律规范所调整的社会关系

【答案】AD

【解析】民族自治地方的人大有权依照当地民族的政治、经济、文化的特点，制定自治条例和单行条例，但应报全国或省级人大常委会批准后生效。民族自治地方人大在性质上属于地方国家权力机关，因此 A 项正确。法律部门，也称部门法，是根据一定标准和原则所划定的调整同一类社会关系的法律规范的总称。划分法律部门的标准主要是调整对象，其次是调整方法。D 项正确。行政法部门是所有调整行政主体和行政管理活动的法律规范，它们可能存在于多个层次的法律规范当中，如宪法、法律、行政法规、地方性法规、自治条例和单行条例等等。因此，B 项错误。法律体系是由一国国内法构成的体系，不包括完整意义上的国际法，即国际公法。C 项错误。

【点睛之笔】行政法规是法律渊源的一种，根据其制定主体国务院来识别；行政法部门是根据特定法规范调整的社会关系的类型来辨别。

大咖点拨区

扫码听课

第九节 法的效力

1. 《中华人民共和国刑法》第 8 条规定："外国人在中华人民共和国领域外对中华人民共和国国家或者公民犯罪，而按本法规定的最低刑为三年以上有期徒刑的，可以适用本法，但是按照犯罪地的法律不受处罚的除外。"关于该条文，下列哪些判断是正确的？（2012 - 1 - 52）

A. 规定的是法的溯及力

B. 规定的是法对人的效力

C. 体现的是保护主义原则

D. 体现的是属人主义原则

【答案】BC

【解析】法的效力包括对人的效力、空间效力、时间效力。法对人的效力，指法律对谁有效力，适用于哪些人。法的空间效力，是指法在哪些地域有效力，适用于哪些地区。法的时间效力，指法何时生效、何时终止效力以及法对其生效以前的事件和行为有无溯及力。题目中的条文针对的是"外国人在中华人民共和国领域外对中华人民共和国国家或者公民犯罪"，很明显乃是为了保护我国国家和公民的利益，只要侵害了我国利益，即便是外国人，或者身在国外，也适用我国法律，属于对人效力中的保护主义。BC 两项入选。A 项的溯及力属于时间效力问题，D 项中的属人主义涉及对本国公民的法律适用，与题干要求不合。

扫码听课

【一招制敌】只要涉及外国人在外国犯罪但适用中国法律的，一定是对人效

力中的保护主义原则。

2. 下列有关法对人的效力的表述哪些是正确的？（2005－1－55）

A. 各国法律对作为人权主体的人和作为公民权主体的人在效力规定上是相同的

B. 法律在对人的效力上采取"保护主义"原则，主要是为了保障外国人和无国籍人的人权

C. 中国法律中有关于"保护主义"原则的规定

D. 法律对在不同空间活动的人所规定的效力有一定差异

【答案】CD

【解析】人权是指作为一个人应该享有的权利，公民权是人权的法律表现形式，是宪法和法律规定的本国公民所享有的权利。作为人权主体的人包括个人和集体，即自然人（包括公民、外国人和无国籍人）、法人或者其他组织，而作为公民权主体的人仅是具有一国国籍的自然人，两者范围不同。以我国刑法为例，其对本国公民的效力与对外国人、无国籍人的效力是不同的。据此，选项A错误。法律在对人的效力上采取"保护主义"原则，主要是为了保障本国和本国公民的利益。据此，选项B错误。中国法律，如《刑法》第8条规定，外国人在我国领域外对我国和公民犯罪，最低刑三年以上的，可以适用刑法，但按照犯罪地法不受处罚的除外，这就是"保护主义"原则的规定；如果该外国人在我国领域内犯罪，则不论最低刑是否在三年以上，也不论其本国刑法是否将该行为规定为犯罪，均要根据我国刑法追究。据此，选项CD正确。

3. 法律终止生效是法律时间效力的一个重要问题。在以默示废止方式终止法律生效时，一般应当选择下列哪一原则？（2004－1－6）

A. 特别法优于一般法　　　　B. 国际法优于国内法

C. 后法优于前法　　　　　　D. 法律优于行政法规

【答案】C

【解析】从理论上讲，立法机关有意废止某项法律时，应当是清楚而明确的。如果出现立法机关所立新法与旧法发生矛盾的情况，应当按照"新法优于旧法"、"后法优于前法"的办法解决矛盾，旧法因此被新法"默示地废止"。C项入选。

4. 关于法律溯及力，下列哪些选项是正确的？（2007－1－55）

A. 刑事法律若具有溯及力可能导致国家权力的滥用和扩张，也违反正义的原则

B. 法治社会要求法律具有可预测性和确定性，而法不溯及既往原则符合这一要求

C. 在某些现代民事法律中，为了保障公民权利，一定程度上承认法律有溯及力

D. 法不溯及既往原则属于法律责任的归责原则

【答案】ABC

【解析】如果刑事法律溯及既往，那就是以今天的规则要求昨天的行为，行为人在行为当时是合法的行为，却可能因为违反了一个事后才创造出来的新法律而受到惩罚。这是不公正的，也将完全破坏法律的可预测性。为此，法不溯及既往原则具有重大意义。AB项正确。但是，法律不溯及既往并非绝对。目前各国

采用的通例是"从旧兼从轻"的原则，即新法原则上不溯及既往，但是新法不认为犯罪或者处刑较轻的，适用新法。故此 C 项是正确的。法不溯及既往属于法的时间效力问题，不属于法律责任的归责原则，后者包括责任法定原则、公正原则、效益原则和合理性原则，所以 D 是错误的。

大咖点拨区

5. 从 1999 年 11 月 1 日起，对个人在中国境内储蓄机构取得的人民币、外币储蓄存款利息，按 20% 税率征收个人所得税。某居民 2003 年 4 月 1 日在我国境内某储蓄机构取得 1998 年 4 月 1 日存入的 5 年期储蓄存款利息 5000 元，若该居民被征收了 1000 元的个人所得税，则这种处理违背了下列哪一项法的效力原则？（2008 四川 - 1 - 7）

　　A. 法律优位原则　　　　　　　　B. 新法优于旧法原则
　　C. 法不溯及既往原则　　　　　　D. 特别法优于普通法原则

扫码听课

【答案】C

【解析】法的溯及力，也称法溯及既往的效力，是指法对其生效以前的事件和行为是否适用。如果适用，就具有溯及力；如果不适用，就没有溯及力。本题中某居民是在 1998 年存入的 5 年期储蓄，而"按 20% 税率征收个人所得税"的规定是从 1999 年 11 月 1 日起实施，因此，该题考查的是法律的溯及既往的效力问题，本题的正确答案是 C。

【一招制敌】只要涉及新的规则调整旧的行为，那就属于法的溯及力的问题。

6. 古罗马法谚有云："法律仅仅适用于将来。"对此，下列理解正确的是（　　）

　　A. 法律与过去的历史无关
　　B. 任何情况下，法律都不能用于调整已经发生了的行为
　　C. 该法谚体现了"法不溯及既往"的精神，有助于维护法的可预测性
　　D. 新的法律不可能产生于旧的社会基础之上

扫码听课

【答案】C

【解析】新法颁布前人们的行为，只能按照当时的法律来调整。法具有预测作用，即凭借法律的存在，人们可以预先估计相互间行为的法律后果。但是，未颁布的法，并不为人们预知，自然也就不能起到任何作用，因此，新法原则上不具有溯及力。C 项符合题意。

第十节　法律关系

1. 甲和乙系夫妻，因外出打工将女儿小琳交由甲母照顾两年，但从未支付过抚养费。后甲与乙闹离婚且均不愿抚养小琳。甲母将甲和乙告上法庭，要求支付抚养费 2 万元。法院认为，甲母对孙女无法定或约定的抚养义务，判决甲和乙支付甲母抚养费。关于该案，下列哪一选项是正确的？（2016 - 1 - 10）

　　A. 判决是规范性法律文件
　　B. 甲和乙对小琳的抚养义务是相对义务
　　C. 判决在原被告间不形成法律权利和义务关系

扫码听课

D. 小琳是民事诉讼法律关系的主体之一

【答案】B

【解析】 法律文件可以分为规范性法律文件和非规范性法律文件。规范性法律文件针对不特定多数人，是可以普遍、多次和反复适用的法律文件；非规范性法律文件针对特定对象，不可以反复加以适用，比如判决书、裁定书、逮捕证、许可证、合同等。A项错误。义务可以分为绝对义务和相对义务，绝对义务对应不特定的权利人，相对义务对应特定的权利人，就本案而言，甲和乙作为抚养义务人，他们所对应的权利人是特定的，即享受抚养的只能是特定的小琳，而不能是不特定的任何人。因此，甲和乙对小琳的抚养义务是相对义务。B项正确。根据题干，法院的判决使得被告必须履行支付原告抚养费的义务，原告由此享有获得相应抚养费的权利。C项错误。法律关系主体是法律关系的参加者，即在法律关系中一定权利的享有者和一定义务的承担者。在题干所列的民事诉讼法律关系中，小琳既非原告，亦非被告，她与该诉讼的权利和义务并无关联，换言之，她并未参加到诉讼之中，因此，小琳不是该民事诉讼法律关系的主体。D项错误。

扫码听课

2. 张某到某市公交公司办理公交卡退卡手续时，被告知：根据本公司公布施行的《某市公交卡使用须知》，退卡时应将卡内 200 元余额用完，否则不能退卡，张某遂提起诉讼。法院认为，公交公司依据《某市公交卡使用须知》拒绝张某要求，侵犯了张某自主选择服务方式的权利，该条款应属无效，遂判决公交公司退还卡中余额。关于此案，下列哪一说法是**正确**的？（2015－1－12）

A. 张某、公交公司之间的服务合同法律关系属于纵向法律关系

B. 该案中的诉讼法律关系是主法律关系

C. 公交公司的权利能力和行为能力是同时产生和同时消灭的

D.《某市公交卡使用须知》属于地方规章

【答案】C

【解析】 根据法律关系主体之间的法律地位是否平等，法律关系分为横向（平权）法律关系和纵向（隶属）法律关系。张某、公交公司之间的服务合同属于平等主体之间的民事法律关系，为横向法律关系。故 A 项错误。实体性法律关系相对于程序性法律关系而言，属于第一性（主）法律关系；程序性法律关系相对于实体性法律关系而言，属于第二性（从）法律关系。诉讼法律关系是程序性法律关系，因此很明显属于第二性（从）法律关系。公交公司属于法人。法人的权利能力和行为能力同时产生、同时消灭，故 C 项正确。地方规章的制定主体只能是省、自治区、直辖市人民政府和设区的市、自治州的人民政府。作为法人的公交公司无权制定规章。D 项错误。

扫码听课

3. "在法学家们以及各个法典看来，各个个人之间的关系，例如缔结契约这类事情，一般是纯粹偶然的现象，这些关系被他们看作是可以随意建立或不建立的关系，它们的内容完全取决于缔约双方的个人意愿。每当工业和商业的发展创造出新的交往形式，例如保险公司等的时候，法便不得不承认它们是获得财产的新方式。"据此，下列表述正确的是：（2009－1－91）

A. 契约关系是人们有意识、有目的地建立的社会关系

B. 各个时期的法都不得不规定保险公司等新的交往形式和它们获得财产的新方式

C. 法律关系作为一种特殊的社会关系，既有以人的意志为转移的思想关系的属性，又有物质关系制约的属性

D. 法律关系体现的是当事人的意志，而不可能是国家的意志

【答案】AC

【解析】契约关系是人们有意识、有目的地建立的社会关系，在法律没有调整时，契约关系属于一种个人之间的事实性的关系，选项 A 正确。只有社会发展到一定的阶段，产生了保险公司，才会有规定保险公司的法律，所以选项 B 错误。选项 C 正确，符合马克思的法律的本质学说。法律关系是体现意志性的特种关系，主要体现国家意志，有时也体现特定法律主体的意志。有很多法律关系的产生，并不需要特定法律主体的意志。选项 D 错误。

4. 甲京剧团与乙剧院签订合同演出某传统剧目一场，合同约定京剧团主要演员曾某、廖某、潘某出演剧中主要角色，剧院支付人民币 1 万元。演出当日，曾某在异地演出未能及时赶回，潘某生病在家，没有参加当天的演出，致使大部分观众退票，剧院实际损失 1.5 万元。后剧院向法院起诉京剧团，要求赔偿损失。针对此案，下列意见中何者为正确？（2004－1－83）

A. 在这一事例中，法律关系主体仅为甲京剧团与乙剧院

B. 京剧团与剧院的法律关系为保护性法律关系

C. 京剧团与剧院的法律权利和法律义务都不是绝对的

D. 在这一事例中，法律权利和法律义务针对的主体是不特定的

【答案】C

【解析】法律关系主体是法律关系的参加者，是一定权利的享有者和一定义务的承担者。本题中，法律关系的主体不限于甲剧团和乙剧院，演员曾某、潘某、廖某也与合同具有法律上的利害关系，因而也是法律关系主体。故 A 错误。按照法律关系产生的依据、执行的职能和实现规范的内容不同，法律关系可以分为调整性法律关系和保护性法律关系。调整性法律关系是基于人们的合法行为而产生的、执行法的调整职能的法律关系。它所实现的是法律规范（规则）的行为规则（指示）的内容。调整性法律关系不需要适用法律制裁，法律主体之间即能够依法行使权利，履行义务，如各种依法建立的民事法律关系、行政合同关系等等。保护性法律关系是由于违法行为而产生的、旨在恢复被破坏的权利和秩序的法律关系。它执行着法的保护职能，所实现的是法律规范（规则）的保护规则（否定性法律后果）的内容，是法的实现的非正常形式。它的典型特征是一方主体（国家）适用法律制裁，另一方主体（通常是违法者）必须接受这种制裁，如刑事法律关系。本案中的合同关系乃是基于合法的行为产生的，因此属于调整性法律关系，B 项错误。京剧团与剧院的法律权利和法律义务都是针对特定的主体的，所以属于相对权利义务，因此 C 项是正确表述，D 项错误。

【一招制敌】合法行为只需要"调整"，违法行为出现才有必要"保护"。

5. 林某，7 岁，系某小学三年级学生。一天放学回家路上遇到某公司业务员赵某向其推销一种名为"学习效率机"的低配置电脑，开价 5800 元。林某信其言，用自己积攒的"压岁钱"1000 元交付了定金，并在分期付款合同上签了字。事后林某父母知晓此事，以"行为人对行为内容有重大误解"为由要求赵某撤销合同并退款。对此，下列何种理解是正确的？（2005－1－91）

A. 从法律角度看，林某表达的意思都是无效的

B. 林某不能辨别自己行为的性质，所以不享有人身自由

C. 林某父母要求撤销合同所持的理由是一种法律事实

D. 根据行为能力的原理，林某父母所持理由在本案中不成立

【答案】ACD

【解析】公民和法人要成为法律关系的主体，享有权利、履行义务，就必须具有权利能力和行为能力。根据我国《民法典》的规定，不满8周岁的未成年人是无行为能力人。因此，7岁的林某为无民事行为能力人，不能从事民事活动。林某表达的购买电脑的意思在法律上是无效的，因此选项A可以成立。人身自由与民事行为能力是两个概念，是否享有人身自由是权利能力的问题；无民事行为能力人不能辨别自己行为的性质并不表示其没有人身自由，林某的人身自由同样受法律保障。因此，选项B错误。林某父母知晓林某订立了电脑购销合同后，以"行为人对行为内容有重大误解"为由要求赵某撤销合同并退款。行为人对行为内容有重大误解的，属于可撤销的民事行为，可见，"重大误解"能够引起法律关系的产生、变更或消灭，属于法律事实。因此，选项C正确。但是，本题中，由于年幼，林某不能正确判断自己行为的性质、内容和后果，欠缺行为能力，而无民事行为能力人从事的民事活动无效；而林某父母所持理由"行为人对行为内容有重大误解"为可撤销的民事行为，在本案中不成立。因此，选项D正确。

6. 2012年，潘桂花、李大响老夫妇处置房产时，发现房产证产权人由潘桂花变成其子李能。原来，早在七年前李能就利用其母不识字骗其母签订合同，将房屋作价过户到自己名下。二老怒将李能诉至法院。法院查明，潘桂花因精神障碍，被鉴定为限制民事行为能力人。据此，法院认定该合同无效。对此，下列哪一说法是不正确的？（2013-1-14）

A. 李能的行为违反了物权的取得应当遵守法律、尊重公德、不损害他人合法权益的法律规定

B. 从法理上看，法院主要根据"法律家长主义"原则（即，法律对于当事人"不真实反映其意志的危险选择"应进行限制，使之免于自我伤害）对李能的意志行为进行判断，从而否定了他的做法

C. 潘桂花被鉴定为限制民事行为能力人是对法律关系主体构成资格的一种认定

D. 从诉讼"争点"理论看，本案争执的焦点不在李能是否利用其母不识字骗其母签订合同，而在于合同转让的效力如何认定

【答案】B

【解析】A项明显正确，因为李某乃是以欺诈的手段，使对方在违背真实意思的情况下转让房产，因此违反了相关法律规定。法院判断的不是李能的意志行为，而是李能之母的转让房产的行为是否有效，故而B项错误。公民和法人要能够成为法律关系的主体，享有权利和承担义务，就必须具有权利能力和行为能力，即具有法律关系主体构成的资格。因此，潘桂花被鉴定为限制民事行为能力人，是对法律关系主体构成资格的一种认定，C项正确。在本案中，对于李某利用其母不识字骗其母签订合同这一事实问题是清楚、没有争议的，有争议的是：在这种事实状况下，潘桂花转让房产的合同的效力如何。因此，D项正确。

扫码听课

7. 下列有关法律关系客体的何种表述是错误的？（2005－1－92）

A. 所有的法律关系客体均包含着某种利益

B. 无法律关系客体就无法律关系

C. 多向（多边）法律关系的客体，可以有主次之分

D. 在确定法律关系客体的标准时，不涉及法的价值评价

【答案】 D

【解析】 法律关系的客体是一定利益的法律形式。法律关系建立的目的，总是为了保护某种利益、获取某种利益，或分配、转移某种利益。所以，实质上，客体所承载的利益本身才是法律权利和法律义务联系的中介。因此，选项 A 正确。法律关系由法律关系主体、法律关系客体、法律关系内容等构成。没有法律关系客体，法律关系主体的权利和义务就缺乏所指向的对象，自然法律关系就不可能存在。因此 B 项表述正确。现实中法律关系多种多样，而多种多样的法律关系就有多种多样的客体，即使在同一法律关系中也有可能存在两个或两个以上的客体。在分析多向（多边）法律关系客体时，我们应当把这一法律关系分解成若干个单向法律关系，然后再逐一寻找它们的客体。多向（多边）法律关系之内的诸单向关系有主次之分，因此其客体自然也有主次之分。因此选项 C 正确。法律关系的客体是一个历史的概念，其类型、范围有不断扩大和增多的趋势，但哪些可以作为客体，哪些不能作为客体，这与人们对法律的应然状态和法律理想的认识有关，自然涉及价值判断。因此 D 项不正确。

8. 法律关系的内容是法律关系主体之间的法律权利和法律义务，二者之间具有紧密的联系。下列有关法律权利和法律义务相互关系的表述中，哪种说法没有正确揭示这一关系？（2002－1－2）

A. 权利和义务在法律关系中的地位有主、次之分

B. 享有权利是为了更好地履行义务

C. 权利和义务的存在、发展都必须以另一方的存在和发展为条件

D. 义务的设定目的是为了保障权利的实现

【答案】 B

【解析】 一般而言，在等级特权社会，法律制度往往强调以义务为本位，权利处于次要地位，而在民主法制社会，法律制度较为重视对个人权利的保护，此时权利是第一位，义务是第二位的，义务设定的目的在于保障权利的实现，权利本位和义务本位代表着不同的法律精神和法律价值取向，因此选项 A、D 的说法是正确的，选项 B 的表述错误。权利和义务作为法律关系的内容，其处于法律关系的统一体中，没有无义务的权利，也没有无权利的义务，二者不可能孤立地存在和发展，一方不存在，另一方也不可能存在，因此，选项 C 的说法正确。

9. 张老太介绍其孙与马先生之女相识，经张老太之手曾给付女方"认大小"钱 10100 元，后双方分手。张老太作为媒人，去马家商量退还"认大小"钱时发生争执。因张老太犯病，马先生将其送医，并垫付医疗费 1251.43 元。后张老太以马家未返还"认大小"钱为由，拒绝偿付医药费。马先生以不当得利为由诉至法院。法院考虑此次纠纷起因及张老太疾病的诱因，判决张老太返还马先生医疗费 1000 元。关于本案，下列哪一理解是正确的？（2012－1－13）

A. 我国男女双方订婚前由男方付"认大小"钱是通行的习惯法

B. 张老太犯病直接构成与马先生之医药费返还法律关系的法律事实

C. 法院判决时将保护当事人的自由和效益原则作为主要的判断标准

D. 本案的争议焦点不在于事实确认而在于法律认定

【答案】D

【解析】习惯之所以能够成为法的非正式渊源，是因为它是特定共同体的人们在长久的生产生活实践中自然而然形成的，是该共同体的人们事实上的共同情感和要求的体现，也是他们的共同理想的体现。其经国家权威机关正式认可之后，会上升为习惯法。在本案中，男女双方订婚前"认大小"钱的做法仅是特定地区的一种习惯，既没有通行，也没有获得立法机关认可，故不是习惯法。选项A错误。法律事实，是指法律规范所规定的、能够引起法律关系产生、变更和消灭的客观情况或现象。本案中，仅仅有张老太犯病这一客观情况并不能直接引起马先生之医药费返还的法律关系，直接构成该法律关系之法律事实的应当是马先生将其送往医院并为其垫付医药费的情况。选项B错误。本案中，法官综合考虑了导致行为人损害的多种因素，进行了责任的合理分配。很明显是基于公平原则，而非自由和效益原则。选项C错误。法院考虑到此次纠纷的起因是马先生先行垫付了张老太的医药费，以及张老太是因为索要"认大小"钱时发生争执而犯病才导致后来构成的不当得利，才做了上述判决。本案事实非常清楚，争议的焦点在于法律对该事实如何评价。因此，选项D正确。

【点睛之笔】**不是所有习惯都是习惯法，只有经过立法机关认可之后才是。**

10. 韩某与刘某婚后购买住房一套，并签订协议："刘某应忠诚于韩某，如因其婚外情离婚，该住房归韩某所有。"后韩某以刘某与第三者的QQ聊天记录为证据，诉其违反忠诚协议。法官认为，该协议系双方自愿签订，不违反法律禁止性规定，故合法有效。经调解，两人离婚，住房归韩某。关于此案，下列哪一说法是不正确的？（2013 - 1 - 11）

A. 该协议仅具有道德上的约束力

B. 当事人的意思表示不能仅被看作是一种内心活动，而应首先被视为可能在法律上产生后果的行为

C. 法律禁止的行为或不禁止的行为，均可导致法律关系的产生

D. 法官对协议的解释符合"法伦理性的原则"

【答案】A

【解析】双方协议意思表示真实，合法有效，因此不仅具有道德上的拘束力，也具有法律上的拘束力。A项当选。法律关系的形成、变更和消灭，需要具备一定的条件。其中最主要的条件有二：一是法律规范；二是法律事实。法律规范是法律关系形成、变更和消灭的法律依据，没有一定的法律规范就不会有相应的法律关系。所谓法律事实，就是法律规范所规定的、能够引起法律关系产生、变更和消灭的客观情况或现象。法律事实是一种客观存在的外在现象，而不是人们的一种心理现象或心理活动。依是否以人们的意志为转移作标准，可以将法律事实分为两类，即法律事件和法律行为。就法律行为而言，因为人们的意志有善意与恶意、合法与违法之分，故其行为也可以分为善意行为、合法行为与恶意行为、违法行为。善意行为、合法行为能够引起法律关系的形成、变更和消灭。例如，依法登记结婚的行为，导致婚姻关系的成立。同样，恶意行为、违法行为也能够

扫码听课

引起法律关系的形成、变更和消灭。如犯罪行为产生刑事法律关系，也可能引起某些民事法律关系（损害赔偿、婚姻、继承等）的产生或变更。所以，BC 两项正确。法官对协议的解释符合"法伦理性的原则"，D 项正确。

11. 甲与乙因琐事发生口角，甲冲动之下将乙打死。公安机关将甲逮捕，准备移送检察机关提起公诉。这时，甲因病而亡。公安机关遂做出撤销案件的决定。公安机关是基于下列哪一种原因撤销案件的？（2008 四川–1–6）

A. 法律行为　　B. 违法行为　　C. 事实构成　　D. 自然事件

【答案】D

【解析】民事法律事实，是法律所规定的、能够引起民事法律关系产生、变更和消灭的现象。民事法律事实可以分为事件和行为两大类。事件，又称为自然事实，是指与主体的意志无关，能够引起民事法律后果的客观现象，例如：人的死亡、物的灭失等属于事件。行为是指受主体意志支配、能够引起民事法律后果的活动。本题中甲因病而亡导致公安机关做出撤销案件的决定，而甲的死亡很明显属于事件，因此本题的正确答案是 D。如果题目问的是公安机关是基于何种原因将甲逮捕的，那就是"甲冲动之下将乙打死"的行为，就是法律行为。

大咖点拨区

扫码听课

12. 郝某的父亲死后，其母季某将郝家住宅独自占用。郝某对此深为不满，拒绝向季某提供生活费。季某将郝某告上法庭。法官审理后判决郝某每月向季某提供生活费 300 元。对此事件，下列哪一种理解是正确的？（2005–1–6）

A. 该事件表明，子女对父母只承担法律义务，不享有法律权利

B. 法官作出判决本身是一个法律事实

C. 法官的判决在原被告之间不形成法律权利与法律义务关系

D. 子女赡养父母主要是道德问题，法官判决缺乏依据

【答案】B

【解析】法律权利和法律义务是紧密联系、不可分割的。没有无权利的义务，也没有无义务的权利。法院的裁判并不意味着子女对父母只承担法律义务，不享有法律权利；父母子女的关系是对等的、相互的、平衡的，子女有赡养父母的义务，也有继承父母遗产的权利。据此，选项 A 错误。法律事实，是指能够引起法律关系产生、变更或消灭的各种事实的总称。法官的判决将原被告间的赡养关系在法律上确认下来，在原被告之间形成法律权利与法律义务关系，属于法律事实。因此，选项 B 正确，C 项错误。对于子女赡养父母，《宪法》、《民法典》均有明确规定，可见并不仅仅是道德问题，也是法律问题。因此，选项 D 错误。

扫码听课

13. 张某有祖传的玉雕一尊，委托德龙拍卖公司进行拍卖，最终被一家文化公司以 140 万元的价格买到。对此，下列表述正确的是：（2008 四川–1–92）

A. 这个事件中只有一种法律关系

B. 在拍卖过程中，拍卖公司和竞拍者的关系属于隶属性的法律关系

C. 在该案件涉及的法律关系中，法律关系的主体既有自然人也有法人

D. 在本案中，导致拍卖成交的客观情况是法律事件

【答案】C

【解析】本案中存在三个法律关系，一是委托法律关系；二是拍卖法律关系，三是买卖法律关系。因此，A 项说法错误。隶属性法律关系是指在不平等的法律主体之间所建立的权力服从关系。拍卖公司和竞拍者之间的法律地位是平等的，

扫码听课

因此不属于隶属性法律关系,而是平权即横向法律关系。因此,B 项说法错误。该案中涉及的法律关系的主体有自然人张某,也有拍卖公司和竞买者文化公司,因此,既有自然人也有法人。因此,C 项说法正确。法律事件是法律规范规定的、不以当事人的意志为转移而引起法律关系形成、变更或消灭的客观事实。法律事件又分成社会事件和自然事件两种。前者如社会革命、战争等,后者如人的生老病死、自然灾害等。这两种事件对于特定的法律关系主体(当事人)而言,都是不可避免的,是不以其意志为转移的。法律行为则是人有意识地做出的,能够引起法律关系形成、变更和消灭的作为或不作为。在本案中导致成交的客观情况是文化公司有意识的竞买行为,而非是事件。因此,D 项说法错误。

14. 张某因其妻王某私自堕胎,遂以侵犯生育权为由诉至法院请求损害赔偿,但未获支持。张某又请求离婚,法官调解无效后依照《民法典》中"其他导致夫妻感情破裂的情形"的规定判决准予离婚。对此,下列选项中正确的是:(2015 - 1 - 88)

A. 王某与张某婚姻关系的消灭是由法律事件引起的

B. 张某主张的生育权属于相对权

C. 法院未支持张某的损害赔偿诉求,违反了"有侵害则有救济"的法律原则

D. "其他导致夫妻感情破裂的情形"属于概括性立法,有利于提高法律的适应性

【答案】BD

【解析】婚姻关系的消灭是由法院的判决引起的,属于法律行为。A 项错误。宏观地说生育权应该属于人身权益的一种,是绝对权;但是 B 项明示是张某主张的生育权,针对的是其妻子,属于相对权。B 项正确。法院未支持张某主张,是依法做出的决定,因此 C 项错误。"其他导致夫妻感情破裂的情形"被称为兜底条款,属于概括性立法,的确有利于提高法律的适应性。D 项无误。

第十一节　法律责任

扫码听课

扫码听课

1. 下列构成法律责任竞合的情形是(2014 - 1 - 91)

A. 方某因无医师资格开设诊所被卫生局没收非法所得,并被法院以非法行医罪判处 3 年有期徒刑

B. 王某通话时,其手机爆炸导致右耳失聪,可选择以侵权或违约为由追究手机制造商法律责任

C. 林某因故意伤害罪被追究刑事责任和民事责任

D. 戴某用 10 万元假币购买一块劳力士手表,其行为同时触犯诈骗罪与使用假币罪

【答案】BD

【解析】法律责任竞合是由某种法律事实所导致的多种法律责任产生并且相互之间冲突的现象。多个法律责任之间相互冲突:不能吸收,也无法共存。因此,C 项中一个犯罪行为,刑事责任与附带民事责任被同时追究,A 项中行政责

任和刑事责任被同时追究，很明显不存在法律责任竞合的问题。D项属于想象竞合犯。

2. 《民法典》第1254条第1款前2句规定："禁止从建筑物中抛掷物品。从建筑物中抛掷物品或者从建筑物上坠落的物品造成他人损害的，由侵权人依法承担侵权责任；经调查难以确定具体侵权人的，除能够证明自己不是侵权人的外，由可能加害的建筑物使用人给予补偿。"关于该条文，下列哪些说法是正确的？(2014-1-51)

A. 规定的是责任自负原则的例外情形
B. 是关于法律解释方法位阶的规定
C. 规定的是确定性规则
D. 是体现司法公正原则的规定

【答案】AC

【解析】责任自负原则是现代法的一般原则，体现了现代法的进步。其主要涵义包括：(1) 违法行为人应该对自己的违法行为负责；(2) 不能让没有违法行为的人承担法律责任，即反对株连或变相株连；(3) 要保证责任人受到法律追究，无责任人受到法律保护，即不枉不纵，公平合理。当然，在某种特殊情况下，为了维护法律尊严、社会风险的分担，也允许责任自负原则的例外。在题干中所列法条的情形下，建筑物的使用人中绝大多数并未从事违法行为，但却要承担补偿责任，很明显属于责任自负原则的例外情形。A项正确。题干与法律解释方法及其位阶无关，是关于法律责任的规定。B项错误。

确定性规则是相对于委任性规则和准用性规则而言的，三者是按照规则内容的确定性程度不同进行划分的。所谓确定性规则，是指内容本已明确肯定，无须再援引或参照其他规则来确定其内容的法律规则。在法律条文中规定的绝大多数法律规则属于此种规则。所谓委任性规则是指内容尚未确定，而只规定某种概括性指示，由相应国家机关通过相应途径或程序加以确定的法律规则。所谓准用性规则是指内容本身没有规定人们具体的行为模式，而是可以援引或参照其他相应内容规定的规则。题干中的法条很明显内容确定，无须援引或参照其他法条，也未委托相应国家机关加以确定，所以属于确定性规则。C项正确。该条款显然体现的是正义价值，但并未涉及司法问题，所以D项错误。

3. 李某向王某借款200万元，由赵某担保。后李某因涉嫌非法吸收公众存款罪被立案。王某将李某和赵某诉至法院，要求偿还借款。赵某认为，若李某罪名成立，则借款合同因违反法律的强制性规定而无效，赵某无需承担担保责任。法院认为，借款合同并不因李某犯罪而无效，判决李某和赵某承担还款和担保责任。关于该案，下列哪些说法是正确的？(2016-1-59)

A. 若李某罪名成立，则出现民事责任和刑事责任的竞合
B. 李某与王某间的借款合同法律关系属于调整性法律关系
C. 王某的起诉是引起民事诉讼法律关系产生的唯一法律事实
D. 王某可以免除李某的部分民事责任

【答案】BD

【解析】法律责任的竞合是指同一法律主体实施了一个行为而导致了数个相互冲突的法律责任产生，最后只追究了一个责任的情况。在本案中，李某承担了

刑事责任，也不会影响其民事责任的承担，刑事责任和民事责任之间不存在竞争关系，因此不属于竞合。A 项错误。调整性法律关系和保护性法律关系相对。调整性法律关系是基于人们的合法行为而产生的法律关系，保护性法律关系是由于违法行为而产生的法律关系。本案中法院认为，"借款合同并不因李某犯罪而无效"，这说明法院通过认定借款合同有效而肯定了李某与王某之行为的合法性，由此，该行为所引起的李某与王某间的借款合同法律关系属于调整性法律关系。B 项正确。除了王某起诉行为之外，民事诉讼法律关系的产生至少还需要法院的受理行为，C 项错误。李某与王某之间的借款关系属于民事法律关系，它遵循着"意思自治"的基本精神，除法律另有规定外，当事人原则上可以任意处分自己的私权利。因此，王某可以免除李某的部分民事责任。D 项正确。

4. 赵某因涉嫌走私国家禁止出口的文物被立案侦查，在此期间逃往 A 国并一直滞留于该国。对此，下列哪一说法是正确的？（2015 - 1 - 13）

A. 该案涉及法对人的效力和空间效力问题

B. 根据我国法律的相关原则，赵某不在中国，故不能适用中国法律

C. 该案的处理与法的溯及力相关

D. 如果赵某长期滞留在 A 国，应当适用时效免责

【答案】A

【解析】赵某属于中国公民，根据属人主义的原则，当然可以适用中国法律。B 项错误。法律的溯及力属于法的时间效力的一个核心问题，针对的是新法生效后对其生效以前发生的行为是否有效的问题。本题不涉及法律的时间问题，C 项错误。追诉时效也有例外的情况。根据我国刑法规定，在人民检察院、公安机关、国家安全机关立案侦查或者在人民法院受理案件以后，逃避侦查或者审判的，不受追诉期限的限制。被害人在追诉期限内提出控告，人民法院、人民检察院、公安机关应当立案而不予立案的，不受追诉期限的限制。排除 D 项。

5. 某医院确诊张某为癌症晚期，建议采取放射治疗，张某同意。医院在放射治疗过程中致张某伤残。张某向法院提起诉讼要求医院赔偿。法院经审理后认定，张某的伤残确系医院的医疗行为所致。但法官在归责时发现，该案既可适用《医疗事故处理条例》的过错原则，也可适用《民法典》的无过错原则。这是一种法律责任竞合现象。对此，下列哪种说法是错误的？（2006 - 1 - 5）

A. 该法律责任竞合实质上是指两个不同的法律规范可以同时适用于同一案件

B. 法律责任竞合往往是在法律事实的认定过程中发现的

C. 法律责任竞合是法律实践中的一种客观存在，因而各国在立法层面对其作出了相同的规定

D. 法律解释是解决法律责任竞合的一种途径或方法

【答案】C

【解析】法律责任竞合，是指由于某种法律事实的出现，导致两种或两种以上法律责任产生，而这些责任之间相互冲突的现象。法律责任竞合是客观存在的，因为不同的法律规范从不同的角度对社会关系加以调整，可能会产生一定的重合，使得一个行为同时触犯了不同的法律规范，面临数种法律责任，从而引起法律责任的竞合问题。A 项正确。法律责任竞合因某种法律事实的出现而发生，法官一般在法律事实的认定过程中发现责任竞合问题，B 项正确。解决法律责任

竞合，需要正确理解法律规定，因此自然离不开法律解释。D项正确。然而由于各国的社会基础不同，使得各国在立法上对法律责任竞合采取了不同的解决方式。故选项C的说法是错误的。

6. 张某过马路闯红灯，司机李某开车躲闪不及将张某撞伤，法院查明李某没有违章，依据《道路交通安全法》的规定判李某承担10%的赔偿责任。关于本案，下列哪一选项是错误的？（2008－1－5）

A. 《道路交通安全法》属于正式的法的渊源

B. 违法行为并非是承担法律责任的唯一根源

C. 如果李某自愿支付超过10%的赔偿金，法院以民事调解书加以确认，则李某不能反悔

D. 李某所承担的是一种竞合的责任

【答案】D

【解析】法的正式渊源是指那些具有明确规定的法效力，并可直接作为法律人的法律推理的大前提之规范来源的资料。如宪法、法律、法规等，主要是制定法。对于正式渊源，法律人必须予以考虑。《道路交通安全法》属于法律，因此是正式的法的渊源，A项说法正确。法律责任是指行为人由于违法行为、违约行为或者由于法律规定而应承受的某种不利的法律后果。可见，承担法律责任的原因除了违法行为外，还有违约行为或者由于法律规定。因此，B项说法正确。民事调解书是人民法院审理民事案件时，在当事人双方自愿、合法的原则下，查明事实、分清是非，通过调解方式，促使当事人互相谅解、达成协议而制作的具有法律效力的文书。《民事诉讼法》第97条规定："调解达成协议，人民法院应当制作调解书。调解书应当写明诉讼请求、案件的事实和调解结果。……调解书经双方当事人签收后，即具有法律效力。"可见，民事调解书一旦生效，不能反悔。故C正确。法律责任的竞合，是指由于某种法律事实的出现，导致两种或两种以上的法律责任产生，而这些责任之间相互冲突的现象。而本案中只有一个民事责任，因此，D项说法错误。

7. 赵某在行驶中的地铁车厢内站立，因只顾看手机而未抓扶手，在地铁紧急制动时摔倒受伤，遂诉至法院要求赔偿。法院认为，《侵权责任法》规定，被侵权人对损害的发生有过失的，可以减轻经营者的责任。地铁公司在车厢内循环播放"站稳扶好"来提醒乘客，而赵某因看手机未抓扶手，故存在重大过失，应承担主要责任。综合各种因素，判决地铁公司按40%的比例承担赔偿责任。对此，下列哪些说法是正确的？（2017－1－57）

A. 该案中赵某是否违反注意义务，是衡量法律责任轻重的重要标准

B. 该案的民事诉讼法律关系属第二性的法律关系

C. 若经法院调解后赵某放弃索赔，则构成协议免责

D. 法官对责任分摊比例的自由裁量不受任何限制

【答案】ABC

【解析】注意义务是指行为人作为时应当注意有无侵害某种法益，不作为时应当注意有无违反某种特定的法律义务的责任。在疏忽大意的过失中，注意义务是指结果预见义务，即对于构成要件的结果所具有的预见义务。本案中，赵某作为成年人，应当预见到在运动中的车辆中不抓扶手的危险性，但其却放任危害的

发生，违反了注意义务，对于损害后果自然应当承担相当的责任。A项正确。

一切相关的法律关系均有主次之分，例如，在调整性和保护性法律关系中，调整性法律关系是第一性法律关系（主法律关系），保护性法律关系是第二性法律关系（从法律关系）；在实体和程序法律关系中，实体法律关系是第一性法律关系（主法律关系），程序法律关系是第二性法律关系（从法律关系），等等。B项正确。

协议免责是指受害人和加害人在法律允许的范围内协商同意、免除责任。本案中，如果经法院调解，赵某与地铁公司达成调解协议，放弃索赔，则地铁公司的责任被免除。C项正确。

在我国，任何权力的行使均应当受到法律的限制，D项说法明显错误。

8. 2008年，富顺县A房地产开发公司（以下简称A公司）在修建A住宅小区时，擅自改变建设规划、突破建筑容积率，在规划6层建筑规模的基础上加层、超面积修建6000多平方米并予以出售，致使小区的建筑规模、容积率均超过规划要求。在A住宅小区修建完工后，相关行政主管机关对该公司的行为予以了罚款和补缴税款的处罚，并对最终的建筑规模、容积率予以调整并行政确认。2009年11月，该小区24名住户提起集团诉讼，以A公司突破规划建筑容积率，破坏小区居住环境构成违约为由，要求A公司赔偿每户2－3万元不等的经济损失。关于本案，下列说法正确的有(　　　)

A. 本案中的行政法律责任与民事法律责任之间存在竞合关系，在行政主管机关作出行政处罚之后，人民法院不应再判决A公司承担民事赔偿责任

B. 在本案中，引起法律责任产生的原因只有违法行为

C. 本案中，A公司已经接受了行政处罚，这构成在民事法律责任的追究问题上重要的免责事由

D. 本案中的诉讼法律关系属于第二性法律关系

【答案】D

【解析】本案中，A公司承担了行政法律责任，并不影响其继续对住户承担民事赔偿责任。可见，行政法律责任和民事法律责任同时并存，并不存在竞合问题。A项错误。其中，行政法律责任由违法行为产生，民事法律责任由违约行为产生，B项错误。A公司已经接受了行政处罚，并不能免除其民事赔偿责任，因此行政法律责任的承担并不构成民事赔偿责任的免责事由。C项错误。

9. 下列有关法律后果、法律责任、法律制裁和法律条文等问题的表述，哪些可以成立？（2005－1－52）

A. 任何法律责任的设定都必定是正义的实现

B. 法律后果不一定是法律制裁

C. 承担法律责任即意味着接受法律制裁

D. 不是每个法律条文都有法律责任的规定

【答案】BD

【解析】法律责任的设定大多是基于正义的考虑，但是有些法律责任的设定则是从秩序、效率等方面考虑的。因此，"任何法律责任的设定都必定是正义的实现"的说法有问题，选项A不能成立。根据人们对行为模式所做出的实际行为的不同，法律后果包括肯定式的法律后果和否定式的法律后果，只有否定性法律

后果才可能产生法律责任；而法律责任的承担有主动承担和被动承担之分，法律制裁是被动承担法律责任的一种方式。因此，选项 B 正确，选项 C 的表述有问题。并不是所有的法律条文都直接规定法律规范的，非规范性法律条文是不表述规范的；也不是每一个规范性条文都完整地表述一个规范的，假定条件、行为模式和法律后果这三要素在逻辑上缺一不可，但在实际条文中均可能被个别省略。同时，在规定了法律后果的法律条文中，既可能规定肯定式的法律后果，也可能规定否定式的法律后果。因此，选项 D "不是每个法律条文都有法律责任的规定"可以成立，符合题目的要求。

【点睛之笔】法律责任的承担有主动承担和被动承担之分，法律制裁是被动承担法律责任的一种方式。

大咖点拨区

第二章　法的运行

第一节　立　法

1. 完善以宪法为核心的中国特色社会主义法律体系，要求推进科学立法和民主立法。下列哪一做法**没有体现**这一要求？（2015 – 1 – 3）

A. 在《大气污染防治法》修改中，立法部门就处罚幅度听取政府部门和专家学者的意见

B. 在《种子法》修改中，全国人大农委调研组赴基层调研，征求果农、种子企业的意见

C. 甲市人大常委会在某社区建立了立法联系点，推进立法精细化

D. 乙市人大常委会在环境保护地方性法规制定中发挥主导作用，表决通过后直接由其公布施行

【答案】D

【解析】根据《中共中央关于全面推进依法治国若干重大问题的决定》，应当完善立法项目征集和论证制度。健全立法机关主导、社会各方有序参与立法的途径和方式。探索委托第三方起草法律法规草案。健全立法机关和社会公众沟通机制，开展立法协商，充分发挥政协委员、民主党派、工商联、无党派人士、人民团体、社会组织在立法协商中的作用，探索建立有关国家机关、社会团体、专家学者等对立法中涉及的重大利益调整论证咨询机制。A项正确。拓宽公民有序参与立法途径，健全法律法规规章草案公开征求意见和公众意见采纳情况反馈机制，广泛凝聚社会共识。B项正确。加强人大对立法工作的组织协调，健全立法起草、论证、协调、审议机制，健全向下级人大征询立法意见机制，建立基层立法联系点制度，推进立法精细化。健全法律法规规章起草征求人大代表意见制度，增加人大代表列席人大常委会会议人数，更多发挥人大代表参与起草和修改法律作用。C项必然是正确的。总之，听取意见、征求意见、建立立法联系点、推进立法精细化，都是宽泛的套话，这些内容绝对不可能错误。唯独D项有干货。首先，健全有立法权的人大主导立法工作的体制机制，发挥人大及其常委会在立法工作中的主导作用。D项丢了人大不行；第二，根据《立法法》规定，关于地方性法规的公布，非常复杂。如果是省级人大的地方性法规，由省级人大主席团公布；如果是省级人大常委会制定的地方性法规，则由省级人大常委会公布；其三，如果是地级市的地方性法规，则需要报省级人大常委会批准后才能本级人大常委会公布施行。所以，D项肯定不对。这道题本质上算是《立法法》的题目。

2. 根据宪法和法律，下列哪些表述是正确的？（2002 – 1 – 41）

A. 特别行政区立法会行使国家立法权

B. 自治区的人大及常委会行使地方立法权

C. 全国人大常委会行使国家立法权

D. 自治州的人大常委会行使民族立法权

【答案】BC

【解析】国家立法权是由一定的中央国家权力机关行使，用以调整基本的、全局性的社会关系，在立法体系中居于基础和主导地位的最高立法权。地方立法权是由有权的地方国家权力机关行使的立法权。享有地方立法权的地方权力机关可以是单一层次的，也可以是多层次的。特别行政区立法会作为我国的一个特别地方的立法主体，其享有的是地方立法权，而不是国家立法权。A项错误。在我国，根据宪法的规定，全国人民代表大会及其常委会行使国家立法权，制定法律。因此，C项正确。国务院根据宪法和法律制定行政法规，国务院下属的部委根据法律和行政法规，制定规章；省、自治区、直辖市以及设区的市、自治州的人大及其常委会在不同宪法、法律、行政法规相抵触的前提下，可以制定地方性法规。因此，B项正确。民族自治地方的人民代表大会有权依照当地民族地区的政治、经济和文化的特点，制定自治条例和单行条例。可见，D项错误，民族自治地方的人大常委会没有民族立法权。

【点睛之笔】自治区的人大及其常委会均有权制定地方性法规，但只有自治区人大有权制定民族自治法规；自治州、自治县的人大有权制定民族自治法规，但其常委会无权。

3. 2011年6月15日，全国人大常委会法工委公布《个人所得税法》修正案草案征求意见结果，30多天收到82,707位网民的237,684条意见，181封群众来信，11位专家和16位社会公众的意见。据此，草案对个人所得税的起征点进行了调整。关于这种"开门立法"、"问法于民"的做法，下列哪一说法是**准确**的？（2011－1－4）

A. 这体现了立法平等原则

B. 这体现了立法为民、增强立法主体自身民主性的要求

C. 这表现了执法为民的理念

D. 这体现了国家权力的相互制约

【答案】B

【解析】题干中明示这是"开门立法"、"问法于民"的做法，显然强调的是民主立法的原则。民主立法原则要求在立法过程中体现广大人民的意志和要求，确认和保障人民的利益；应当通过法律规定，保障人民通过各种途径参与立法活动，表达自己的意见；立法过程和立法程序应具有开放性、透明度，立法过程中要坚持群众路线。因此，B项正确。其他各项与题干联系并不紧密。

【点睛之笔】请考生务必注意题干中给出的重点信息，特别是题干中自己已经总结好了的范畴，那就是题眼。

4. 在我国，下列哪些主体既可以向全国人民代表大会，也可以向全国人民代表大会常务委员会提出法律案？（2008－1－63）

A. 国务院

B. 中央军事委员会

扫码听课

扫码听课

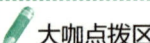

C. 全国人民代表大会各专门委员会

D. 三十名以上全国人民代表大会代表联名

E. 国家监察委员会

F. 全国人大常委会委员长会议

G. 全国人大主席团

【答案】ABCE

【解析】根据《全国人大议事规则》的规定，有10个主体有权向全国人大提案，8个主体有权向全国人大常委会提案，其中，6个主体同时有权向二者提出议案，他们是：国务院、中央军委、国家监察委员会、最高法、最高检、全国人大各专门委员会。所以本题正确选项是ABCE。

第二节 法的实施

扫码听课

1. 下列有关执法与守法区别的说法，哪些是不正确的？（2004 - 1 - 52）

A. 执法的主体不仅包括国家机关，也包括所有的法人；守法的主体不仅包括国家机关，也包括所有的法人和自然人

B. 行政机关的执法具有主动性，公民的守法具有被动性

C. 执法是执法主体将法律实施于其他机关、团体或个人的活动，守法是一切机关、团体或个人实施法律的活动

D. 执法须遵循程序性要求，守法毋须遵循程序性要求

【答案】ABD

【解析】A项错在执法的主体仅包括国家行政机关，即执法机关，而不包括所有的法人；B项错在公民的守法既包括积极的守法，也包括消极的守法。D项错在积极的守法也要遵循程序性要求。守法就是遵守法律所规定的行为规范，将抽象的行为模式转化为在具体的法律关系中行使权利、履行义务的行为，这是守法的实质要求。有一点必须注意，那就是行使权利并不意味着为所欲为。C项是正确的表述。

扫码听课

2. 关于司法的表述，下列哪些选项可以成立？（2007 - 1 - 54）

A. 司法的依据主要是正式的法律渊源，而当代中国司法原则"以法律为准绳"中的"法律"则需要作广义的理解

B. 司法是司法机关以国家名义对社会进行全面管理的活动

C. 司法权不是一种决策权、执行权，而是一种判断权

D. 当代中国司法追求法律效果与社会效果的统一

【答案】ACD

【解析】司法的依据主要是正式的法律渊源，包括宪法、法律、行政法规、地方性法规、经济特区法规等，可见，当代中国司法原则"以法律为准绳"中的"法律"需要作广义的理解，不能理解为狭义的法律，即全国人大及其常委会制定的规范性法文件。A项正确。司法是司法机关以国家名义对具体纠纷进行认定和裁决的专门性活动，而行政活动乃是对社会进行全面管理的活动；故而，与作为管理权、决策权、执行权的行政权不同，司法权是一种判断权。选项B错误，

C 项正确。在当代中国，司法既要看是否严格遵守了程序法、实体法的规定，又要看秩序、自由、正义等价值是否得到了实现，审判结果是否得到了社会公认。也就是说，我国的司法要追求法律效果与社会效果的统一，也就是审判既要合法，还要具有良好的社会效果。因此，正确选项为 ACD。

【点睛之笔】 司法权是一种判断是非曲直的权力。

3. 王某向市环保局提出信息公开申请，但未在法定期限内获得答复，遂诉至法院，法院判决环保局败诉。关于该案，下列哪些说法是正确的？（2016 – 1 – 60）

A. 王某申请信息公开属于守法行为
B. 判决环保局败诉体现了法的强制作用
C. 王某起诉环保局的行为属于社会监督
D. 王某的诉权属于绝对权利

【答案】 ABC

【解析】 守法指公民、社会组织和国家机关以法律为自己的行为准则，依照法律行使权利、履行义务的活动。因此，守法不仅包括消极、被动的守法，还包括根据授权性法律规范积极主动地去行使自己的权利，实施法律。王某申请信息公开属于积极主动行使自己法定权利的守法行为。A 项正确。强制作用是指法可以通过制裁违法犯罪行为来强制人们遵守法律。法院判决环保局的行为败诉，意味着法院认为，环保局未在法定期限内作出答复，属于不作为违法，应承担败诉的不利后果，故而体现法的强制作用。B 项正确。社会监督，即非国家机关的监督，指由各政党、各社会组织和公民依照宪法和有关法律，对各种法律活动的合法性所进行的监督。王某通过起诉环保局，对环保局公开信息活动的合法性进行监督，当然属于社会监督。C 项正确。绝对权利又称"对世权利"，是对应不特定的法律主体的权利，绝对权利对应不特定的义务人。相对权利又称"对人权利"，是对应特定的法律主体的权利，"相对权利"对应特定的义务人。在本案中，王某起诉，与之相对应的应诉义务主体只是市环保局，而非不特定义务主体，因此，王某的诉权属于相对权利。D 项错误。

大咖点拨区

扫码听课

第三节　法适用的一般原理

1. 法谚有云："法官是会说话的法律"。对此，下列哪一理解是正确的？（2020 仿真）

A. 法律不经法官在个案中适用，则不具有法律效力
B. 法律不经裁判，则不产生义务
C. 法律不经解释，则无法适用
D. 法律不经法官，则无从解释

【答案】 C

【解析】 法律一经制定公布，即具有法律效力。可见，法律是否有效不依赖于法官的司法活动，A 项错误。法律在制定生效之后，作为法律规范内容的权利和义务便产生了。法官裁判案件，只是结合具体个案的特殊情况，将法律规范中

扫码听课

大咖点拨区

扫码听课

扫码听课

扫码听课

的一般性的、普遍性的权利和义务具体化为特定主体的权利和义务而已。因此，B 项表述错误。法官只是法律的诸多解释者而已，就我国而言，全国人大常委会、最高人民法院、最高人民检察院、国务院及其有关部委均有权解释法律，D 项说法错误。就 C 项而言，法官要将法律适用于个案，当然需要首先理解法律，而理解离不开解释，因此可以说：法律不经解释，则无法适用。C 项表述正确。

2. 关于法的适用，下列哪一说法是正确的？（2015 - 1 - 15）

A. 在法治社会，获得具有可预测性的法律决定是法的适用的唯一目标

B. 法律人查明和确认案件事实的过程是一个与规范认定无关的过程

C. 法的适用过程是一个为法律决定提供充足理由的法律证成过程

D. 法的适用过程仅仅是运用演绎推理的过程

【答案】C

【解析】法律人适用法律最直接的目标是获得一个合理的法律决定。在法治社会，所谓合理的法律决定就是指具有可预测性（形式法治的要求）和正当性（实质法治的要求）的法律决定。可见，法的适用的目标既包括可预测性，也包括正当性。A 项错误。法律人查明和确认案件事实的过程不是一个纯粹的事实归结过程，而是一个在法律规范与事实之间的循环过程，即目光在规范与事实之间来回穿梭，必须把生活事实转化为"法律事实"。B 项错误。法律适用的过程，无论是寻找大前提还是确定小前提，都是用来向法律决定提供支持程度不同的理由，所以，它也就是一个法律证成的过程。所谓"证成"，便是给一个决定提供充足理由的活动或过程。C 项正确。法的适用过程包括了演绎推理、类比推理、归纳推理和设证推理等多种推理形式，D 项错误。

3. 有法谚云："法律为未来作规定，法官为过去作判决"。关于该法谚，下列哪一说法是正确的？（2016 - 1 - 11）

A. 法律的内容规定总是超前的，法官的判决根据总是滞后的

B. 法官只考虑已经发生的事实，故判案时一律选择适用旧法

C. 法律绝对禁止溯及既往

D. 即使案件事实发生在过去，但"为未来作规定"的法律仍然可以作为其认定的根据

【答案】D

【解析】"法律为未来作规定"的意思是法律着眼于应对未来不确定的事务，强调的是立法的前瞻性，并不是说"法律的内容规定总是超前的"；"法官为过去作判决"的意思是法官的判决针对的是已经发生的案件，强调的是法官的裁判活动的主要功能是解决社会中已经发生的纠纷矛盾，这和"判决根据总是滞后的"没有关系。A 项错误。

就有关侵权、违约的法律和刑事法律而言，法官裁判案件时，目前各国的通例是"从旧兼从轻"，即原则上适用旧法，法不溯及既往。但是，法律不溯及既往并非绝对，比如新法不认为犯罪或者处刑较轻的，适用新法。此外，在某些有关民事权利的法律中，法律有溯及力。因此，BC 两项错误。

将法律作为认定案件事实的依据，这一立场没有争议。D 项正确。

4. 新郎经过紧张筹备迎娶新娘。婚礼当天迎亲车队到达时，新娘却已飞往国外，由其家人转告将另嫁他人，离婚手续随后办理。此事对新郎造成严重伤

害。法院认为，新娘违背诚实信用和公序良俗原则，侮辱了新郎人格尊严，判决新娘赔偿新郎财产损失和精神抚慰金。关于本案，下列哪些说法可以成立？（2014－1－52）

A. 由于缺乏可供适用的法律规则，法官可依民法基本原则裁判案件

B. 本案法官运用了演绎推理

C. 确认案件事实是法官进行推理的前提条件

D. 只有依据法律原则裁判的情形，法官才需提供裁判理由

【答案】ABC

【解析】由于法律原则内涵高度抽象，外延宽泛，所以当被直接作为裁判案件的标准发挥作用时，就会赋予法官较大的自由裁量权，从而不能完全保证法律的确定性和可预测性。为了将其不确定性减小在一定程度之内，需要对其适用设定严格的条件。首要的条件就是：穷尽法律规则，才得适用法律原则。在有具体的法律规则可供适用时，不得直接适用法律原则。因为法律规则是法律中最具有硬度的部分，能最大程度地实现法律的确定性和可预测性，有助于保持法律的安定性和权威性，避免司法者滥用自由裁量权，保证法治的最起码的要求得到实现。可见，A项正确。

题干中，法院首先确认了案件事实作为小前提；然后引用了法律规范，即"诚实信用和公序良俗原则"，作为大前提，最后作出了判决结论，即"新娘赔偿新郎财产损失和精神抚慰金"。这是典型的演绎推理。BC两项正确。在任何情况下，法官裁判都需要提供裁判理由。D项错误明显。

5. 范某参加单位委托某拓展训练中心组织的拔河赛时，由于比赛用绳断裂导致范某骨折致残。范某起诉该中心，认为事故主要是该中心未尽到注意义务引起，要求赔偿10万余元。法院认定，拔河人数过多导致事故的发生，范某本人也有过错，判决该中心按40%的比例承担责任，赔偿4万元。关于该案，下列哪一说法是正确的？（2013－1－15）

A. 范某对案件仅做了事实描述，未进行法律判断

B. "拔河人数过多导致了事故的发生"这一语句所表达的是一种裁判事实，可作为演绎推理的大前提

C. "该中心按40%的比例承担责任，赔偿4万元"是从逻辑前提中推导而来的

D. 法院主要根据法律责任的效益原则作出判决

【答案】C

【解析】范某起诉该中心，认为事故主要是该中心未尽到注意义务引起，要求赔偿10万余元。可见，范某对案件既做了事实描述，也进行了法律判断。A项错误。"拔河人数过多导致了事故的发生"这一语句所表达的是案件事实中的因果关系，确定的是演绎推理的小前提。B项错误。作为归责原则的效益原则是指在追究责任时，应当进行成本收益分析，讲求法律责任的效益。本案中，法院认定，拔河人数过多导致事故的发生，范某本人也有过错，判决该中心按40%的比例承担责任，赔偿4万元。很明显体现的是公正原则。

【一针见血】只要有结论，就一定是从逻辑前提中推导出来的。

6. 关于适用法律过程中的内部证成，下列选项正确的是：（2013 - 1 - 86）

A. 内部证成是给一个法律决定提供充足理由的活动

B. 内部证成是按照一定的推理规则从相关前提中逻辑地推导出法律决定的过程

C. 内部证成是对法律决定所依赖的前提的证成

D. 内部证成和外部证成相互关联

【答案】ABD

【解析】法律适用的过程，无论是寻找大前提还是确定小前提，都是用来向法律决定提供支持程度不同的理由，所以，它也就是一个法律证成的过程。所谓"证成"，便是给一个决定提供充足理由的活动或过程。外部证成保障的是推理前提的合理性、正当性；内部证成保障的是推理规则的可靠性。可见，内部证成只保证结论从前提中逻辑地推导出来，但对前提的正当性没有保障；外部证成保证内部证成的前提正当。据此，C项错误。其他各项正确，入选。

7. 原告与被告系亲兄弟，父母退休后与被告共同居住并由其赡养。父亲去世时被告独自料理后事，未通知原告参加。原告以被告侵犯其悼念权为由诉至法院。法院认为，按照我国民间习惯，原告有权对死者进行悼念，但现行法律对此没有规定，该诉讼请求于法无据，判决原告败诉。关于此案，下列哪一说法是错误的？（2014 - 1 - 12）

A. 本案中的被告侵犯了原告的经济、社会、文化权利

B. 习惯在我国是一种非正式的法的渊源

C. 法院之所以未支持原告诉讼请求，理由在于被告侵犯的权利并非法定权利

D. 在本案中法官对判决进行了法律证成

【答案】A

【解析】习惯在我国属于非正式渊源。B项明显正确。本案中，法院根据法律和事实作出了裁判，自然就进行了法律证成。D项正确。悼念权很明显并非法定权利，法院认为该诉讼请求于法无据，遂判决原告败诉。质言之，法院认为，被告在法律上不构成侵权。所以，A项错误，C项正确。需要特别注意的是，经济、社会、文化权利属于宪法中规定公民针对于国家享有的基本权利，本案中的当事人双方均为私人，属于民事争议，自然不会侵害到宪法权利。

8. 张某与王某于2000年3月登记结婚，次年生一女小丽。2004年12月张某去世，小丽随王某生活。王某不允许小丽与祖父母见面，小丽祖父母向法院起诉，要求行使探望权。法官在审理中认为，我国《民法典》虽没有直接规定隔代亲属的探望权利，但正确行使隔代探望权有利于儿童健康成长，故依据《民法典》第8条有关"公序良俗"的规定，判决小丽祖父母可以行使隔代探望权。关于此案，下列哪些说法是正确的？（2012 - 1 - 53）

A. 我国《民法典》属规范性文件，是"基本法律"

B. "民事活动应当尊重社会公德"的规定属于命令性规则

C. 法官对判决理由的证成是一种外部证成

D. 法官的判决应当考虑到法的安定性和合目的性要求

【答案】ACD

【解析】《民法典》属于规范性文件，由全国人大制定，因此属于基本法律。

选项 A 正确。"公序良俗"的规定仅仅提供某种价值指引，没有具体设定权利义务，比较笼统抽象，因此属于法律原则，而非法律规则，自然也就谈不上命令性规则。选项 B 错误。法律证成可以分为内部证成和外部证成。法律决定必须按照一定的推理规则从相关前提中逻辑地推导出来，属于内部证成；而对法律决定所依赖的前提的证成，属于外部证成。故本案中，法官对判决理由的证成属于对法律决定所依赖的前提的证成，属于外部证成。选项 C 正确。法的安定性强调的是法在形式上的稳定性和可预测性，合目的性强调的是法在实质内容上的正当性或合理性。法律人适用法律的最直接的目标就是要获得一个合理的法律决定，故法官如此判决正是考虑到法的安定性和合目的性的要求。选项 D 正确。

9. 关于法的适用与法律论证，下列哪些说法是错误的？（2009－1－56）

A. 法的适用所处理的问题，既包括法律事实问题也包括法律规范问题，还包括法律语言问题

B. 法的适用通常采用逻辑中的三段论推理

C. 法的适用只要有外部证成即可，毋需内部证成

D. 法律论证是一个独立的过程，与法律推理、法律解释没有关系

【答案】CD

【解析】法律人进行法律适用时，需要用法律语言将纯粹的生活事实转化为"法律事实"，作为小前提；其次要选择和确定与上述案件事实相符合的法律规范，作为大前提；最后以整个法律体系的目的为标准，从两个前提中推导出法律决定或法律裁决。可见，法律适用既涉及事实问题，也涉及规范问题，还涉及法律语言问题。因此，AB 两项正确。在法律适用中，无论是确定法律规范作为大前提，还是确定案件事实作为小前提，都是用来为法律决定提供理由的过程。其中，为法律决定所依赖的前提提供理由，属于外部证成；证明法律决定能够按照可靠的推理规则从相关前提中推导出来，这是内部证成。所以，对法律适用而言，内部证成和外部证成均不可或缺。选项 C 错误。在法律论证的过程中，法律人必须遵循一定的推理规则，进行一定的法律解释。选项 D 说法错误。

扫码听课

【点睛之笔】法律推理、法律解释和法律论证乃是联系在一起的法律活动。

10. 在宋代话本小说《错斩崔宁》中，刘贵之妾陈二姐因轻信刘贵欲将她休弃的戏言连夜回娘家，路遇年轻后生崔宁并与之结伴同行。当夜盗贼自刘贵家盗走 15 贯钱并杀死刘贵，邻居追赶盗贼遇到陈、崔二人，因见崔宁刚好携带 15 贯钱，遂将二人作为凶手捉拿送官。官府当庭拷讯二人，陈、崔屈打成招，后被处斩。关于该案，下列哪一说法是正确的？（2016－1－12）

A. 话本小说《错斩崔宁》可视为一种法的非正式渊源

B. 邻居运用设证推理方法断定崔宁为凶手

C. "盗贼自刘贵家盗走 15 贯钱并杀死刘贵"所表述的是法律规则中的假定条件

D. 从生活事实向法律事实转化需要一个证成过程，从法治的角度看，官府的行为符合证成标准

【答案】B

【解析】非正式的法的渊源则指不具有明文规定的法律效力，但具有法律说服力并能够构成法律人的法律决定的大前提的准则来源的那些资料。话本小说系

扫码听课

宋代文学形式之一，显然不具有法律说服力，同时，它也不能够构成法律人的法律决定的大前提的准则来源，即不能据此裁判案件。A项错误。设证推理是对从所有能够解释事实的假设中优先选择一个假设的推论，其特点在于推理人面对一种现象，凭借自身经验逆向推论出原因或前提。该案中，邻居面对刘贵死亡的后果，基于一系列事实，凭借自身经验，认定陈二姐、崔宁二人是凶手，这是典型的设证推理。B项正确。"盗贼自刘贵家盗走15贯钱并杀死刘贵"出现了当事人人名，很明显表述的是案件事实，而不可能是法律规范，因此绝非法律规则中的假定条件。所谓假定条件，指法律规则中有关适用该规则的条件和情况的部分，即法律规则在什么时间、空间、对什么人适用以及在什么情境下对人的行为有约束力的问题。C项错误。在法治的角度下，"证成"往往被定义为给一个决定提供充足理由的活动或过程。《错斩崔宁》的标题很明显告诉读者这是一件冤假错案；陈、崔二人被处以斩刑的判决，仅仅是这二人在官府当庭拷讯之下，被屈打成招的，官府的论证是不成功的、有缺陷的，完全不符合法治所要求的"案件事实清楚、证据确凿"的证成标准。D项错误。

11. 周某半夜驾车出游时发生交通事故致行人鲁某重伤残疾，检察院以交通肇事罪起诉周某。法院开庭，公诉人和辩护人就案件事实和证据进行质证，就法的适用展开辩论。法庭根据司法解释为本案确定了适用的法条，同时经过庭审查实，交通事故致鲁某重伤残疾并非因周某行为引起，遂宣判其无罪释放。依据法学原理，下列判断正确的是？（　　）

A. 法院审理案件目的在于获得正确的法律判决，该判决应当在形式上符合法律规定，具有可预测性，还应当在内容上符合法律的精神和价值，具有正当性

B. 在本案中，检察院使用了归纳推理的方法

C. 法庭根据司法解释为一个案件确定了适用的法条，属于外部证成

D. 法庭主持的调查和法庭辩论活动，从法律推理的角度讲，是在为演绎推理确定大小前提

【答案】ACD

【解析】法律人适用法律的最直接的目标就是要获得一个合理的法律决定。在法治社会，所谓合理的法律决定就是指法律决定具有可预测性和正当性。法律决定的可预测性是形式法治的要求，它的正当性是实质法治的要求。选项A正确。检察院用的是演绎的三段论的推理方式。选项B错误。

具体来说，法律人适用法律解决个案纠纷的过程，首先要查明和确认案件事实，作为小前提；其次要选择和确定与上述案件事实相符合的法律规范，作为大前提；最后以整个法律体系的目的为标准，从两个前提中推导出法律决定或法律裁决。法庭主持的调查和法庭辩论活动，从法律推理的角度讲，不过就是在为演绎推理确定大小前提。因此，选项D正确。法庭根据司法解释为一个案件确定适用的法条，这是证成法律推理的大前提，因此属于外部证成，C项正确。

12. "当法律人在选择法律规范时，他必须以该国的整个法律体系为基础，也就是说，他必须对该国的法律有一个整体的理解和掌握，更为重要的是他要选择一个与他确定的案件事实相切合的法律规范，他不仅要理解和掌握法律的字面含义，还要了解和掌握法律背后的意义。"关于该表述，下列哪一理解是错误的？（2017－1－12）

A. 适用法律必须面对规范与事实问题

B. 当法律的字面含义不清晰时，可透过法律体系理解其含义

C. 法律体系由一国现行法和历史上曾经有效的法构成

D. 法律的字面含义有时与法律背后的意义不一致

【答案】C

【解析】法律适用通常指司法，即根据事先创制的法律规范，结合特定案件的事实，运用一定的推理规则和解释技巧，得出法律结论的过程。因此，适用法律必须面对规范和事实问题。A项正确。

法律具有语言依赖性，必须借助于口语、书面语或者肢体语言等表达出来。因此，语言只是表达法律的载体，而语言中承载的规范意义才是法律本身。因此，法律的字面含义有时与法律背后的意义并不一致，我们要藉由法律解释透过字面含义探究文本背后的规范意义。D项正确。

当法律的字面含义不清晰时，则必须运用各种法律解释方法来理解其含义。当把被解释的法律条文放在整部法律当中乃至整个法律体系之中，联系此法条与其他法条的相互关系来解释的时候，即被称为体系解释方法。可见，B项正确。

一国的法律体系也称为部门法体系，是指一国的全部现行法律规范，按照一定的标准和原则，划分为不同的法律部门而形成的内部和谐一致、有机联系的整体。构成法律体系的法是一国现行有效的法，不包括历史上废止的已经不再有效的法律，也不包括尚未制定、还没有生效的法律。可见，C项错误。

13. 甲公司派员工伪装成客户，设法取得乙公司盗版销售其所开发软件的证据并诉至法院。审理中，被告认为原告的"陷阱取证"方式违法。法院认为，虽然非法取得的证据不能采信，但法律未对非法取证行为穷尽式列举，特殊情形仍需依据法律原则具体判断。原告取证目的并无不当，也未损害社会公共利益和他人合法权益，且该取证方式有利于遏制侵权行为，应认定合法。对此，下列哪些说法是正确的？（2017－1－58）

A. 采用穷尽式列举有助于提高法的可预测性

B. 法官判断原告取证是否违法时作了利益衡量

C. 违法取得的证据不得采信，这说明法官认定的裁判事实可能同客观事实不一致

D. 与法律规则相比，法律原则应优先适用

【答案】ABC

【解析】采用穷尽式列举明显排除了法官的自由裁量空间，有助于提高法的确定性和可预测性，A项正确。本案中，法院认为："虽然非法取得的证据不能采信，但法律未对非法取证行为穷尽式列举，特殊情形仍需依据法律原则具体判断。原告取证目的并无不当，也未损害社会公共利益和他人合法权益，且该取证方式有利于遏制侵权行为，应认定合法。"法院对非法取证行为的目的和侵权行为的危害进行了比较衡量，B项正确。违法取得的证据即便呈现的是客观事实，但因为不得采信，所以无法转换为裁判事实，这说明法官认定的裁判事实可能同客观事实不一致。C项正确。与法律原则相比，法律规则具体、明确，更具有可预测性，应当优先使用。D项错误。

14. 据《二刻拍案惊奇》，大儒朱熹作知县时专好锄强扶弱。一日有百姓诉

大咖点拨区

扫码听课

称："有乡绅夺去祖先坟茔作了自家坟地"。朱熹知当地颇重风水，常有乡绅强占百姓风水吉地之事，遂亲往踏勘。但见坟地山环水绕，确是宝地，遂问之，但乡绅矢口否认。朱熹大怒，令掘坟取证，见青石一块，其上多有百姓祖先名字。朱熹遂将坟地断给百姓，并治乡绅强占田土之罪。殊不知青石是那百姓暗中埋下的，朱熹一片好心办了错案。对此，下列说法正确的是：(2017-1-90)

A. 青石上有百姓祖先名字的生活事实只能被建构为乡绅夺去百姓祖先坟茔的案件事实

B. "有乡绅夺去祖先坟茔作了自家坟地"是一个规范语句

C. 勘查现场是确定案件事实的必要条件，但并非充分条件

D. 裁判者自身的价值判断可能干扰其对案件事实的认定

【答案】CD

【解析】案件事实和生活事实并不等同，生活事实已经在时空的变换中消逝了，而且其许多细节在法律上并没有意义，所以司法者只能在法律规范的指导下，借助于证据、痕迹、口供等建构类似于原初事实的案件事实，在这个过程中，司法者自身的价值判断就可能干扰对事实的认定。D项正确。青石上有百姓祖先名字的生活事实，可能被建构为乡绅夺去百姓祖先坟茔的案件事实，也可能被建构为善良的乡绅允许百姓在其土地上埋葬祖先的案件事实。A项错误。规范语句和陈述句区别的关键在于有无道义助动词，"有乡绅夺去祖先坟茔作了自家坟地"表述中并没有包含道义助动词，属于陈述句。B项错误。在本案中，确定案件事实必须勘验现场，但并不意味着勘查了现场就能直接确定案件事实，C项正确。

第四节　法律推理

1. 公孙龙是战国时期平原君的食客，一天，他牵一匹白马出关。根据当时的法律，携带马匹出关者要交税。守门的官吏据此要求公孙龙缴税。公孙龙说："我这是白马，不是马。"双方发生争执。关于该案，下列说法正确的有(　　)

A. 在本案中，守门的官吏运用的是演绎推理

B. 由于白马是不是马存在争议，所以"马"属于不确定概念

C. 公孙龙认为"白马不是马"，其对"马"的解释属于体系解释

D. 关于白马是不是马的争议是关于法律问题的争议

【答案】A

【解析】法律规定，携带马匹出关者要交税；公孙龙携带一匹马出关；因此公孙龙应当缴税。这里运用的是典型的演绎推理。A项正确。确定性概念和不确定性概念是根据概念的定义要素是否清晰——而不是主体认识是否清晰——来划分的。"马"的定义要素非常清楚，判断标准也很明确，属于确定性概念。B项错误。公孙龙认为"白马不是马"，是对"马"这一概念的内涵和外延进行判断，属于典型的文义解释。C项错误。白马是不是马，这里的争议与法律问题无关，属于事实问题的争议。D项错误。

2. 李某因热水器漏电受伤，经鉴定为重伤，遂诉至法院要求厂家赔偿损失，

其中包括精神损害赔偿。庭审时被告代理律师辩称，一年前该法院在审理一起类似案件时并未判决给予精神损害赔偿，本案也应作相同处理。但法院援引最新颁布的司法解释，支持了李某的诉讼请求。关于此案，下列认识**正确**的是：（2015 - 1 - 89）

A. "经鉴定为重伤"是价值判断而非事实判断

B. 此案表明判例不是我国正式的法的渊源

C. 被告律师运用了类比推理

D. 法院生效的判决具有普遍约束力

【答案】BC

【解析】鉴定过程必然涉及价值判断，但是"经鉴定为重伤"只是对鉴定结果的客观描述，属于事实判断。A 项错误。判例在我国属于非正式法律渊源，不具有明定的法律效力。B 项正确。被告代理律师辩称，一年前该法院在审理一起类似案件时并未判决给予精神损害赔偿，本案也应作相同处理。可见，律师对两个相似案件进行了比较，C 项正确。D 项错误明显，判决书属于非规范性法律文件，具有的是个案效力，不具有普遍法效力。D 项错误。

3. 《劳动争议调解仲裁法》第五条规定："发生劳动争议，当事人不愿协商、协商不成或者达成和解协议后不履行的，可以向调解组织申请调解；不愿调解、调解不成或者达成调解协议后不履行的，可以向劳动争议仲裁委员会申请仲裁；对仲裁裁决不服的，除本法另有规定的外，可以向人民法院提起诉讼。"关于这一规定，下列哪一说法是错误的？（2009 - 1 - 10）

A. 从法的要素角度看，该规定属于任意性规则

B. 从法的适用角度看，该规定在适用时不需要法官进行推理

C. 从法的特征角度看，该规定体现了法的可诉性特点

D. 从法的作用角度看，该规定为行为人提供了不确定的指引

【答案】B

【解析】按照规则对人们行为规定和限定的范围或程度不同，可以把法律规则分为强行性规则和任意性规则。所谓强行性规则，是指内容规定具有强制性质，不允许人们随便加以改变的法律规则。所谓任意性规则，是指规定在一定范围内，允许人们自行选择或协商确定为与不为、为的方式以及法律关系中的权利义务内容的法律规则。题干中的条款允许当事人选择协商、调解、仲裁、诉讼，因此属于任意性规则。选项 A 说法正确。法律推理就是指法律人在从一定的前提推导出法律决定的过程中所必须遵循的推论规则。只要有前提，有结论，就自然进行了法律推理。选项 B 说法错误。法的可诉性是指法律具有被任何人（包括公民和法人）在法律规定的机构（尤其是法院和仲裁机构）中通过争议解决程序（特别是诉讼程序）加以运用以维护自身权利的可能性。本案中明显涉及诉讼和仲裁活动，因此 C 项正确。从立法技术上看，法律对人的行为的指引通常采用两种方式：一种是确定的指引，即通过设置法律义务，要求人们作出或抑制一定行为，使社会成员明确自己必须从事或不得从事的行为界限。另一种是不确定的指引，又称选择的指引，是指通过宣告法律权利，给人们一定的选择范围。题干中的条款明显给人们留下了宽阔的选择范围，属于不确定的指引，所以选项 D 说法正确。

大咖点拨区

扫码听课

大咖点拨区

扫码听课

扫码听课

扫码听课

4. 出租车司机甲送孕妇乙去医院，途中乙临产，情形危急。为争取时间，甲将车开至非机动车道掉头，被交警拦截并被告知罚款。经甲解释，交警对甲未予处罚且为其开警车引道，将乙及时送至医院。对此事件，下列哪一项表述是正确的？（2005 – 1 – 2）

A. 在此交通违章的处理中，交警只是简单运用了演绎推理方法

B. 警察对违章与否的解释属于"行政解释"

C. 在此事件的认定中，交警进行了法的价值判断

D. 此事件所反映出的价值之间没有冲突

【答案】C

【解析】 在此交通违章的处理中，交警进行了实质性的价值判断，而非简单运用形式逻辑（演绎推理和归纳推理）进行推理。因此选项A错误，C正确。行政解释，是指国家行政机关在行政管理活动中，对有关法律法规如何具体应用贯彻的问题所作的说明，属于正式解释，具有普遍约束力。只有特定的行政机关才有权进行行政解释。本案中警察对违章与否的解释针对特定对象，而且不能反复适用，因此选项B错误。此事件反映出交通规则所体现的秩序价值与孕妇的生命健康利益价值之间的冲突，因此选项D错误。

5. 某地电缆受到破坏，大面积停电3小时，后查知为邢某偷割电缆所致。邢某被控犯"危害公共安全罪"，处以5年有期徒刑。邢某不服上诉，理由是自己偷割电缆变卖所得仅50元钱，顶多属于"小偷小摸"行为。二审法官依照最高人民法院《关于审理破坏公用电信设施刑事案件具体应用法律若干问题的解释》维持原判。对此，下列哪一种理解是错误的？（2005 – 1 – 5）

A. 法官根据最高人民法院的解释对邢某行为所作出的判断是一种事实判断

B. 《关于审理破坏公用电信设施刑事案件具体应用法律若干问题的解释》是司法解释

C. 在这个案件中，法官主要运用了"演绎推理"

D. 邢某对自己行为的辩解是对法律的认识错误

【答案】A

【解析】 法官根据最高人民法院的解释将邢某行为认定为盗窃行为，很明显是一种价值判断，而非事实判断。因此，选项A错误。《关于审理破坏公用电信设施刑事案件具体应用法律若干问题的解释》是由最高人民法院作出的司法解释，因此选项B正确。在本案中，法官运用了法律规范、案件事实、法律判断的三段论推理，即演绎推理。因此选项C正确。邢某认为自己偷割电缆变卖所得仅50元钱，顶多属于"小偷小摸"行为，可见其对法律规定、犯罪构成要素等法律问题的认识存在偏差。因此选项D正确。

6. 小丽是陈某的养女，在22岁时准备与其结识半年的男朋友结婚。陈某以小丽岁数小、与男朋友认识时间太短等为由，不同意两人结婚，并禁止他们来往。从此，陈某只要发现小丽与男朋友来往，就对她拳脚相加，而且不允许她周末外出。小丽忍无可忍，向当地法院提起诉讼。该法院根据我国《刑法》第257条第1款的规定（即"以暴力干涉他人婚姻自由的，处二年以下有期徒刑或者拘役"），判处陈某拘役2个月。根据该案，下列哪些说法是正确的？（2006 – 1 – 55）

A. 法院所引用的刑法条款所规定的内容属于任意性法律规则

B. 该刑法条款对小丽的起诉行为起到了一种确定性的指引作用

C. 法院在该案件中适用的法律推理属于演绎推理

D. 法院在认定案件事实的过程中不需要运用价值导引的思考方式

【答案】BC

【解析】根据规则对人们行为规定和限定的范围或程度的不同，法律规则可以分为强行性规则和任意性规则：前者是必须适用的，不允许当事人随意加以更改，包括义务性规则和职权性规则；后者是指在一定范围内，允许当事人自行选择或协商确定为与不为、为的方式以及法律关系中的权利义务内容的法律规则。刑法规范的内容具有强制性质，不允许人民随便更改。故选项 A 的说法不正确。法的指引作用是指通过法律规范指引人们的行为，包括两种方式：确定的指引是一种义务的指引，要求人们必须从事一定的行为或者不得从事一定的行为；不确定的指引或选择的指引是一种权利的指引，人们可以自行决定行为的内容。本题中的刑法条款，对行为人而言乃是设定了"不得暴力干涉他人婚姻自由"这样一种义务。因此，本案中，小丽据此向法院提起诉讼，该刑法规范对小丽的起诉行为起到了一种确定性的指引作用。故选项 B 的说法正确。演绎推理是指从一般到特殊的逻辑推理方法，法院根据制定法（大前提）和案件事实（小前提）推出法律结论的过程，运用的都是演绎推理。故选项 C 的说法正确。法院在认定案件事实的过程中虽然主要依据法律规定，但仍需要运用价值导引的思考方式，综合考虑价值、利益、历史、目的等各种因素。故选项 D 的说法不正确。

扫码听课

7. 徐某被何某侮辱后一直寻机报复，某日携带尖刀到何某住所将其刺成重伤。经司法鉴定，徐某作案时辨认和控制能力存在，有完全的刑事责任能力。法院审理后以故意伤害罪判处徐某有期徒刑 10 年。关于该案，下列哪些说法是正确的？（2015 - 1 - 58）

A. "徐某作案时辨认和控制能力存在，有完全的刑事责任能力"这句话包含对事实的法律认定

B. 法院判决体现了法的强制作用，但未体现评价作用

C. 该案中法官运用了演绎推理

D. "徐某被何某侮辱后一直寻机报复，某日携带尖刀到何某住所将其刺成重伤"是该案法官推理中的大前提

【答案】AC

【解析】"徐某作案时辨认和控制能力存在，有完全的刑事责任能力"这句话包含对徐某作案时认识能力的描述，因而属于对事实的法律认定。A 项正确。法院审理后以故意伤害罪判处徐某有期徒刑 10 年，其中认定徐某的行为构成故意伤害罪，属于评价作用；判处有期徒刑 10 年，属于强制作用。B 项错误。法官面对"徐某被何某侮辱后一直寻机报复，某日携带尖刀到何某住所将其刺成重伤"的案件事实（小前提），依据"故意伤害罪"的法律规范（大前提），做出判决，这就是演绎推理。C 项正确，D 项错误。

8. 我国宪法明文将宪法修改的权力授予全国人大，这意味着全国人大常委会无权修改宪法。这里运用的是哪种推理方法？（　　）

A. 演绎推理　　　B. 设证推理　　　C. 反向推理　　　D. 当然推理

扫码听课

【答案】C

【解析】反向推理又称为反面推论，往往是由一件事是什么推出另一件不同的事不是什么。在法律推理中，反向推理意味着从法律规范赋予某种事实情形以某个法律后果，从中推出该后果不适用于法律规范未规定的其他事实情形。需要注意的是，高度重视法律安定性或确定性价值的法律规范，如国家机关的职权性规范、针对公民的义务性规范、刑事罪名条款等，较多运用反向推理。本题C项正确。

9. 我国《宪法》第10条第3款规定，国家为了公共利益的需要，可以依照法律规定对土地实行征收或者征用并给予补偿。如果国家"连"进行合法征收都要给予补偿，那么，在国家权力违法侵害财产时"更加"要给予赔偿了。这里运用了何种推理方法？（　　）

A. 演绎推理　　　　B. 设证推理　　　　C. 反向推理　　　　D. 当然推理

【答案】D

【解析】当然推理指的是由某个更广泛的法律规范的效力推导出某个不那么广泛的法律规范的效力。换言之，它指的是"如果较强的规范有效，那么较弱的规范就必然更加有效"。当然推理包括两种形式：一是举轻以明重。例如，二是举重以明轻。例如，假如故意协助他人自杀不受刑事处罚，那么就可以推导出，出于过失促使他人自杀同样不受刑事处罚。因此，D项正确。

第五节　法律解释

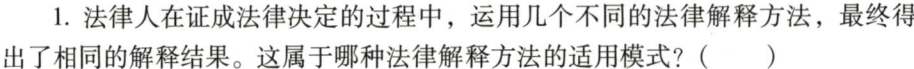

1. 法律人在证成法律决定的过程中，运用几个不同的法律解释方法，最终得出了相同的解释结果。这属于哪种法律解释方法的适用模式？（　　）

A. 单一适用模式　　　　　　　B. 累积适用模式

C. 冲突适用模式　　　　　　　D. 综合适用模式

【答案】B

【解析】法律解释方法的适用模式共有三种，即单一适用模式、累积适用模式和冲突适用模式。

单一适用模式是指法律人将一个主要的法律解释方法作为证成法律解释结果的唯一或首要的理由，却忽略或轻视了其他的法律解释方法。一般而言，单一适用模式主要运用的就是文义解释方法。运用单一模式时，那个被选中的解释方法是证成对某个法律文本或渊源的解释结果的充分理由，从而证成法律决定并使人们能够在理性上接受该法律决定。

累积适用模式是指法律人在证成法律决定的过程中，运用几个不同的法律解释方法，最终得出了相同的解释结果。可见，不同的解释方法相互独立地证成了相同的解释结果。不同的解释方法各自的证成力累积在一起形成了整体的证成力；该整体力量大于各自单独的力量之和。

冲突适用模式是指法律人针对特定案件事实按照不同的法律解释方法对法律文本进行解释，进而得出了相互对立冲突的解释结果；故而，法律人必须解决冲突，证成哪一个解释方法具有优先性。

可见，本题选择 B 项。

2. 《全国人民代表大会常务委员会关于〈中华人民共和国刑法〉第一百五十八条、第一百五十九条的解释》中规定："刑法第一百五十八条、第一百五十九条的规定，只适用于依法实行注册资本实缴登记制的公司。"关于该解释，下列哪一说法是正确的？（2016 - 1 - 13）

A. 效力低于《刑法》

B. 全国人大常委会只能就《刑法》作法律解释

C. 对法律条文进行了限制解释

D. 是学理解释

【答案】C

【解析】《全国人民代表大会常务委员会关于〈中华人民共和国刑法〉第一百五十八条、第一百五十九条的解释》属于立法解释。《立法法》第五十条规定，"全国人民代表大会常务委员会的法律解释同法律具有同等效力"。可见，该立法解释的效力与被解释的《刑法》相同。A 项错误。《立法法》第四十五条规定，"法律解释权属于全国人民代表大会常务委员会。法律有以下情况之一的，由全国人民代表大会常务委员会解释：（一）法律的规定需要进一步明确具体含义的；（二）法律制定后出现新的情况，需要明确适用法律依据的。"可见，全国人大常委会有权解释所有法律。B 项错误。限制解释是指，在法律解释的过程中，将法律条文的规范意义解释到比字面含义更为狭窄的程度。本题中的立法解释中有"只适用于"的表述，即属于典型意义的限制解释。C 项正确。学理解释，通常也叫非正式解释，一般是指由学者或其他个人及组织对法律规定所作的不具有法律约束力的解释。与之相对的是法定解释，通常也叫正式解释、有权解释，是指由特定的国家机关、官员或其他有解释权的人对法律作出的具有法律上约束力的解释，根据解释的国家机关的不同，法定解释又可以分为立法、司法和行政三种解释。该解释由全国人大常委会作出，当然属于法定解释而非学理解释。D 项错误。

扫码听课

3. 甲骑车经过乙公司在小区内的某施工场地时，由于施工场地湿滑摔倒致骨折，遂诉至法院请求赔偿。由于《民法典》对"公共场所"没有界定，审理过程中双方对施工场地是否属于《民法典》中的"公共场所"产生争议。法官参考《刑法》、《集会游行示威法》等法律和多个地方性法规对"公共场所"的规定后，对"公共场所"作出解释，并据此判定乙公司承担赔偿责任。关于此案，下列哪些选项是正确的？（2014 - 1 - 55）

A. 法官对"公共场所"的具体含义的证成属于外部证成

B. 法官运用了历史解释方法

C. 法官运用了体系解释方法

D. 该案表明，同一个术语在所有法律条文中的含义均应作相同解释

【答案】AC

【解析】所谓"证成"，便是给一个决定提供充足理由的活动或过程。从法律证成的角度看，法律决定的合理性取决于两个方面：（1）推导法律决定所依赖的推理前提是合理的、正当的，这就是外部证成；（2）推理规则本身是可靠的，这就是内部征成。对《民法典》中"公共场所"这一概念的具体含义进行证成，很

扫码听课

明显属于对法律推理的大前提的证立，是外部证成。A 项正确。法官对"公共场所"这一概念的具体意义进行解释，很明显属于文义解释。在解释过程中，法官参考了《刑法》、《集会游行示威法》等法律和多个地方性法规对"公共场所"的规定，可见属于体系解释。B 项错误，C 项正确。同一个术语在不同的法律条文中，含义自然可能有不同的理解。D 项错误。

4. 张林遗嘱中载明：我去世后，家中三间平房归我妻王珍所有，如我妻今后嫁人，则归我侄子张超所有。张林去世后王珍再婚，张超诉至法院主张平房所有权。法院审理后认为，婚姻自由是宪法基本权利，该遗嘱所附条件侵犯了王珍的婚姻自由，违反《民法典》规定，因此无效，判决张超败诉。对于此案，下列哪一说法是错误的？（2014-1-13）

　　A. 婚姻自由作为基本权利，其行使不受任何法律限制

　　B. 本案反映了遗嘱自由与婚姻自由之间的冲突

　　C. 法官运用了合宪性解释方法

　　D. 张林遗嘱处分的是其财产权利而非其妻的婚姻自由权利

【答案】A

【解析】在我国，任何权利都不是绝对的，都要受到限制，此为基本法理。A 项明显错误。本案涉及到了张某的遗嘱自由与其妻的婚姻自由之间的紧张关系，B 项正确。张某的遗嘱处分的是其所有的三间平房的财产权利，没有也无权处分其妻的婚姻自由权利。D 项正确。所谓合宪性解释，是指对法律作合乎宪法的解释，以保证宪法和法律之间的一致性。本案中，法院结合宪法婚姻自由的规定解释了《民法典》中的条款，属于合宪性解释方法。C 项正确。

5. 关于法律解释和法律推理，下列哪一说法可以成立？（2009-1-9）

　　A. 作为一种法律思维活动，法律推理的根本目的在于发现绝对事实和真相

　　B. 法律解释和法律推理属于完全不同的两种思维活动，法律推理完全独立于法律解释

　　C. 法官在进行法律推理时，既要遵守和服从法律规则又要在不同利益冲突间进行价值平衡和选择

　　D. 法律推理是严格的遵循形式逻辑的推理，不受人的价值观影响

【答案】C

【解析】自然科学研究中的推理才是一种寻找和发现真相和真理的推理。法律推理是一种寻求正当性证明的推理，法律推理的核心涉及到运用法律规范评价特定人的行为正确与否，因此选项 A 不成立。法律推理与法律解释既有联系又有区别。法律推理离不开法律解释，为了得出法律判决的结论，就需要理解法律条文的正确含义，而法律解释则揭示法律的意义。选项 B 不成立。法律推理既有遵循形式逻辑进行的推理，也有进行实质性的价值判断，受人的价值观的影响较大。选项 D 不成立。法官裁判案件的过程，便是在不同的利益冲突间进行价值平衡和选择的过程。选项 C 成立。

6. 某日，陈某因生活琐事将肖某打伤。当地公安局询问了双方和现场目击者并做了笔录，但未做处理。两年后，该公安局对陈某做出了拘留 10 日的处罚。陈某申诉，上一级公安局维持了原处罚决定。陈某提起诉讼。法官甲认为该公安局违反了《人民警察法》关于对公民报警案件应当及时查处的规定，因此应当撤销

其处罚决定。法官乙认为，如果因公安局的迟延处理而撤销其处罚，就丧失了对陈某的违法行为进行再处理的可能，因此不应当撤销。依据法理学的有关原理，下列哪些选项是正确的？（2007－1－53）

A. 陈某与该公安局之间不存在法律关系

B. 法官甲的观点说明法律具有程序性的特征

C. 法官甲的推理属于演绎推理

D. 法官乙的观点属于司法解释

【答案】BC

【解析】法律关系是在法律规范调整社会关系的过程中所形成的人们之间的权利和义务关系。在本案中，陈某和公安局之间存在行政法律处罚关系。A项错误。法官甲认为该公安局违反了《人民警察法》关于对公民报警案件应当及时查处的规定，国家权力的行使没有符合程序法律的要求，因此应当撤销其处罚决定。可见，BC两项正确。我国的司法解释由最高人民法院的审判解释和最高人民检察院的检察解释组成，法官乙的解释只是对于法律的一种阐释和说明，不属于司法解释。D项错误。

7. 《刑法》第263条规定，持枪抢劫是抢劫罪的加重理由，应处10年以上有期徒刑、无期徒刑或者死刑。冯某抢劫了某出租车司机的钱财。法院在审理过程中确认，冯某抢劫时使用的是仿真手枪，因此，法官在对冯某如何量刑上发生了争议。法官甲认为，持仿真手枪抢劫系本条款规定的持枪抢劫，而且立法者的立法意图也应是这样。因为如果立法者在制定法律时不将仿真手枪包括在枪之内，就会在该条款作出例外规定。法官乙认为，持仿真手枪抢劫不是本条款规定的持枪抢劫，而且立法者的意图并不是法律本身的目的；刑法之所以将持枪抢劫规定为抢劫罪的加重事由，是因为这种抢劫可能造成他人伤亡因而其危害性大，而持仿真手枪抢劫不可能造成他人伤亡，因而其危害性并不大。对此，下列哪些说法是正确的？（2006－1－56）

A. 法官甲对《刑法》第263条规定的解释是一种体系解释

B. 法官乙对《刑法》第263条规定的解释是一种目的解释

C. 法官对仿真手枪是不是枪的判断是一种纯粹的事实判断

D. 法官的争议说明：法律条文中所规定的"词"的意义具有一定的开放性，需要根据案件事实通过"解释学循环"来确定其意义

【答案】BD

【解析】所谓体系解释，也称逻辑解释、系统解释，是指从法律条文的体系结构方面所作的解释，它将被解释的法律条文放在整部法律中乃至于整个法律体系中，联系此法条与其他法条的相互关系来解释法律。目的解释包括两种：立法者目的解释（主观目的解释）和客观目的解释。立法者的目的解释，又被称为主观目的解释，是指根据参与立法的人的意志或立法资料揭示某个法律规定的含义，或者说将对某个法律规定的解释建立在参与立法的人的意志或立法资料的基础之上。这种方法要求解释者对立法者的目的或意图进行证成。而要完成这个任务，解释者必须要以一定的立法资料如会议记录、委员会的报告等为根据。客观目的解释是指根据"理性的目的"或"在有效的法秩序的框架中客观上所指示的"目的即法的客观目的，而不是根据过去和目前事实上存在着的任何个人的目

的，对某个法律规定进行解释。本案中，法官甲采立法者目的解释，法官乙采客观目的解释。故选 A 不正确，选项 B 正确。法官在认定案件事实的过程中不仅要进行事实判断，也要进行价值判断。故选项 C 不正确。所谓"解释学循环"，即整体只有通过理解它的部分才能得到理解，而对部分的理解又只能通过对整体的理解才能达到。这种解释学循环可以帮助人们防止孤立地、断章取义地曲解法律。所以选项 D 是正确的。

8. 张某出差途中突发疾病死亡，被市社会保障局认定为工伤。但张某所在单位认为依据《工伤保险条例》，只有"在工作时间和工作岗位突发疾病死亡"才属于工伤，遂诉至法院。法官认为，张某为完成单位分配任务，须经历从工作单位到达出差目的地这一过程，出差途中应视为工作时间和工作岗位，故构成工伤。关于此案，下列哪些说法是正确的？（2015 - 1 - 59）

A. 解释法律时应首先运用文义解释方法

B. 法官对条文作了扩张解释

C. 对条文文义的扩张解释不应违背立法目的

D. 一般而言，只有在法律出现漏洞时才需要进行法律解释

【答案】ABC

【解析】各种法律解释方法之间没有固定的优先位序，但文义解释方法优先于其他解释方法。A 项正确。法官在解释时，将"工作时间"的含义扩展至"从工作单位到达出差目的地这一过程"，即"出差途中"，明显属于扩张解释。B 项正确。扩张解释自然不能随意扩张文义，而是应当受到立法目的的制约。C 项正确。法律依赖于语言，而语言具有模糊性，因此必然需要解释。质言之，任何时候都要进行解释。D 项错误。

9. 2007 年，张某请风水先生选了块墓地安葬亡父，下葬时却挖到十年前安葬的刘某父亲的棺木，张某将该棺木锯下一角，紧贴着安葬了自己父亲。后刘某发觉，以故意损害他人财物为由起诉张某，要求赔偿损失以及精神损害赔偿。对于此案，合议庭意见不一。法官甲认为，下葬棺木不属于民法上的物，本案不存在精神损害。法官乙认为，张某不仅要承担损毁他人财物的侵权责任，还要因其行为违背公序良俗而向刘某支付精神损害赔偿金。对此，下列哪些说法是正确的？（2010 - 1 - 53）

A. 下葬棺木是否属于民法上的物，可以通过"解释学循环"进行判断

B. "入土为安，死者不受打扰"是中国大部分地区的传统，在一定程度上可以成为法律推理的前提之一

C. "公序良俗"属伦理范畴，非法律规范，故法官乙推理不成立

D. 当地群众对该事件的一般看法，可成为判断刘某是否受到精神损害的因素之一

【答案】ABD

【解析】解释活动都受到解释学循环规律和前理解的影响和制约。选项 A 正确。"入土为安，死者不受打扰"是作为一种传统，属于风俗习惯，属于法的非正式渊源，在一定程度上可以成为法律推理的前提。选项 B 正确。"公序良俗"原则已经从伦理规范上升到法律规范，其在《民法典》中有明确的规定。选项 C 错误。刘某是否受到精神损害，应从社会一般人的标准加以衡量，即取决于当地

群众对该事件的一般看法。故 D 项正确。

10. 杨某与刘某存有积怨，后刘某服毒自杀。杨某因患风湿病全身疼痛，怀疑是刘某阴魂纠缠，遂先后 3 次到刘某墓地掘坟撬棺，挑出刘某头骨，并将头骨和棺材板移埋于自家责任田。事发后，检察院对杨某提起公诉。一审法院根据《中华人民共和国刑法》第 302 条的规定，认定杨某的行为构成侮辱尸体罪。杨某不服，认为坟内刘某已成白骨并非尸体，随后上诉。杨某对"尸体"的解释，属于下列哪些解释？（2012 - 1 - 55）

A. 任意解释　　　　B. 比较解释　　　　C. 文义解释　　　　D. 法定解释

【答案】AC

【解析】法定解释乃是由特定的国家机关、官员或其他有解释权的人对法律做出的具有法律拘束力的解释。任意解释，又称为学理解释，乃是由学者或其他个人及组织对法律规定所做的不具有法律拘束力的解释。本题中，杨某认为坟内刘某已成为白骨并非尸体，他对"尸体"的解释明显不是法定解释，而是任意解释。A 项正确，排除 D 项。比较解释是利用外国的立法例和判例学说对某个法律规定进行解释，本题中并未涉及到外国，所以 B 项错误。根据题干，杨某的解释乃是根据日常的、一般的或法律的语言使用方式清晰地描述制定法的某个条款、某个术语的内涵和外延，因此属于文义解释。C 项入选。

11. 在莎士比亚喜剧《威尼斯商人》中，安东尼与夏洛克订立契约，约定由夏洛克借款给安东尼，如不能按时还款，则夏洛克将在安东尼的胸口割取一磅肉。期限届至，安东尼无力还款，夏洛克遂要求严格履行契约。安东尼的未婚妻鲍西娅针锋相对地向夏洛克提出：可以割肉，但仅限一磅，不许相差分毫，也不许流一滴血，唯其如此方符合契约。关于该故事，下列说法正确的是：（2016 - 1 - 90）

A. 夏洛克主张有约必践，体现了强烈的权利意识和契约精神

B. 夏洛克有约必践（即使契约是不合理的）的主张本质上可以看作是"恶法亦法"的观点

C. 鲍西娅对契约的解释运用了历史解释方法

D. 安东尼与夏洛克的约定遵循了人权原则而违背了平等原则

【答案】AB

【解析】权利意识是指人们对于一切权利的认知、理解和态度，是人们对于实现其权利方式的选择，以及当其权利受到损害时，以何种手段予以补救的一种心理反映。具体说来，它包含对权利及其价值的认识，以及权利的行使和捍卫。夏洛克主张有约必践，以捍卫自己的债权，甚至不惜割取安东尼胸口的一磅肉，这无疑体现了强烈的权利意识。一般而言，契约精神大致包括四个内容：契约自由精神、契约平等精神、契约信守精神、契约救济精神。夏洛克主张有约必践，"要求严格履行契约"，无疑体现了契约信守的精神和契约救济的精神。A 项正确。"恶法亦法"是实证主义法学的基本观点，该观点认为，即使是背离了道德的"恶法"也依然是法。夏洛克以割取安东尼胸口的一磅肉作为违约责任，这显然背离了一般意义上的道德价值取向，在此基础上，夏洛克还要有约必践（即使契约是不合理的），这更是背离了道德，因此，这一主张在本质上当然可以看作是"恶法亦法"的观点。B 项正确。历史解释是指依据正在讨论的法律问题的历

史事实对某个法律规定进行解释，简言之，就是依据历史事实，解释当下问题。鲍西娅的主张是：可以割肉，但仅限一磅，不许相差分毫，也不许流一滴血，这是针对当初"割取一磅肉"的字面意思而作出的，它并未涉及到历史事实，它只是将解释的焦点集中在语言上，因此，这种解释并非历史解释，而是文义解释。C项错误。从订立契约的角度而言，平等原则包括主体的权利能力平等、法律地位平等、平等协商。从题干的表述来看，安东尼与夏洛克的约定，并无权利能力不平等、法律地位不平等、非平等协商之处，可见，这一约定恰恰是平等原则的贯彻。其次，安东尼与夏洛克钱债偿偿的约定，以生命健康权作为交易对象，这一约定不是遵循了而是违背了人权原则。D项错误。

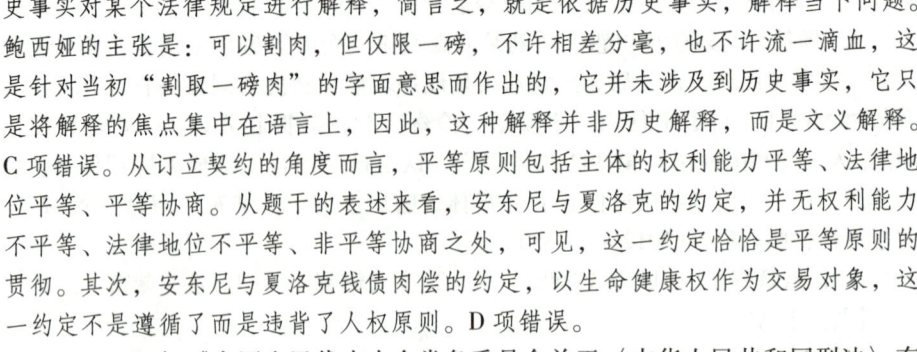 大咖点拨区

扫码听课

扫码听课

12. 2004 年《全国人民代表大会常务委员会关于〈中华人民共和国刑法〉有关信用卡规定的解释》规定："刑法规定的'信用卡'，是指由商业银行或者其他金融机构发行的具有消费支付、信用贷款、转账结算、存取现金等全部功能或者部分功能的电子支付卡。"对此，下列哪些说法是正确的？（2009－1－51）

A. 该解释是学理解释　　　　　　B. 该解释属于有权解释
C. 该解释和刑法本身具有同等效力　D. 该解释所采用的是文理解释

【答案】BCD

【解析】法律解释分为正式解释和非正式解释（学理解释）。正式解释，通常也叫法定解释、有权解释，是指由特定的国家机关、官员或其他有解释权的人对法律作出的具有法律上约束力的解释。正式解释包括立法解释、司法解释和行政解释。非正式解释，通常也叫学理解释、无权解释，一般是指由学者或其他个人及组织对法律规定所作的不具有法律约束力的解释。这种解释是学术性或常识性的，不被作为执行法律的依据。本题中的解释由全国人大常委会做出，是正式解释、有权解释，而非学理解释。选项 A 错误，选项 B 正确。根据《立法法》规定，该解释和法律具有同等效力。选项 C 正确。文义解释，也称语法解释、文法解释、文理解释。这是指按照日常的、一般的或法律的语言使用方式清晰地描述制定法的某个条款的内涵。该解释采取对"信用卡"下定义的方式解释之，故是"文理解释"。选项 D 正确。

13. 全国人民代表大会宪法和法律委员会和其他有关专门委员会经审查认为报全国人大常委会备案的司法解释与法律相抵触，而有关解释机关不予修改或废止的，宪法和法律委员会和其他有关专门委员会可依法采取下列哪些措施？（2008－1－64）

A. 可以决定撤销该司法解释
B. 可以提出要求作出司法解释的机关予以修改、废止的议案
C. 可以提出由全国人大常委会作出立法解释的议案
D. 将该司法解释发回，发回后立即失效，但失效不具有溯及力

【答案】BC

【解析】根据《中华人民共和国各级人民代表大会常务委员会监督法》第 33 条规定，本题选择 BC。

【相关法条·《中华人民共和国各级人民代表大会常务委员会监督法》】

第三十一条　最高人民法院、最高人民检察院作出的属于审判、检察工作中具体应用法律的解释，应当自公布之日起三十日内报全国人民代表大会常务委员会备案。

第三十二条　国务院、中央军事委员会和省、自治区、直辖市的人民代表大会常务委员会认为最高人民法院、最高人民检察院作出的具体应用法律的解释同法律规定相抵触的，最高人民法院、最高人民检察院之间认为对方作出的具体应用法律的解释同法律规定相抵触的，可以向全国人民代表大会常务委员会书面提出进行审查的要求，由常务委员会工作机构送有关专门委员会进行审查、提出意见。

前款规定以外的其他国家机关和社会团体、企业事业组织以及公民认为最高人民法院、最高人民检察院作出的具体应用法律的解释同法律规定相抵触的，可以向全国人民代表大会常务委员会书面提出进行审查的建议，由常务委员会工作机构进行研究，必要时，送有关专门委员会进行审查、提出意见。

第三十三条　全国人民代表大会法律委员会和有关专门委员会经审查认为最高人民法院或者最高人民检察院作出的具体应用法律的解释同法律规定相抵触，而最高人民法院或者最高人民检察院不予修改或者废止的，可以提出要求最高人民法院或者最高人民检察院予以修改、废止的议案，或者提出由全国人民代表大会常务委员会作出法律解释的议案，由委员长会议决定提请常务委员会审议。

14. 某省人大常务委员会认为一项法律的个别条款在适用上存在某些困难，并认为有必要对该条款作出法律解释。根据我国宪法和立法法规定，该省人大常委会正确的做法是？（2007 – 1 – 93）

A. 对该条款直接作出法律解释

B. 提请全国人民代表大会常务委员会就该条款作出法律解释

C. 提请最高人民法院就该条款作出司法解释

D. 提请全国人民代表大会就该条款作出法律解释

【答案】B

【解析】全国人大常委会才是具有法律解释权的机关，省人大常委会不具有法律解释权，全国人大也不从事法律解释活动。因此，AD 两项错误。根据《立法法》规定，省、自治区、直辖市的人民代表大会常务委员会可以向全国人民代表大会常务委员会提出法律解释要求，故而选项 B 符合要求，入选。最高法院可以对某些法律的具体执行和适用作出司法解释，但这种司法解释一般都是最高法院主动作出或是下级法院在具体适用法律的过程中发现问题提请最高法院予以解释的。省级人大常委会与最高人民法院没有上下隶属关系，不宜提请最高法院予以司法解释。C 项表述有误。

扫码听课

15. 2001 年全国人大常委会作出解释：《刑法》第四百一十条规定的"非法批准征用、占用土地"，是指非法批准征用、占用耕地、林地等农用地以及其他土地。对该法律解释，下列哪一种理解是错误的？（2005 – 1 – 7）

A. 该解释属于立法解释

B. 该解释的效力与所解释的刑法条文的效力相同

C. 该解释与司法解释的效力相同

扫码听课

D. 该解释的效力具有普遍性

【答案】C

【解析】立法解释，从狭义上讲，是指全国人大常委会对法律作出的具有普遍约束力的解释，所以 A 是正确的。《立法法》规定，全国人民代表大会常务委员会的法律解释同法律具有同等效力，所以选项 B 正确，而且"全国人大常委会的法律解释同法律具有同等效力"自然具有普遍约束力，因此选项 D 正确。司法解释是指最高法院和最高检察院对法律作出的具有普遍约束力的解释，由于最高法和最高检的地位低于全国人大常委会，所以司法解释的效力也低于立法解释。因此选项 C 错误。

【一招制敌】在我国，立法解释权归全国人大常委会。

16. 最高法院、最高检察院联合公布了《关于执行刑法确定罪名的补充规定（三）》，对适用刑法的部分罪名进行了补充或修改，取消了原来的"公司、企业人员受贿罪"罪名，修改为"非国家工作人员受贿罪"。对此，下列哪些选项是正确的？（2008 四川 - 1 - 53）

A. 该规定属于立法解释　　　　　B. 该规定没有正式的法的效力

C. 该规定的效力低于宪法　　　　D. 该规定属于正式解释

【答案】CD

【解析】立法解释，是特定立法机关根据立法原意，对法律规范具体条文的含义以及所使用的概念、术语、定义所作的说明。我国由全国人大常委会行使立法解释权。因此，A 项说法错误。最高法、最高检的解释属于司法解释，同样属于有权解释、正式解释，具有正式的法的效力。因此，B 项说法错误，D 项说法正确。在我国，宪法具有最高法效力，而该规定属于司法解释，法律效力自然低于宪法。因此，C 项说法正确。

17. 2005 年 8 月全国人大常委会对《妇女权益保障法》进行了修正，增加了"禁止对妇女实施性骚扰"的规定，但没有对"性骚扰"予以具体界定。2007 年 4 月，某省人大常委会通过《实施〈中华人民共和国妇女权益保障法〉办法》，规定"禁止以语言、文字、电子信息、肢体等形式对妇女实行骚扰"。关于该《办法》，下列哪一选项可以成立？（2007 - 1 - 5）

A.《办法》对构成"性骚扰"具体行为所作的界定，属于对《妇女权益保障法》的立法解释

B.《办法》属于《妇女权益保障法》的下位法，按照法律高于法规的原则其效力较低

C.《办法》属于对《妇女权益保障法》的变通或补充规定

D.《办法》对"性骚扰"进行了体系解释

【答案】B

【解析】在我国，立法解释权的享有者是全国人大常委会，而不是某省人大常委会，所以 A 的说法是错误的。民族自治地方的人大有权制定自治条例和单行条例，自治条例和单行条例可以依照当地民族的特点，对法律和行政法规的规定作出变通规定，但不得违背法律或者行政法规的基本原则，不得对宪法和民族区域自治法的规定以及其他有关法律、行政法规专门就民族自治地方所作的规定作出变通规定。本题中，某省人大常委会并非"民族自治地方"的人大，因此无权

制定变通或者补充规定，C 的说法错误。所谓体系解释，就是将法律条文或者法律概念放在整个法律体系中，联系此法条与其他法条的相互关系来明晰某一具体法律规范或法律概念的含义。而本题中的《办法》的规定很明显进行的是文义解释，所以 D 是错误的。《办法》属于《妇女权益保障法》的下位法，自然效力低于《妇女权益保障法》。B 项正确。

18. 《最高人民法院、最高人民检察院关于办理赌博刑事案件具体应用法律若干问题的解释》第二条规定："以营利为目的，在计算机网络上建立赌博网站，或者为赌博网站担任代理，接受投注的，属于刑法第三百零三条规定的'开设赌场'"。关于该解释，下列哪一说法是不正确的？（2014 - 1 - 14）

A. 属于法定解释

B. 对刑法条文做了扩大解释

C. 应当自公布之日起 30 日内报全国人大常委会备案

D. 运用了历史解释方法

【答案】D

【解析】该解释既然是最高人民法院和最高人民检察院作出的，自然属于法定解释中的司法解释。A 项正确。两高作出的属于审判、检察工作中具体应用法律的解释，应当自公布之日起 30 日内报全国人大常委会备案。C 项正确。本条属于对"开设赌场"的范围进行说明，属于文义解释。限制解释或扩大解释都是针对法律本来的文义而言的。倘若缩小法律概念本来的文义范围，使其限定于或接近于法律概念的核心意义或中心地带，即称为限制解释或缩小解释。倘若扩大法律概念本来的文义范围，使其扩及法律概念意义范围的边缘地带，则称为扩大解释或扩张解释。本题中，将"开设赌场"的范围扩大至"在计算机网络上建立赌博网站，或者为赌博网站担任代理，接受投注的"行为，已然扩张至"赌场"概念的边缘地带，很明显属于扩大解释。B 项正确。

19. 依《刑法》第 180 条第 4 款之规定，证券从业人员利用未公开信息从事相关交易活动，情节严重的，依照第 1 款的规定处罚；该条第 1 款规定了"情节严重"和"情节特别严重"两个量刑档次。在审理史某利用未公开信息交易一案时，法院认为，尽管第 4 款中只有"情节严重"的表述，但仍应将其理解为包含"情节严重"和"情节特别严重"两个量刑档次，并认为史某的行为属"情节特别严重"。其理由是《刑法》其他条款中仅有"情节严重"的规定时，相关司法解释仍规定按照"情节严重"、"情节特别严重"两档量刑。对此，下列哪些说法是正确的？（2017 - 1 - 60）

A. 第 4 款中表达的是准用性规则

B. 法院运用了体系解释方法

C. 第 4 款的规定可以避免法条重复表述

D. 法院的解释将焦点集中在语言上，并未考虑解释的结果是否公正

【答案】ABC

【解析】准用性规则是指内容本身没有规定人们具体的行为模式，而是可以援引或参照其他相应内容规定的规则，从而可以避免法条表述过度啰嗦重复。在具体法条中，用语不一，有的用"准用"、"参照"，也有用"比照"、"依……的规定"的情况。题干中法条的第 4 款规定"依照第 1 款的规定处罚"，表明其属

于准用性规则。AC 两项正确。

在审理案件过程中，法院结合《刑法》其他条款来解释第 180 条第 4 款，属于体系解释。B 项正确。可见，法院并非仅仅对条文进行文义解释，即将解释的焦点集中在语言上，而是考虑到了结果的公正与否。D 项错误。

第六节 法律漏洞的填补

1. 关于法律漏洞及其填补，下列说法正确的有(　　)

A. 凡是法律没有规定的，都是法律漏洞

B. 某种规范的缺失究竟属于全部漏洞还是部分漏洞，不能由单个法条或规范出发作出判断，而通常是由一群法条或规范所交织起来的体系所规定

C. 在我国《侵权责任法》出台前，网络侵权行为就已长期存在，但立法却没有提供任何有关其民事责任的法律规定。这是典型的隐藏漏洞

D. 我国《公司法》第 3 条规定，公司是企业法人，有独立的法人财产，享有法人财产权。公司以其全部财产对公司的债务承担责任。该条规定没有考虑到，当关联公司的财产无法区分，丧失独立人格时，就丧失了独立承担责任的基础，而应当由关联公司相互之间对外部债务承担连带责任，才能保护债权人利益。这属于典型的明显漏洞。

【答案】B

【解析】所谓漏洞，指的是违反计划的不圆满性。相应地，法律漏洞指的就是违反立法计划（规范目的）的不圆满性。换言之，也就是关于某个法律问题，法律依其规范目的应有所规定，却未设规定。法律漏洞不同于法外空间。漏洞不是简单的缺失状态，而必须是不合目的的、或者说依其目的被评价为不好的缺失状态。例如，花瓶和花盆上可能都存在一个洞，但花盆有洞是合乎目的的，而花瓶有洞却是不合乎目的的，只有后者才被认为是"漏洞"。A 项错误。

对于某个事项，究竟是出现了部分漏洞还是全部漏洞，需要从法律体系出发作整体性判断。某个法律事实是否有法律上的依据来加以调整，并不能由单个法条或规范出发作出判断，而通常是由一群法条或规范所交织起来的体系所规定。假如从体系出发对某个应该调整的事项缺乏任何调整则为全部漏洞，如果体系的不同部分已对此事项规定了部分调整要素，只是不完整，则为部分漏洞。从这个角度看，漏洞属于法律体系的残缺（残缺式体系违反），全部漏洞属于全部残缺式体系违反，而部分漏洞属于部分残缺式体系违反。B 项正确。

根据漏洞的表现形态，可以将法律漏洞分为明显漏洞和隐藏漏洞。明显漏洞是指关于某个法律问题，法律依其规范目的或立法计划，应积极地加以规定却未设规定。隐藏漏洞是指关于某个法律问题，法律虽已有规定，但依其规范目的或立法计划，应对该规定设有例外却未设例外。明显漏洞的例子是，在我国《侵权责任法》出台前，网络侵权行为就已长期存在，但立法却没有提供任何有关其民事责任的法律规定。隐藏漏洞的例子是，我国《公司法》第 3 条规定，公司是企业法人，有独立的法人财产，享有法人财产权。公司以其全部财产对公司的债务承担责任。该条规定是为了确保公司的独立人格与财产，但它没有考虑到，当关

联公司的财产无法区分，丧失独立人格时，就丧失了独立承担责任的基础，而应当由关联公司相互之间对外部债务承担连带责任，才能保护债权人利益。因此，该条没有将关联公司人格混同的情形作为例外区分出来，属于隐藏漏洞。CD 两项认识错误。

2.《行政处罚法》在行政处罚的决定程序中，对立案程序、对听证如何召集和由谁主持等具体问题未作规定，而交由司法解释或行政处罚法的实施细则等予以规定。这属于（　　　）

A. 自始漏洞　　　　B. 嗣后漏洞　　　　C. 明知漏洞　　　　D. 不明知漏洞

【答案】AC

【解析】根据漏洞产生的时间，可以将法律漏洞分为自始漏洞和嗣后漏洞。自始漏洞是指法律漏洞在法律制定时即已存在。嗣后漏洞是指在法律制定和实施后，因社会客观形势的变化发展而产生了新问题，但这些新问题在法律制定时并未被立法者所预见以致没有被纳入法律的调控范围，由此而构成法律漏洞。以立法者在立法时对法律规定的欠缺是否已有认知为标准，又可分将自始漏洞分为明知漏洞与不明知漏洞。明知漏洞是指立法者在制定法律时，已意识到法律的规定存在不完善或缺漏，但却有意不作规定，而将这一问题保留给其他机关或部门来决定。这么做或是出于立法时的政治、经济和社会情势，或是出于立法技术之考量。由于这种有意地沉默属于法政策上的考量，因此也可被称为"法政策漏洞"。如《行政处罚法》在行政处罚的决定程序中，对立案程序、对听证如何召集和由谁主持等具体问题未作规定，而交由司法解释或行政处罚法的实施细则等予以规定。不明知漏洞是立法者在制定法律时或是因疏忽或因认知能力的限制没有意识到法律规定存在欠缺，或是对应予规定的事项误认为已予规范而致形成法律漏洞。

扫码听课

第三章　法与社会

第一节　法与社会的一般理论

1. 有学者这样解释法的产生：最初的纠纷解决方式可能是双方找到一位共同信赖的长者，向他讲述事情的原委并由他作出裁决；但是当纠纷多到需要占用一百位长者的全部时间时，一种制度化的纠纷解决机制就成为必要了，这就是最初的法律。对此，下列哪一说法是正确的？（2017－1－13）

A. 反映了社会调整从个别调整到规范性调整的规律

B. 说明法律始终是社会调整的首要工具

C. 看到了经济因素和政治因素在法产生过程中的作用

D. 强调了法律与其他社会规范的区别

【答案】A

【解析】纠纷解决一般而言有两种类型：个别性调整和规范性调整。所谓个别性调整是指针对特定的人之间的特定纠纷所进行的具有针对性的解决，其具有精确性的特点，但缺点是成本高、效率低。所谓规范性调整是指针对不特定多数人之间的发生的类似纠纷以普遍性规范的方式提供一般性的解决方案，其不及个别性调整精确，但成本低、效率高。

在人类社会早期，社会纠纷数量少、复杂程度也不高，可以由纠纷双方找到一位共同信赖的长者，向他讲述事情的原委并由他作出裁决，这是典型的个别性调整。但是随着社会的发展、人口的增多，社会纠纷越来越多，每次发生纠纷都有某个长者进行量体裁衣式的个别性调整变得越来越不可能了，因此就有必要进行规范性调整，即建立一种制度化的纠纷解决机制——法律。所以，A项正确。

2. 奥地利法学家埃利希在《法社会学原理》中指出："在当代以及任何其他的时代，法的发展的重心既不在立法，也不在法学或司法判决，而在于社会本身。"关于这句话涵义的阐释，下列哪一选项是错误的？（2009－1－7）

A. 法是社会的产物，也是时代的产物

B. 国家的法以社会的法为基础

C. 法的变迁受社会发展进程的影响

D. 任何时代，法只要以社会为基础，就可以脱离立法、法学和司法判决而独立发展

【答案】D

【解析】选项A正确。法是社会的产物，社会性质决定法律性质，社会物质生活条件在归根结底的意义上最终决定着法律的本质。社会是法的基础，制定、认可法律的国家以社会为基础，国家权力以社会力量为基础；同时也可以说，国

扫码听课

家法以社会法为基础，"纸上的法"以"活法"为基础。法律的发展受社会发展进程的影响，不同的社会就有不同的法律。据此，选项ABC正确。选项D表述过于绝对，明显错误，错在"任何时代"，比如英美法系的普通法就不能脱离司法判决而独立存在。

【一招制敌】 法的独立性是相对独立性，而非绝对独立性。

第二节 法与和谐社会

关于法与社会相互关系的下列哪一表述不成立？（2006－1－4）

A. 按照马克思主义的观点，法的性质与功能决定于社会，法与社会互相依赖、互为前提和基础

B. 为了实现法对社会的有效调整，必须使法律与其他的资源分配系统进行配合

C. 构建和谐社会，必须强调理性、正义和法律统治三者间的有机联系

D. 建设节约型社会，需要综合运用经济、法律、行政、科技和教育等多种手段

【答案】 A

【解析】 马克思曾经指出："社会不是以法律为基础，那是法学家的幻想。相反，法律应该以社会为基础。"A项错误明显，法律不可能作为社会的前提和基础。其他选项没有问题。为了有效地通过法律控制社会，必须使法律与宗教、道德、政策等社会规范和资源分配系统进行配合。B项正确。

第三节 法与经济

1. 2007年8月30日，我国制定了《反垄断法》，下列说法哪些可以成立？（2009－1－54）

A.《反垄断法》的制定是以我国当前的市场经济为基础的，没有市场经济，就不会出现市场垄断，也就不需要《反垄断法》，因此可以说，社会是法律的母体，法律是社会的产物

B. 法对经济有积极的反作用，《反垄断法》的出台及实施将会对我国市场经济发展产生重要影响

C. 我国市场经济的发展客观上需要《反垄断法》的出台，这个事实说明，唯有经济才是法律产生和发展的决定性因素，除经济之外法律不受其他社会因素的影响

D. 为了有效地管理社会，法律还需要和其他社会规范（道德、政策等）积极配合，《反垄断法》在管理市场经济时也是如此

【答案】 ABD

【解析】 法律是社会的产物，社会是法律的基础。《反垄断法》的制定正是社会经济发展的需要，在此意义上，可以说其是社会发展的产物。A项正确。经济

大咖点拨区

扫码听课

扫码听课

基础决定上层建筑，上层建筑对经济基础也具有反作用。因此，作为上层建筑的一个部分，法律对经济基础具有能动的反作用，其可以通过调整生产关系反作用于生产力。所以，B项表述正确。法的起源、本质、作用和发展变化都受社会经济基础的制约，但是，不能据此就认为法律不受其他因素的影响，或者与其他社会因素无关；相反，法律不是万能的，其作用的真正发挥需要和其他社会规范相互配合、相互补充。C项说法不能成立，D项正确。

【点睛之笔】法的产生和发展受到多种因素影响。

2. 法律与利益有着内在的联系。下列关于法律与利益关系的表述，哪一项是错误的？（2005－1－1）

A. 法对社会的控制和调整主要通过对利益的调控而实现

B. 法律是分配利益的重要手段，法律表达利益的过程，同时也是对利益选择的过程

C. 民法的诚信原则在维护民事活动中当事人利益和社会利益的平衡方面具有积极作用

D. 离开了法律，利益就无从产生，也无以存在

【答案】D

【解析】利益是指适合社会主体生存与发展需要的诸因素或条件。法律与利益有着密切的关系，法律对社会的控制和调整主要通过对利益的调控而实现，所以A项成立。法律确认利益，通过调整利益关系分配社会资源。法律确认利益主体，规定利益范围；法律存在的意义就在于促进人们利益需要的不断满足。因此B项成立。法律通过利益平衡进行社会控制。法律是利益衡量、利益平衡的重要制度，通过对人类基本利益的保障、优先利益的确认来解决社会纠纷，平息社会矛盾，恢复社会常态，促进社会发展。故C项正确。利益是法律的基础，法律将社会利益转化为法律上的权利义务进行规定。所以，D项的表述存在问题。

第四节　法与政治

我国于2015年公布了全面实施一对夫妇可生育两个孩子的政策，《人口与计划生育法》随即作出修改。对此，下列哪些说法是正确的？（2016－1－51）

A. 在我国，政策与法律具有共同的指导思想和社会目标

B. 立法在实践中总是滞后的，只能"亡羊补牢"而无法适度超越和引领社会发展

C. 越强调法治，越要提高立法质量，通过立法解决改革发展中的问题

D. 修改《人口与计划生育法》有助于缓解人口老龄化对我国社会发展的压力

【答案】ACD

【解析】法与政策在内容和实质方面存在联系，包括阶级本质、经济基础、指导思想、基本原则和社会目标等根本方面具有共同性，但二者在意志属性、规范形式、实施方式、调整范围、稳定性程序化程度等方面则具有明显差别。A项正确。法律是治国之重器，良法是善治之前提。建设中国特色社会主义法治体

系，必须坚持立法先行，发挥立法的引领和推动作用，抓住提高立法质量这个关键。B 项中认为立法无法引领社会发展是错误的，C 项提高立法质量是正确的。之所以修改《人口与计划生育法》，调整人口政策，就是为了应对当下人口老龄化和低生育率所带来的人口可持续发展能力低下的问题，D 项表述无误。

第五节 法与科学技术

1. 2007 年，某国政府批准在实验室培育人兽混合胚胎，以用于攻克帕金森症等疑难疾病的医学研究。该决定引发了社会各界的广泛关注和激烈争议。对此，下列哪些评论是正确的？（2009 - 1 - 53）

A. 目前人兽混合胚胎研究在法律上尚未有规定，这是成文法律局限性的具体体现

B. 人兽混合胚胎研究有可能引发严重的社会问题，因此需要及时立法给予规范和调整

C. 如因该研究成果发生了民事纠纷而法律对此没有规定，则法院可以依据道德、习惯或正义标准等非正式法律渊源进行审理

D. 如该国立法机关为此制定法律，则制定出的法律必然是该国全体公民意志的体现

扫码听课

【答案】ABC

【解析】法律不是万能的，有其局限性。比如法律调整社会关系的深度和范围有限，一般而言制定法总是落后于社会实践，具有一定的滞后性。选项 A 正确。人兽混合胚胎研究涉及人类自身的健康安全、伦理问题，有可能引发严重的社会问题，因此需要立法及时加以规范和调整。根据法的渊源的理论，在正式法源没有规定的时候，可以依据道德、习惯、正义标准等非正式法源加以审理。选项 BC 正确。根据法的本质的理论，法律是国家意志的体现，是统治阶级意志的体现，根本上受到一定的社会物质生活条件的制约。因此，选项 D 忽视了法的阶级性，因此错误。

2. 生物科技和医疗技术的不断发展，使器官移植成为延续人的生命的一种手段。近年来，我国一些专家呼吁对器官移植进行立法，对器官捐献和移植进行规范。对此，下列哪种说法是正确的？（2006 - 1 - 6）

A. 科技作为第一生产力，其发展、变化能够直接改变法律

B. 法律的发展和变化也能够直接影响和改变科技的发展

C. 法律既能促进科技发展，也能抑制科技发展所导致的不良后果

D. 科技立法具有国际性和普适性，可以不考虑具体国家的伦理道德和风俗习惯

扫码听课

【答案】C

【解析】科技的发展、变化的确能够影响法律，但并不能直接改变法律，能直接改变法律的是立法活动；法律的发展变化也能够影响科技的发展，但只是通过为科技发展营造良好的法律环境，从而间接性地推动或抑制科技的发展，而不能直接改变。因此，AB 两项错误。科技具有超越国家和民族的共同性，所以科

大咖点拨区

扫码听课

技立法也具有较多的共同性，但是科技立法仍然需要考虑具体国家的历史、文化、国情等方面的特点。以器官移植为例，虽然其在科学技术上完全没有问题，但却可能与特定国家的伦理道德、固有价值相违背。因此，D项错误。C项表述比较严密，入选。

3. 某国跨国甲公司发现中国乙公司申请注册的域名侵犯了甲公司的商标权，遂起诉要求乙公司撤销该域名注册。乙公司称，商标和域名是两个领域的完全不同的概念，网络域名的注册和使用均不属中国《商标法》的调整范围。法院认为，两国均为《巴黎公约》成员国，应当根据中国法律和该公约处理注册纠纷。法院同时认为，对驰名商标的权利保障应当扩展到网络空间，故乙公司的行为侵犯了甲公司的商标专用权。据此，下列表述正确的是：（2008－1－92）

A. 法律应该以社会为基础，随着社会的发展而变化

B. 科技的发展影响法律的调整范围，而法律可以保障科技的发展

C. 国际条约可以作为我国法的渊源

D. 乙公司的辩称和法院的判断表明：法律决定的可预测性与可接受性之间存在着一定的紧张关系

【答案】ABCD

【解析】随着社会的发展，驰名商标的权利保障也需要扩展到网络空间，法律应当适应这一情势的变化并作出有效回应。A项正确。现代科技的发展已经影响到了人类生活的方方面面，法律作为现代社会的主要调整手段，当然不可能对科技发展的影响力毫无反应：其一方面受科技的影响，扩大自己的调整范围；另一方面，也可以通过将科技纳入自己的调整范围，来保障科技更快更好地发展。B项可以成立。国际条约和国际惯例是我国的法律渊源之一。C项入选。由本案可以看出，法律决定完全依照法律条款的表面文义做出，实现了可预测性，却可能与特定国家的法秩序所承认的实质价值或道德相违背，损害了正当性或可接受性。因此，D项正确。

第六节　法与宗教

扫码听课

1. 下列有关法与社会关系的表述何者为正确？（2004－1－82）

A. 中国固有的法律文化深受伦理的影响；而宗教对于西方社会法律信仰的形成具有重要的影响，为确立"法律至上"观念奠定了基础

B. "法的社会化"是西方现代市场经济发展中出现的现象，表明法律是市场经济的宏观调控手段

C. 凡属道德所调整的社会关系，必为法律调整；凡属法律所调整的社会关系，则不一定为道德所调整

D. 生命科学的发展、器官移植技术的成熟对法律具有积极影响

【答案】ABD

【解析】宗教作为一种重要的文化现象，在全世界范围内都对法律产生过重要的影响。宗教对法律的影响，既有积极方面，也有消极方面；既有观念层面，也有制度层面。较明显地体现在立法、司法、守法等各个环节上。首先，宗教可

以推动立法。许多宗教教义实际上都表达了人类的一般价值追求。部分教义被法律吸收，成为立法的基本精神。其次，宗教影响司法程序。在宗教作为国教与政教合一的地方，宗教法庭直接掌握部分司法权。在西欧中世纪，教会独立行使司法权，世俗政权则负责执行教会的命令。从诉讼审判方式来看，宗教宣誓有助于简化审判程序。同时，宗教宣扬的公正观念、诚实观念、容忍、爱心等对司法也有影响；宗教容忍观有利于减少诉讼。又知，国家首脑即位、法官公正执法以及证人出庭作证，都必须首先进行宣誓。再次，宗教信仰有助于提高人们守法的自觉性。宗教提倡与人为善、容忍精神等，公民习惯于循规蹈矩，不为损害他人和社会的行为。宗教的超自然的崇拜、各种精神祭祀等等，均使法律蒙上神秘的、超自然的色彩，增加了法律的威慑力。可见，A项正确。BD两项明显正确。C项错误，因为道德和法律并不完全重合，只是存在部分调整范围的交叉。

　　2. 下列关于法与道德、宗教、科学技术和政治关系的选项中，哪一项表述不成立？（2003－1－5）

　　A. 宗教宣誓有助于简化审判程序，有时也有助于提高人们守法的自觉性

　　B. 法具有可诉性，而道德不具有可诉性

　　C. 法与科学技术在方法论上并没有不可逾越的鸿沟，科学技术对法律方法论有重要影响

　　D. 法的相对独立性只是对经济基础而言的，不表现在对其他上层建筑（如政治）的关系之中

　　【答案】D

　　【解析】从诉讼审判方式来看，宗教宣誓有助于简化审判程序；同时，宗教宣扬的公正、诚实、容忍、爱心等对司法也有影响；宗教容忍观有利于减少诉讼。宗教信仰也有助于提高人们守法的自觉性。宗教提倡与人为善、容忍精神等，使公民习惯于循规蹈矩，不为损害他人和社会的行为。因此，A项正确。可诉性是法律的一个重要特征，而道德不能藉由制度化的纠纷解决机制被运用于解决纠纷、救济权利。B项正确。无论是法，还是科学技术，都主要运用马克思主义的唯物主义方法论看待问题，科学技术对法律方法论的影响当然很巨大。C项正确。法的相对独立性既是对经济基础而言的，也表现在对其他上层建筑（如政治、道德、宗教等）的关系之中；法作为上层建筑中的相对独立的部分，对政治、宗教、道德、文化等也发挥一定的反作用。D选项错误。

　　3. 关于法与宗教的关系，下列哪种说法是错误的？（2006－1－2）

　　A. 法与宗教在一定意义上都属于文化现象

　　B. 法与宗教都在一定程度上反映了特定人群的世界观和人生观

　　C. 法与宗教在历史上曾经是浑然一体的，但现代国家的法与宗教都是分离的

　　D. 法与宗教都是社会规范，都对人的行为进行约束，但宗教同时也控制人的精神

　　【答案】C

　　【解析】法与宗教都是社会存在的反映，都是社会意识，属于上层建筑的范畴，并在一定程度上反映了特定人群的世界观，是广义的文化现象的组成部分。AB两项正确。在社会发展的早期，法与宗教规范是浑然一体的，没有严格分离，都是人们行为的规范。但随着社会的发展，人类文明的进步，法与宗教逐渐分

大咖点拨区

扫码听课

扫码听课

离，形成各自不同的调整范围：法只规范人们的行为，退出了对人们精神领域的调整；而宗教却在规范人们行为的同时，还控制人的精神。D项正确。但是，二者并没有达到绝对分离的地步，在现今世界上，仍然存在一些政教合一的国家，如伊朗。因此，C项错误。

第四章　法的演进

第一节　法的起源

1. "社会的发展是法产生的社会根源。社会的发展，文明的进步，需要新的社会规范来解决社会资源有限与人的欲求无限之间的矛盾，解决社会冲突，分配社会资源，维持社会秩序。适应这种社会结构和社会需要，国家和法这一新的社会组织和社会规范就出现了。"关于这段话的理解，下列哪些选项是正确的？（2012－1－51）

A. 社会不是以法律为基础，相反，法律应以社会为基础

B. 法律的起源与社会发展的进程相一致

C. 马克思主义的法律观认为，法律产生的根本原因在于社会资源有限与人的欲求无限之间的矛盾

D. 解决社会冲突，分配社会资源，维持社会秩序属于法的规范作用

【答案】AB

【解析】马克思主义法律观认为，法是随着生产力的发展、社会经济的发展、私有制和阶级的产生、国家的出现而产生的，经历了一个长期的渐进的过程。因此，C 项错误。法的作用分为规范作用和社会作用，规范作用是针对单个人的，社会作用是针对整体的社会。因此，解决社会冲突，分配社会资源，维持社会秩序属于法的社会作用。D 项错误。法律的性质与功能决定于社会，而且法律变迁与社会发展的进程基本一致。AB 两项表述正确。

扫码听课

2. 按照摩尔根和恩格斯的研究，下列有关法的产生的表述哪一项是不正确的？（2003－1－1）

A. 法的产生意味着在社会成员之间财产关系上出现了"我的"、"你的"之类的观念

B. 最早出现的法是以文字记录的习惯法

C. 法的产生经历了从个别调整到规范性调整的过程

D. 法的产生标志着公力救济代替了私力救济

【答案】B

【解析】在社会成员之间财产关系上出现了"我的"、"你的"之类的观念，即是权利义务观念形成，这是法产生的主要标志之一，A 选项正确；以文字记录的习惯法，已经上升到制定法的高度，已经不是单纯的习惯法了，而人类社会最早出现的法是习惯法，因此 B 选项不正确，应选；C 选项正确；法律诉讼和司法的出现，标志着公力救济代替了私力救济，而法律诉讼和司法的出现标志着法的产生，因此 D 选项正确。

扫码听课

3.《摩奴法典》是古印度的法典,《法典》第五卷第一百五十八条规定:"妇女要终生耐心、忍让、热心善业、贞操,淡泊如学生,遵守关于妇女从一而终的卓越规定。"第一百六十四条规定:"不忠于丈夫的妇女生前遭诟辱,死后投生在豺狼腹内,或为象皮病和肺痨所苦。"第八卷第四百一十七条规定:"婆罗门贫困时,可完全问心无愧地将其奴隶首陀罗的财产据为己有,而国王不应加以处罚。"第十一卷第八十一条规定:"坚持苦行,纯洁如学生,凝神静思,凡十二年,可以偿赎杀害一个婆罗门的罪恶。"结合材料,判断下列哪一说法是错误的?(2009－1－8)

A.《摩奴法典》的规定表明,人类早期的法律和道德、宗教等其他规范是浑然一体的

B.《摩奴法典》规定苦修可以免于处罚,说明《法典》缺乏强制性

C.《摩奴法典》公开维护人和人之间的不平等

D.《摩奴法典》带有浓厚的神秘色彩,与现代法律精神不相符合

【答案】B

【解析】《摩奴法典》是典型的奴隶制法,其严格保护奴隶主的所有制,公开反映和维护贵族的等级特权,刑罚种类繁多,手段残酷。在人类社会的早期,法与宗教、道德等社会规范是浑然一体的,因而沾染了若干神秘气息。可见,ACD三项正确。作为法典,《摩奴法典》当然具有强制性,受到奴隶制国家强制力的保障。B项错误。

第二节　法的发展

1. 下列有关法源的说法哪些不正确?(2005－1－54)

A. 大陆法系的主要法源是制定法

B. 英美法系的法源中没有成文宪法

C. 不同国家的法源之间不能进行移植

D. 在法律适用过程中,一般先适用正式法源,然后适用非正式法源

【答案】BC

【解析】在大陆法系国家,正式的法律渊源主要为制定法,但判例法在某些情况下也为正式的法律渊源,如法国国家行政法院、德国联邦宪法法院、瑞士联邦法院、西班牙最高法院等在某些方面也采用判例法或承认有拘束力。因此,选项A表述正确。在英美法系国家,制定法和判例法都是正式的法律渊源。英美法系国家,有的国家如英国为不成文宪法制国家,而有的国家如美国为成文宪法制国家。因此,选项B错误。法的移植是指在鉴别、认同、调适、整合的基础上,引进、吸收、采纳、摄取、同化外国法,使之成为本国法律体系的有机组成部分,为本国所用。法律移植在不同国家的法律间进行,也可能在不同法源间进行。选项C不正确。正式渊源是具有明文规定的法律效力,并可直接作为法律人的法律推理的大前提之规范来源的资料。如宪法、法律、法规等,主要是制定法。对于正式渊源,法律人必须予以考虑。而非正式渊源是指那些不具有明文规定的法效力,但具有法律说服力并能够构成法律推理的大前提的准则来源的资料,如正义

标准、理性原则、政策、道德信念、乡规民约、社会思潮、习惯、社团规章、外国法、权威著作等。在法律适用过程中，一般先适用正式法源，然后适用非正式法源，故选项 D 正确。

【点睛之笔】 正式渊源优先于非正式渊源。

2. "法的继承体现时间上的先后关系，法的移植则反映一个国家对同时代其他国家法律制度的吸收和借鉴，法的移植的范围除了外国的法律外，还包括国际法律和惯例。"据此，下列哪些说法是正确的？（2009 - 1 - 52）

A. 1804 年《法国民法典》是对罗马法制度、原则的继承

B. 国内法不可以继承国际法

C. 法的移植不反映时间关系，仅体现空间关系

D. 法的移植的范围除了制定法，还包括习惯法

【答案】 ABD

【解析】 法的继承是不同历史类型的法律制度之间的延续和继受，一般表现为旧法对新法的影响和新法对旧法的承接和继受。从定义中可以看出，法的继承是旧的法律制度的延续，而国际法乃是同时代的存在，不属于历史上法律制度相互继承的问题。选项 B 正确。法国资产阶级以奴隶制时代的罗马法为基础，制定《法国民法典》，这很明显体现了法的继承性。选项 A 正确。法的移植是指在鉴别、认同、调适、整合的基础上，引进、吸收、采纳、摄取、同化外国法，使之成为本国法律体系的有机组成部分，为本国所用。可见，法的移植既有国内和国外的空间关系，也体现了"同时代"的时间关系。选项 C 错误。法的移植的范围除了外国的制定法之外，还自然包括国际法律和惯例，只要有价值，且与我国既有基本制度不相排斥，则均可移植。选项 D 正确。

第三节 法的传统

1. 下列哪些选项属于法律意识的范畴？（2011 - 1 - 52）

A. 法国大革命后制定的《法国民法典》

B. 西周提出的"以德配天，明德慎罚"

C. 中国传统的"和为贵"、"少讼"、"厌讼"

D. 社会主义法治理念

【答案】 BCD

【解析】 法律意识是指人们对于法律现象的思想、观念、知识和心理的总称，其区别于法律规范、法律制度和法律行为。A 项是属于法律规范，不入选。B 项、C 项和 D 项均属于思想观念、理念的层次，符合题目要求。

2. 下列何种表述属于法律意识的范畴？（2003 - 1 - 82）

A. 郭某感觉到中国法官的腐败行为越来越少了

B. 贾某因卡式炉爆炸而毁容，向法院起诉要求酒店支付 50 万元精神损害赔偿金

C. 梅某认为偷几本书不构成盗窃罪

D. 进城务工的农民周某拿不到用人单位报酬，自认倒霉

大咖点拨区

扫码听课

扫码听课

扫码听课

【答案】ACD

【解析】法律意识是指人们关于法律现象的思想、观念、知识和心理的总称，是社会意识的一种特殊形式。A项中的"感觉"、C项中的"认为"、D项中的"自认"均是法律意识的提示语。贾某因卡式炉爆炸而毁容，向法院起诉要求酒店支付50万元精神损害赔偿金，已经不是法律意识层面的问题，而是法律行为了，故B选项不应选。

3. 中国古代社会一些启蒙作品多涉及到当世的法律观念和司法制度，这在下列的哪些表述中有所体现？（2011－1－56）

A.《幼学琼林》："世人惟不平则鸣，圣人以无讼为贵"

B.《弟子规》："财物轻，怨何生，言语忍，忿自泯"

C.《增广贤文》："礼义生于富足、盗出于贫穷"

D.《女儿经》："遵三从，行四德，习礼义，看古人，多贤德，为法则"

【答案】ABCD

【解析】"世人惟不平则鸣，圣人以无讼为贵"反映了"无讼是求"的思想。选项A正确。"财物轻，怨何生，言语忍，忿自泯"反映了轻视权利，忍让、息讼的法律思想。选项B正确。C项引文强调，只有实现物质和精神的共同富足，才能产生礼义，否则就会滋生盗贼，这反映出法制必须建立在一定经济基础之上。选项C正确。D项中的引文则要求女子遵守三从四德，学习礼义，温良贤德，这是古代法律对女子行为品德的要求。选项D正确。

4. 法系是法学上的一个重要概念。关于法系，下列哪些选项是正确的？（2008－1－55）

A. 法系是一个比较法学上的概念，是根据历史传统和外部特征的不同对法所作的分类

B. 历史上曾经存在很多个法系，但大多都已经消亡，目前世界上仅存的法系只有民法法系和普通法系

C. 民法法系有编纂成文法典的传统，因此，有成文法典的国家都属于民法法系

D. 法律移植是一国对外国法的借鉴、吸收和摄取，因此，法律移植是法系形成和发展的重要途径

【答案】AD

【解析】法系是比较法学上的基本概念，具体指根据法的历史传统和外部特征的不同，对法所做的分类。据此分类标准，凡属于同一传统的法律就构成一个法系。因此，A项说法正确。在历史上，世界各主要地区曾经存在过许多法系，诸如印度法系、中华法系、伊斯兰法系、民法法系和普通法系，等等。当今世界上最有影响的是民法法系和普通法系，此外还存在社会主义法系、伊斯兰法系等。因此，B项说法错误。民法法系，是指以古罗马法，特别是以19世纪初《法国民法典》为传统产生和发展起来的法律的总称。由于该法系的影响范围主要是在欧洲大陆国家，特别是法国和德国，且主要法律的表现形式均为法典，所以又称为大陆法系、罗马－德意志法系、法典法系。大陆法系有编纂成文法的传统，但并非所有有成文法的国家都属于民法法系，美国便有成文宪法典，但是属于英美法系。因此，C项错误。法的移植是指在鉴别、认同、调适、整合的基础上，

引进、吸收、采纳、摄取、同化外国法，使之成为本国法律体系的有机组成部分，为本国所用。正是通过法律移植，某些国家才逐渐地形成共同的法律传统和文化，并在法学上被归入一个法系。因此，D 项说法是正确的。

大咖点拨区

扫码听课

5. "在中国法的发展历史上，追求'民族化'显然是一个主线，形成了'尚古主义'取向的具有保守性格的中华法系。只是到了清末出现一批主张借鉴西方法律制度的学者和政治家如沈家本之后，法的民族化受到部分冲击。西方近代以后两大法系基本形成，两大法系的发达程度之高已被国际公认，其原因不得不归结为法的民族化与国际化的协调一致。"基于这段引文，下列表述正确的是：（2008 四川 - 1 - 91）

A. 无论中华法系还是西方的两大法系都包含各自的法律文化

B. 中华法系具有保守性格，追求"民族化"，与其他法系的文化之间没有形成交流与融合

C. 西方的两大法系在历史发展的过程中逐渐实现了与国际化的协调一致，但与中华法系相比，却又失去了"民族化"特色

D. 沈家本是倾向于法律移植的法学家

【答案】AD

【解析】无论中华法系还是西方的两大法系都体现着各自独特的法律文化。A 项说法明显正确。选项 B 的说法太过绝对，不能说中华法系与其他法系的文化之间没有丝毫的交流与融合。选项 C，西方的两大法系在历史发展的过程中逐渐实现了与国际化的协调一致，这只能表明民族化受到冲击，而不能说失去了"民族化"的特色。事实上，两大法系仍然保留着各自的特色。C 项错误。法律移植讲的就是引进、吸收、采纳、摄取、同化外国法，使之成为本国法律体系的有机组成部分，为本国所用。而沈家本主张借鉴西方法律制度。因此，D 项正确。

6. 关于法的发展、法的传统与法的现代化，下列说法正确的是：（2014 - 1 - 93）

A. 中国的法的现代化是自发的、自下而上的、渐进变革的过程

B. 法律意识是一国法律传统中相对比较稳定的部分

C. 外源型法的现代化进程带有明显的工具色彩，一般被要求服务于政治、经济变革

D. 清末修律标志着中国法的现代化在制度层面上的正式启动

【答案】BCD

【解析】根据法的现代化的动力来源，法的现代化过程大体上可以分为内发型法的现代化和外源型法的现代化两种。内发型法的现代化是指由特定社会自身力量产生的法的内部创新。这种现代化是一个自发的、自下而上的、缓慢的、渐进变革的过程。外源型法的现代化是指在外部环境影响下，社会受外力冲击，引起思想、政治、经济领域的变革，最终导致法律文化领域的革新。在这种法的现代化过程中，外来因素是最初的推动力。中国法的现代化是外源型的法的现代化，不是自发的、自下而上变革。所以，A 项错误。

外源型法的现代化一方面具有被动性，即一般都是在外部因素的压力下（或由于外来干涉，或由于殖民统治，或由于经济上的依附关系），本民族的有识之士希望通过变法以图民族强盛；另一方面也具有依附性，即带有明显的工具色

扫码听课

大咖点拨区

扫码听课

彩，一般被要求服务于政治、经济变革。C项正确。

1902年，张之洞以兼办通商大臣的身份，与各国修订商约。英、日、美、葡四国表示，在清政府改良司法、"皆臻完善"之后，愿意放弃领事裁判权。为此，清政府下诏，派沈家本、伍廷芳主持修律。自此，以收回领事裁判权为契机，中国法的现代化在制度层面上正式启动了。D项正确。

法律意识是指人们关于法律现象的思想、观念、知识和心理的总称，是社会意识的一种特殊形式。法的传统之所以可以延续，在很大程度上是因为法律意识强有力的传承作用，即一个国家的法律制度可以经常随着国家制度和政权结构的变化而变化，但是人们的法律意识却相对比较稳定，具有一定的连续性。因此，法律意识可以使一个国家的法律传统得以延续。可见，B项正确。

7. 关于法律发展、法律传统、法律现代化，下列哪些选项可以成立？（2007-1-56）

A. 中国法律的现代化的启动形式是立法主导型

B. 进入20世纪以后，各国、各民族法律的特殊性逐渐受到普遍关注，民族历史传统可能构成现实法律制度的组成部分

C. 在当今经济全球化的背景下，对各国法律进行法系划分已失去了意义

D. 法的继承体现时间上的先后关系，法的移植反映一个国家对同时代其他国家法律制度的吸收和借鉴

【答案】ABD

【解析】从起因看，中国的法治现代化明显属于外源型法的现代化，启动形式是立法主导型，法制建设具有浓厚的"工具"性和"功利"性。A项正确。进入20世纪以后，由于比较法学的迅速发展，各国、各民族法律的特殊性逐渐受到普遍关注；而民族历史传统的不同，正是各国法律，尤其是法律技术与意识领域存在种种差异的重要原因之一。因此，传统之于法，就不仅具有经验意义上的历史价值，也可能构成现实法律制度的组成部分。B项正确。法的继承体现时间上的先后关系，法的移植反映一个国家对同时代其他国家法律制度的吸收和借鉴。D项正确。在当今经济全球化的背景下，各国法律之间的移植变得频繁，各国法律呈现趋同的趋势，但是，差异依然存在并且非常重要，所以对各国法律进行法系划分依然具有重要意义。因此，正确选项为ABD。

第四节 法治理论

扫码听课

1. 某市实行电视问政，市领导和政府部门负责人以电视台开设的专门栏目为平台，接受公众质询，以此"治庸问责"，推动政府积极解决市民关心的问题。对此，下列哪一说法是不正确的？（2013-1-3）

A. 社会主义法治是"治权之治"，电视问政有利于强化人民群众对官员的监督

B. 电视问政体现了高效便民的原则

C. 电视问政是"治庸问责"的有效法律手段

D. 电视问政有助于引导市民规范有序地参与国家和社会事务管理

【答案】C

【解析】我国的法律监督体系包括国家法律监督体系和社会法律监督体系。国家机关的监督，包括国家权力机关、行政机关和司法机关的监督。我国宪法和有关法律明确规定了国家监督的权限和范围。这类监督都是依照一定的法定程序，以国家名义进行的，具有国家强制力和法的效力，是我国法律监督体系的核心。而社会监督，即非国家机关的监督，指由各政党、各社会组织和公民依照宪法和有关法律，对各种法律活动的合法性所进行的监督。由于这种监督具有广泛性和人民性，因此在我国的法律监督体系上具有重要的意义。根据社会监督的主体不同，可以将它分为以下几种：中国共产党的监督、社会组织的监督、公民的监督、法律职业群体的监督和新闻舆论的监督等。本题中的电视问政属于社会监督中的新闻舆论监督，明显不属于法律手段；而且有效地"治庸问责"，还得靠国家法律监督体系。

2. "近现代法治的实质和精义在于控权，即对权力在形式和实质上的合法性的强调，包括权力制约权力、权利制约权力和法律的制约。法律的制约是一种权限、程序和责任的制约。"关于这段话的理解，下列哪些选项是正确的？（2013 - 1 - 51）

A. 法律既可以强化权力，也可以弱化权力

B. 近现代法治只控制公权，而不限制私权

C. 在法治国家，权力若不加限制，将失去在形式和实质上的合法性

D. 从法理学角度看，权力制约权力、权利制约权力实际上也应当是在法律范围内的制约和法律程序上的制约

【答案】ACD

【解析】在法理学中，各种价值、各种权利都不是绝对的，都可以被限制，其限制由法律规定。比如自由，法律保护人的自由，但自由也应受到法律的限制。不论是公权力，还是私权利，都要在法律规定的范围内行使和运作，所以B项错误。其它各项均符合法治的原理，入选。

【点睛之笔】任何权力都应受到制约，但制约也应依法进行。

3. 下列关于法治与法制的表述哪些是不适当的？（2004 - 1 - 51）

A. 法治要求法律全面地、全方位地介入社会生活，这意味着法律取代了其他社会调整手段

B. 法治与法制的根本区别在于社会对法律的重视程度不同

C. 实现了法制，就不会出现牺牲个案实体正义的情况

D. 法治的核心是权利保障与权力制约

【答案】ABC

【解析】在现代社会，法律非常重要，但法律不是万能的，它不可能全面地、全方位地介入社会生活，有些领域并不适合法律来调整，如人的情感关系；法律也无法取代其他社会调整手段。A项错误。就B项而言，法治与法制的根本区别在于法对国家权力的限制与制约不同。法治的核心是权利保障与权力制约，而法制的最终目的是建立符合统治阶级的法律秩序。因此，B项错误，D项正确。法制一般指法律和制度的总称，其并不意味着一定是良善的法律制度，因此有了法制，也可能会出现牺牲个案正义的情况。C项所述内容不正确。

4. 关于法的现代化，下列哪一说法是正确的？（2017－1－14）

A. 内发型法的现代化具有依附性，带有明显的工具色彩

B. 外源型法的现代化是在西方文明的特定历史背景中孕育、发展起来的

C. 外源型法的现代化具有被动性，外来因素是最初的推动力

D. 中国法的现代化的启动形式是司法主导型

【答案】C

【解析】根据法的现代化的动力来源，法的现代化过程大体上可以分为内发型法的现代化和外源型法的现代化。内发型法的现代化是由特定社会自身力量产生的法的内部创新，是一个自发的、自下而上的、缓慢的、渐进变革的过程。外源型法的现代化则是在外部环境影响下，社会受外力冲击，引起思想、政治、经济领域的变革，最终导致法律文化领域的革新。在此过程中，外来因素是最初的推动力。外源型法的现代化的特点有三个方面：①被动性；②依附性（服务于政治、经济变革，具有明显的工具性）；③反复性（传统的本土文化与现代的外来文化之间矛盾比较尖锐）。C项表述正确。对于外源型法的现代化国家来说，外来法律资源与本土法律传统文化的关系始终是法的现代化能否成功的一个关键。

A项表述错误，依附性是外源性法的现代化的特点。内发型法的现代化是在西方文明的特定历史背景中孕育发展出来的，B项错误。中国的法的现代化属于外源型，启动形式是立法主导型，法制建设具有浓厚的"工具"性和"功利"性。D项错误。

第三编　宪法学

第一章　宪法的基本理论

第一节　宪法的概念

1. 宪法具有最高法律效力。宪法的最高法律效力主要包括以下哪些方面的含义？（2002 - 1 - 38）

A. 宪法是制定普通法律的依据，任何普通法律、法规都不得与宪法相抵触

B. 宪法是一切国家机关、社会团体和全体公民的最高行为准则

C. 在制定和修改程序上，宪法比其他法律的要求更加严格

D. 在内容上，宪法规定国家最根本、最重要的问题

【答案】AB

【解析】宪法作为国家的根本法体现为三个方面：其一，宪法在内容上规定国家最根本、最核心的问题；其二，宪法具有最高法律效力；其三，宪法的制定和修改程序复杂。其中，宪法具有最高法律效力主要包括三个方面：一是宪法是制定普通法律的依据；二是任何普通法律、法规都不得与宪法的原则和精神相违背；三是宪法是一切国家机关、社会团体和全体公民的最高行为准则。选项C、D分别属于宪法的制定和修改程序复杂和宪法内容特殊的体现，不符合题意，应予以排除。

扫码听课

2. 根据宪法分类理论，下列哪一选项是正确的？（2012 - 1 - 21）

A. 成文宪法也叫文书宪法，只有一个书面文件

B. 1215 年的《自由大宪章》是英国宪法的组成部分

C. 1830 年法国宪法是钦定宪法

D. 柔性宪法也具有最高法律效力

【答案】B

【解析】成文宪法是指具有统一法典形式的宪法，但并不意味着只有一个书面文件。比如法国 1875 年宪法，就是由《参议院组织法》、《政权组织法》和《国家政权机关相互关系法》三个宪法性文件组成。因此，A 项错误。英国是典型的不成文宪法国家。英国宪法的主体由各个不同历史时期颁布的宪法性文件构成，包括 1215 年《自由大宪章》、1628 年的《权利请愿书》、1679 年的《人身保护法》、1689 年的《权利法案》、1701 年的《王位继承法》、1911 年的《国会法》、1918 年的《国民参政法》、1928 年的《男女选举平等法》，1969 年的《人民代表法》等等。可见，B 项正确。钦定宪法是指由君主或以君主的名义制定和

扫码听课

大咖点拨区

颁布的宪法。协定宪法指由君主与国民或者国民的代表机关协商制定的宪法。协定宪法往往是阶级妥协的产物。当新兴资产阶级尚无足够力量推翻君主统治，而封建君主又不能实行绝对专制统治的情况下，协定宪法也就成为必然。如1215年英国的《自由大宪章》就是英王约翰在贵族、教士、骑士和城市市民的强大压力下签署的；法国1830年宪法就是在1830年革命中，国会同国王路易·菲利浦共同颁布的，等等。因此，C项错误。柔性宪法是指制定、修改的机关和程序与一般法律相同的宪法。在柔性宪法国家中，由于宪法和法律由同一机关根据同样的程序制定或者修改，因而它们的法律效力和权威并无差异。实行不成文宪法的国家往往也是柔性宪法的国家，英国即其典型。因此，D项错误。

3. 成文宪法和不成文宪法是英国宪法学家提出的一种宪法分类。关于成文宪法和不成文宪法的理解，下列哪一选项是正确的？（2017－1－21）

A. 不成文宪法的特点是其内容不见于制定法

B. 宪法典的名称中必然含有"宪法"字样

C. 美国作为典型的成文宪法国家，不存在宪法惯例

D. 在程序上，英国不成文宪法的内容可像普通法律一样被修改或者废除

【答案】D

【解析】英国学者J. 蒲莱士最早提出，根据宪法是否具有统一法典的形式，将其区分为成文宪法与不成文宪法。

其中，成文宪法，又称为文书宪法或制定宪法，指具有统一法典形式的宪法。该宪法典一般在名称中便含有"宪法"字样，但也有例外，比如德国宪法，名称便是"基本法"。B项错误。

世界历史上第一部成文宪法是1787年美国宪法；欧洲大陆第一部是1791年法国宪法。世界上绝大多数国家都是成文宪法国家。但是成文宪法国家只是有统一的宪法典而已，并不是指所有的宪法规范仅仅存在于宪法典当中，其他的宪法渊源也是必要的，如宪法判例、宪法惯例、国际条约等。C项错误。

不成文宪法则没有统一的宪法典，发挥宪法作用的规范存在于多种法律文书、宪法判例或宪法惯例之中。可见，不成文宪法的内容还是会以法律文书的方式表现出来，只是没有统一的宪法典。A项错误。

世界上不成文宪法国家主要有英国、新西兰、以色列、沙特阿拉伯等少数国家。在英国，宪法制定、修改的机关和程序与一般法律相同，效力亦无差异。D项正确。

4. 根据宪法制定的机关不同，可以把宪法分为民定宪法、钦定宪法和协定宪法。下列哪一部宪法是协定宪法？（2006－1－10）

A. 1830年法国宪法　　　　　　　B. 1777年美国《邦联条例》

C. 1889年日本宪法　　　　　　　D. 1919年德国魏玛宪法

【答案】A

【解析】根据宪法制定的机关不同，可以把宪法分为民定宪法、钦定宪法和协定宪法。所谓民定宪法是指由民意机关或者全民公决制定的宪法。钦定宪法是指由君主或以君主名义制定和颁布的宪法。协定宪法是指由君主与国民或者与国民代表机关协商制定的宪法。就各项而言，1830年法国宪法是由法国人民代表与君主协商制定的宪法，是协定宪法；1777年美国《邦联条例》、1919年德国魏玛

扫码听课

扫码听课

宪法是由人民或人民代表机关制定的，属于民定宪法。1889 年日本宪法是以日本明治天皇名义颁布的宪法，属于钦定宪法。故本题答案为 A。

第二节 宪法的历史发展

1. 关于中国宪法的历史发展，下列说法正确的有（　　）

A. 1908 年的《钦定宪法大纲》是中国历史上第一部宪法性文件，分为"君上大权"和"臣民权利义务"两大部分

B. 1911 年《宪法重大信条十九条》是清政府最后一部宪法性文件

C. 1912 年《中华民国临时约法》是中国历史上唯——部具有资产阶级共和国性质的宪法性文件

D. 1949 年《共同纲领》规定，中华人民共和国的国家政权属于人民；国家最高政权机关为全国人民代表大会，在其闭会期间，中央人民政府为行使国家政权的最高机关；在普选的全国人大召开以前，由中国人民政治协商会议的全体会议执行全国人大的职权

【答案】ABCD

【解析】1908 年的《钦定宪法大纲》是中国历史上第一部宪法性文件，共 23 条，分为"君上大权"和"臣民权利义务"两大部分。其中"君上大权"14 条，是正文主体部分，"臣民权利义务"9 条，为正文的附录部分。A 项正确。

扫码听课

2. 关于 1949 年的《共同纲领》和 1954 年宪法，下列说法正确的有（　　）

A. 《共同纲领》和 1954 年宪法都具有规范性和纲领性

B. 《共同纲领》效力高于 1954 年宪法

C. 《共同纲领》是我国新中国第一部宪法性文件

D. 1954 年宪法是刚性宪法

【答案】ACD

【解析】所谓的纲领性，是指明确表达对未来目标的追求，确认国家的发展目标和宏观发展思路。《共同纲领》和 1954 年宪法都具有指引未来的属性，因此 A 项正确。1954 年宪法具有最高法律效力，因此 B 项错误。《共同纲领》并不是正式宪法，而是发挥着临时宪法作用的一部宪法性文件，C 项正确。1954 年宪法是由特定机关依照特殊的程序制定的，具有最高的法律效力，因此属于刚性宪法，D 项正确。

扫码听课

3. 关于 1949 年的《共同纲领》，下列说法不正确的有（　　）

A. 该文件是由第一届全国人大第一次全体会议通过的

B. 在新中国成立初期，该文件发挥着临时宪法的作用

C. 该文件具有社会主义性质。

D. 该文件规定，国家的最高政权机关为中国人民政治协商会议的全体会议

【答案】ACD

【解析】1949 年 9 月 21 日，中国人民政治协商会议第一届全体会议在北平中南海怀仁堂隆重开幕，会议代行全国人民代表大会的职权，通过了具有临时宪法性质的《中国人民政治协商会议共同纲领》，选举产生了中央人民政府委员会，

扫码听课

宣告了中华人民共和国的成立。可见，A项错误，B项正确。共同纲领具有新民主主义性质，体现的是多个阶级的共同意志。C项错误。《共同纲领》规定，中华人民共和国的国家政权属于人民；国家最高政权机关为全国人民代表大会，在其闭会期间，中央人民政府为行使国家政权的最高机关；在普选的全国人大召开以前，由中国人民政治协商会议的全体会议执行全国人大的职权。D项错误。

4. 关于现行宪法序言的修改，下列说法正确的有（　　　）

A. 1993年宪法修正案增加规定"我国将长期处于社会主义初级阶段"

B. 1999年宪法修正案将"发展社会主义市场经济"作为一项重要的国家任务写进宪法序言

C. 2004年宪法修正案在序言中指导思想部分增加了"三个代表重要思想、科学发展观"

D. 2018年宪法修正案在宪法序言关于爱国统一战线组成结构的表述中增加"社会主义事业的建设者""致力于中华民族伟大复兴的爱国者"

【答案】B

【解析】1993年宪法修正案增加规定"我国正处在社会主义的初级阶段"，"长期处于初级阶段"的表述是1999年修正内容，A项错误。1993年宪法修正案将"计划经济"修改为"国家实行社会主义市场经济"，1999年宪法修正案将"发展社会主义市场经济"作为一项重要的国家任务写进宪法序言。B项正确。2004年宪法修正案在宪法序言中只增加"三个代表"这一指导思想，"科学发展观"是在2018年宪法修正案中增加的。C项错误。"社会主义事业的建设者"进入爱国统一战线是在2004年，2018年宪法修正案在统一战线的组成人员中增加了"致力于中华民族伟大复兴的爱国者"。D项错误。

5. 关于宪法的历史发展，下列哪一选项是不正确的？（2014-1-21）

A. 资本主义商品经济的普遍化发展，是近代宪法产生的经济基础

B. 1787年美国宪法是世界历史上的第一部成文宪法

C. 1918年《苏俄宪法》和1919年德国《魏玛宪法》的颁布，标志着现代宪法的产生

D. 行政权力的扩大是中国宪法发展的趋势

【答案】D

【解析】此题为超纲题目，三大本上未有相关知识点，请考生务必注意。我国宪法的发展趋势主要表现为如下六个方面：（1）行政权力将受到限制，行政指导在经济管理中的作用日益重要；（2）司法权将得到强化；（3）中共领导的多党合作与政治协商制度将得到进一步加强和发展；（4）公民基本权利将得到重大发展；（5）宪法监督制度将进一步完善；（6）宪法的灵活性将进一步增强。可见，D项错误。

【设题陷阱和常见错误分析】许多考生认为，美国宪法是1789年，而非1787年，因此选择B项。这是一种典型的误解。其实，1787年美国宪法和1789年美国宪法是同一部宪法，只不过1787年是制定的时间，1789年是该宪法正式生效的时间。

【未来命题趋势预测】"我国宪法的发展趋势"这一知识点为首次考察，今后一定会再考察一次，请考生注意。1918年《苏俄宪法》和1919年德国《魏玛宪

法》的颁布，标志着现代宪法的产生。这一知识点作为常识，也是第一次出现在司法考试的试卷中，请考生务必牢记。

6. 关于现代宪法的发展趋势，下列哪些说法是正确的？（2010-1-60）

A. 重视保障人权是宪法发展的共识

B. 重视宪法实施保障，专门宪法监督成为宪法发展的潮流

C. 通过加强司法审查弱化行政权力逐步成为宪法发展的方向

D. 寻求与国际法相结合成为宪法发展的趋势

【答案】ABD

【解析】现代宪法越来越重视公民基本权利的保护，主要表现为：①宪法对经济和文化权利的规定，是对以往只规定政治权利和自由权的发展；②宪法对社会权利的规定；③对环境权的规定。因此，A项正确。宪法保障加强，建立专门的宪法监督机关成为一种潮流。因此，B项正确。现代宪法在对社会制度的安排上，加强行政权力及中央集权的趋势明显。行政权扩大的表现：①行政权干预立法权；②紧急命令权；③委托立法权，即行政机关经委托享有一定的立法权。因此，C项表述有误。宪法发展的国际化趋势也进一步扩大，主要表现为：①对国际法的直接承认和接受；②对国家主权作有条件的限制；③人权是国际法的一个重要领域，围绕人权问题签署了许多公约。可见，D项也可成立。

7. 当代宪法呈现出多种发展趋势，下列哪些选项体现了宪法在配置国家权力方面的发展趋势？（2006-1-57）

A. 行政权力扩大　　　　　　B. 中央权力扩大

C. 议会主权　　　　　　　　D. 地方自治

【答案】AB

【解析】当代宪法呈现出多种发展趋势，主要表现为：行政权力扩大和中央集权的趋势明显；宪法内容的更加丰富完备；重视公民基本权利的保护；重视宪法保障；宪法发展国际化趋势加强；形式上的发展趋势，如宪法渊源的多样化趋势和宪法修改比较频繁。所以，A、B两项正确。

8. 宪法的制定是指制宪主体按照一定程序创制宪法的活动。关于宪法的制定，下列哪一选项是**正确**的？（2015-1-20）

A. 制宪权和修宪权是具有相同性质的根源性的国家权力

B. 人民可以通过对宪法草案发表意见来参与制宪的过程

C. 宪法的制定由全国人民代表大会以全体代表的三分之二以上的多数通过

D. 1954年《宪法》通过后，由中华人民共和国主席根据全国人民代表大会的决定公布

【答案】B

【解析】修宪权依据制宪权而产生，受制宪权约束，不得违背制宪权的基本精神和原则。可见，二者性质并不相同。制宪权和修宪权的共同点在于，二者都是根源性的国家权力，能够创造立法权、行政权、司法权等其他具体组织性的国家权力的权力。A项错误。人民既可能直接参与制宪过程，也可能间接参与制宪过程，即可能通过各种制宪机构（如宪法起草机关、宪法通过机关等）来完成制宪活动。B项正确。我国的制宪主体是人民；制宪机关是第一届全国人大第一次全体会议；我国1954宪法是第一届全国人大第一次全体会议以全国人大公告的形

大咖点拨区

扫码听课

扫码听课

扫码听课

式公布，自通过之日起生效。C、D 两项错误。

9. 按照宪法的理论，制宪主体不同于制宪机关。下列关于我国宪法的制宪主体或制宪机关的哪一表述是正确的？（2006 - 1 - 9）

A. 全国人民代表大会和地方各级人民代表大会是我国的制宪主体

B. 全国人民代表大会是我国的制宪主体，全国人民代表大会常务委员会是我国的制宪机关

C. 全国人民代表大会是我国的制宪机关，宪法起草委员会是它的具体工作机关

D. 第一届全国人民代表大会第一次全体会议是我国的制宪机关

【答案】D

【解析】制宪主体是国家主权的所有者。在我国，人民是制宪主体，只不过是间接行使该项权力而已。制宪机关是指一国有权制定宪法的国家机关，制宪机关是特定的国家机关，并且是拥有制定宪法的权力的国家机关。中华人民共和国第一届全国人民代表大会第一次全体会议通过了《中华人民共和国宪法》，这意味着第一届全国人民代表大会是我国的制宪机关。故 D 项表述正确。

10. 将国家建立健全同经济发展水平相适应的社会保障制度载入现行《宪法》的是下列哪一宪法修正案？（2010 - 1 - 18）

A. 1988 年宪法修正案　　　　　B. 1993 年宪法修正案

C. 1999 年宪法修正案　　　　　D. 2004 年宪法修正案

【答案】D

【解析】2004 年宪法修正案第 23 条规定："宪法第十四条增加一款，作为第四款：'国家建立健全同经济发展水平相适应的社会保障制度。'"但就各年修正案的具体内容，请考生务必结合授课口诀记忆。

第三节　宪法的基本原则

1. 关于如何根据社会主义法治理念完善我国宪法的权力制约原则，下列哪些选项是正确的？（2012 - 1 - 59）

A. 从法律上构建起权力制约监督体系与机制

B. 从制度上为各种监督的实施提供条件和保障

C. 完善权力配置，恰当地建构各种权力关系

D. 限制和缩小国家权力范围，扩大公民权利

【答案】ABC

【解析】根据社会主义法治理念完善我国宪法的权力制约原则，首要的就是要根据依法治国来完善宪法中的权力制约原则，从法律上构建起权力制约监督体系与机制是完善宪法的权力制约原则的题中应有之义。A 项正确。完善宪法的权力制约原则离不开一定的制度环境，特别是各种监督制度。只有从制度上为各种监督的实施提供条件和相应的保障，才能使监督发挥其应有的作用。B 项正确。国家机关之间的权力配置以及权力机关之间的相互关系问题，涉及到政权组织形式和国家结构形式两个方面。完善宪法的权力制约原则，就是要完善好纵向和横

向的权力配置及相互关系，使其运行能够法治化。C 项正确。区别于将国家定位为"夜警国家"的近代宪法，现代宪法特别强调国家的作用不仅仅应当局限于政治领域，而应扩展到经济社会文化领域，要求国家积极作为。因此，D 项错误。

2. 我国宪法规定了"一切权力属于人民"的原则。关于这一规定的理解，下列选项正确的是：（2016 – 1 – 91）

大咖点拨区

扫码听课

A. 国家的一切权力来自并且属于人民

B. "一切权力属于人民"仅体现在直接选举制度之中

C. 我国的人民代表大会制度以"一切权力属于人民"为前提

D. "一切权力属于人民"贯穿于我国国家和社会生活的各领域

【答案】ACD

【解析】"一切权力属于人民"的原则简称人民主权原则，这一原则是现代宪法为国家组织规定的一个基本原则，它主要阐明了国家权力的来源和归属的问题。因此，"一切权力属于人民"意味着国家的一切权力来自并且属于人民。A 项正确。宪法规定"人民依照法律规定，通过各种途径和形式，管理国家事务，管理经济和文化事业，管理社会事务。"这充分说明"一切权力属于人民"贯穿于我国国家和社会生活的方方面面，体现在国家和社会生活的各个领域、各个层次和各个方面，而不是仅体现在直接选举制度之中。更何况间接选举也体现人民主权。D 项正确，B 项错误。现行《宪法》第 2 条第 1、2 款规定，"中华人民共和国的一切权力属于人民"；"人民行使国家权力的机关是全国人民代表大会和地方各级人民代表大会。"在这个意义上说，人民代表大会制度以主权在民为逻辑起点，而人民主权构成了人民代表大会制度的最核心的基本原则。这说明我国的人民代表大会制度以"一切权力属于人民"为逻辑前提。C 项正确。

3. 权力制约是依法治国的关键环节。下列哪些选项体现了我国宪法规定的权力制约原则？（2011 – 1 – 59）

扫码听课

A. 全国人大和地方各级人大由民主选举产生，对人民负责，受人民监督

B. 法院、检察院和公安机关办理刑事案件，应当分工负责，互相配合，互相制约

C. 地方各级人大及其常委会依法对"一府两院"监督

D. 法院对法律合宪性审查

【答案】ABC

【解析】权力制约原则是指国家权力的各个部分之间相互监督、彼此牵制，以保障公民权利的原则。它既包括公民权利对国家权力的制约，也包括国家权力相互之间的制约。社会主义国家的宪法中，权力制约原则主要表现为监督原则。具体而言，其在我国宪法中主要表现为三个方面：一是人民对国家权力活动的监督制度，既包括人民对国家权力机关活动的直接监督，也包括人民首先选举各级人民代表大会，再由后者对国家行政机关、监察机关、审判机关和检察机关进行监督；二是宪法规定的个别公民对于国家机关及其工作人员的监督权，主要包括批评建议、申诉、检举和控告权；三是不同国家机关之间、国家机关内部不同的监督形式，如公检法在办理刑事案件中的分工负责，互相配合，互相制约。因此，ABC 三项符合题意。就 D 项而言，因为我国的宪法实施保障模式属于立法机关保障模式，即由全国人大及其常委会监督宪法的实施，审查各种法律文件的合

宪性，所以我国法院没有对法律进行合宪性审查的权力。D项错误。

【点睛之笔】 我国法院对法律无违宪审查权。

第四节　宪法的作用

1. 下列有关宪法的指引作用的表述中，哪些说法是正确的？（2002－1－85）

A. 宪法指引的主体包括国家机构、社会组织和个人

B. 宪法指引的范围涉及政治、经济、文化和社会生活各方面

C. 宪法指引的效力具有最高性

D. 宪法的指引贯穿着民主的基本精神

【答案】 ABCD

【解析】 指引作用是所有法律规范都共同具有的作用，是指法律规范对人们的行为起到的导向作用。宪法作为国家的根本大法，当然具有指引作用，但宪法的地位和内容，却决定了宪法的指引作用具有自身的特点：①就指引的行为主体而言，它既包括国家机关、社会组织，也包括公民个人；②就指引的范围来说，它涉及政治、经济、文化和社会生活各个方面；③就指引的效力来看，宪法作为国家的根本法、母法，具有至高无上的法律效力；④就指引的思想基础来讲，宪法是民主事实法律化的基本形式、公民权利的保障书，宪法对机关、组织和个人行为的指引，实际上贯穿着民主的基本精神，或者说是通过对人们行为的正确指引，促进民主的真正实现。

2. 关于宪法在立法中的作用，下列哪一说法是不正确的？（2010－1－19）

A. 宪法确立了法律体系的基本目标

B. 宪法确立了立法的统一基础

C. 宪法规定了完善的立法体制与具体规划

D. 宪法规定了解决法律体系内部冲突的基本机制

【答案】 C

【解析】 宪法是国家根本法，不可能事无巨细地规定所有内容，所以其条文具有抽象性、宏观性和稳定性；在对国家机构职权的规定中确立了基本的立法体制以及法律体系内部冲突的基本解决机制，但并未确立具体的立法规划，因为立法规划是随着国家社会的不断发展而变化的。如果已经有了完善的立法体制和具体规划，那么就不需要再制定《立法法》等法律了。C项错误。

第五节　宪法的渊源与宪法典的结构

1. 宪法的渊源即宪法的表现形式。关于宪法渊源，下列哪一表述是错误的？（2015－1－21）

A. 一国宪法究竟采取哪些表现形式，取决于历史传统和现实状况等多种因素

B. 宪法惯例实质上是一种宪法和法律条文无明确规定、但被普遍遵循的政治行为规范

C. 宪法性法律是指国家立法机关为实施宪法典而制定的调整宪法关系的法律

D. 有些成文宪法国家的法院基于对宪法的解释而形成的判例也构成该国的宪法渊源

【答案】C

【解析】所谓的宪法渊源就是宪法的表现形式。一国的宪法采哪些渊源形式，取决于其本国的历史传统和现实政治状况等综合因素。A项正确。宪法惯例是指宪法条文虽无明确规定，但在实际政治生活中已经存在，并为国家机关、政党及公众所普遍遵循，且与宪法具有同等效力的习惯或传统。宪法惯例的特点是：（1）其无具体法律形式，散见于法院的判例及政治实践之中；（2）内容涉及最根本的宪法问题；（3）依靠公众舆论而非国家强制力保障实施。B项正确。宪法性法律主要有两种情况：一是指在不成文宪法国家中，国家最根本、最重要的问题不采用宪法典的形式，而是由多部单行法律文书予以规定；二是指在成文宪法国家，既存在根本法意义上的宪法，即宪法典，也存在部门法意义上的宪法，即普通法律中有关规定宪法内容的法律，如组织法、选举法、代表法、代议机关议事规则等。C项说宪法性法律是为实施宪法典而制定的，明显错误，英国就有宪法性法律，但没有宪法典。宪法判例是指宪法条文无明文规定，而由司法机关在审判实践中逐步形成并具有实质性宪法效力的判例。它也包括两种情况：其一，在不成文宪法国家，法律没有明文规定的前提下，判决乃是宪法的表现形式；其二，某些成文法国家，法院享有宪法解释权，其判决对下级法院具有拘束力。D项正确。

2. 关于宪法表现形式的说法，下列哪些选项是正确的？（2010-1-62）

A. 宪法典是所有国家宪法结构体系的核心，均具有内容完整、逻辑严谨的特征

B. 宪法判例主要存在于普通法系国家，这些国家具有"遵从先例"的司法传统

C. 宪法判例在美国只能通过联邦最高法院新的宪法判例才能推翻

D. 宪法判例在英国有着调整英王、议会、内阁之间关系的决定性作用

【答案】BD

【解析】在成文宪法国家，宪法典是宪法结构体系的核心，具有内容完整、逻辑结构严谨的特征；但在不成文宪法国家，不存在形式上的宪法典，所以不能说宪法典是所有国家宪法结构体系的核心。选项A错误。宪法判例是指宪法条文无明文规定，而由司法机关在审判实践中逐渐形成并具有宪法效力的判例，主要存在于普通法系国家，这些国家有"遵从先例"的传统，宪法判例通过约束法院进而对其他宪法主体产生约束力。选项B、D正确。在美国，美国联邦最高法院的宪法判例，除了能通过新的宪法判例加以推翻之外，宪法修正案也是推翻最高法院宪法判例的民主途径。选项C错误。

3. 下列哪些选项属于我国宪法的渊源？（2007-1-59）

A. 中华人民共和国现行《宪法》及其修正案

B. 中华人民共和国地方各级人民代表大会和地方各级人民政府组织法

C. 中华人民共和国立法法

D. 宪法判例

【答案】ABC

【解析】宪法渊源包括：宪法典、宪法性法律、宪法惯例、宪法判例和国际条约、国际习惯。而宪法判例多是普通法系国家的宪法渊源。我国宪法的渊源主要包括：宪法典、宪法性法律。后者指那些除了宪法和宪法修正案之外的各种组织共同体和建构共同体基本制度的法律规则。B、C 两项中的《中华人民共和国地方各级人民代表大会和地方各级人民政府组织法》和《中华人民共和国立法法》均属于宪法性法律，所以属于我国宪法的渊源。所以 A、B、C 三项是正确的。目前我国的宪法仍然是不能在日常审判事务中直接适用的，因此我国不存在宪法判例。D 项错误。

4. 综观世界各国成文宪法，结构上一般包括序言、正文和附则三大部分。对此，下列哪一表述是正确的？（2016 - 1 - 21）

A. 世界各国宪法序言的长短大致相当

B. 我国宪法附则的效力具有特定性和临时性两大特点

C. 国家和社会生活诸方面的基本原则一般规定在序言之中

D. 新中国前三部宪法的正文中均将国家机构置于公民的基本权利和义务之前

【答案】D

【解析】从形式上看，各国宪法序言的长短不尽相同。美国宪法的序言只有一段话，我国宪法序言有 13 个自然段。A 项错误。我国现行《宪法》包括序言、正文两大部分，没有规定附则。B 项错误。宪法序言规定的内容是多种多样的，其基本特点是体现了宪法基本理念和精神。简言之，宪法序言是宪法精神和内容的高度概括，其内容包括揭示制宪的机关和依据、揭示制宪的基本原则、揭示制宪的目的和价值体系等。国家和社会生活诸方面的基本原则主要规定在正文第一章的总纲部分，C 项错误。新中国成立后的前三部宪法均将国家机构置于公民的基本权利和义务之前，1982 年宪法调整了这种结构，将公民的基本权利和义务一章提到国家机构之前。这一调整充分表明，对公民权利的保护居于宪法的核心地位，合理定位了公民与国家之间的关系，符合人民主权原则。D 项正确。

5. 宪法附则是指宪法对于特定事项需要特殊规定而作出的附加条款。下列关于宪法附则的表述哪一项是错误的？（2002 - 1 - 7）

A. 附则是宪法的一部分，因而其法律效力当然应与一般条款相同

B. 附则是宪法的特定条款，因而仅对特定事项具有法律效力

C. 附则是宪法的临时条款，因而仅在特定的时限内具有法律效力

D. 附则是宪法的特别条款，根据特别法优于普通法的原则，因而其法律效力高于宪法一般条款

【答案】D

【解析】宪法附则是指宪法对于特定事项需要特殊规定而作出的附加条款。由于附则是宪法的一部分，因而其法律效力当然也应该与宪法的一般条文相同，因此 A 项正确，D 项错误。同时附则的法律效力还有两大特点：一是特定性，即附则只对特定的条文或者事项适用；二是临时性，即附则只对特定的时间或者情况适用，有时间限制，一旦时间届满或情况发生变化，其法律效力自然应当终止。因此 B、C 两项正确。

第六节　宪法规范

关于宪法规范，下列哪一说法是不正确的？（2013-1-22）

A. 具有最高法律效力

B. 在我国的表现形式主要有宪法典、宪法性法律、宪法惯例和宪法判例

C. 是国家制定或认可的、宪法主体参与国家和社会生活最基本社会关系的行为规范

D. 权利性规范与义务性规范相互结合为一体，是我国宪法规范的鲜明特色

【答案】B

【解析】宪法规范是宪法最基本的要素和最基本的构成单位，是由国家制定或认可的、宪法主体参与国家和社会生活最基本社会关系的行为规范。C项正确。A项明显正确。宪法的渊源主要有宪法典、宪法性法律、宪法惯例、宪法判例、国际条约和国际惯例等。但我国没有宪法判例。因此，B项错误。在我国宪法中，存在一些权利性与义务性规范相互结合为一体的规定。如宪法规定，中华人民共和国公民有劳动的权利和义务；中华人民共和国公民有受教育的权利和义务。在这类规范中，权利与义务互为一体，表现其特殊的调整方式。在宪法运行中，权利性规范与保障性规范是结合在一起的。特定的宪法规范既是对权利的保障，同时也是对特定国家行为的一种限制。D项正确。

第七节　宪法效力

1. 关于宪法效力的说法，下列选项正确的是：（2014-1-94）

A. 宪法修正案与宪法具有同等效力

B. 宪法不适用于定居国外的公民

C. 在一定条件下，外国人和法人也能成为某些基本权利的主体

D. 宪法作为整体的效力及于该国所有领域

【答案】ACD

【解析】宪法修正案乃是宪法修改的一种方式，其构成现行《宪法》的有机组成部分。所以，一旦生效通过，其与宪法具有同等效力。A项正确。

中华人民共和国宪法适用于所有中国公民。而且，我国宪法明确规定了对于华侨的正当权益的保护。华侨是指定居在国外的中国公民，他们也受中国宪法的保护。B项错误。

此外，外国人和法人在一定的条件下成为行使某些基本权利的主体，在享有基本权利的范围内，宪法效力适用于外国人和法人的活动。C项正确。

任何一个主权国家的宪法的空间效力都及于国土的所有领域，这是由主权的唯一性和不可分割性所决定的，也是由宪法的根本法地位所决定的。D项正确。

2. 我国《立法法》明确规定："宪法具有最高的法律效力，一切法律、行政法规、地方性法规、自治条例和单行条例、规章都不得同宪法相抵触。"关于这

一规定的理解，下列哪一选项是正确的？（2016－1－22）

A. 该条文中两处"法律"均指全国人大及其常委会制定的法律

B. 宪法只能通过法律和行政法规等下位法才能发挥它的约束力

C. 宪法的最高法律效力只是针对最高立法机关的立法活动而言的

D. 维护宪法的最高法律效力需要完善相应的宪法审查或者监督制度

【答案】D

【解析】题干中第一处"法律效力"中的"法律"泛指法的一般特征，即具有一般性、规范性、抽象性、强制性等。第二处"法律"与行政法规等相连使用，仅指全国人大及其常委会制定的法律，即狭义的法律。A项错误。宪法效力具有最高性与直接性。在整个法律体系中，宪法效力是最高的，不仅成为立法的基础，同时对立法行为与依据宪法进行的各种行为产生直接的约束力。我国宪法序言最后一个自然段明确规定了这一点。可见，宪法也具有直接约束力，B项错误。宪法的最高法律效力包括三个方面含义：其一，宪法是制定普通法律的依据，普通法律是宪法的具体化；其二，任何普通法律都不得与宪法的内容、原则和精神相违背；其三，宪法是一切国家机关、社会团体和全体公民的最高行为准则。C项错误。维护宪法的最高法律效力需要完善相应的宪法审查或者监督制度，追究和纠正一切违反宪法的行为，捍卫宪法的尊严，保证宪法的实施。D项正确。

3. 关于我国宪法对领土的效力，下列表述正确的是：（2012－1－89）

A. 领土包括一个国家的陆地、河流、湖泊、内海、领海以及它们的底土和上空（领空）

B. 领土是国家的构成要素之一，是国家行使主权的空间，也是国家行使主权的对象

C. 《宪法》在国土所有领域的适用上无任何差异

D. 《宪法》的空间效力及于国土全部领域，是由主权的唯一性和不可分割性决定的

【答案】ABD

【解析】领土包括一个国家的陆地、河流、湖泊、内海、领海以及它们的底床、底土和上空（领空），是主权国管辖的国家全部疆域。A项正确。领土是国家的构成要素之一，是国家行使主权的空间，也是国家行使主权的对象。B项正确。任何一个主权国家的宪法的空间效力都及于国土的所有领域，这是由主权的唯一性和不可分割性所决定的，也是由宪法的根本法地位所决定的。D项正确。宪法是一个整体，具有一种主权意义上的不可分割性。由于宪法本身的综合性和价值多元性，宪法在不同领域的适用上是有所差异的。例如，在不同的经济形态之间、在普通行政区和民族自治地方之间当然有所区别，但这种区别绝不是说宪法在某些区域有效力而有些区域没有效力。宪法是一个整体，任何组成部分上的特殊性并不意味着对这个整体的否定，宪法作为整体的效力是及于中华人民共和国的所有领域的。因此，C项错误。

4. 最高法院印发的《人民法院民事裁判文书制作规范》规定："裁判文书不得引用宪法……作为裁判依据，但其体现的原则和精神可以在说理部分予以阐述。"关于该规定，下列哪一说法是正确的？（2017－1－22）

A. 裁判文书中不得出现宪法条文

扫码听课

扫码听课

B. 当事人不得援引宪法作为主张的依据

C. 宪法对裁判文书不具有约束力

D. 法院不得直接适用宪法对案件作出判决

【答案】D

【解析】我国目前尚欠缺有实效性的宪法审查制度，在此背景下，具有高度原则性和抽象性的宪法规范无法藉由宪法实践问题的解决而得以具体化。最高法院的《人民法院民事裁判文书制作规范》中所呈现的立场仅仅是强调法院目前不宜直接适用宪法对案件作出判决，也就是宪法规范不得作为实质性的裁判依据，而并不能说明宪法规范对法院及其裁判文书没有约束力。作为根本法、最高法，宪法当然具有普遍的最高效力，当事人可以援引宪法作为自己主张的依据，法院也可以引用宪法作为说理的证据。所以，D项正确。

5. 宪法效力是指宪法作为法律规范所具有的约束力与强制性。关于我国宪法效力，下列哪一选项是不正确的？（2011－1－23）

A. 侨居国外的华侨受中国宪法保护

B. 宪法的效力及于中华人民共和国的所有领域

C. 宪法的最高法律效力首先源于宪法的正当性

D. 宪法对法院的审判活动没有约束力

【答案】D

【解析】由于《宪法》规定宪法的效力适用于所有中国公民，因此侨居在国外的华侨也受宪法保护，因此A表述正确。宪法的效力及于中华人民共和国的所有领域，因此B表述正确。宪法之所以具有最高法律效力首先是宪法具有正当性基础，即：（1）宪法制定权的正当性，（2）宪法内容的合理性，（3）宪法程序的正当性。因此C项表述正确。宪法序言明确规定，一切国家机关（包括法院）都必须以宪法为根本的活动准则。另外，宪法第5条规定："一切国家机关和武装力量、各政党和各社会团体、各企业事业组织都必须遵守宪法和法律。"因此，宪法对法院的审判活动当然具有约束力。选项D表述错误，应当选。

大咖点拨区

扫码听课

扫码听课

第二章　宪法的实施及其保障

第一节　宪法的修改

1. 关于我国宪法修改，下列哪一选项是正确的？（2014－1－22）

A. 我国修宪实践中既有对宪法的部分修改，也有对宪法的全面修改

B. 经十分之一以上的全国人大代表提议，可以启动宪法修改程序

C. 全国人大常委会是法定的修宪主体

D. 宪法修正案是我国宪法规定的宪法修改方式

【答案】A

【解析】我国的修宪实践中，1975年、1978年和1982年修宪均属于全面修改，1988年、1993年、1999年、2004年和2018年修宪则属于部分修改。A项正确。宪法修正案的提案主体包括全国人大常委会或者五分之一以上的全国人大代表。B错误。全国人大是我国法定的修宪主体，全国人大常委会只是修宪的提案主体。C项错误。宪法修正案并非为宪法明文规定，而是规定在《全国人大议事规则》当中。D项错误。

【设题陷阱和常见错误分析】关于制宪主体、制宪机关、修宪主体、修宪提案主体、释宪主体之间的区别一定要掌握。绝对是命题中的热门。

扫码听课

2. 关于我国宪法的修改，下列哪些说法是错误的？（　　　）

A.《宪法》没有专章规定修改程序

B.《宪法》规定的修宪机关是全国人民代表大会

C.《立法法》规定，宪法修正案由国家主席令公布

D.《全国人大议事规则》规定，宪法修改以无记名投票方式表决

E. 宪法修正案草案具有最高法律效力

【答案】CE

【解析】在《宪法》中，没有对宪法的修改程序作专章的规定，因此A选项说法正确。根据《宪法》第62条的规定，全国人民代表大会行使下列职权："（一）修改宪法；……"可知，我国拥有修改宪法权的机关是全国人民代表大会。因此B选项说法正确。根据《立法法》的规定，全国人民代表大会通过的法律由国家主席签署主席令予以公布。但是，关于宪法修正案的公布由主席团公布。C选项说法不正确。根据《全国人大议事规则》第60条，会议表决议案采用无记名按表决器方式；如表决器系统在使用中发生故障，采用举手方式；而宪法的修改，则采用无记名投票方式表决。因此D选项说法正确。宪法修正案的草案尚未通过公布，不具有法律效力。E项错误。

扫码听课

3. 宪法修改是指有权机关依照一定的程序变更宪法内容的行为。关于宪法的

修改，下列选项正确的是（2016 – 1 – 93）

　　A. 凡宪法规范与社会生活发生冲突时，必须进行宪法修改

　　B. 我国宪法的修改可由五分之一以上的全国人大代表提议

　　C. 宪法修正案由全国人民代表大会公告公布施行

　　D. 我国1988年《宪法修正案》规定，土地的使用权可依照法律法规的规定转让

【答案】BC

【解析】 宪法修改的基本原因主要表现在两方面：一是为了使宪法的规定适应社会实际的发展和变化；二是为了弥补宪法规范在实施过程中出现的漏洞。但是当宪法规范与社会生活发生冲突时，除了宪法修改，还可能通过宪法解释的方式来解决矛盾。A项错误。现行《宪法》规定，宪法的修改，由全国人大常委会或者1/5以上的全国人大代表提议。B项正确。在我国，现行《宪法》并未明确规定宪法修正案的公布机关。《全国人大议事规则》第63条规定："全国人民代表大会通过的宪法修正案，以全国人民代表大会公告予以公布。"可见，C项正确。1988年宪法修正案规定土地的使用权可以依照"法律"的规定转让，可见"法规"并非土地使用权转让的依据。D项错误。

第二节　宪法解释

　　宪法解释是保障宪法实施的一种手段和措施。关于宪法解释，下列选项正确的是：（2015 – 1 – 94）

　　A. 由司法机关解释宪法的做法源于美国，也以美国为典型代表

　　B. 德国的宪法解释机关必须结合具体案件对宪法含义进行说明

　　C. 我国的宪法解释机关对宪法的解释具有最高的、普遍的约束力

　　D. 我国国务院在制定行政法规时，必然涉及对宪法含义的理解，但无权解释宪法

　　E. 国务院、中央军委有权向全国人大常委会提出宪法解释的要求

扫码听课

【答案】 ACD

【解析】 由司法机关按照司法程序解释宪法的体制起源于美国。1803年美国联邦最高法院首席法官马歇尔在马伯里诉麦迪逊一案中确立了"违宪的法律不是法律"、"阐释宪法是法官的职责"的宪法规则，从此开创了司法审查制度的先河。目前，世界上60多个国家采用司法机关解释宪法的制度。A项正确。德国属于宪法法院模式，不一定非得结合具体个案方才开展解释。只有美国的司法解释模式才需要结合司法个案开展解释。所以B项不对。我国由全国人大常委会解释宪法，属于立法机关解释宪法的体制。这种体制首先是在1978年宪法予以确认规定的，在此之前的历部宪法均没有关于宪法解释的规定。D项正确。全国人大常委会既可以在出现具体宪法争议时解释宪法，也可以在没有出现宪法争议时抽象地解释宪法，它对宪法的解释应当具有最高的、普遍的约束力。C项正确。根据《立法法》的规定，国务院、中央军委、最高法、最高检、全国人大各专门委员会、各省级人大常委会可以向全国人大常委会提出法律解释的要求。但是，不论

是《宪法》，还是《立法法》，均没有规定有权向全国人大常委会提出宪法解释的要求的主体，因此 E 项表述有误。

第三节　宪法监督

扫码听课

1. 律师潘某认为《母婴保健法》与《婚姻登记条例》关于婚前检查的规定存在冲突，遂向全国人大常委会书面提出了进行审查的建议。对此，下列哪一说法是错误的？（2015 - 1 - 11）

A. 《母婴保健法》的法律效力高于《婚姻登记条例》

B. 如全国人大常委会审查后认定存在冲突，则有权改变或撤销《婚姻登记条例》

C. 全国人大相关专门委员会和常务委员会工作机构需向潘某反馈审查研究情况

D. 潘某提出审查建议的行为属于社会监督

【答案】B

【解析】《母婴保健法》是全国人大常委会制定的法律，《婚姻登记条例》是国务院制定的行政法规。法律的效力高于行政法规。A 项正确。B 项涉及到规范性法文件的审查，全国人大常委会和国务院之间是监督关系，只能撤销而不能改变，B 项说法错误。就 C 项而言，《立法法》新增了对于提出审查建议的主体的反馈工作。《立法法》第 101 条规定："全国人民代表大会有关的专门委员会和常务委员会工作机构应当按照规定要求，将审查、研究情况向提出审查建议的国家机关、社会团体、企业事业组织以及公民反馈，并可以向社会公开。"所以，C 项正确。法律监督分为国家监督和社会监督。国家监督是指国家机关运用国家公权力实施的监督。社会监督是指公民、法人、其它社会主体实施的监督。D 项正确。

2. 根据《立法法》的规定，下列哪些选项是不正确的？（2014 - 1 - 61）

A. 国务院和地方各级政府可以向全国人大常委会提出法律解释的要求

B. 经授权，行政法规可设定限制公民人身自由的强制措施

C. 专门委员会审议法律案的时候，应邀请提案人列席会议，听取其意见

D. 地方各级人大有权撤销本级政府制定的不适当的规章

【答案】ABCD

【解析】国务院、中央军事委员会、最高人民法院、最高人民检察院和全国人民代表大会各专门委员会以及省、自治区、直辖市的人民代表大会常务委员会可以向全国人民代表大会常务委员会提出法律解释的要求。可见，有权提出法律解释要求的是这六个主体，不包括地方各级政府。A 项错误。

我国《立法法》规定，限制人身自由的强制措施属于绝对保留的范畴，不能授权。B 项错误。

根据《立法法》，专门委员会审议法律案的时候，"可以"邀请提案人列席会议，听取其意见。可见，不是"应当邀请"。C 项错误。

就 D 项而言，则死抠了《立法法》的字眼，该法原文规定的是"地方人民代表大会常务委员会有权撤销本级人民政府制定的不适当的规章"，所以命题人认

扫码听课

为地方人大无权撤销。此点在学理上存在一定的争议。

3. 备案审查是宪法监督的重要内容和环节。根据中国特色社会主义法治理论有关要求和《立法法》规定，对该项制度的理解，下列哪些表述是**正确的**？（2015－1－52）

A. 建立规范性文件备案审查机制，要把所有规范性文件纳入审查范围

B. 地方性法规和地方政府规章应纳入全国人大常委会的备案审查范围

C. 全国人大常委会有权依法撤销和纠正违宪违法的规范性文件

D. 提升备案审查能力，有助于提高备案审查的制度执行力和约束力

【答案】ACD

【解析】十八届四中全会通过的《中共中央关于全面推进依法治国若干重大问题的决定》中有"完善全国人大及其常委会宪法监督制度，健全宪法解释程序机制。加强备案审查制度和能力建设，把所有规范性文件纳入备案审查范围，依法撤销和纠正违宪违法的规范性文件，禁止地方制发带有立法性质的文件"的表述，A项正确。根据《立法法》的规定，部门规章和地方政府规章报国务院备案；地方政府规章应当同时报本级人民代表大会常务委员会备案；设区的市、自治州的人民政府制定的规章应当同时报省、自治区的人民代表大会常务委员会和人民政府备案。可见，地方政府规章不纳入全国人大常委会备案审查范围。B项错误。全国人大及其常委会有权监督宪法的实施，因此对于违宪违法的规范性法文件自然有权依法撤销和纠正。C项正确。提升备案审查能力，很明显有助于提高备案审查制度的执行力和约束力。D项正确。

4. 根据我国宪法的规定，下列关于宪法监督制度的表述，哪些是正确的？（2005－1－62）

A. 全国人民代表大会常务委员会对省人大制定的地方性法规的撤销属于事后监督

B. 我国的宪法监督体制以附带性审查为主

C. 全国人民代表大会常务委员会有权撤销国务院制定的同宪法、法律相抵触的行政法规

D. 全国人民代表大会常务委员会批准自治区的自治条例属于事先监督

【答案】ACD

【解析】我国宪法监督采取事前审查和事后审查相结合的方式。事前审查通常适用于法律法规的制定过程中，是在法律规范尚未生效之前由有权机关对其是否合宪进行审查。事后审查是指在法律、法规和其他规律性文件颁布实施以后，由有权机关对其是否合宪进行审查。全国人民代表大会常务委员会对省人大制定的地方性法规的撤销，很明显是生效之后的撤销，属于事后监督，A项正确。自治区的自治条例报经全国人民代表大会常务委员会批准后生效，明显属于事先监督，D正确。同时，依据宪法规定，全国人民代表大会常务委员会有权撤销国务院制定的同宪法、法律相抵触的行政法规，C正确。附带性审查是指司法机关在审理案件过程中，因提出对所适用的法律法规和法律性文件是否违宪的问题而对法律法规和法律性文件所进行的合宪性审查。在我国，行使宪法监督权的是全国人大及其常委会，司法机关无违宪审查权，B错。

5. 根据省政府制定的地方规章，省质监部门对生产销售不合格产品的某公司

予以行政处罚。被处罚人认为,该省政府规章违反《产品质量法》规定,不能作为处罚依据,遂向法院起诉,请求撤销该行政处罚。关于对该省政府规章是否违法的认定及其处理,下列哪一选项是正确的?(2012-1-25)

A. 由审理案件的法院进行审查并宣告其是否有效

B. 由该省人大审查是否违法并作出是否改变或者撤销的决定

C. 由国务院将其提交全国人大常委会进行审查并作出是否撤销的决定

D. 由该省人大常委会审查其是否违法并作出是否撤销的决定

【答案】D

【解析】我国法院无权对政府的规章进行审查,并宣告其无效。因此,A 项错误。地方人大一般只有权改变改变或者撤销它的常委会制定的和批准的不适当的地方性法规。因此,B 项错误。而对于省政府制定的不适当的规章,一般而言,应当由本级人大常委会撤销,或者由上级政府来改变或撤销。因此,C 项错误,对于省政府的规章,国务院作为上级行政机关,有权直接改变或撤销,没必要将其提交全国人大常委会审查。D 项正确,对于地方政府的规章,本级人大常委会有权审查,并作出是否撤销的决定。

扫码听课

6. 按照我国宪法的规定,下列何种选项属于可以作出改变决定的情形?(2003-1-86)

A. 全国人大对全国人大常委会不适当的决定

B. 国务院对市、县、乡政府不适当的决定和命令

C. 全国人大常委会对省人大制定的同宪法、法律和行政法规相抵触的地方性法规和决议

D. 省人大常委会对省政府的不适当的决定和命令

【答案】AB

【解析】根据《立法法》的规定,全国人民代表大会有权改变或者撤销全国人民代表大会常务委员会不适当的决定,故 A 选项正确;国务院有权改变或者撤销地方各级国家行政机关的不适当的决定和命令,故 B 项正确;全国人大常委会有权撤销省、自治区、直辖市国家权力机关制定的同宪法、法律和行政法规相抵触的地方性法规和决议,无权改变,因此 C 项错误;**县级以上的地方各级人民代表大会常务委员会有权撤销本级人民政府的不适当的决定和命令,无权改变,因此 D 项错误。**

7. 某设区的市的市政府依法制定了《关于加强历史文化保护的决定》。关于该决定,下列哪些选项是正确的?(2015-1-65)

扫码听课

A. 市人大常委会认为该决定不适当,可以提请上级人大常委会撤销

B. 法院在审理案件时发现该决定与上位法不一致,可以作出合法性解释

C. 与文化部有关文化保护的规定具有同等效力,在各自的权限范围内施行

D. 与文化部有关文化保护的规定之间对同一事项的规定不一致时,由国务院裁决

【答案】CD

【解析】地方人民代表大会常务委员会有权撤销本级人民政府制定的不适当的规章。自己就可以撤销,没必要非得提请上级来撤销,A 项错误。在我国,普通法院没有正式的法律解释权。B 项错误。部门规章和地方政府规章在效力上处

于同一位阶，因此 C 项正确。部门规章之间、部门规章与地方政府规章之间对同一事项的规定不一致时，由国务院裁决。D 项正确。

8. 根据《宪法》和法律，关于我国宪法监督方式的说法，下列选项正确的是：（2016－1－94）

A. 地方性法规报全国人大常委会和国务院备案，属于事后审查

B. 自治区人大制定的自治条例报全国人大常委会批准后生效，属于事先审查

C. 全国人大常委会应国务院的书面审查要求对某地方性法规进行审查，属于附带性审查

D. 全国人大常委会只有在相关主体提出对某规范性文件进行审查的要求或建议时才启动审查程序

【答案】AB

【解析】在宪法监督的方式上，我国采取事先审查与事后审查相结合的方式。事先审查是指在规范性法文件生效之前便进行合法性审查，如"批准"；事后审查是指在规范性法文件生效之后在进行合法性审查，如"备案"、"改变"、"撤销"。AB 两项正确。附带性审查是指司法机关在审理案件过程中，因提出对所适用的法律、法规和法律性文件是否违宪的问题，而对该法律、法规和规范性文件所进行的合宪性审查。附带性审查往往以争讼事件为前提，所审查的也是与诉讼有关的法律、法规和法律性文件。全国人大常委会的审查，并不属于附带性审查。C 项错误。立法法规定，有关的全国人大专门委员会和全国人大常务委员会工作机构可以对报送备案的规范性文件进行主动审查。可见，全国人大常委会除了根据要求或建议进行被动审查之外，还可以主动启动审查程序。D 项错误。

9. 某法院在审理一行政案件中认为某地方性法规与国家法律相抵触。根据我国宪法和法律的规定，下列表述何者为正确？（2004－1－84）

A. 法官审理行政案件，如发现地方性法规与国家法律相抵触，可以对地方性法规的合宪性和合法性进行审查

B. 法官审理行政案件，如发现地方性法规与国家法律相抵触，应当适用国家法律进行审判

C. 法官审理行政案件，如发现地方性法规与国家法律相抵触，可以通过所在法院报请最高人民法院，由最高人民法院依法向全国人民代表大会常务委员会书面提出进行审查的要求

D. 法官审理行政案件，如发现地方性法规与国家法律相抵触，可以公民的名义向全国人民代表大会常务委员会书面提出进行审查的建议

【答案】BCD

【解析】众所周知，我国不存在司法审查，故而普通法院的法官无权对地方性法规进行审查。故 A 项错误。我国《宪法》和《立法法》规定了宪法、法律、法规、规章的位阶制度，据此，依据上位法优于下位法的原理，在地方性法规与法律相抵触的情况下，法官引用上位法进行裁判，是没有问题的，因此 B 项正确。根据《立法法》规定，有权向全国人大常委会提出审查要求的主体是有限的，在法院系统中只有最高人民法院有权，所以 C 项做法正确；而提出审查建议，却是任何普通公民、社会团体和组织都可以，所以，D 项正确。

大咖点拨区

扫码听课

扫码听课

第三章　国家的基本制度（上）

第一节　人民民主专政制度

扫码听课

1. 根据《宪法》，关于中国人民政治协商会议，下列哪些选项是正确的？（2013－1－62）

A. 中国人民政治协商会议是具有广泛代表性的统一战线组织

B. 中国人民政治协商会议是重要的国家机关

C. 中国共产党领导的多党合作和政治协商制度将长期存在和发展

D. 中国共产党领导的爱国统一战线将继续巩固和发展

【答案】ACD

【解析】政协是爱国统一战线的组织形式。从本质上讲，政协不是国家机关，但是，政协也不同于一般的人民团体，它同我国国家权力机关的活动有着极为密切的联系。因此，B项错误。

2. 我国宪法序言规定："中国共产党领导的多党合作和政治协商制度将长期存在和发展。"关于中国人民政治协商会议，下列选项正确的是：（2017－1－91）

A. 由党派团体和界别代表组成，政协委员由选举产生

B. 全国政协委员列席全国人大的各种会议

C. 是中国共产党领导的多党合作和政治协商制度的重要机构

D. 中国人民政治协商会议全国委员会和各地方委员会是国家权力机关

【答案】C

【解析】政协是党领导下的多党合作和政治协商制度的重要机构，是爱国统一战线的组织形式。C项正确。人民政协不是国家机关，它由党派团体和界别代表组成，政协委员不是由选举产生，而是由各党派团体协商产生。A项错误。我国在长期的政治实践中，形成了人民代表大会和人民政协会议同期召开，各级政协委员被邀请列席人大全体会议的惯例，也就是通常所称的"两会"。B项错误。在我国，全国人大和地方各级人大是国家权力机关。D项错误。

第二节　国家的基本经济制度

扫码听课

1. 根据《宪法》规定，关于我国基本经济制度的说法，下列选项正确的是：（2014－1－95）

A. 国家实行社会主义市场经济

B. 国有企业在法律规定范围内和政府统一安排下，开展管理经营

C. 集体经济组织实行家庭承包经营为基础、统分结合的双层经营体制

D. 土地的使用权可以依照法律的规定转让

【答案】AD

【解析】1993年全国人大通过了对1982年宪法第15条的修正案，明确规定"国家实行社会主义市场经济"；1999年全国人大再次通过对宪法序言的修正案，将"发展社会主义市场经济"作为一项重要的国家任务写进宪法。可见，A项正确。

1993年全国人大通过的宪法修正案将"国营经济"修改为"国有经济"。其原因之一在于，随着经济体制改革的不断深入，许多大中型全民所有制企业经营体制发生了变化，不再由国家统一进行经营管理。现行《宪法》第16条第1款也规定，国有企业在法律规定的范围内有权自主经营。可见，B项所言，国有企业的经营管理由政府统一安排，很明显是不妥当的。

集体经济组织可以分为城市集体经济和农村集体经济两大类型。宪法第八条规定，农村集体经济组织实行家庭承包经营为基础、统分结合的双层经营体制。C项错误。

1988年宪法修正案第2条规定，任何组织或个人不得侵占、买卖或者以其他形式非法转让土地，土地的使用权可以依照法律的规定转让。D项正确。

【相关法条·《宪法》】

第六条第一款　中华人民共和国的社会主义经济制度的基础是生产资料的社会主义公有制，即全民所有制和劳动群众集体所有制。社会主义公有制消灭人剥削人的制度，实行各尽所能、按劳分配的原则。

第九条第一款　矿藏、水流、森林、山岭、草原、荒地、滩涂等自然资源，都属于国家所有，即全民所有；由法律规定属于集体所有的森林和山岭、草原、荒地、滩涂除外。

第十条　城市的土地属于国家所有。

农村和城市郊区的土地，除由法律规定属于国家所有的以外，属于集体所有；宅基地和自留地、自留山，也属于集体所有。

国家为了公共利益的需要，可以依照法律规定对土地实行征收或者征用并给予补偿。

任何组织或者个人不得侵占、买卖或者以其他形式非法转让土地。土地的使用权可以依照法律的规定转让。

一切使用土地的组织和个人必须合理地利用土地。

2. 社会主义公有制是我国经济制度的基础。根据现行《宪法》的规定，关于基本经济制度的表述，下列哪一选项是正确的？（2016－1－23）

A. 国家财产主要由国有企业组成

B. 城市的土地属于国家所有

C. 农村和城市郊区的土地都属于集体所有

D. 国营经济是社会主义全民所有制经济，是国民经济中的主导力量

【答案】B

【解析】在我国，国有企业和国有自然资源是国家财产的主要部分。此外，国家机关、事业单位、部队等全民单位的财产也是国有财产的重要组成部分。A

扫码听课

项错误。根据《宪法》第10条的规定，城市的土地属于国家所有；农村和城市郊区的土地原则上属于集体所有，但由法律规定属于国家所有的，属于国家所有。B项正确，C项错误。在1993年以前，社会主义全民所有制经济一般被称为国营经济。1993年3月29日第八届全国人民代表大会第一次通过的宪法修正案将"国营经济"修改为"国有经济"。国有经济，即社会主义全民所有制经济，是国民经济中的主导力量。国家保障国有经济的巩固和发展。D项错误。

【特别提示】我国土地的所有权禁止转让，属于国家和集体所有，可以转让的是土地的使用权。

3. 根据《宪法》的规定，下列哪些选项是正确的？（2012－1－60）

A. 社会主义的公共财产神圣不可侵犯

B. 社会主义的公共财产包括国家的和集体的财产

C. 国家可以对公民的私有财产实行无偿征收或征用

D. 土地的使用权可以依照法律的规定转让

【答案】ABD

【解析】根据现行《宪法》第12条、第6条第1款、第10条第4款的规定，A、B、D三项正确。C项表述不符合我国宪法第13条第3款的规定，即国家为了公共利益的需要，可以依照法律规定对公民的私有财产实行征收或者征用并给予补偿。

【相关法条·《宪法》】

第十二条　社会主义的公共财产神圣不可侵犯。

国家保护社会主义的公共财产。禁止任何组织或者个人用任何手段侵占或者破坏国家的和集体的财产。

第九条第二款　国家保障自然资源的合理利用，保护珍贵的动物和植物。禁止任何组织或者个人用任何手段侵占或者破坏自然资源。

第十三条　公民的合法的私有财产不受侵犯。

国家依照法律规定保护公民的私有财产权和继承权。

国家为了公共利益的需要，可以依照法律规定对公民的私有财产实行征收或者征用并给予补偿。

4. 关于经济制度与宪法关系，下列哪一选项是错误的？（2009－1－22）

A. 自德国魏玛宪法以来，经济制度便成为现代宪法的重要内容之一

B. 宪法对经济关系特别是生产关系的确认与调整构成一国的基本经济制度

C. 我国宪法修正案第十六条规定，法律范围内的非公有制经济是社会主义市场经济的重要组成部分

D. 私有财产神圣不可侵犯是我国宪法的一项基本原则

【答案】D

【解析】《宪法》第12条规定：社会主义公共财产神圣不可侵犯。国家保护社会主义的公共财产。第13条规定：公民的合法的私有财产不受侵犯。因此，选项D错误明显。

第三节　国家的基本文化制度

1. 关于国家文化制度，下列哪些表述是正确的？（2015－1－62）

A. 我国宪法所规定的文化制度包含了爱国统一战线的内容

B. 国家鼓励自学成才，鼓励社会力量依照法律规定举办各种教育事业

C. 是否较为系统地规定文化制度，是社会主义宪法区别于资本主义宪法的重要标志之一

D. 公民道德教育的目的在于培养有理想、有道德、有文化、有纪律的社会主义公民

【答案】BD

【解析】爱国统一战线是我国人民民主专政制度的主要特色之一，属于政治制度。A项错误。现行《宪法》第19条第3款规定，国家发展各种教育设施，扫除文盲，对工人、农民、国家工作人员和其他劳动者进行政治、文化、科学、技术、业务的教育，鼓励自学成才。可见，B项表述无误。近代意义的宪法产生以来，虽然各国宪法在不同时期的规定有很大差异，但文化制度一直是宪法不可缺少的重要内容。魏玛宪法第一次系统规定了文化制度，其是典型的资本主义宪法。所以，C项表述错误。宪法第24条规定，"国家通过普及理想教育、道德教育、文化教育、纪律和法制教育，通过在城乡不同范围的群众中制定和执行各种守则、公约，加强社会主义精神文明的建设。国家倡导社会主义核心价值观，提倡爱祖国、爱人民、爱劳动、爱科学、爱社会主义的公德，在人民中进行爱国主义、集体主义和国际主义、共产主义的教育，进行辩证唯物主义和历史唯物主义的教育，反对资本主义的、封建主义的和其他的腐朽思想。"可见，D项表述整体上无误。

2. 近代意义宪法产生以来，文化制度便是宪法的内容。关于两者的关系，下列哪一选项是不正确的？（2013－1－23）

A. 1787年美国宪法规定了公民广泛的文化权利和国家的文化政策

B. 1919年德国魏玛宪法规定了公民的文化权利

C. 我国现行《宪法》对文化制度的原则、内容等做了比较全面的规定

D. 公民的文化教育权、国家机关的文化教育管理职权和文化政策，是宪法文化制度的主要内容

【答案】A

【解析】1787年《美国宪法》只规定了国家基本制度的内容，没有关于公民基本权利的规定。所以，A项错误明显。其他各项正确。

3. 关于宪法与文化制度的关系，下列哪一选项是不正确的？（2012－1－23）

A. 宪法规定的文化制度是基本文化制度

B. 《魏玛宪法》第一次比较全面系统规定了文化制度

C. 宪法规定的公民文化教育权利是文化制度的重要内容

D. 保护知识产权是我国宪法规定的基本文化权利

【答案】D

扫码听课

扫码听课

扫码听课

大咖点拨区

【解析】宪法规定一国最基本的政治经济文化制度，因此，宪法规定的文化制度当然是基本文化制度。A项正确。1919年德国魏玛宪法不仅详尽地规定公民的文化权利，而且还明确地规定了国家的基本文化政策。这部宪法第一次比较全面系统地规定了文化制度，后为许多资本主义国家宪法所效仿。因此，B项正确。文化制度范围广泛，既包括公民文化权利的规定，也包括国家文化政策的规定。C项正确。我国宪法没有规定知识产权，因此D项错误。

第四节　国家的基本社会制度

1. 我国的基本社会制度是基于经济、政治、文化、社会、生态文明五位一体的社会主义建设的需要，在社会领域所建构的制度体系。关于国家的基本社会制度，下列哪些选项是正确的？（2016－1－62）

A. 我国的基本社会制度是国家的根本制度

B. 社会保障制度是我国基本社会制度的核心内容

C. 职工的工作时间和休假制度是我国基本社会制度的重要内容

D. 加强社会法的实施是发展与完善我国基本社会制度的重要途径

【答案】BCD

【解析】宪法第一条第2款规定，"社会主义制度是中华人民共和国的根本制度。中国共产党领导是中国特色社会主义最本质的特征。禁止任何组织或者个人破坏社会主义制度。"A项错误。社会保障制度是基本社会制度的核心内容，甚至说狭义上的社会制度就是指社会保障制度。B项正确。我国现行《宪法》对基本社会制度的规定主要包括以下方面：（一）社会保障制度（二）医疗卫生事业（三）劳动保障制度（四）人才培养制度（五）计划生育制度（六）社会秩序及安全维护制度。"就劳动保障制度而言，职工的工作时间和休假制度由宪法加以明确规定，宪法第43条规定，"中华人民共和国劳动者有休息的权利。国家发展劳动者休息和休养的设施，规定职工的工作时间和休假制度。"C项正确。随着社会的发展，"法律社会化"现象的出现，又形成了一种新的法律即社会法，如社会保障法等。因此，加强社会法的实施顺理成章地成为发展与完善我国基本社会制度的重要途径。D项正确。

2. 国家的基本社会制度是国家制度体系中的重要内容。根据我国宪法规定，关于国家基本社会制度，下列哪一表述是正确的？（2015－1－22）

A. 国家基本社会制度包括发展社会科学事业的内容

B. 社会人才培养制度是我国的基本社会制度之一

C. 关于社会弱势群体和特殊群体的社会保障的规定是对平等原则的突破

D. 社会保障制度的建立健全同我国政治、经济、文化和生态建设水平相适应

【答案】B

【解析】社会制度是国家制度中的基本组成部分，是相对于政治制度、经济制度、文化制度、生态制度而言的，为保障社会成员基本的生活权利，以及为营造公平、安全、有序的生活环境而建构的制度体系。发展社会科学事业属于文化制度。A项错误。我国宪法关于基本社会制度的规定包括了社会保障制度（狭义

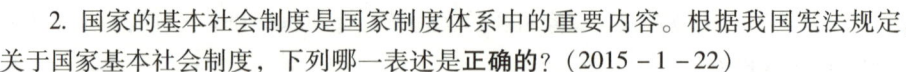

的社会制度）、医疗卫生事业、劳动保障制度、社会人才培养制度、计划生育制度、社会秩序及安全维护制度等六方面的内容，B项正确。社会制度以保障公平为核心，其以相应的价值体系与规则体系引领与营造公平的社会环境之形成，以其弱势群体扶助制度体系的建构促进社会实质公平的形成，并以其相应的收入再分配调节机制，在一定程度上缩小差别，促进相对分配公平的实现。可见，C项表述错误。根据宪法的规定，国家建立健全同经济发展水平相适应的社会保障制度。社会保障制度和生态建设水平的关系似乎不大。D项错误。

大咖点拨区

大咖点拨区

扫码听课

第四章 国家的基本制度（下）

第一节 人民代表大会制度

1. 人民代表大会制度是我国的根本政治制度。关于人民代表大会制度，下列表述正确的是：（2017－1－92）

A. 国家的一切权力属于人民，这是人民代表大会制度的核心内容和根本准则

B. 各级人大都由民主选举产生，对人民负责，受人民监督

C. "一府两院"都由人大产生，对它负责，受它监督

D. 人民代表大会制度是实现社会主义民主的唯一形式

【答案】 ABC

【解析】 人民代表大会制度是我国的根本政治制度。各级人大是人民行使国家权力的机关，通过民主选举产生，对人民负责、受人民监督。B项正确。我国的一切权力属于人民，这是我国政治制度的核心内容和根本准则，A项正确。国家行政机关、监察机关、审判机关、检察机关都由人大产生，对人大负责，受人大监督，C项正确。人大制度是社会主义民主的重要形式，但不能说唯一形式。D项错误。

2. 根据《宪法》和法律规定，关于人民代表大会制度，下列哪一选项是不正确的？（2011－1－24）

A. 人民代表大会制度体现了一切权力属于人民的原则

B. 地方各级人民代表大会是地方各级国家权力机关

C. 全国人民代表大会是最高国家权力机关

D. 地方各级国家权力机关对最高国家权力机关负责，并接受其监督

【答案】 D

【解析】 全国人大与地方各级人大之间以及地方各级人大之间并没有隶属关系，上级人大只是有权依照宪法和法律监督、指导下级人大的工作。所以地方各级人大并不需要对全国人大负责，上级人大只是有权依照宪法和法律监督、指导下级人大的工作。因此D项不正确，应当选。

扫码听课

【相关法条·《宪法》】

第五十七条 中华人民共和国全国人民代表大会是最高国家权力机关。它的常设机关是全国人民代表大会常务委员会。

第五十八条 全国人民代表大会和全国人民代表大会常务委员会行使国家立法权。

第九十六条 地方各级人民代表大会是地方国家权力机关。

县级以上的地方各级人民代表大会设立常务委员会。

第二节　选举制度

1. 关于地方各级人大代表名额，根据《选举法》，下列说法错误的有(　　)

A. 地方各级人大的代表总名额是代表名额基数与按人口数增加的代表数相加之和

B. 省、自治区、直辖市人大的代表名额基数为 350 名，省、自治区每十五万人可以增加一名代表，直辖市每二万五千人可以增加一名代表；但是，代表总名额不得超过一千名

C. 设区的市、自治州人大的代表名额基数为 240 名，每二万五千人可以增加一名代表；人口超过一千万的，代表总名额不得超过 650 名

D. 不设区的市、市辖区、县、自治县人大的代表总名额不得超过 450 名、少于 140 名

【答案】D

【解析】不设区的市、市辖区、县、自治县的代表名额基数为 140 名，每五千人可以增加一名代表；人口超过一百五十五万的，代表总名额不得超过 450 名；人口不足五万的，代表总名额可以少于 140 名。D 项错误。

乡、民族乡、镇的代表名额基数为 45 名，每一千五百人可以增加一名代表；但是，代表总名额不得超过 160 名；人口不足二千的，代表总名额可以少于 45 名。

2. 根据我国《宪法》和《选举法》的规定，下列哪些选项是正确的？（2008 - 1 - 61）

A. 全国人民代表大会常务委员会主持全国人民代表大会代表的选举工作

B. 县级以上地方各级人民代表大会常务委员会主持本级人民代表大会代表的选举工作

C. 乡、民族乡、镇设立选举委员会，主持本级人民代表大会代表的选举工作

D. 乡、民族乡、镇设立的选举委员受不设区的市、市辖区、县、自治县的人民代表大会常务委员会的领导

【答案】ACD

【解析】根据《选举法》第 9 条规定，省、自治区、直辖市、设区的市、自治州的人民代表大会代表的选举由其本级人民代表大会常务委员会主持；不设区的市、市辖区、县、自治县、乡、民族乡、镇的人民代表大会代表的选举要由专门设立的选举委员会主持。所以，B 项的"县级以上"表述错误，没有仔细区分上述两种情况。其余各项正确。

【相关法条 · 《全国人民代表大会和地方各级人民代表大会选举法》】

第九条　全国人民代表大会常务委员会主持全国人民代表大会代表的选举。省、自治区、直辖市、设区的市、自治州的人民代表大会常务委员会主持本级人民代表大会代表的选举。

不设区的市、市辖区、县、自治县、乡、民族乡、镇设立选举委员会，主持本级人民代表大会代表的选举。不设区的市、市辖区、县、自治县的选举委员会受本级人民代表大会常务委员会的领导。乡、民族乡、镇的选举委员会受不设区的市、市辖区、县、自治县的人民代表大会常务委员会的领导。

省、自治区、直辖市、设区的市、自治州的人民代表大会常务委员会指导本行政区域内县级以下人民代表大会代表的选举工作。

3. 根据《选举法》的规定，关于选举机构，下列哪一选项是不正确的？（2011－1－25）

A. 全国人大代表的选举工作由全国人大常委会主持

B. 省、自治区、直辖市、设区的市、自治州的人大常委会领导本行政区域内县级以下人大代表的选举工作

C. 乡、民族乡、镇的选举委员会受不设区的市、市辖区、县、自治县人大常委会的领导

D. 选举委员会对依法提出的有关选民名单的申诉意见，应在3日内作出处理决定

【答案】B

【解析】省、自治区、直辖市、设区的市、自治州的人大常委会是"指导"本行政区域内县级以下人大代表的选举工作，而并非"领导"。领导选举委员会工作的是县级人大常委会。因此选B。

4. 根据《宪法》和《选举法》规定，下列哪一选项是正确的？（2009－1－21）

A. 选民登记按选区进行，每次选举前选民资格都要进行重新登记

B. 选民名单应在选举日的十五日以前公布

C. 对于公布的选民名单有不同意见的，可以向选举委员会申诉或者直接向法院起诉

D. 法院对于选民名单意见的起诉应在选举日以前作出判决

【答案】D

【解析】根据《选举法》第27条规定，选民登记：一次登记，长期有效。选项A错误。根据《选举法》第28条规定，选民名单应在选举日的二十日以前公布，选项B错误。根据《选举法》第29条规定，涉及选民资格的诉讼为申诉前置程序，选项C错误。选项D正确。

【相关法条·《全国人民代表大会和地方各级人民代表大会选举法》】

第二十七条 选民登记按选区进行，经登记确认的选民资格长期有效。每次选举前对上次选民登记以后新满十八周岁的、被剥夺政治权利期满后恢复政治权利的选民，予以登记。对选民经登记后迁出原选区的，列入新迁入的选区的选民名单；对死亡的和依照法律被剥夺政治权利的人，从选民名单上除名。

精神病患者不能行使选举权利的，经选举委员会确认，不列入选民名单。

第二十八条 选民名单应在选举日的二十日以前公布，实行凭选民证参加投票选举的，并应当发给选民证。

第二十九条 对于公布的选民名单有不同意见的，可以在选民名单公布之日起五日内向选举委员会提出申诉。选举委员会对申诉意见，应在三日内作出处理决定。申诉人如果对处理决定不服，可以在选举日的五日以前向人民法院起诉，人民法院应在选举日以前作出判决。人民法院的判决为最后决定。

大咖点拨区

扫码听课

5. 关于各少数民族人大代表的选举，下列哪一选项是不正确的？（2012－1－24）

A. 有少数民族聚居的地方，每一聚居的少数民族都应有代表参加当地的人民代表大会

B. 散居少数民族应选代表，每一代表所代表的人口数可少于当地人民代表大会每一代表所代表的人口数

C. 聚居境内同一少数民族的总人口占境内总人口数 30% 以上的，每一代表所代表的人口数应相当于当地人民代表大会每一代表所代表的人口数

D. 实行区域自治人口特少的自治县，每一代表所代表的人口数可以少于当地人民代表大会每一代表所代表的人口数的1/2

【答案】D

【解析】根据《选举法》第 19 条第 3 款，实行区域自治的民族人口特少的自治县，只有经省、自治区的人民代表大会常务委员会决定，方可以少于二分之一。因此，D 项表述不够严密。

【相关法条·《全国人民代表大会和地方各级人民代表大会选举法》】

第十九条 有少数民族聚居的地方，每一聚居的少数民族都应有代表参加当地的人民代表大会。

聚居境内同一少数民族的总人口数占境内总人口数百分之三十以上的，每一代表所代表的人口数应相当于当地人民代表大会每一代表所代表的人口数。

聚居境内同一少数民族的总人口数不足境内总人口数百分之十五的，每一代表所代表的人口数可以适当少于当地人民代表大会每一代表所代表的人口数，但不得少于二分之一；实行区域自治的民族人口特少的自治县，经省、自治区的人民代表大会常务委员会决定，可以少于二分之一。人口特少的其他聚居民族，至少应有代表一人。

聚居境内同一少数民族的总人口数占境内总人口数百分之十五以上、不足百分之三十的，每一代表所代表的人口数，可以适当少于当地人民代表大会每一代表所代表的人口数，但分配给该少数民族的应选代表名额不得超过代表总名额的百分之三十。

第二十一条 散居的少数民族应选当地人民代表大会的代表，每一代表所代表的人口数可以少于当地人民代表大会每一代表所代表的人口数。

【相关法条·《全国人民代表大会和地方各级人民代表大会选举法》】

第三十条 全国和地方各级人民代表大会的代表候选人，按选区或者选举单位提名产生。

各政党、各人民团体，可以联合或者单独推荐代表候选人。选民或者代表，十人以上联名，也可以推荐代表候选人。推荐者应向选举委员会或者大会主席团介绍代表候选人的情况。接受推荐的代表候选人应当向选举委员会或者大会主席团如实提供个人身份、简历等基本情况。提供的基本情况不实的，选举委员会或

者大会主席团应当向选民或者代表通报。

　　各政党、各人民团体联合或者单独推荐的代表候选人的人数，每一选民或者代表参加联名推荐的代表候选人的人数，均不得超过本选区或者选举单位应选代表的名额。

　　6. 根据《选举法》的规定，关于选举制度，下列哪些选项是正确的？（2014 - 1 - 62）

　　A. 全国人大和地方人大的选举经费，列入财政预算，由中央财政统一开支

　　B. 全国人大常委会主持香港特别行政区全国人大代表选举会议第一次会议，选举主席团，之后由主席团主持选举

　　C. 县级以上地方各级人民代表大会举行会议的时候，三分之一以上代表联名，可以提出对由该级人民代表大会选出的上一级人大代表的罢免案

　　D. 选民或者代表 10 人以上联名，可以推荐代表候选人

　　【答案】BD

　　【解析】全国人民代表大会和地方各级人民代表大会的选举经费，列入财政预算，由国库开支。A 项错误。县级以上地方各级人民代表大会举行会议的时候，主席团或者十分之一以上代表联名，可以提出对由该级人民代表大会选出的上一级人大代表的罢免案。C 项错误明显。

　　根据《选举法》，全国和地方各级人民代表大会的代表候选人，按选区或者选举单位提名产生。各政党、各人民团体，可以联合或者单独推荐代表候选人。选民或者代表，10 人以上联名，也可以推荐代表候选人。D 项正确。

　　根据《中华人民共和国香港特别行政区选举第十二届全国人民代表大会代表的办法》第 6 条的规定，"选举会议第一次会议由全国人民代表大会常务委员会召集，根据全国人民代表大会常务委员会委员长会议的提名，推选十九名选举会议成员组成主席团。主席团从其成员中推选常务主席一人。主席团主持选举会议。主席团常务主席主持主席团会议。"根据原文的表述，选举会议的第一次会议由全国人大常委会"召集"，而不是"主持"。因此，B 项也不够精确。但因为本题是多选题，至少有两项是正确的，而 A、C 两项明显错误，B 项错误的隐蔽性高，所以答案圈定为 B、D。

　　【相关法条·《全国人民代表大会和地方各级人民代表大会选举法》】

　　第四十条第二款　选民如果是文盲或者因残疾不能写选票的，可以委托他信任的人代写。

　　第四十二条　选民如果在选举期间外出，经选举委员会同意，可以书面委托其他选民代为投票。每一选民接受的委托不得超过三人，并应当按照委托人的意愿代为投票。

　　7. 在直接选举的投票过程中，下列做法符合《选举法》规定的有（　　　）

　　A. 选民赵某因残疾没有能力填写选票，于是委托其 7 岁的儿子代写。选举委员会认为，其子不具有选民资格，因而认定为无效票

　　B. 选民王某是文盲，没有能力填写选票，于是委托其妻子代写。选举委员会认为，该委托未经其同意，因而认定为无效票

　　C. 在选举期间，选民刘某外出打工，于是书面委托其妻子代为投票。选举委员会认为，该委托未经其同意，因而认定为无效票

D. 在选举期间，选民秦某外出就医，其父亲、哥哥和妻子随同陪护。于是，经选举委员会同意，他们书面委托秦某的母亲代为投票

【答案】C

【所涉考点】投票

【解析】选民如果是文盲或者因残疾不能写选票的，可以委托他信任的人代写，未成年人亦可，且不需要经过选举委员会同意。AB两项做法错误。选举期间外出，经选举委员会同意，可以书面委托其他选民代为投票，但每一选民接受的委托不得超过3人。可见，委托投票需要选举委员会同意，C项正确；D项中接受委托超过3人，不符合要求。

【设题陷阱及常见错误分析】每一选票所选的人数，多于规定应选代表人数的作废，等于或者少于规定应选代表人数的有效。

8. 某选区选举地方人民代表，代表名额2人，第一次投票结果，候选人按得票多少排序为甲、乙、丙、丁，其中仅甲获得过半数选票。对此情况的下列处理意见哪一项符合法律的规定？（2004－1－11）

A. 宣布甲、乙当选

B. 宣布甲当选，同时以乙为候选人另行选举

C. 宣布甲当选，同时以乙、丙为候选人另行选举

D. 宣布无人当选，以甲、乙、丙为候选人另行选举

【答案】C

【解析】《选举法》第45条第4款规定：获得过半数选票的当选代表的人数少于应选代表的名额时，不足的名额另行选举。另行选举时，根据在第一次投票时得票多少的顺序，按照本法第三十条规定的差额比例，确定候选人名单。如果只选一人，候选人应为二人。C项正确。

【相关法条·《全国人民代表大会和地方各级人民代表大会选举法》】

第四十五条　在选民直接选举人民代表大会代表时，选区全体选民的过半数参加投票，选举有效。代表候选人获得参加投票的选民过半数的选票时，始得当选。

县级以上的地方各级人民代表大会在选举上一级人民代表大会代表时，代表候选人获得全体代表过半数的选票时，始得当选。

获得过半数选票的代表候选人的人数超过应选代表名额时，以得票多的当选。如遇票数相等不能确定当选人时，应当就票数相等的候选人再次投票，以得票多的当选。

获得过半数选票的当选代表的人数少于应选代表的名额时，不足的名额另行选举。另行选举时，根据在第一次投票时得票多少的顺序，按照本法第三十条规定的差额比例，确定候选人名单。如果只选一人，候选人应为二人。

依照前款规定另行选举县级和乡级的人民代表大会代表时，代表候选人以得票多的当选，但是得票数不得少于选票的三分之一；县级以上的地方各级人民代表大会在另行选举上一级人民代表大会代表时，代表候选人获得全体代表过半数的选票时，始得当选。

9. 某选区共有选民13679人，高先生是数位候选人之一。请问根据现行《宪法》和选举法律，在下列何种情况下，高先生可以当选？（2002－1－86）

A. 参加投票的人数为 6835 人，高获得选票 6831 张

B. 参加投票的人数为 6841 人，高获得选票 3421 张

C. 参加投票的人数为 13643 人，高获得选票 6749 张

D. 参加投票的人数为 13685 人，高获得选票 13073 张

【答案】B

【解析】本题中该选区共有选民 13679 人，过半数至少为 6840 人。根据上述规定，A 项中参加投票人数未过半数，选举无效。B 项中参加投票人数过半，选举有效，高获得选票最低当选票数为 3421 票，依法得当选。C 项中选举有效，但最低当选票数应为 6822 票，高未达到此数，依法不得当选。D 项中参加投票人数甚至多于选民人数，选举当然无效。

【相关法条·《全国人民代表大会和地方各级人民代表大会选举法》】

第四十四条　每次选举所投的票数，多于投票人数的无效，等于或者少于投票人数的有效。

每一选票所选的人数，多于规定应选代表人数的作废，等于或者少于规定应选代表人数的有效。

10.《选举法》以专章规定了对代表的监督、罢免和补选的措施。关于代表的罢免，下列哪些选项符合《选举法》的规定？（2008 四川 - 1 - 64）

A. 罢免直接选举产生的代表须经原选区过半数的选民通过

B. 罢免直接选举产生的代表，须将决议报送上一级人大常委会备案

C. 罢免间接选举产生的代表须经原选举单位过半数的代表通过

D. 罢免间接选举产生的代表，在代表大会闭会期间，须经常委会成员 2/3 多数通过

【答案】AC

【解析】根据《选举法》第 53 条规定，罢免县级和乡级的人民代表大会代表，须经原选区过半数的选民通过，A 项说法正确；罢免间接选举的代表，在人大或其常委会过半数通过之后，才需要报上一级人大常委会备案、公告，B 项说法错误，C 项说法正确。

11. 甲市乙县人民代表大会在选举本县的市人大代表时，乙县多名人大代表接受甲市人大代表候选人的贿赂。对此，下列哪些说法是正确的？（2015 - 1 - 63）

A. 乙县选民有权罢免受贿的该县人大代表

B. 乙县受贿的人大代表应向其所在选区的选民提出辞职

C. 甲市人大代表候选人行贿行为属于破坏选举的行为，应承担法律责任

D. 在选举过程中，如乙县人大主席团发现有贿选行为应及时依法调查处理

【答案】ACD

【解析】全国和地方各级人民代表大会的代表，受选民和原选举单位的监督。选民或者选举单位都有权罢免自己选出的代表。对于县级的人民代表大会代表，原选区选民五十人以上联名，对于乡级的人民代表大会代表，原选区选民三十人以上联名，可以向县级的人民代表大会常务委员会书面提出罢免要求。可见，A 项正确。根据《选举法》的规定，全国人民代表大会代表，省、自治区、直辖市、设区的市、自治州的人民代表大会代表，可以向选举他的人民代表大会的常

务委员会书面提出辞职。常务委员会接受辞职，须经常务委员会组成人员的过半数通过。接受辞职的决议，须报送上一级人民代表大会常务委员会备案、公告。而县级的人民代表大会代表可以向本级人民代表大会常务委员会书面提出辞职，乡级的人民代表大会代表可以向本级人民代表大会书面提出辞职。县级的人民代表大会常务委员会接受辞职，须经常务委员会组成人员的过半数通过。乡级的人民代表大会接受辞职，须经人民代表大会过半数的代表通过。接受辞职的，应当予以公告。可见，县级人大代表辞职是向人大常委会，B 项肯定不对。贿选行为必然属于破坏选举行为，C 项正确。根据选举法的规定，主持选举的机构发现有破坏选举的行为或者收到对破坏选举行为的举报，应当及时依法调查处理；需要追究法律责任的，及时移送有关机关予以处理。根据题意，本次选举的主持机构是县级人大主席团，所以 D 项正确。

12. 某省人大选举实施办法中规定："本行政区域各选区每一代表所代表的人口数应当大体相等。各选区每一代表所代表的人口数与本行政区域内每一代表所代表的平均人口数之间相差的幅度一般不超过百分之三十。"关于这一规定，下列哪些说法是正确的？（2017 – 1 – 62）

A. 是选举权的平等原则在选区划分中的具体体现

B. "大体相等"允许每一代表所代表的人口数之间存在差别

C. "百分之三十"的规定是对前述"大体相等"的进一步限定

D. 不保证各地区、各民族、各方面都有适当数量的代表

【答案】ABC

【解析】选举权的平等原则最终体现在了地区平等、民族平等、选票的平等价值、代表的平等地位等诸多方面，要求保证各地区、各民族、各方面都有适当数量的代表。D 项错误。本题中的条文涉及的是代表的代表性的平等问题，A 项正确。"大体相等"并非"绝对相等"，允许每一代表所代表的人口数有适当差别；但该条款接着指出："各选区每一代表所代表的人口数与本行政区域内每一代表所代表的平均人口数之间相差的幅度一般不超过百分之三十"，就意味着对每一代表所代表的人口数之间可以容忍的差别的幅度进行了限定，BC 两项正确。

13. 根据《宪法》和法律的规定，关于选举程序，下列哪些选项是正确的？（2013 – 1 – 60）

A. 乡级人大接受代表辞职，须经本级人民代表大会过半数的代表通过

B. 经原选区选民 30 人以上联名，可以向县级的人民代表大会常务委员会书面提出罢免乡级人大代表的要求

C. 罢免县级人民代表大会代表，须经原选区三分之二以上的选民通过

D. 补选出缺的代表时，代表候选人的名额必须多于应选代表的名额

【答案】AB

【解析】乡镇人大的代表可向本级人大书面辞职，乡级人大经代表的过半数通过。A 正确。根据《选举法》第 50 条第 1 款，B 项正确。罢免直接选举的代表，须经原选区过半数选民通过。C 项错误。补选出缺的代表，既可以差额选举，也可以等额选举。D 项错误。

14. 关于特别行政区全国人大代表的选举工作，下列说法正确的有（ ）

A. 在特区成立全国人大代表选举会议，名单由全国人大常委会公布

B. 全国人大代表选举会议的各次会议由主席团主持

C. 代表候选人由选举会议成员十人以上、不超过 20 人提名

D. 投票时，每一选票所选的人数，等于或者少于应选代表名额的有效，多于应选代表名额的作废

E. 代表候选人获得选举会议全体成员过半数的选票时，始得当选

【答案】A

【解析】特别行政区全国人大代表的选举，应当首先在特区成立全国人大代表选举会议。选举会议名单由全国人大常委会公布。A 项正确。

选举会议的第一次会议由全国人大常委会主持；第一次会议选举"选举会议"成员组成主席团，由主席团主持特区全国人大代表的选举。B 项错误。

代表候选人由选举会议成员十人以上提名；联名提名不得超过应选人数；候选人应多于应选名额，进行差额选举。C 项错误。

参选人在参选人登记表中应当声明拥护中华人民共和国宪法和香港特别行政区基本法，拥护"一国两制"方针政策，效忠中华人民共和国和香港特别行政区；应当声明未直接或者间接接受外国机构、组织、个人提供的与选举有关的任何形式的资助。

选举采用无记名投票方式；每一选票所选的人数，等于应选代表名额的有效，多于或者少于应选代表名额的作废；代表候选人获得参加投票的选举会议成员过半数的选票时，始得当选。DE 项错误。

选举结果由主席团依法宣布，报全国人大常委会代表资格审查委员会进行资格确认后，公布代表名单。

第三节　国家结构形式

扫码听课

1. 根据《宪法》和法律法规的规定，关于我国行政区划变更的法律程序，下列哪一选项是**正确的**？（2015－1－23）

A. 甲县欲更名，须报该县所属的省级政府审批

B. 乙省行政区域界线的变更，应由全国人大审议决定

C. 丙镇与邻近的一个镇合并，须报两镇所属的县级政府审批

D. 丁市部分行政区域界线的变更，由国务院授权丁市所属的省级政府审批

E. 涉及某东海海岛的隶属关系的变更，由全国人大审批

F. 省级人民政府有权审批其下辖的某县政府驻地的迁移

【答案】D

【解析】我国的行政区域变更的法律程序，根据宪法和法律的规定，审批权限如下：全国人大审批省、自治区和直辖市的建置（设立、撤销和更名）以及特别行政区的设立及其制度；国务院负责审批省、自治区、直辖市的区域划分（行政区域界限变更）、政府驻地的迁移，自治州、县、自治县、市、市辖区的建置和区域划分（设立、撤销、更名或隶属关系、行政区域界线的变更）；省级人民政府负责审批乡、民族乡、镇的建置和区域划分（设立、撤销、更名或行政区域变更），特殊情况下根据国务院的授权，还有权审批县、市、市辖区的部分行政

区域界线的变更。可见，A 项错误，县的更名由国务院审批；B 项错误，省行政区域界线的变更，由国务院审批；C 项错误，镇的合并，报省级人民政府审批；D 项正确。凡涉及海岸线、海岛、边疆要地、湖泊、重要资源地区及特殊情况地区的隶属关系或者行政区域界线的变更，由国务院审批。E 项错误。根据国务院的授权，省级人民政府有权审批县、不设区的市、市辖区人民政府驻地的迁移；批准变更时，同时报送国务院备案。可见，F 项错误，审批县政府驻地的迁移，须经国务院授权，否则省级人民政府无权审批。

2. 根据《宪法》规定，关于行政建置和行政区划，下列选项正确的是：（2014 - 1 - 96）

A. 全国人大批准省、自治区、直辖市的建置

B. 全国人大常委会批准省、自治区、直辖市的区域划分

C. 国务院批准自治州、自治县的建置和区域划分

D. 省、直辖市、地级市的人民政府决定乡、民族乡、镇的建置和区域划分

【答案】AC

【解析】省、自治区、直辖市的设立、撤销、更名，特别行政区的成立，应由全国人大审议决定。A 项正确。省、自治区、直辖市行政区域界线的变更，自治州、县、自治县、市、市辖区的设立、撤销、更名或者隶属关系的变更，自治州、自治县的行政区域界线的变更，县、市的行政区域界线的重大变更，都须经国务院审批。据此，B 项错误，C 项正确。县、市、市辖区部分行政区域界线的变更，由国务院授权省、自治区、直辖市人民政府审批。而乡、民族乡、镇的设立、撤销、更名或者变更行政区域的界线，则由省、自治区、直辖市人民政府审批，而地级市的人民政府无权决定。所以，D 项错误。

扫码听课

【一招制敌】在行政区划的审批过程中，全国人大常委会和地级市的人民政府无权。

3. 根据《宪法》的规定，关于国家结构形式，下列哪一选项是正确的？（2013 - 1 - 24）

A. 从中央与地方的关系上看，我国有民族区域自治和特别行政区两种地方制度

B. 县、市、市辖区部分行政区域界线的变更由省、自治区、直辖市政府审批

C. 经济特区是我国一种新的地方制度

D. 行政区划纠纷或争议的解决是行政区划制度内容的组成部分

【答案】D

扫码听课

【解析】从中央与地方的关系上看，除民族区域自治和特别行政区两种地方制度外，我国还有普通的省、县、乡行政区域。A 项错误。县、市、市辖区部分行政区域界线的变更由国务院审批。因此，B 项错误。根据不同区域所实行的不同地方制度，可将我国行政区划分为：普通行政区划、民族自治地方区划和特别行政区划三种。因此 C 项错误。从内容上看，行政区域划分制度包括行政区划分的机关、原则、程序以及行政区域边界争议的处理等内容。

4. 根据经济和社会发展的需要，某市拟将所管辖的一个县变为市辖区。根据宪法规定，上述改变应由下列哪一机关批准？（2007 - 1 - 17）

A. 全国人民代表大会　　　　　　B. 全国人民代表大会常务委员会

扫码听课

大咖点拨区

扫码听课

C. 国务院   D. 所在的省人民代表大会常务委员会

【答案】C

【解析】《宪法》第89条规定，"国务院行使下列职权：……（十五）批准省、自治区、直辖市的区域划分，批准自治州、县、自治县、市的建置和区域划分"。所以，C项符合题意。

5. 关于行政区域变更的法律程序，下列说法不正确的是(   )

A. 全国人大常委会有权决定省、自治区和直辖市的更名

B. 国务院有权决定省、自治区和直辖市的行政区域界限的变更

C. 省级人大有权决定乡镇的设立、撤销

D. 省级政府有权决定县的行政区域界限的重大变更

E. 省级人民政府驻地的迁移由国务院审批

F. 凡涉及海岸线、海岛、边疆要地、湖泊、重要资源地区及特殊情况地区的隶属关系或者行政区域界线的变更，由国务院审批

G. 根据国务院的授权，省级人民政府有权审批县、不设区的市、市辖区人民政府驻地的迁移；批准变更时，同时应报国务院备案

【答案】ACD

【所涉考点】行政区域变更的法律程序

【解析】在行政区域变更方面，审批主体只有全国人大、国务院和省级人民政府。常委会、省级人大无权审批。乡、民族乡、镇的建置和区域划分（设立、撤销、更名或行政区域变更）由省级人民政府决定。因此，AC项错误。省、自治区和直辖市的行政区域界限的变更由国务院审批，除此之外的设立、撤销、更名由全国人大决定。B项正确。自治州、县、自治县、市、市辖区的建置和区域划分（设立、撤销、更名或隶属关系、行政区域界线的变更）由国务院决定；县、市、市辖区的部分行政区域界线的变更也可以授权省级人民政府审批。D项错误。EFG三项符合规定。

【设题陷阱及常见错误分析】（1）各级政府的民政部门是本级人民政府处理边界争议的主管部门。（2）争议双方的上一级人民政府受理的边界争议，由其民政部门会同有关部门调解；经调解未达成协议的，由民政部门会同有关部门提出解决方案，报本级人民政府决定。（3）我国现行宪法规定了行政区划问题，但有关的法律法规也对此进行了规定，如《国务院关于行政区划管理的规定》等。

第四节 民族区域自治制度

扫码听课

1. 关于民族自治地方财政的说法，下列哪些选项符合《民族区域自治法》规定？（2009-1-63）

A. 国家财政体制下属于民族自治地方的财政收入，由自治机关自主地安排使用

B. 民族自治地方的财政预算支出，按国家规定设机动资金，但预备费在预算中不得高于一般地区

C. 自治机关对本地方的各项开支标准、定员、定额，按照国家规定的原则，

结合本地方的实际情况，可以制定补充规定和具体办法，并须分别报国务院、省、自治区、直辖市批准

D. 民族自治地方在全国统一的财政体制下，通过国家实行的规范的财政转移支付制度，享受上级财政的照顾

【答案】AD

【解析】根据《民族区域自治法》的规定，民族自治地方的财政预算支出，按照国家规定，设机动资金，预备费在预算中所占比例高于一般地区。因此，选项B错误。第33条规定，民族自治地方的自治机关对本地方的各项开支标准、定员、定额，根据国家规定的原则，结合本地方的实际情况，可以制定补充规定和具体办法。自治区制定的补充规定和具体办法，报国务院备案；自治州、自治县制定的补充规定和具体办法，须报省、自治区、直辖市人民政府批准。因此，选项C错误。A、D两项符合规定。

2. 根据《宪法》和法律的规定，关于民族自治地方自治权，下列哪一表述是正确的？（2015－1－24）

A. 自治权由民族自治地方的权力机关、行政机关、审判机关和检察机关行使

B. 自治州人民政府可以制定政府规章对国务院部门规章的规定进行变通

C. 自治条例可以依照当地民族的特点对宪法、法律和行政法规的规定进行变通

D. 自治县制定的单行条例须报省级人大常委会批准后生效，并报全国人大常委会备案

【答案】D

【解析】民族自治地方的自治机关只有人大和政府，司法机关没有自治权，A项错误。《民族区域自治法》第20条规定，上级国家机关的决议、决定、命令和指示，如有不适合民族自治地方实际情况的，自治机关可以报经该上级国家机关批准，变通执行或者停止执行；该上级国家机关应当在收到报告之日起六十日内给予答复。自治州的人民政府作为自治机关，当然有权变通，但是国务院各部委和地方政府属于同级，不存在上下级关系，B项错误。根据宪法和法律的规定，民族自治法规有三种内容不能变通：（1）宪法和民族区域自治法的规定；（2）法律或行政法规的基本原则；（3）有关法律、行政法规专门就民族自治地方所作的规定。可见，C项宪法的规定不能变通，错误。《民族区域自治法》第19条规定，自治州、自治县的自治条例和单行条例报省级人大常委会批准后生效，并报全国人大常委会和国务院备案。所以D项不全面，缺了国务院。《立法法》规定，自治州、自治县的自治条例和单行条例，由省级人大常委会报全国人大常委会和国务院备案。此条体现了备案的间接性，D项也没有体现。可见，ABCD四项均有缺陷，相对而言D项错误比较轻微。

3. 根据《宪法》和法律的规定，关于民族区域自治制度，下列哪些选项是正确的？（2014－1－63）

A. 民族自治地方法院的审判工作，受最高人民法院和上级人民法院监督

B. 民族自治地方的政府首长由实行区域自治的民族的公民担任，实行首长负责制

C. 民族自治区的自治条例和单行条例报全国人大批准后生效

扫码听课

扫码听课

大咖点拨区

D. 民族自治地方自主决定本地区人口政策，不实行计划生育

【答案】　AB

【解析】　根据《民族区域自治法》第46条的规定，民族自治地方的人民法院和人民检察院对本级人民代表大会及其常务委员会负责。民族自治地方的人民检察院并对上级人民检察院负责。民族自治地方人民法院的审判工作，受最高人民法院和上级人民法院监督。民族自治地方的人民检察院的工作，受最高人民检察院和上级人民检察院领导。民族自治地方的人民法院和人民检察院的领导成员和工作人员中，应当有实行区域自治的民族的人员。A项正确。

根据《民族区域自治法》第17条第1款的规定，自治区主席、自治州州长、自治县县长由实行区域自治的民族的公民担任。自治区、自治州、自治县的人民政府的其他组成人员，应当合理配备实行区域自治的民族和其他少数民族的人员。B项正确。

根据《民族区域自治法》第19条的规定，民族自治地方的人民代表大会有权依照当地民族的政治、经济和文化的特点，制定自治条例和单行条例。自治区的自治条例和单行条例，报全国人民代表大会常务委员会批准后生效。自治州、自治县的自治条例和单行条例报省、自治区、直辖市的人民代表大会常务委员会批准后生效，并报全国人民代表大会常务委员会和国务院备案。可见，自治区的自治法规的批准主体是全国人大常委会。C项错误明显。

根据《民族区域自治法》第44条的规定，民族自治地方实行计划生育和优生优育，提高各民族人口素质。民族自治地方的自治机关根据法律规定，结合本地方的实际情况，制定实行计划生育的办法。D项错误。

4. 关于民族自治地方的自治权，下列哪些说法是正确的？（2010－1－63）

A. 民族自治地方有权自主管理地方财政

B. 自治州人大有权制定自治条例和单行条例

C. 自治县政府有权自主安排本县经济建设事业

D. 自治区政府有权保护和整理民族的文化遗产

【答案】　ABCD

【解析】　根据《民族区域自治法》的规定，民族自治地方的自治权主要在于以下几方面：（1）制定自治条例和单行条例，选项B正确；（2）根据当地民族的实际情况，贯彻执行国家的法律和政策；（3）自主地管理地方财政，选项A正确；（4）自主地管理地方性经济建设，选项C正确；（5）自主地管理教育、科学、文化、卫生、体育事业，选项D正确；（6）组织维护社会治安的公安部队；（7）使用本民族的语言文字。

5. 根据《宪法》和《民族区域自治法》的规定，下列选项不正确的是？（2011－1－87）

A. 民族区域自治以少数民族聚居区为基础，是民族自治与区域自治的结合

B. 民族自治地方的国家机关既是地方国家机关，又是自治机关

C. 上级国家机关应该在收到自治机关变通执行或者停止有关决议、决定执行的报告之日起60日内给予答复

D. 自治地方的自治机关依照国家规定，可以和外国进行教育、科技、文化等方面的交流

扫码听课

扫码听课

【答案】BD

【解析】根据《宪法》和《民族区域自治法》的规定，民族自治地方的自治机关是人民代表大会和人民政府，而民族自治地方的人民法院和检察院等国家机关虽是地方国家机关，但不是自治机关。B项表述错误。根据《民族区域自治法》第42条第2款的规定，可以依照国家规定和外国进行科教文卫等方面的交流并不是选项D中表述的"自治地方的自治机关"，而只是"自治区、自治州的自治机关"，自治县的自治机关并无此项权力。因此D项表述错误。A、C两项表述正确。

6. 根据我国民族区域自治制度，关于民族自治县，下列哪一选项是错误的？（2017－1－23）

A. 自治机关保障本地方各民族都有保持或改革自己风俗习惯的自由

B. 经国务院批准，可开辟对外贸易口岸

C. 县人大常委会中应有实行区域自治的民族的公民担任主任或者副主任

D. 县人大可自行变通或者停止执行上级国家机关的决议、决定、命令和指示

【答案】D

【解析】《民族区域自治法》第20条规定，上级国家机关的决议、决定、命令和指示，如有不适合民族自治地方实际情况的，自治机关可以报经该上级国家机关批准，变通执行或者停止执行；该上级国家机关应当在收到报告之日起六十日内给予答复。可见，变通或者停止执行上级国家机关的决议、决定、命令和指示，需要经过上级国家机关批准。D项错误。

第五节　特别行政区制度

1. 关于中央人民政府驻香港特别行政区维护国家安全公署，下列说法正确的有（　　）

A. 人员由国家安全部派出

B. 驻香港特别行政区维护国家安全公署及其人员执行职务的行为，不受香港特别行政区管辖

C. 持有驻香港特别行政区维护国家安全公署制发的证件或者证明文件的人员和车辆等在执行职务时不受香港特别行政区执法人员检查、搜查和扣押

D. 在出现国家安全面临重大现实威胁的情况时，驻香港特别行政区维护国家安全公署对相关危害国家安全犯罪案件行使管辖权

E. 驻香港特别行政区维护国家安全公署行使管辖权的案件，由律政司国家安全犯罪案件检控部门负责提起检控

【答案】BC

【解析】中央人民政府驻香港特别行政区维护国家安全公署的人员由中央人民政府维护国家安全的有关机关联合派出。A项错误。人员除须遵守全国性法律外，还应当遵守香港特别行政区法律。人员依法接受国家监察机关的监督。经费由中央财政保障。驻香港特别行政区维护国家安全公署及其人员执行职务的行为，不受香港特别行政区管辖；持有驻香港特别行政区维护国家安全公署制发的

证件或者证明文件的人员和车辆等在执行职务时不受香港特别行政区执法人员检查、搜查和扣押。BC 两项正确。

有以下情形之一的，经香港特别行政区政府或者驻香港特别行政区维护国家安全公署提出，并报中央人民政府批准，由驻香港特别行政区维护国家安全公署对本法规定的危害国家安全犯罪案件行使管辖权：（1）案件涉及外国或者境外势力介入的复杂情况，香港特别行政区管辖确有困难的；（2）出现香港特别行政区政府无法有效执行本法的严重情况的；（3）出现国家安全面临重大现实威胁的情况的。D 项错误。

上述案件，由驻香港特别行政区维护国家安全公署负责立案侦查，最高人民检察院指定有关检察机关行使检察权，最高人民法院指定有关法院行使审判权；诉讼程序事宜，适用《中华人民共和国刑事诉讼法》等相关法律的规定。E 项错误。

2. 根据《全国人大关于建立健全香港维护国家安全的法律制度和执行机制的决定》，关于"宪制秩序""宪制责任"，下列说法正确的有（2020 年仿真）

A. 香港特别行政区应当尽早完成香港特别行政区基本法规定的维护国家安全立法

B. 全国人大常委会制定《香港维护国家安全法》是维护特区宪制秩序的举措

C. 维护国家主权、统一和领土完整是香港特别行政区的宪制责任。

D. 香港特别行政区宪制秩序由宪法和香港特别行政区基本法确定

【答案】ABCD

【解析】根据《全国人大关于建立健全香港维护国家安全的法律制度和执行机制的决定》规定，香港特别行政区宪制秩序由宪法和香港特别行政区基本法确定，维护国家主权、统一和领土完整是香港特别行政区的宪制责任；香港特别行政区应当建立健全维护国家安全的机构和执行机制，强化维护国家安全执法力量，加强维护国家安全执法工作；香港特别行政区应当尽早完成香港特别行政区基本法规定的维护国家安全立法，香港特别行政区行政机关、立法机关、司法机关应当依据有关法律规定有效防范、制止和惩治危害国家安全的行为和活动；同时，全国人大常委会制定《香港维护国家安全法》是维护特区宪制秩序的举措；中央人民政府维护国家安全的有关机关根据需要在香港特别行政区设立机构，依法履行维护国家安全相关职责。可见，ABCD 四项均表述正确。

3. 根据《香港特别行政区维护国家安全法》的规定，下列哪些说法是不正确的？（　　）

A. 香港特别行政区对与香港有关的国家安全事务负有根本责任

B. 香港特别行政区维护国家安全委员会主席由中央派出，成员包括行政长官、政务司长、财政司长、律政司长等人，工作信息应当公开

C. 对于香港特别行政区管辖的危害国家安全犯罪案件，未经律政司长书面同意，任何人不得就案件提出检控

D. 驻香港特别行政区维护国家安全公署及其人员依法执行职务的行为，不受香港特别行政区管辖

【答案】AB

扫码听课

扫码听课

【解析】《香港维护国家安全法》第3条规定："中央人民政府对香港特别行政区有关的国家安全事务负有根本责任。香港特别行政区负有维护国家安全的宪制责任，应当履行维护国家安全的职责。"可见，A项错误，负有根本责任的是中央政府。

同法第13条规定，香港特别行政区维护国家安全委员会由行政长官担任主席，成员包括政务司长、财政司长、律政司长、保安局局长、警务处处长、警务处维护国家安全部门的负责人、入境事务处处长、海关关长和行政长官办公室主任。可见，B项错误。

同法第41条规定，香港特别行政区管辖危害国家安全犯罪案件的立案侦查、检控、审判和刑罚的执行等诉讼程序事宜，适用本法和香港特别行政区本地法律。未经律政司长书面同意，任何人不得就危害国家安全犯罪案件提出检控，但该规定不影响就有关犯罪依法逮捕犯罪嫌疑人并将其羁押，也不影响该等犯罪嫌疑人申请保释。C项正确。

同法第60条规定，驻香港特别行政区维护国家安全公署及其人员依据本法执行职务的行为，不受香港特别行政区管辖。持有驻香港特别行政区维护国家安全公署制发的证件或者证明文件的人员和车辆等在执行职务时不受香港特别行政区执法人员检查、搜查和扣押。D项正确。

4. 关于香港特别行政区选举委员会，下列说法不正确的有（ ）

A. 选举委员会负责选举行政长官候任人、立法会部分议员，以及提名行政长官候选人、立法会议员候选人等事宜

B. 选举委员会由工商、金融界，专业界，基层、劳工和宗教等界，立法会议员、地区组织代表等界，香港特别行政区全国人大代表、香港特别行政区全国政协委员和有关全国性团体香港成员的代表界等五个界别共500名委员组成

C. 选举委员会负责审查并确认选举委员会委员候选人、行政长官候选人和立法会议员候选人的资格

D. 获得选举委员会不少于188名委员联合提名，即可成为行政长官候选人

【答案】BCD

【解析】选举委员会由工商、金融界，专业界，基层、劳工和宗教等界，立法会议员、地区组织代表等界，香港特别行政区全国人大代表、香港特别行政区全国政协委员和有关全国性团体香港成员的代表界等五个界别共1500名委员组成。B项错误。

香港设立香港特别行政区候选人资格审查委员会，负责审查并确认选举委员会委员候选人、行政长官候选人和立法会议员候选人的资格。C项错误。

行政长官候选人须获得选举委员会不少于188名委员联合提名，且上述五个界别中每个界别参与提名的委员不少于15名。D项错误。

5. 根据《香港特别行政区基本法》，关于行政长官，下列说法不正确的有（ ）

A. 担任行政长官，应当年满45周岁，在香港连续居住满20年

B. 行政长官有权解释基本法

C. 行政长官是由一个有广泛代表性的提名委员会按民主程序提名后普选产生的

大咖点拨区

扫码听课

扫码听课

D. 在行政长官弹劾程序中，如果调查委员会认为有足够证据构成指控，可提出弹劾案，报请立法会决定免去行政长官职务

【答案】ABCD

【解析】《香港特别行政区基本法》第44条规定："香港特别行政区行政长官由年满四十周岁，在香港通常居住连续满二十年并在外国无居留权的香港特别行政区永久性居民中的中国公民担任。"A项错误。

同法第158条规定："本法的解释权属于全国人民代表大会常务委员会。全国人民代表大会常务委员会授权香港特别行政区法院在审理案件时对本法关于香港特别行政区自治范围内的条款自行解释。香港特别行政区法院在审理案件时对本法的其他条款也可解释。但如香港特别行政区法院在审理案件时需要对本法关于中央人民政府管理的事务或中央和香港特别行政区关系的条款进行解释，而该条款的解释又影响到案件的判决，在对该案件作出不可上诉的终局判决前，应由香港特别行政区终审法院请全国人民代表大会常务委员会对有关条款作出解释。如全国人民代表大会常务委员会作出解释，香港特别行政区法院在引用该条款时，应以全国人民代表大会常务委员会的解释为准。但在此以前作出的判决不受影响。全国人民代表大会常务委员会在对本法进行解释前，征询其所属的香港特别行政区基本法委员会的意见。"B项表述有误，行政长官无权解释基本法。

同法第45条规定："香港特别行政区行政长官在当地通过选举或协商产生，由中央人民政府任命。行政长官的产生办法根据香港特别行政区的实际情况和循序渐进的原则而规定，最终达至由一个有广泛代表性的提名委员会按民主程序提名后普选产生的目标。行政长官产生的具体办法由附件一《香港特别行政区行政长官的产生办法》规定。"可见，普选产生只是目标，目前仍然沿用由行政长官选举委员会选举产生、由中央人民政府任命的办法。根据香港基本法和目前有关法律的规定，任何香港永久性居民中的中国公民、没有外国居留权、年满40岁，并在香港通常居住连续不少于20年的，均符合资格获提名为候选人。候选人提名表格须由不少于150名选举委员会委员签署，每名选举委员只可以提名一名候选人。竞选人在提名期内向选举事务处提交超过150名选举委员会委员签署的提名表格并获得确认有效后，由近1200名选举委员组成的选举委员会，以无记名投票方式选举产生香港特区行政长官人选，并报请中央人民政府任命。第五届行政长官便是通过这一程序产生的。C项错误。

同法第73条第（9）项规定："如立法会全体议员的四分之一联合动议，指控行政长官有严重违法或渎职行为而不辞职，经立法会通过进行调查，立法会可委托终审法院首席法官负责组成独立的调查委员会，并担任主席。调查委员会负责进行调查，并向立法会提出报告。如该调查委员会认为有足够证据构成上述指控，立法会以全体议员三分之二多数通过，可提出弹劾案，报请中央人民政府决定。"D项错误。

6. 根据《香港特别行政区基本法》，关于香港特别行政区法官的任免，下列说法正确的有（　　　）

A. 香港的法官，根据当地法官或法律界及其他方面知名人士推荐，由行政长官任命

B. 香港特别行政区的法官在年满60周岁的情况下，行政长官可根据终审法

扫码听课

院首席法官任命的不少于三名当地法官组成的审议庭的建议，予以免职

C. 终审法院和高等法院的所有法官，都应由在外国无居留权的香港特别行政区永久性居民中的中国公民担任

D. 香港特别行政区的法官和其他司法人员，可以从其他普通法适用地区聘用

【答案】D

【解析】《香港特别行政区基本法》第88条规定："香港特别行政区法院的法官，根据当地法官和法律界及其他方面知名人士组成的独立委员会推荐，由行政长官任命。"可见，有权推荐法官的是一个独立委员会，A项错误。

同法第89条规定："香港特别行政区法院的法官只有在无力履行职责或行为不检的情况下，行政长官才可根据终审法院首席法官任命的不少于三名当地法官组成的审议庭的建议，予以免职。香港特别行政区终审法院的首席法官只有在无力履行职责或行为不检的情况下，行政长官才可任命不少于五名当地法官组成的审议庭进行审议，并可根据其建议，依照本法规定的程序，予以免职。"可见，年满60周岁并非将法官免职的法定条件。B项错误。

同法第90条规定："香港特别行政区终审法院和高等法院的首席法官，应由在外国无居留权的香港特别行政区永久性居民中的中国公民担任。除本法第八十八条和第八十九条规定的程序外，香港特别行政区终审法院的法官和高等法院首席法官的任命或免职，还须由行政长官征得立法会同意，并报全国人民代表大会常务委员会备案。"可见，C项错误，不是所有法官。

同法第92条规定："香港特别行政区的法官和其他司法人员，应根据其本人的司法和专业才能选用，并可从其他普通法适用地区聘用。"D项正确。

7. 依据我国特别行政区基本法，下列哪些选项的表述是正确的？（2003－1－41）

A. 特别行政区的立法不需要报全国人大常委会批准

B. 不服特别行政区法院的判决，可以上诉至我国最高人民法院

C. 特别行政区可以自主决定外交、经济、财政等事项

D. 中央人民政府可授权特别行政区依照基本法自行处理有关对外事务

【答案】AD

【解析】特别行政区享有立法权。虽然立法机关制定的法律须报全国人大常委会备案，但并不影响该法律的生效。故A正确。特别行政区法院独立进行审判，不受任何干涉；特别行政区的终审法院为最高审级，该终审法院的判决为最终判决。故B错误。中央政府负责管理与特区有关的外交事务；除国防、外交以及其他根据基本法应当由中央人民政府处理的行政事务外，特别行政区有权依照基本法的规定，自行处理有关经济、财政、金融、贸易、工商业、土地、教育、文化等方面的行政事务。因此C错误。根据规定，中央人民政府可授权特别行政区依照基本法自行处理有关对外事务。故D正确。

8. 根据我国宪法和港、澳基本法规定，关于港、澳基本法的修改，下列哪一选项是不正确的？（2011－1－26）

A. 在不同港、澳基本法基本原则相抵触的前提下，全国人大常委会在全国人大闭会期间有权修改港、澳基本法

B. 港、澳基本法的修改提案权属于全国人大常委会、国务院和港、澳特别行

扫码听课

扫码听课

大咖点拨区

大咖点拨区

政区

C. 港、澳特别行政区对基本法的修改议案，由港、澳特别行政区出席全国人大会议的代表团向全国人大会议提出

D. 港、澳基本法的任何修改，不得同我国对港、澳既定的基本方针政策相抵触

【答案】A

【解析】港澳基本法的修改权属于全国人大。全国人大常委会在全国人大闭会期间无权修改港澳基本法。因此A项错误。其他各项符合规定。

9. 根据《宪法》和法律的规定，关于特别行政区，下列哪一选项是正确的？(2014－1－23)

A. 澳门特别行政区财政收入全部由其自行支配，不上缴中央人民政府

B. 澳门特别行政区立法会举行会议的法定人数为不少于全体议员的三分之二

C. 非中国籍的香港特别行政区永久性居民不得当选为香港特别行政区立法会议员

D. 香港特别行政区廉政公署独立工作，对香港特别行政区立法会负责

【答案】A

【解析】特别行政区通用自己的货币，财政独立，收入全部用于自身需要，不上缴中央政府。A项正确。特别行政区立法会举行会议的法定人数为不少于全体议员的二分之一。B项错误。香港立法会由在外国无居留权的永久性居民中的中国公民组成。但非中国籍的香港特别行政区永久性居民和在外国有居留权的香港特别行政区永久性居民也可以当选为香港特别行政区立法会议员，其所占比例不得超过立法会全体议员的20%。澳门特区立法会议员没有"无外国居留权"和"中国公民"的限制。C项错误。香港特别行政区设立廉政公署和审计署，独立工作，对行政长官负责。D项错误。

【设题陷阱和常见错误分析】全国人大所有的会议需有三分之二以上的代表出席始得举行。此点仅局限于全国人大，其他会议均是过半数。

【未来命题趋势预测】特别行政区的财政权只有两个考点：其一是货币发行权；其二是财政独立，收入全部用于自身需要，不上缴中央政府。请考生熟记。

10. 根据《宪法》和有关法律的规定，下列哪一选项是正确的？（2008四川－1－16）

A. 矿藏和水流归国家和集体所有

B. 在直接选举中，人大代表正式候选人名单应当在选举日的3日以前公布

C. 货币发行权是香港特别行政区依法享有的高度自治权之一

D. 民族自治地方的自治机关依照国家军事制度和当地的实际需要，经中央军委批准，可以组织本地方维护社会治安的公安部队

【答案】C

【解析】根据《宪法》第9条，矿藏与水流专属于国家所有，所以，A项说法错误。根据《选举法》规定，正式代表候选人名单应当在选举日的七日以前公布。所以，B项错误。根据《香港特别行政区基本法》第111条第1款和第2款规定，港元为香港特别行政区法定货币，继续流通。港币的发行权属于香港特别行政区政府。港币的发行须有百分之百的准备金。港币的发行制度和准备金制

扫码听课

扫码听课

度，由法律规定。所以，C项正确。根据《民族区域自治法》第24条规定，民族自治地方的自治机关依照国家的军事制度和当地的实际需要，经国务院批准，可以组织本地方维护社会治安的公安部队。所以，D项错误。

11. 香港特别行政区的下列哪一项职务可由特区非永久性居民担任？（2008 - 1 - 16）

A. 行政长官　　　　　　　　B. 政府主要官员

C. 立法会议员　　　　　　　D. 法院法官

【答案】D

【解析】香港特别行政区行政长官由年满四十周岁、在香港通常居住连续满二十年并在外国无居留权的香港特别行政区永久性居民中的中国公民担任。因此，A项错误。香港特别行政区的主要官员由在香港通常居住连续满十五年并在外国无居留权的香港特别行政区永久性居民中的中国公民担任。因此，B项错误。香港特别行政区立法会由在外国无居留权的香港特别行政区永久性居民中的中国公民组成。但非中国籍的香港特别行政区永久性居民和在外国有居留权的香港特别行政区永久性居民也可以当选为香港特别行政区立法会议员，其所占比例不得超过立法会全体议员的百分之二十。因此，C项错误。香港特别行政区法院的法官，根据当地法官和法律界及其他方面知名人士组成的独立委员会推荐，由行政长官任命。香港终审法院和高等法院的首席法官，应由在外国无居留权的香港特别行政区永久性居民中的中国公民担任；其他法官未作要求。D项正确。

12. 根据香港、澳门特别行政区基本法的规定，下列哪一选项是正确的？（2007 - 1 - 20）

A. 香港特别行政区终审法院和高等法院的法官，应由在外国无居留权的香港特别行政区永久性居民中的中国公民担任

B. 香港特别行政区的法官，根据当地法官和法律界及其他方面知名人士组成的独立委员会推荐，由行政长官征得立法会同意后任命，并报全国人民代表大会常务委员会备案

C. 澳门特别行政区检察长由澳门特别行政区永久性居民中的中国公民担任，由行政长官提名，报中央人民政府任命

D. 澳门特别行政区设立行政法院。行政法院是管辖行政诉讼和税务诉讼的法院。不服行政法院裁决者，可向终审法院上诉

【答案】C

【解析】香港特别行政区终审法院和高等法院的首席法官，应由在外国无居留权的香港特别行政区永久性居民中的中国公民担任。所以A项错误。香港特别行政区法院的法官，根据当地法官和法律界及其他方面知名人士组成的独立委员会推荐，由行政长官任命。需要行政长官征得立法会同意后任命，并报全国人民代表大会常务委员会备案的，只有终审法院的法官和高等法院的首席法官。所以B项错误。澳门特别行政区检察长由澳门特别行政区永久性居民中的中国公民担任，由行政长官提名，报中央人民政府任命。C项正确。澳门特别行政区设立行政法院。行政法院是管辖行政诉讼和税务诉讼的法院。不服行政法院裁决者，可向中级法院上诉。所以D项错误。

13. 依据《香港特别行政区基本法》的有关规定，香港居民享有下列哪些自

大咖点拨区

扫码听课

扫码听课

扫码听课

大咖点拨区

由？（2004－1－55）

A. 言论、新闻、出版自由　　　　B. 通讯自由

C. 移居其他国家和出入境的自由　　D. 公开传教的自由

【答案】ABCD

【解析】本题ABC三项显然正确。而根据《香港特别行政区基本法》第32条，"香港居民有信仰的自由。香港居民有宗教信仰的自由，有公开传教和举行、参加宗教活动的自由"，因此，本题ABCD都正确。

14. 澳门特别行政区依照《澳门基本法》的规定实行高度自治，享有行政管理权、立法权、独立的司法权和终审权。关于中央和澳门特别行政区的关系，下列哪一选项是正确的？（2016－1－25）

A. 全国性法律一般情况下是澳门特别行政区的法律渊源

B. 澳门特别行政区终审法院法官的任命和免职须报全国人大常委会备案

C. 澳门特别行政区立法机关制定的法律须报全国人大常委会批准后生效

D.《澳门基本法》在澳门特别行政区的法律体系中处于最高地位，反映的是澳门特别行政区同胞的意志

【答案】B

【解析】全国性法律是全国人大及其常委会制定的法律。由于特别行政区将保持其原有的法律制度，因而全国性法律一般不在特别行政区实施。但特别行政区作为中华人民共和国不可分离的一部分，有些体现国家主权和统一的全国性法律又有必要在特别行政区实施。可见，一般情况下，全国性法律不是澳门特别行政区的法律渊源。A项错误。《澳门基本法》第87条规定，终审法院法官的免职由行政长官根据立法会议员组成的审议委员会建议决定。终审法院法官的任免须报全国人大常委会备案。B项正确。根据基本法的规定，立法会制定的法律须由行政长官签署、公布方有法律效力，并须报全国人大常委会备案，备案不影响该法律的生效。C项错误。在我国社会主义法律体系中，基本法地位仅低于宪法，但在特别行政区法律体系中，基本法又处于最高的法律地位。但是，特别行政区基本法是根据我国宪法，由全国人大制定的一部基本法律，它反映了包括香港同胞和澳门同胞在内的全国人民的意志和利益。因此D项错误。

15. 根据《香港特别行政区基本法》的规定，立法会议员具有下列哪些情况，立法会主席会宣告其丧失立法会议员的资格？（　　　）

A. 就职宣誓时，故意以不庄重的方式宣誓

B. 在特别行政区政府担任公务人员

C. 经法庭裁定偿还债务而不履行

D. 获得外国居留权

【答案】BC

【解析】根据全国人大常委会关于香港基本法第104条的解释，在就职宣誓时，宣誓人故意宣读与法定誓言不一致的誓言或者以任何不真诚、不庄重的方式宣誓，也属于拒绝宣誓，所作宣誓无效，宣誓人即丧失就任该条所列相应公职的资格。就职宣誓不符合要求，即不能就任立法会议员。也就是说，不是担任了立法会议员之后被宣告丧失，而是本来就没有担任。A项不符合要求。香港基本法第79条规定，香港特别行政区立法会议员如有下列情况之一，由立法会主席会

宣告其丧失立法会议员的资格：（一）因严重疾病或其他情况无力履行职务；（二）未得到立法会主席的同意，连续三个月不出席会议而无合理解释者；（三）丧失或放弃香港特别行政区永久性居民的身份；（四）接受政府的委任而出任公务人员；（五）破产或经法庭裁定偿还债务而不履行；（六）在香港特别行政区区内或区外被判犯有刑事罪行，判处监禁一个月以上，并经立法会出席会议的议员三分之二通过解除其职务；（七）行为不检或违反誓言而经立法会出席会议的议员三分之二通过谴责。BC两项符合题意。香港立法会由在外国无居留权的永久性居民中的中国公民组成。但非中国籍的香港特别行政区永久性居民和在外国有居留权的香港特别行政区永久性居民也可以当选为香港特别行政区立法会议员，其所占比例不得超过立法会全体议员的20%。可见，获得外国居留权原则上不影响担任立法会议员。D项错误。

16. 根据《宪法》和《香港特别行政区基本法》规定，下列哪一选项是正确的？（2017－1－24）

A. 行政长官就法院在审理案件中涉及的国防、外交等国家行为的事实问题发出的证明文件，对法院无约束力

B. 行政长官对立法会以不少于全体议员2/3多数再次通过的原法案，必须在1个月内签署公布

C. 香港特别行政区可与全国其他地区的司法机关通过协商依法进行司法方面的联系和相互提供协助

D. 行政长官仅从行政机关的主要官员和社会人士中委任行政会议的成员

【答案】C

【解析】特别行政区法院对国防、外交等国家行为无管辖权。在审理案件中遇到有涉及国防、外交等国家行为的事实问题，应取得行政长官就该等问题发出的证明文件，上述文件对法院有约束力。行政长官在发出证明文件前，须取得中央政府的证明书。A项错误。

立法会通过的法案须经行政长官的签署、公布，方能生效。行政长官如认为立法会通过的法案不符合特别行政区的整体利益，可在3个月内（澳门是90日内）将法案发回立法会重议。立法会如以不少于全体议员2/3多数再次通过原案，行政长官必须在1个月（澳门30日）内签署公布或解散立法会。解散立法会后，重选的立法会仍以全体议员2/3多数通过所争议的原案，而行政长官仍拒绝签署，则行政长官必须辞职。B项错误。

行政会议的职能是协助行政长官决策，其成员由行政长官从行政机关主要官员、立法会议员、社会人士中委任。D项错误。

17. 根据香港特别行政区基本法的规定，下列哪些选项是正确的？（2007－1－61）

A. 香港特别行政区行政长官如认为立法会通过的法案不符合香港特别行政区的整体利益，可在3个月内将法案发回立法会重议

B. 如果立法会拒绝通过政府提出的财政预算案或其他重要法案，香港特别行政区行政长官在征询行政会议的意见之后可解散立法会

C. 因立法会拒绝通过财政预算案或其他重要法案而解散立法会，重选的立法会继续拒绝通过所争议的原案，香港特别行政区行政长官必须辞职

D. 香港特别行政区行政长官因两次拒绝签署立法会通过的法案而解散立法会后，重选的立法会仍通过原法案，行政长官与立法会协商不成的，行政长官有权再次解散立法会

【答案】ABC

【解析】行政长官在其一任任期内只能解散立法会一次。所以，D项错误。其他各项正确。

18. 关于特别行政区制度，下列哪些说法是不正确的？（2010－1－65）

A. 香港特别行政区行政长官任职须年满四十五周岁

B. 香港特别行政区司法机关由其法院和检察院组成

C. 香港和澳门特别行政区的各级法院都有权解释本特别行政区基本法

D. 国务院有权对香港和澳门特别行政区的部分地区宣布进入紧急状态

【答案】ABD

【解析】根据《香港特别行政区基本法》第44条的规定，香港特别行政区行政长官任职时年满四十周岁即可。因此，A选项说法错误。根据第80条，香港特别行政区各级法院是香港特别行政区的司法机关。可见，没有检察院。所以，B选项说法不正确。根据第158条和《澳门基本法》第143条的规定，特别行政区法律解释权归于全国人大常委会，但可授权各级法院对在特别行政区自治范围的条款进行解释。因此，C选项说法正确。根据《香港特别行政区基本法》第18条和《澳门基本法》第18条的规定，宣布香港和澳门特别行政区的部分地区进入紧急状态的权力属于全国人大常委会。因此D选项说法错误。

19. 根据《香港特别行政区基本法》和《澳门特别行政区基本法》的规定，下列哪些选项是正确的？（2013－1－61）

A. 对世界各国或各地区的人入境、逗留和离境，特别行政区政府可以实行入境管制

B. 特别行政区行政长官依照法定程序任免各级法院法官、任免检察官

C. 香港特别行政区立法会议员因行为不检或违反誓言而经出席会议的议员三分之二通过谴责，由立法会主席宣告其丧失立法会议员资格

D. 基本法的解释权属于全国人大常委会

【答案】ACD

【解析】所有法官都要根据当地法官和法律界及其它方面知名人士组成的独立委员会推荐，由行政长官任命。香港特区立法会还有权同意终审法院法官和高等法院首席法官的任免。澳门特区的检察长由澳门永久性居民中的中国公民担任，由行政长官提名，报中央人民政府任命；检察官经检察长提名，由行政长官任命。香港没有检察官。因此B项错误。

20. 依据《澳门特别行政区基本法》的有关规定，下列表述哪些是正确的？（2004－1－56）

A. 中央人民政府所属各部门，各省、自治区、直辖市均不得干预澳门特别行政区依基本法自行管理的事务

B. 澳门特别行政区各级法院的法官，根据当地法官、律师和知名人士组成的独立委员会的推荐，由行政长官任命

C. 澳门特别行政区检察长由澳门特别行政区永久性居民中的中国公民担任，

由行政长官提名，报中央人民政府任命

D. 澳门特别行政区可以"中国澳门"的名义参加不以国家为单位参加的国际组织和国际会议

【答案】ABCD

【解析】A项表述符合《澳门特别行政区基本法》第22条第1款的规定；B项表述符合该法第87条第1款之规定；C项表述符合该法第90条第2款之规定；D项表述符合该法第137条第2款之规定。因此，ABCD全入选。

21. 根据香港特别行政区基本法和澳门特别行政区基本法，下列有关特别行政区立法权的表述哪一项是不正确的？（2004－1－9）

A. 特别行政区立法机关制定的法律须报全国人民代表大会常务委员会备案。备案不影响该法律的生效

B. 全国人民代表大会常务委员会在征询其所属的特别行政区基本法委员会的意见后，如认为特别行政区立法机关制定的法律不符合基本法关于中央管理的事务及中央和特别行政区关系的条款，可以将该法律发回，但不作修改

C. 经全国人民代表大会常务委员会发回的特别行政区的法律立即失效

D. 经全国人民代表大会常务委员会发回的特别行政区的法律一律具有溯及力

【答案】D

【解析】根据《香港特别行政区基本法》第17条的规定，ABC三项正确；经发回的法律，虽然立即失效，但是，除特别行政区的法律另有规定外，无溯及力。所以，D项错误。

第六节 基层群众性自治组织

扫码听课

1. 根据《宪法》的规定，关于宪法文本的内容，下列哪一选项是正确的？（2013－1－21）

A. 《宪法》明确规定了宪法与国际条约的关系

B. 《宪法》明确规定了宪法的制定、修改制度

C. 作为《宪法》的《附则》，《宪法修正案》是我国宪法的组成部分

D. 《宪法》规定了居民委员会、村民委员会的性质和产生，两者同基层政权的相互关系由法律规定

【答案】D

【解析】现行《宪法》没有明确规定宪法与国际条约的关系，因此A项错误。现行《宪法》明确规定了宪法的修改制度，但没有规定宪法制定制度。B项错误。我国宪法没有附则。C项错误。《宪法》第111条第1款规定，"城市和农村按居民居住地区设立的居民委员会或者村民委员会是基层群众性自治组织。居民委员会、村民委员会的主任、副主任和委员由居民选举。居民委员会、村民委员会同基层政权的相互关系由法律规定。"因此，D项正确。

扫码听课

2. 根据《宪法》和法律的规定，关于自治和自治权，下列哪些选项是正确的？（2013－1－63）

A. 特别行政区依照法律规定实行高度自治，享有行政管理权、立法权、独立

扫码听课

的司法权和终审权

　　B. 民族区域自治地方的法院依法行使自治权

　　C. 民族乡依法享有一定的自治权

　　D. 村民委员会是基层群众性自治组织

【答案】AD

【解析】民族自治地方包括自治区、自治州和自治县（旗），不包括民族乡。因此 C 项错误。民族自治地方的自治机关是自治区、自治州和自治县的人民代表大会和人民政府，不包括法院和检察院。因此，B 项错误。

【相关法条·《宪法》】

第一百一十一条第一款　城市和农村按居民居住地区设立的居民委员会或者村民委员会是基层群众性自治组织。居民委员会、村民委员会的主任、副主任和委员由居民选举。居民委员会、村民委员会同基层政权的相互关系由法律规定。

　　3. 宪法规定，居民委员会、村民委员会同基层政权的相互关系由法律规定。下列哪一项不属于基层政权的范畴？（2006 - 1 - 12）

　　A. 乡、民族乡、镇的人民政府

　　B. 不设区的市、市辖区的人民政府

　　C. 不设区的市、市辖区人民政府的派出机关

　　D. 县人民政府

【答案】D

【解析】不设区的市、市辖区人民政府或者它的派出机关对居民委员会的工作给予指导、支持和帮助，居民委员会协助不设区的市、市辖区人民政府或者它的派出机关开展工作。乡、民族乡、镇人民政府对村民委员会的工作给予指导、支持和帮助，但不得干预依法属于村民自治范围内的事项。可见，不设区的市、市辖区人民政府或者它的派出机关，乡、民族乡、镇人民政府都是基层政权，而县人民政府不属于基层政权的范畴。故本题答案为 D 项。

　　4. 根据我国《村民委员会组织法》的规定，关于村民委员会的范围调整，下列哪一选项是正确的？（2008 - 1 - 15）

　　A. 由村民委员会主任提出，经村民会议讨论同意后，报乡级人民政府批准

　　B. 由村民委员会主任提出，经村民会议讨论同意后，报乡级人民代表大会批准

　　C. 由乡级人民政府提出，经村民会议讨论同意后，报县级人民政府批准

　　D. 由乡级人民政府提出，经村民会议讨论同意后，报县级人民代表大会批准

【答案】C

【解析】村民委员会的设立、撤销、范围调整，由乡、民族乡、镇的人民政府提出，经村民会议讨论同意后，报县级人民政府批准。所以本题选 C。此处宜结合授课口诀记忆。

　　5. 根据《村民委员会组织法》的规定，下列哪一选项是正确的？（2012 - 1 - 26）

　　A. 村民委员会每届任期 3 年，村民委员会成员连续任职不得超过 2 届

　　B. 罢免村民委员会成员，须经投票的村民过半数通过

　　C. 村民委员会选举由乡镇政府主持

扫码听课

扫码听课

扫码听课

D. 村民委员会成员丧失行为能力的，其职务自行终止

【答案】D

【解析】村委会每届任期五年，但村委会成员可以连选连任。A 项错误。村委会的选举和罢免均采双过半制，B 项错误。村委会的选举工作由村民选举委员会主持，C 项错误。村民委员会成员丧失行为能力或者被判处刑罚的，其职务自行终止。D 项正确。

6. 关于村民委员会，下列哪一说法是正确的？（2010 – 1 – 21）

A. 村民委员会实行村务公开制度，涉及财务的事项至少每年公布一次

B. 村民委员会决定问题，采取村民委员会主任负责制

C. 村民委员会根据需要设人民调解、治安保卫、公共卫生委员会

D. 村民委员会由主任、副主任和村民小组长若干人组成

【答案】C

【解析】就村务公开而言，一般事项至少每季度公布一次；集体财务往来较多的，财务收支情况应当每月公布一次；涉及村民利益的重大事项应随时公布。A 项错误。村民委员会应当实行少数服从多数的民主决策机制，因此 B 项错误。C 项表述正确。村委会由主任、副主任和委员组成，不涉及村民小组长。D 项表述错误。

扫码听课

7. 根据村民委员会组织法的规定，有关村规民约的下列哪一选项是正确的？（2007 – 1 – 18）

A. 村民委员会有权制定村规民约，报乡、民族乡、镇的人民政府批准生效

B. 村民会议有权制定村规民约，报乡、民族乡、镇的人民代表大会备案

C. 村规民约由村民会议制定，报乡、民族乡、镇的人民政府备案

D. 村规民约由村民委员会制定，报乡、民族乡、镇的人民政府备案

【答案】C

【解析】村民会议可以制定和修改村民自治章程、村规民约，并报乡、民族乡、镇的人民政府备案。所以 C 是正确的。

扫码听课

8. 根据《宪法》和《村民委员会组织法》的规定，下列哪些选项是正确的？（2011 – 1 – 63）

A. 村民会议由本村 18 周岁以上，没有被剥夺政治权利的村民组成

B. 乡、民族乡、镇的人民政府不得干涉依法属于村民自治范围内的事项

C. 罢免村民委员会成员，须经参加投票的村民过半数通过

D. 村民委员会成员实行任期和离任经济责任审计

【答案】BD

【解析】村民会议是由本村 18 周岁以上的村民自然组成的，不涉及选举和被选举问题，因此不要求"未被剥夺政治权利"。"年满 18 周岁且未被剥夺政治权利"是参加村委会选举的主体资格要求。因此 A 项表述错误。根据村委会组织法，乡、民族乡、镇的人民政府对村民委员会的工作给予指导、支持和帮助，但是不得干预依法属于村民自治范围内的事项，因此，B 项表述正确。根据村委会组织法，罢免村委会成员采"双过半制"，即选民过半数参加投票并经参加投票的选民过半数通过，因此 C 项错误。村委会组织法规定：村委会成员实行任期和离任经济责任审计。因此 D 项正确。

扫码听课

大咖点拨区

9. 某村村委会未经村民会议讨论，制定了土地承包经营方案，侵害了村民的合法权益，引发了村民的强烈不满。根据《村民委员会组织法》的规定，下列哪些做法是正确的？（2015 - 1 - 64）

A. 村民会议有权撤销该方案

B. 由该村所在地的乡镇级政府责令改正

C. 受侵害的村民可以申请法院予以撤销

D. 村民代表可以就此联名提出罢免村委会成员的要求

【答案】ABCD

【解析】村委会对村民会议负责并报告工作，村民会议有权审议村民委员会的年度工作报告，评议村民委员会成员的工作；有权撤销或者变更村民委员会不适当的决定；有权撤销或者变更村民代表会议不适当的决定。村民会议可以授权村民代表会议审议村民委员会的年度工作报告，评议村民委员会成员的工作，撤销或者变更村民委员会不适当的决定。可见，A项正确。根据《村民委员会组织法》的规定，村民委员会不依照法律、法规的规定履行法定义务的，由乡、民族乡、镇的人民政府责令改正。B项正确。村民委员会或者村民委员会成员作出的决定侵害村民合法权益的，受侵害的村民可以申请人民法院予以撤销，责任人依法承担法律责任。C项正确。本村1/5以上有选举权的村民或者1/3以上的村民代表联名，可以提出罢免村民委员会成员的要求，并说明要求罢免的理由。被提出罢免的成员有权提出申辩意见。罢免村民委员会成员也采"双过半制"，须有登记参加选举的村民过半数投票，并须经投票的村民过半数通过。可见，D项正确。

10. 某乡政府为有效指导、支持和帮助村民委员会的工作，根据相关法律法规，结合本乡实际作出了下列规定，其中哪一规定是合法的？（2016 - 1 - 26）

A. 村委会的年度工作报告由乡政府审议

B. 村民会议制定和修改的村民自治章程和村规民约，报乡政府备案

C. 对登记参加选举的村民名单有异议并提出申诉的，由乡政府作出处理并公布处理结果

D. 村委会组成人员违法犯罪不能继续任职的，由乡政府任命新的成员暂时代理至本届村委会任期届满

【答案】B

【解析】村民会议审议村民委员会的年度工作报告，评议村民委员会成员的工作。村委会属于基层群众性自治组织，乡政府无权审议其工作报告，A项错误。村民自治章程、村规民约由村民会议制定和修改，并报乡、民族乡、镇的人民政府备案。村民自治章程、村规民约以及村民会议或者村民代表会议的决定不得与宪法、法律、法规和国家的政策相抵触，不得有侵犯村民的人身权利、民主权利和合法财产权利的内容，否则，由乡、民族乡、镇的人民政府责令改正。B项正确。《村民委员会组织法》第十四条规定，对登记参加选举的村民名单有异议的，应当自名单公布之日起五日内向村民选举委员会申诉，村民选举委员会应当自收到申诉之日起三日内作出处理决定，并公布处理结果。C项错误。《村民委员会组织法》第十八条规定，村民委员会成员丧失行为能力或者被判处刑罚的，其职务自行终止。任何组织或者个人不得指定、委派或者撤换村民委员会成员。D项错误。

11. 杨某与户籍在甲村的村民王某登记结婚后，与甲村村委会签订了"不享

受本村村民待遇"的"入户协议"。此后，杨某将户籍迁入甲村，但与王某长期在外务工。甲村村委会任期届满进行换届选举，杨某和王某要求参加选举。对此，下列说法正确的是：（2017－1－93）

A. 王某因未在甲村居住，故不得被列入参加选举的村民名单

B. 杨某因与甲村村委会签订了"入户协议"，故不享有村委会选举的被选举权

C. 杨某经甲村村民会议或村民代表会议同意之后方可参加选举

D. 选举前应当对杨某进行登记，将其列入参加选举的村民名单

【答案】D

【解析】村民委员会选举前，应当对下列人员进行登记，列入参加选举的村民名单：（1）户籍在本村并且在本村居住的村民；（2）户籍在本村，不在本村居住，本人表示参加选举的村民；（3）户籍不在本村，在本村居住一年以上，本人申请参加选举，并且经村民会议或者村民代表会议同意参加选举的公民。此外，已在户籍所在村或者居住村登记参加选举的村民，不得再参加其他地方村民委员会的选举。本案中，杨某户籍在甲村，不在本村居住，但本人表示参加选举，则应当列入参加选举的村民名单，不需要经甲村村民会议或村民代表会议同意。AC两项错误，D项正确。村民委员会成员由年满18周岁未被剥夺政治权利的村民直接选举产生。杨某符合参选条件，村委会不能籍着"入户协议"剥夺杨某的选举权，B项错误。

12. 根据《宪法》和法律的规定，关于基层群众自治，下列哪一选项是正确的？（2014－1－25）

A. 村民委员会的设立、撤销，由乡镇政府提出，经村民会议讨论同意，报县级政府批准

B. 有关征地补偿费用的使用和分配方案，经村民会议讨论通过后，报乡镇政府批准

C. 居民公约由居民会议讨论通过后，报不设区的市、市辖区或者它的派出机关批准

D. 居民委员会的设立、撤销，由不设区的市、市辖区政府提出，报市政府批准

【答案】A

【解析】城市和农村按居民居住地区设立的居民委员会或者村民委员会是基层群众性自治组织。村民委员会的设立、撤销、范围调整，由乡、民族乡、镇的政府提出，经村民会议讨论同意后，报县级人民政府批准。A项正确。根据《村委会组织法》第24条的规定，征地补偿费的使用、分配方案等涉及村民利益的事项，必须经村民会议讨论决定后方可办理。可见，村民委员会属于基层群众性自治组织，除组织外，相关事项不需要政府批准。B项错误。居民公约由居民会议讨论制定，报不设区的市、市辖区的人民政府或者它的派出机关备案，由居民委员会监督执行。C项错误。居民委员会的设立、撤销、规模调整，由不设区的市、市辖区的人民政府决定。D项错误。

【未来考察趋势预测】村民会议可以制定和修改村民自治章程、村规民约，并报乡、民族乡、镇的人民政府备案。可见，制定村规民约、居民公约属于村民、居民自治权力范畴，不需要报送政府批准，只需报送备案即可。

大咖点拨区

扫码听课

第五章　公民的基本权利与义务

第一节　公民基本权利与义务概述

1. 基本权利的效力是指基本权利规范所产生的拘束力。关于基本权利效力，下列选项正确的是：（2017－1－94）

A. 基本权利规范对立法机关产生直接的拘束力

B. 基本权利规范对行政机关的活动和公务员的行为产生拘束力

C. 基本权利规范只有通过司法机关的司法活动才产生拘束力

D. 一些国家的宪法一定程度上承认基本权利规范对私人产生拘束力

【答案】ABD

【解析】基本权利规范是在调整个人与国家关系或者个人与公权力关系的基础上产生的，这就决定了基本权利的效力主要及于国家或者行使公共权力的主体（如立法机关、行政机关及其公务员、司法机关及其工作人员等），而不及于私人关系或者私法领域。但是进入现代社会，许多国家的宪法在一定程度上开始承认基本权利规范对私人产生拘束力。ABD 三项正确，C 项错误。

2. 公民基本权利也称宪法权利。关于公民基本权利，下列哪些选项是正确的？（2011－1－62）

A. 人权是基本权利的来源，基本权利是人权宪法化的具体表现

B. 基本权利的主体主要是公民，在我国法人也可以作为基本权利的主体

C. 我国公民在行使自由和权利的时候，不得损害国家的、社会的、集体的利益和其他公民的合法的自由和利益

D. 权利和义务的平等性是我国公民基本权利和义务的重要特点

【答案】ACD

【解析】人权作为自然权利，具有道德和价值上的效力，源于自然法；基本权利为实定法上的权力，由法律和制度加以保障，具有实定性，源于人权。可见，人权是基本权利的来源，基本权利是人权宪法化的具体表现。因此，A 项正确。《宪法》第 51 条规定，"中华人民共和国公民在行使自由和权利的时候，不得损害国家的、社会的、集体的利益和其他公民的合法的自由和权利。"所以，C 项没有错误。我国公民的基本权利具有广泛性、平等性、现实性和一致性四大特点。平等性体现在两大方面：其一，公民在享有权利和履行义务方面一律平等；其二，司法机关在适用法律上一律平等。可见，D 项表述也没有问题。

基本权利的主体主要是公民。有些国家的宪法规定，法人和外国人也可以成为基本权利的主体。但在我国，法人并不可以成为基本权利的主体。宪法第二章"公民的基本权利和义务"规定了公民的基本权利和义务，并没有规定法人也可

以作为主体。因此 B 项错误。

【设题陷阱与常见错误分析】只要不专门局限于我国，单说"法人和外国人在一定条件下可以作为基本权利的主体"，便是正确的。

第二节　我国公民的基本权利

扫码听课

1. 公平正义是社会主义法治的价值追求。关于我国宪法与公平正义的关系，下列哪一选项是不正确的？（2013－1－20）

A. 树立与强化宪法权威，必然要求坚定地守持和维护公平正义

B. 法律面前人人平等原则是公平正义在宪法中的重要体现

C. 宪法对妇女、老人、儿童等特殊主体权利的特别保护是实现公平正义的需要

D. 禁止一切差别是宪法和公平正义的要求

【答案】D

【解析】宪法禁止的是不合理的差别对待，而非一切差别。因此，D 项错误。

2. 法律面前人人平等是公平正义的首要内涵。关于它的具体内容，下列哪一选项是**不准确**的？（2011－1－3）

A. 社会成员享有相同的立法表决权

B. 法律以同样的标准对待所有社会成员

C. 反对任何在宪法和法律之外的特殊权利

D. 禁止歧视任何在社会关系中处于弱势的社会成员

【答案】A

扫码听课

【解析】法律面前人人平等是社会主义法治理念中公平正义的首要内涵，也是实现公平正义的前提和基础。法律面前人人平等的具体内容为：（1）平等对待：法律对所有社会成员一视同仁，以同样的标准对待；（2）反对特权；（3）禁止歧视，不允许任何在社会关系中处于弱势地位的公民受到歧视待遇。因此，BCD 三项表述正确。而立法表决权，则只有人大代表方才享有，普通公民没有相应的权利，所以 A 项明显错误，应选。

3. 法律格言说："法律不能使人人平等，但在法律面前人人是平等的。"关于该法律格言，下列哪一说法是正确的？（2014－1－9）

A. 每个人在法律面前事实上是平等的

B. 在任何时代和社会，法律面前人人平等都是一项基本法律原则

C. 法律可以解决现实中的一切不平等问题

D. 法律面前人人平等原则并不禁止在立法上作出合理区别的规定

【答案】D

扫码听课

【解析】法的平等是一种规范上的平等，属于应然范畴，不是事实平等。A 项错误。法律面前人人平等只是人类社会发展到了近代资本主义社会之后才提出来的基本法律原则，在奴隶社会和封建社会不可能存在。B 项错误。社会主义法治理念不认同"法律万能"的思维偏向，强调要全面发挥各种社会规范的调整作用，综合协调地运用多元化的手段和方式来实现对国家的治理和管理，要坚持依

法治国与以德治国的有机统一。可见，C项认为，法律可以解决一切不平等问题，犯了法律万能论的错误。法律面前人人平等原则只是禁止不合理的差别对待，而不是禁止任何差别对待，合理的差别对待是允许的。D项正确。

4. 中华人民共和国公民在法律面前一律平等。关于平等权，下列哪一表述是错误的？（2015－1－25）

A. 我国宪法中存在一个关于平等权规定的完整规范系统

B. 犯罪嫌疑人的合法权利应该一律平等地受到法律保护

C. 在选举权领域，性别和年龄属于宪法所列举的禁止差别理由

D. 妇女享有同男子平等的权利，但对其特殊情况可予以特殊保护

【答案】C

【解析】《宪法》第34条规定，中华人民共和国年满十八周岁的公民，不分民族、种族、性别、职业、家庭出身、宗教信仰、教育程度、财产状况、居住期限，都有选举权和被选举权；但是依照法律被剥夺政治权利的人除外。可见，享有选举权和被选举权要求权利人年满18周岁，故而，立法者可以依据年龄对公民的选举权和被选举权进行差别对待。C项错误。

5. 某县政府以较低补偿标准进行征地拆迁。张某因不同意该补偿标准，拒不拆迁自己的房屋。为此，县政府责令张某的儿子所在中学不为其办理新学期注册手续，并通知财政局解除张某的女婿李某（财政局工勤人员）与该局的劳动合同。张某最终被迫签署了拆迁协议。关于当事人被侵犯的权利，下列选项正确的是：（2015－1－92）

A. 张某的住宅不受侵犯权　　　B. 张某的财产权

C. 李某的劳动权　　　　　　　D. 张某儿子的受教育权

【答案】BCD

【解析】县政府责令张某的儿子所在中学不为其办理新学期注册手续，这种做法侵害了其子的受教育权，D项正确。"通知财政局解除张某的女婿李某（财政局工勤人员）与该局的劳动合同"，这种做法侵害了李某的劳动权。"张某最终被迫签署了拆迁协议"，很明显财产权受到了侵害，B项正确。本题中不涉及住宅的非法侵入、非法搜查的问题，A项错误。

6. 关于《宪法》对人身自由的规定，下列哪一选项是不正确的？（2013－1－25）

A. 禁止用任何方法对公民进行侮辱、诽谤和诬告陷害

B. 生命权是《宪法》明确规定的公民基本权利，属于广义的人身自由权

C. 禁止非法搜查公民身体

D. 禁止非法搜查或非法侵入公民住宅

【答案】B

【解析】《宪法》没有明确规定生命权。B项错误。考生需要熟悉现行《宪法》规定了哪些基本权利，没有规定哪些基本权利。

7. 我国《宪法》第三十八条明确规定："中华人民共和国公民的人格尊严不受侵犯。"关于该条文所表现的宪法规范，下列哪些选项是正确的？（2015－1－61）

A. 在性质上属于组织性规范

B. 通过《民法典》中有关姓名权的规定得到了间接实施

C. 法院在涉及公民名誉权的案件中可以直接据此作出判决

D. 与法律中的有关规定相结合构成一个有关人格尊严的规范体系

【答案】BD

【解析】宪法中既包括关于国家机构组织及其职权的规范（组织性规范），也包括公民基本权利的规范（人权规范）。题干中关于人格尊严的规定，分明是人权规范，和国家机构组织无关。A 项错误。就实施方式而言，其他法律的实施都具有直接性，但宪法的实施方式的间接性特点更为突出。这实际上是由宪法作为"母法"的特点所决定的。也就是说，宪法在实施过程中，主要是通过具体法律规范来作用于具体的人和事，国家的其他法律和法律性文件是以宪法为基础并且不能与宪法相抵触。B 项表述无误。在我国，法院不能直接引用宪法裁判案件。C 项错误。宪法中的人格尊严条款与《民法典》中的人格权条款等一系列条款共同构成了一个有关人格尊严的完整规范体系。D 项正确。

8. 我国《宪法》规定公民的住宅不受侵犯。下列哪些选项属于侵犯公民住宅的行为？（2008 - 1 - 60）

A. 非法侵入公民住宅　　　　B. 非法搜查公民住宅

C. 非法买卖公民住宅　　　　D. 非法出租公民住宅

【答案】AB

扫码听课

【解析】《宪法》第 39 条规定，中华人民共和国公民的住宅不受侵犯。禁止非法搜查或者非法侵入公民的住宅。所以宪法层面上规定的侵犯公民住宅包括非法搜查公民住宅和非法侵入公民住宅，所以本题的正确选项是 AB。必须注意，本条保护的是公民的住宅自由，即住宅之安宁与隐私免于国家公权力或他人干扰的法益，区别于公民对于住宅的财产权。因此，CD 两项理解有误。

9. 根据我国宪法规定，关于公民住宅不受侵犯，下列哪些选项是正确的？（2012 - 1 - 61）

A. 该规定要求国家保障每个公民获得住宅的权利

B. 《治安管理处罚法》第 40 条规定，非法侵入他人住宅的，视情节给予不同时日的行政拘留和罚款。该条规定体现了宪法保障住宅不受侵犯的精神

C. 《刑事诉讼法》第 71 条规定，被取保候审的犯罪嫌疑人、被告人未经执行机关批准不得离开所居住的市、县。该条规定是对《宪法》规定的公民住宅不受侵犯的合理限制

D. 住宅自由不是绝对的，公安机关、检察机关为了收集犯罪证据、查获犯罪嫌疑人，严格依法对公民住宅进行搜查并不违宪

【答案】BD

扫码听课

【解析】住宅不受侵犯属于消极受益权，重在强调"不受侵犯"，即在没有法律的许可或者户主等居住者的同意的情况下，任何机关、团体或者个人都不能以各种形式如随意进入、查封、搜查等"侵犯"公民的住宅。A 项错在将其理解为一种积极受益权。《治安管理处罚法》依据宪法制定，其第 40 条相应地也体现了宪法住宅不受侵犯的精神。B 项正确。C 项中的取保候审与住宅不受侵犯没有关系，可以排除。D 项的说法正确，住宅自由可以依法限制。

10. 某县人民法院审理一民事案件过程中，要求县移动通信营业部提供某通

扫码听课

大咖点拨区

大咖点拨区

信用户的电话详单。根据我国宪法的规定，下列说法何者为正确？（2004－1－85）

　　A. 用户电话详单属于宪法保护的公民通信秘密的范围

　　B. 县人民法院有权要求县移动通信营业部提供任何移动通信用户的电话详单

　　C. 县移动通信营业部有义务保护通信用户的通信自由和通信秘密

　　D. 县人民法院有权检查任何移动通信用户的电话详单

【答案】AC

【解析】《宪法》第40条规定：中华人民共和国公民的通信自由和通信秘密受法律的保护。除因国家安全或者追查刑事犯罪的需要，由公安机关或者检察机关依照法律规定的程序对通信进行检查外，任何组织或者个人不得以任何理由侵犯公民的通信自由和通信秘密。可见，只有在特定情况下公安机关或检察机关才有权对通信进行检查，人民法院无权检查。故本题应该选AC。

　　11. 根据我国宪法关于公民基本权利的规定，下列哪一说法是正确的？（2010－1－17）

　　A. 我国公民在年老、疾病或者遭受自然灾害时有获得物质帮助的权利

　　B. 我国公民被剥夺政治权利的，其出版自由也被剥夺

　　C. 我国公民有信仰宗教与公开传教的自由

　　D. 我国公民有任意休息的权利

扫码听课

【答案】B

【解析】根据宪法规定，我国公民在年老、疾病或者丧失劳动能力的情况下，有从国家和社会获得物质帮助的权利。选项A错误。在我国，出版自由属于政治自由，因此选项B正确。宪法没有规定我国公民有公开传教的自由。选项C错误。劳动者根据国家法律和制度的有关规定享有休息权。选项D错误。

　　12. 根据现行《宪法》规定，关于公民权利和自由，下列哪一选项是正确的？（2008－1－17）

　　A. 劳动、受教育和依法服兵役既是公民的基本权利又是公民的基本义务

　　B. 休息权的主体是全体公民

　　C. 公民在年老、疾病或者未丧失劳动能力的情况下，有从国家和社会获得物质帮助的权利

扫码听课

　　D. 2004年《宪法修正案》规定，国家尊重和保障人权

【答案】D

【解析】劳动、受教育既是公民的基本权利又是公民的基本义务，但是服兵役明显是公民的义务而非权利，所以A是错误的。《宪法》第43条规定，中华人民共和国劳动者有休息的权利。可见休息权的主体是劳动者而非全体公民，所以B错误。《宪法》第45条规定，中华人民共和国公民在年老、疾病或者丧失劳动能力的情况下，有从国家和社会获得物质帮助的权利，C项错误。2004年《宪法修正案》第24条和《宪法》第33条第3款规定，国家尊重和保障人权。所以D是正确的。

　　13. 关于文化教育权利是公民在教育和文化领域享有的权利和自由的说法，下列哪一选项是错误的？（2009－1－23）

扫码听课

　　A. 受教育既是公民的权利，又是公民的义务

B. 宪法规定的文化教育权利是公民的基本权利

C. 我国公民有进行科学研究、文学艺术创作和其他文化活动的自由

D. 同社会经济权利一样，文化教育权利属于公民的积极受益权

【答案】D

【解析】根据《宪法》第46条第1款规定，选项A正确。在公民享有的各种文化教育权利中，凡是宪法规定的，便是公民的基本权利。选项B正确。根据《宪法》第47条规定，选项C正确。除财产权和继承权外，公民的社会经济、文化教育权利都属于公民的积极受益权，即公民可以积极主动地向国家提出请求、国家也应积极予以保障的权利。选项D错误。

14. 宪法规定公民享有的下列社会经济权利、文化教育权利中，哪些不属于公民可以积极主动地向国家提出请求的权利？（2007－1－60）

A. 受教育权　　　B. 财产权　　　C. 继承权　　　D. 劳动权

【答案】BC

【解析】社会经济权利是指公民根据宪法规定享有的具有物质经济利益的权利，是公民实现基本权利的物质上的保障。文化教育权利则是公民根据宪法规定，在教育和文化领域享有的权利和自由。除财产权利和继承权外，公民的社会经济、文化教育权利都属于公民的积极受益权，即公民可以积极主动地向国家提出请求。

15. 根据《宪法》和法律的规定，下列哪些选项是不正确的？（2012－1－63）

A. 生命权是我国宪法明确规定的公民基本权利

B. 监督权包括批评建议权、控告检举权和申诉权

C. 《宪法》第43条第1款规定，中华人民共和国公民有休息的权利

D. 受教育既是公民的权利也是公民的义务

【答案】AC

【解析】我国宪法并未明文规定生命权，A项错误。我国宪法规定，劳动者有休息权，可见，宪法休息权的主体并非全体公民。C项错误。

16. 根据《宪法》规定，下列哪些权利是公民享有的监督权？（2009－1－64）

A. 罢免权　　　　　　　　　B. 集会、游行、示威自由

C. 批评和建议的权利　　　　D. 申诉、控告或者检举的权利

【答案】CD

【解析】监督权是指宪法赋予公民监督国家机关及其工作人员的活动的权利，其内容包括批评建议权、控告检举权和申诉权。选项C、D正确。选项A不属于普通公民的监督权，其享有主体限于人大代表。选项B属于政治自由。

17. 某市执法部门发布通告："为了进一步提升本市市容和环境卫生整体水平，根据相关规定，全市范围内禁止设置各类横幅标语。"根据该通告，关于禁设横幅标语，下列哪一说法是正确的？（2017－1－25）

A. 涉及公民的出版自由　　　　B. 不构成对公民基本权利的限制

C. 在目的上具有正当性　　　　D. 涉及宪法上的合理差别问题

【答案】C

【解析】出版自由是指通过公开出版物的形式，自由地表达对公共事务的见解和看法，是言论自由的自然延伸。本题中，设置各类横幅标语并非公开出版

物，因此不涉及出版自由，而是属于言论自由。A 项错误。"为了进一步提升本市市容和环境卫生整体水平，根据相关规定，全市范围内禁止设置各类横幅标语。"很明显，限制了各类横幅标语的设置，即限制了言论自由。B 项错误。对于横幅标语的该项禁止，乃是为了进一步提升本市市容和环境卫生整体水平，该目的的确具有正当性。C 项正确。合理差别涉及的是平等的问题，本题中并未涉及平等对待的问题。D 项错误。

18. 张某对当地镇政府干部王某的工作提出激烈批评，引起群众热议，被公安机关以诽谤他人为由行政拘留 5 日。张某的精神因此受到严重打击，事后相继申请行政复议和提起行政诉讼，法院依法撤销公安机关《行政处罚决定书》。随后，张某申请国家赔偿。根据《宪法》和法律的规定，关于本案的分析，下列哪些选项是正确的？（2016 - 1 - 63）

　　A. 王某因工作受到批评，人格尊严受到侵犯

　　B. 张某的人身自由受到侵犯

　　C. 张某的监督权受到侵犯

　　D. 张某有权获得精神损害抚慰金

【答案】 BCD

【解析】 监督权是宪法赋予公民监督国家机关及其工作人员的活动的权利，其内容包括批评建议权、控告检举权和申诉权。本案中，张某批评王某，其实是张某行使监督权的表现。虽然公安机关错误地以诽谤他人为由行政拘留张某，但是，法院已经依法撤销了公安机关的这一行政处罚决定，这充分说明了张某并未捏造或者歪曲事实诬告陷害王某，因此，王某人格尊严并未受到侵犯。A 项错误。教材指出，人身自由是指公民的身体不受非法侵犯，即不受非法限制、搜查、拘留和逮捕。题干表明，法院依法撤销了公安机关的这一行政处罚决定，这充分说明了公安机关行政拘留张某是违法的，因此，张某的人身自由受到侵犯。B 项正确。为了保障公民监督权的有效行使，《宪法》第 41 条第 1 款规定："中华人民共和国公民对于任何国家机关和国家工作人员，有提出批评和建议的权利；对于任何国家机关和国家工作人员的违法失职行为，有向有关国家机关提出申诉、控告或者检举的权利。"公安机关并未查清事实就对张某予以行政拘留，后被法院依法撤销，这说明公安机关的这一行政行为当然侵犯了张某的监督权。C 项正确。宪法规定了公民的获得赔偿权。教材指出，现行的《国家赔偿法》在归责原则方面改变了之前采用的严格的违法原则，第 2 条第 1 款规定："国家机关和国家机关工作人员行使职权，有本法规定的侵犯公民、法人和其他组织合法权益的情形，造成损害的，受害人有依照本法取得国家赔偿的权利。"并首次明确，致人精神损害、造成严重后果的，赔偿义务机关应当支付"精神损害抚慰金"。D 项正确。

19. 我国《宪法》第 13 条规定："公民的合法的私有财产不受侵犯。国家依照法律规定保护公民的私有财产权和继承权。"关于这一规定，下列哪些说法是正确的？（2017 - 1 - 61）

　　A. 国家不得侵犯公民的合法的私有财产权

　　B. 国家应当保护公民的合法的私有财产权不受他人侵犯

　　C. 对公民私有财产权和继承权的保护和限制属于法律保留的事项

　　D. 国家保护公民的合法的私有财产权，是我国基本经济制度的重要内容之一

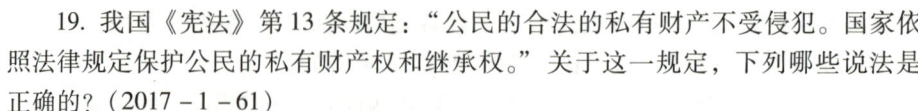

【答案】ABCD

【解析】宪法中所规定的公民的基本权利，主要是针对国家公权力而言的。因此，第13条规定"公民的合法的私有财产不受侵犯"，即强调公民的合法的私有财产免于国家的侵犯，是一种防御国家公权力的权利。A项正确。进而，第13条还规定"国家依照法律规定保护公民的私有财产权和继承权"，指明了国家不仅不能侵犯公民的私有财产权，而且还有义务保护公民的私有财产权免于其他主体的侵犯，此即所谓国家保护义务理论所突出强调的。B项正确。此外，第13条还特别强调，国家"依照法律规定"来保护，即说明相关事项属于法律保留范围，C项正确。

经济制度是指一国通过宪法和法律调整以生产资料所有制形式为核心的各种基本经济关系的规则、原则和政策的总称，包括生产资料所有制形式、各种经济成分的相互关系及其宪法地位、国家发展经济的基本方针、基本原则等内容。在我国，国家对社会主义公共财产和公民合法的私有财产的保护均属于我国经济制度的重要内容。D项正确。

第三节　我国公民的基本义务

大咖点拨区

1. 根据《宪法》的规定，关于公民纳税义务，下列哪些选项是正确的？（2012-1-62）

A. 国家在确定公民纳税义务时，要保证税制科学合理和税收负担公平

B. 要坚持税收法定原则，税收基本制度实行法律保留

C. 纳税义务直接涉及公民个人财产权，宪法纳税义务具有防止国家权力侵犯其财产权的属性

D. 履行纳税义务是公民享有其他权利的前提条件

【答案】ABC

【解析】纳税义务具有双重性：一方面，纳税是国家财政的主要来源，具有形成国家财力的属性；也是国家进行宏观调控的重要经济杠杆；另一方面，纳税义务具有防止国家权力侵犯其财产权的属性。与纳税义务相对的是国家的课税权。依法纳税是保护公民财产权的重要保证。因此，C项正确。国家在确定公民纳税义务时，要保证税制的科学合理和税收负担的公平；既要保证国家财政需要，又要使纳税人有实际的承受能力。A项正确。《立法法》规定，税收的基本制度只能制定法律。据此，B项正确。宪法并没有规定履行义务是公民享有其他权利的前提条件。所以，D项错误。

扫码听课

2. 王某为某普通高校应届毕业生，23岁，尚未就业。根据《宪法》和法律的规定，关于王某的权利义务，下列哪一选项是正确的？（2014-1-24）

A. 无需承担纳税义务　　　　　B. 不得被征集服现役

C. 有选举权和被选举权　　　　D. 有休息的权利

【答案】C

【解析】根据宪法规定，中华人民共和国公民有纳税的义务。每个公民都是纳税人，此身份与是否直接向税务机关缴纳税款无关。因此，A项错误。在我国，

扫码听课

✏ **大咖点拨区**

依法被剥夺政治权利的人不得服兵役；应征公民被羁押，正在受侦查、起诉、审判的，或者被判处徒刑、拘役、管制在服刑的，不征集服兵役；应征公民是维持家庭生活的唯一劳动力或者是正在全日制学校就学的学生，可以缓征。据此可见，23周岁的王某已经从高校毕业，既不具备缓征的条件，也不满足不得服兵役、不征集服现役的情形，而是属于应当被征集服现役的范围。B项错误。选举权的普遍性要求，只要符合三大基本条件就有选举权和被选举权，与是否就业无关。C项正确。现行《宪法》第43条第1款规定，中华人民共和国劳动者有休息的权利。王某尚未就业，因此谈不上享有宪法上的休息的权利。D项错误。

第六章　国家机构

第一节　国家机构概述

我国宪法第 3 条规定："中华人民共和国的国家机构实行民主集中制的原则。"这项原则的内容主要体现在下列哪些方面？（2003 – 1 – 46）

A. 在国家机构与人民的关系方面，体现了国家权力来自人民，由人民组织国家机构

B. 在同级国家机构中，国家权力机关居于主导地位

C. 在中央和地方机构的关系方面，实行"中央和地方的国家机构和职权的划分，遵循在中央的统一领导下，充分发挥地方的主动性、积极性的原则

D. 各国家机关在行使职权时实行集体负责制

【答案】ABC

【解析】在我国，不同性质的国家机关采取不同的责任制形式。各级人民代表大会及其常务委员会、人民法院和人民检察院等是实行集体负责制的机关；而国务院及其各部、委，中央军委以及地方各级人民政府等都实行个人负责制。因此，D 项错误。

扫码听课

第二节　全国人民代表大会及其常务委员会

1. 根据《全国人大议事规则》，下列说法正确的有（　　）

A. 全国人民代表大会通过的宪法修正案，由国家主席发布主席令予以公布

B. 全国人大决定任命的国务院总理，以全国人大公告予以公布；副总理、国务委员、各部部长、各委员会主任、中国人民银行行长、审计长、秘书长，由国家主席签署主席令任命并予以公布

C. 会议表决议案采用无记名按表决器方式；如表决器系统在使用中发生故障，采用举手方式

D. 代表在大会全体会议上发言的，每人可以发言两次，每次不超过十分钟

【答案】C

【解析】全国人民代表大会通过的宪法修正案，以全国人民代表大会公告予以公布。A 项错误。

《全国人大议事规则》第 61 条规定，全国人民代表大会选举产生的全国人民代表大会常务委员会委员长、副委员长、秘书长、委员，中华人民共和国主席、副主席，中央军事委员会主席，国家监察委员会主任，最高人民法院院长，最高

扫码听课

人民检察院检察长，决定任命的中央军事委员会副主席、委员，通过的全国人民代表大会专门委员会成员，以全国人民代表大会公告予以公布；全国人民代表大会决定任命的国务院总理、副总理、国务委员、各部部长、各委员会主任、中国人民银行行长、审计长、秘书长，由中华人民共和国主席根据全国人民代表大会的决定，签署主席令任命并予以公布。B 项错误。

同法第 57 条规定，代表在大会全体会议上发言的，每人可以发言两次，第一次不超过十分钟，第二次不超过五分钟。第 58 规定，主席团成员和代表团团长或者代表团推选的代表在主席团每次会议上发言的，每人可以就同一议题发言两次，第一次不超过十五分钟，第二次不超过十分钟；经会议主持人许可，发言时间可以适当延长。D 项错误。

2. 根据《全国人大组织法》，下列说法不正确的有（　　）

A. 六分之一的全国人民代表大会代表提议，可以临时召集全国人民代表大会会议

B. 全国人民代表大会每次会议举行预备会议，选举本次会议的主席团和秘书长，通过本次会议的议程和其他准备事项的决定

C. 全国人大主席团推选常务主席若干人，负责召集并主持全国人大的全体会议

D. 全国人大常委会委员长因为健康情况不能工作或者缺位的时候，由常务委员会在副委员长中选举一人继任委员长的职位

【答案】ACD

【解析】《全国人大组织法》第 8 条规定，全国人民代表大会会议每年举行一次，由全国人民代表大会常务委员会召集。全国人民代表大会常务委员会认为必要，或者有五分之一以上的全国人民代表大会代表提议，可以临时召集全国人民代表大会会议。A 项错误，需要五分之一以上。

同法第 12 条规定，主席团主持全国人民代表大会会议；主席团推选常务主席若干人，召集并主持主席团会议；主席团推选主席团成员若干人分别担任每次大会全体会议的执行主席，并指定其中一人担任全体会议主持人。C 项错误。

同法第 24 条规定，常务委员会委员长主持常务委员会会议和常务委员会的工作；副委员长、秘书长协助委员长工作；副委员长受委员长的委托，可以代行委员长的部分职权；委员长因为健康情况不能工作或者缺位的时候，由常务委员会在副委员长中推选一人代理委员长的职务，直到委员长恢复健康或者全国人民代表大会选出新的委员长为止。D 项错误。

3. 关于中央国家机构组成人员的选举、罢免、任免和辞职，根据《全国人大议事规则》，下列说法错误的有（　　）

A. 全国人大全体会议选举或者表决任命案的时候，设秘密写票处

B. 全国人大全体会议选举或者表决的结果，由会议主持人当场宣布；候选人的得票数，应当公布

C. 在全国人大闭会期间，外交部部长提出辞职的，由委员长会议将其辞职请求提请全国人大常委会审议决定；常委会接受辞职后，应当报请全国人大下次会议确认

D. 全国人大闭会期间，国务院总理缺位的，全国人大常委会可以在国务院副

总理中决定一人担任总理职务

【答案】CD

【解析】《全国人大议事规则》第40条规定，全国人民代表大会会议选举或者决定任命，采用无记名投票方式；得票数超过全体代表的半数的，始得当选或者通过；大会全体会议选举或者表决任命案的时候，设秘密写票处；选举或者表决结果，由会议主持人当场宣布；候选人的得票数，应当公布。AB两项正确。

同法第43条规定，全国人民代表大会会议期间，全国人民代表大会常务委员会的组成人员，中华人民共和国主席、副主席，**国务院的组成人员**，中央军事委员会的组成人员，国家监察委员会主任，最高人民法院院长，最高人民检察院检察长，全国人民代表大会专门委员会成员提出辞职的，由主席团将其辞职请求交各代表团审议后，提请大会全体会议决定；大会闭会期间提出辞职的，由委员长会议将其辞职请求提请全国人民代表大会常务委员会审议决定。

全国人民代表大会常务委员会接受全国人民代表大会常务委员会委员长、副委员长、秘书长，中华人民共和国主席、副主席，**国务院总理、副总理、国务委员**，中央军事委员会主任，国家监察委员会主任，最高人民法院院长，最高人民检察院检察长辞职的，应当报请全国人民代表大会下次会议确认。

全国人民代表大会常务委员会**接受全国人民代表大会常务委员会委员辞职的**，应当向全国人民代表大会下次会议报告。

可见，**向全国人大辞职有两个注意点**：（1）开会期间由主席团交各代表团审议后提请大会决定；（2）闭会期间由委员长会议提请常委会会议审议决定；其中，接受领导人员的辞职，应报请人大下次会议确认；接受常委会委员的辞职，应当向人大下次会议报告；接受国务院正副总理以外的组成人员辞职，不需要报请全国人大下次会议确认。C项错误。

同法第43条规定，全国人民代表大会闭会期间，国务院总理、中央军事委员会主席、国家监察委员会主任、最高人民法院院长、最高人民检察院检察长缺位的，全国人民代表大会常务委员会可以分别在国务院副总理、中央军事委员会副主席、国家监察委员会副主任、最高人民法院副院长、最高人民检察院副检察长中决定代理人选。D项错误。

4. 根据《宪法》和法律的规定，下列表述错误的是？（　　）

A. 全国人大代表在全国人大各种会议上的各种活动不受法律追究

B. 在全国人大闭会期间，全国人大代表未经本级人大主席团许可，不受逮捕和刑事审判

C. 因刑事案件被羁押正在受侦查、起诉、审判的代表，终止代表资格

D. 未经批准两次不出席本级人民代表大会会议的代表，终止代表资格

E. 全国人大代表在全国人大全体会议上临时要求发言的，必须取得大会执行主席许可

F. 代表团团长或者代表团推选的代表在全国人大主席团每次会议上发言的，每人可以就同一议题发言两次，第一次不超过十分钟，第二次不超过五分钟

【答案】ABCF

【所涉考点】全国人大代表

【解析】根据《宪法》第75条的规定，全国人民代表大会代表在全国人民代

扫码听课

表大会各种会议上，只是发言和表决不受法律的追究，并非是所有的活动不受法律的追究，因此A项说法错误。根据《宪法》第74条规定，在全国人民代表大会闭会期间，其代表的逮捕或者刑事审判，应该是必须"经全国人民代表大会常务委员会许可"，而不是"主席团"。因此，B项说法错误。因刑事案件被羁押正在受侦查、起诉、审判的，或者被依法判处管制、拘役或者有期徒刑而没有附加剥夺政治权利，正在服刑的，应暂时停止执行代表职务，上述情形在代表任期内消失后，恢复其执行代表职务。C项错误。未经批准两次不出席本级人民代表大会会议的，或者被罢免的，或者依照法律被剥夺政治权利的，或者丧失国籍的，或者迁出或者调离本行政区域，或者辞职被接受的，其代表资格终止。D项正确。

全国人大代表要求在大会全体会议上发言的，应当在会前向秘书处报名，由大会执行主席安排发言顺序；在大会全体会议上临时要求发言的，经大会执行主席许可，始得发言。主席团成员和代表团团长或者代表团推选的代表在主席团每次会议上发言的，每人可以就同一议题发言两次，第一次不超过十五分钟，第二次不超过十分钟。经会议主持人许可，发言时间可以适当延长。E项正确，F项错误。

5. 根据《全国人大组织法》，下列说法错误的有( )

A. 全国人民代表大会会议每年举行一次，由全国人民代表大会常务委员会召集

B. 全国人民代表大会常务委员会认为必要，或者有五分之一以上的全国人民代表大会代表提议，可以临时召集全国人民代表大会会议

C. 全国人民代表大会代表按照选举单位组成代表团，各代表团分别选举代表团团长、副团长

D. 全国人民代表大会每次会议举行预备会议，选举本次会议的主席团和秘书长，通过本次会议的议程和其他准备事项的决定

E. 主席团推选执行主席若干人，召集并主持主席团会议

F. 全国人民代表大会会议设立秘书处，秘书处由秘书长、副秘书长若干人和秘书若干人组成

G. 主席团常务主席可以对会议日程作必要的调整

H. 全国人民代表大会常务委员会每届任期同全国人民代表大会每届任期相同，行使职权到下届全国人民代表大会选出新的常务委员会为止

I. 常务委员会的组成人员不得担任国家行政机关、监察机关、审判机关和检察机关的职务；如果担任上述职务，应当向常务委员会辞去常务委员会的职务

J. 委员长因为健康情况不能工作或者缺位的时候，由委员长在副委员长中指定一人代理委员长的职务，直到委员长恢复健康或者全国人民代表大会选出新的委员长为止

K. 全国人大常务委员会在全国人民代表大会闭会期间，根据国务院总理的提名，可以决定副总理和国务委员的任免

【答案】CEFJ

【解析】全国人民代表大会代表按照选举单位组成代表团。各代表团分别推选代表团团长、副团长。C项错误。

主席团主持全国人民代表大会会议。主席团推选常务主席若干人，召集并主

持主席团会议。主席团推选主席团成员若干人分别担任每次大会全体会议的执行主席，并指定其中一人担任全体会议主持人。E项错误。

全国人民代表大会会议设立秘书处。**秘书处由秘书长和副秘书长若干人组成**。副秘书长的人选由主席团决定。秘书处在秘书长领导下，办理主席团交付的事项，处理会议日常事务工作。副秘书长协助秘书长工作。F项错误。

主席团常务主席就拟提请主席团审议事项，听取秘书处和有关专门委员会的报告，向主席团提出建议。主席团常务主席可以对会议日程作必要的调整。G项正确。

全国人大常委会委员长因为健康情况不能工作或者缺位的时候，由常务委员会在副委员长中推选一人代理委员长的职务，直到委员长恢复健康或者全国人民代表大会选出新的委员长为止。J项错误。

全国人大常务委员会在全国人民代表大会闭会期间，根据国务院总理的提名，可以决定国务院其他组成人员的任免；根据中央军事委员会主席的提名，可以决定中央军事委员会其他组成人员的任免。K项正确。

6. 关于全国人大的专门委员会和调查委员会，下列说法不正确的有（　　）

A. 各专门委员会受全国人民代表大会领导；在全国人民代表大会闭会期间，受全国人民代表大会常务委员会领导

B. 各专门委员会由主任委员、副主任委员若干人、委员若干人和秘书长组成

C. 在全国人大闭会期间，全国人民代表大会常务委员会可以任免专门委员会的组成人员，由委员长会议提名，常务委员会会议表决通过

D. 各专门委员会每届任期同全国人民代表大会每届任期相同，履行职责到下届全国人民代表大会产生新的专门委员会为止

E. 全国人人各专门委员会的顾问由全国人民代表大会常务委员会任免

F. 宪法和法律委员会统一审议向全国人民代表大会或者全国人民代表大会常务委员会提出的法律草案和有关法律问题的决定草案；其他专门委员会就有关草案向宪法和法律委员会提出意见

G. 全国人民代表大会或者全国人民代表大会常务委员会都可以组织对于特定问题的调查委员会

【答案】BC

【解析】各专门委员会由主任委员、副主任委员若干人和委员若干人组成。B项错误。

各专门委员会的主任委员、副主任委员和委员的人选由主席团在代表中提名，全国人民代表大会会议表决通过。在大会闭会期间，全国人民代表大会常务委员会可以任免专门委员会的副主任委员和委员，由委员长会议提名，常务委员会会议表决通过。C项错误。

各专门委员会可以根据工作需要，任命专家若干人为顾问；顾问可以列席专门委员会会议，发表意见。顾问由全国人民代表大会常务委员会任免。E项正确。

7. 关于全国人大代表，下列说法不正确的有（　　）

A. 全国人民代表大会代表每届任期五年，从每届全国人民代表大会举行第一次会议开始，到下届全国人民代表大会举行第一次会议为止

B. 全国人民代表大会代表应当同原选举单位和人民保持密切联系，可以列席

扫码听课

扫码听课

原选举单位的人民代表大会会议

C. 全国人民代表大会代表和全国人大常委会的组成人员的各种言论，不受法律追究

D. 全国人民代表大会代表非经全国人民代表大会主席团许可，在全国人民代表大会闭会期间非经全国人民代表大会常务委员会许可，不受逮捕或者审判

E. 在全国人大闭会期间，全国人民代表大会代表如果因为是现行犯被拘留，执行拘留的公安机关应当立即向全国人民代表大会主席团报告

F. 代表在全国人民代表大会各种会议上发言，应当围绕会议确定的议题进行

G. 代表在大会全体会议上发言的，每人可以发言两次，第一次不超过十分钟，第二次不超过五分钟

【答案】CDE

【解析】全国人民代表大会代表、全国人民代表大会常务委员会的组成人员，在全国人民代表大会和全国人民代表大会常务委员会各种会议上的发言和表决，不受法律追究。C项错误。

全国人民代表大会代表非经全国人民代表大会主席团许可，在全国人民代表大会闭会期间非经全国人民代表大会常务委员会许可，不受逮捕或者**刑事审判**。D项错误。

全国人民代表大会代表如果因为是现行犯被拘留，执行拘留的公安机关应当立即向全国人民代表大会主席团或者全国人民代表大会常务委员会报告。E项错误，闭会期间向常委会报告。

8. 关于全国人大会议的表决和公布程序，下列说法不正确的有（　　　　）

A. 大会全体会议表决议案，由全体代表的三分之二以上多数通过

B. 表决结果由会议主持人当场宣布

C. 全国人大会议表决议案时，代表可以表示赞成，可以表示反对，也可以表示弃权

D. 会议表决议案采用无记名按表决器方式；如表决器系统在使用中发生故障，采用举手方式

E. 宪法的修改，采用无记名投票方式表决

F. 全国人民代表大会决定任命的国务院总理、副总理、国务委员，以全国人民代表大会公告予以公布

G. 全国人民代表大会通过的宪法修正案，由国家主席发布主席令予以公布

【答案】AFG

【解析】大会全体会议表决议案，由全体代表的过半数通过。宪法的修改，由全体代表的三分之二以上的多数通过。A项错误。

全国人民代表大会选举产生的全国人民代表大会常务委员会委员长、副委员长、秘书长、委员，中华人民共和国主席、副主席，中央军事委员会主席，国家监察委员会主任，最高人民法院院长，最高人民检察院检察长，决定任命的中央军事委员会副主席、委员，通过的全国人民代表大会专门委员会成员，以全国人民代表大会公告予以公布。全国人民代表大会决定任命的国务院总理、副总理、国务委员、各部部长、各委员会主任、中国人民银行行长、审计长、秘书长，由中华人民共和国主席根据全国人民代表大会的决定，签署主席令任命并予以公

布。F 项错误。

全国人民代表大会通过的宪法修正案，以全国人民代表大会公告予以公布。G 项错误。

9. 全国人大常委会的职权之一是监督国家机关的工作。根据宪法和法律，下列有关全国人大常委会行使监督权的表述中哪些是正确的？（2002 - 1 - 43）

A. 全国人大常委会组成人员 10 人以上联名有权提出对国务院的质询案

B. 全国人大常委会组成人员 10 人以上联名无权提出对中央军事委员会的质询案

C. 全国人大常委会组成人员 10 人以上联名有权提出对最高人民法院的质询案

D. 全国人大常委会组成人员 10 人以上联名无权提出对国家主席的质询案

【答案】ABCD

【解析】根据《全国人大组织法》第 30 条规定，常务委员会会议期间，常务委员会组成人员十人以上联名，可以向常务委员会书面提出对国务院以及国务院各部门、国家监察委员会、最高人民法院、最高人民检察院的质询案。可见，ABCD 四项均正确。

10. 根据《宪法》和《监督法》的规定，关于各级人大常委会依法行使监督权，下列选项正确的是：（2013 - 1 - 91）

A. 各级人大常委会行使监督权的情况，应当向本级人大报告，接受监督

B. 全国人大常委会可以委托下级人大常委会对有关法律、法规在本行政区域内的实施情况进行检查

C. 质询案以书面答复的，由受质询的机关的负责人签署

D. 依法设立的特定问题调查委员会在调查过程中，可以不公布调查的情况和材料

【答案】ACD

【解析】根据《监督法》第 6 条，A 项正确。根据同法第 25 条，全国人大常委会和省级人大常委会根据需要，可以委托**下一级人大常委会**对有关法律、法规在本行政区域内的实施情况进行检查。因此，B 项错误。根据同法第 38 条，质询案以口头答复的，由受质询机关的负责人到会答复；质询案以书面答复的，由受质询机关的负责人签署。C 项正确。根据同法第 42 条，D 项正确。

【相关法条·《常委会监督法》】

第六条 各级人民代表大会常务委员会行使监督职权的情况，应当向本级人民代表大会报告，接受监督。

第二十五条 全国人民代表大会常务委员会和省、自治区、直辖市的人民代表大会常务委员会根据需要，可以委托下一级人民代表大会常务委员会对有关法律、法规在本行政区域内的实施情况进行检查。受委托的人民代表大会常务委员会应当将检查情况书面报送上一级人民代表大会常务委员会。

第四十二条 调查委员会进行调查时，有关的国家机关、社会团体、企业事业组织和公民都有义务向其提供必要的材料。

提供材料的公民要求对材料来源保密的，调查委员会应当予以保密。

调查委员会在调查过程中，可以不公布调查的情况和材料。

大咖点拨区

扫码听课

扫码听课

11. 根据《全国人大组织法》规定，下列关于全国人大代表团的哪一说法是正确的？（2009－1－20）

A. 代表团团长、副团长由各代表团全体成员选举产生

B. 两个以上代表团方可向全国人大提出属于全国人大职权范围内的议案

C. 三个以上的代表团可以提出对于全国人大常委会的组成人员，国家主席、副主席，国务院和中央军事委员会的组成人员，国家监察委员会主任，最高人民法院院长和最高人民检察院检察长的罢免案

D. 一个代表团和三十名以上的代表联合才可以提出对国务院及其各部、各委员会的质询案

【答案】C

【解析】根据《全国人大组织法》第十条，全国人民代表大会代表按照选举单位组成代表团。各代表团分别推选代表团团长、副团长。代表团在每次全国人民代表大会会议举行前，讨论全国人民代表大会常务委员会提出的关于会议的准备事项；在会议期间，对全国人民代表大会的各项议案进行审议，并可以由代表团团长或者由代表团推派的代表，在主席团会议上或者大会全体会议上，代表代表团对审议的议案发表意见。所以，选项 A 错误，代表团团长和副团长乃是由各代表团推选产生，不是选举。

根据同法第十七条的规定，一个代表团或者三十名以上的代表联名，可以向全国人民代表大会提出属于全国人民代表大会职权范围内的议案。所以选项 B 错误。

根据同法第二十条，全国人民代表大会主席团、三个以上的代表团或者十分之一以上的代表，可以提出对全国人民代表大会常务委员会的组成人员，中华人民共和国主席、副主席，国务院和中央军事委员会的组成人员，国家监察委员会主任，最高人民法院院长和最高人民检察院检察长的罢免案，由主席团提请大会审议。选项 C 正确。

根据同法第二十一条，全国人民代表大会会议期间，一个代表团或者三十名以上的代表联名，可以书面提出对国务院以及国务院各部门、国家监察委员会、最高人民法院、最高人民检察院的质询案。可见，"一个代表团"和"三十名以上代表"二者均有权提出，不必联名。况且，代表团和代表也没有办法联名。选项 D 错误。

12. 根据《全国人民代表大会组织法》的规定，下列哪些选项是错误的？（根据 2008 四川－1－61 改编）

A. 全国人民代表大会每次会议举行预备会议，选举本次会议的主席团和秘书长，通过本次会议的议程和其他准备事项的决定

B. 会议主席团设常务主席若干人，轮流担任会议执行主席

C. 30 名以上的代表，可以就国家生活和国计民生的任何问题，向全国人民代表大会提出议案

D. 向全国人民代表大会提出的议案，在交付大会表决前，提案人要求撤回议案，必须经过主席团同意

【答案】BC

【解析】根据《全国人民代表大会组织法》第十一条，全国人民代表大会每

次会议举行预备会议，选举本次会议的主席团和秘书长，通过本次会议的议程和其他准备事项的决定；主席团和秘书长的名单草案，由全国人民代表大会常务委员会委员长会议提出，经常务委员会会议审议通过后，提交预备会议。A项表述正确。

根据同法第十二条，主席团主持全国人民代表大会会议；主席团推选常务主席若干人，召集并主持主席团会议；主席团推选主席团成员若干人分别担任每次大会全体会议的执行主席，并指定其中一人担任全体会议主持人。可见，常务主席和执行主席并不是一回事，所以B项表述错误。

根据同法第十七条的规定，一个代表团或者三十名以上的代表联名，可以向全国人民代表大会提出属于全国人民代表大会职权范围内的议案。可见，全国人民代表大会只能审议其职权范围内的事项；所以，三十名以上的代表可以向全国人民代表大会提出属于全国人民代表大会职权范围内的议案，而不是就国家生活和国计民生的任何问题都可以提案。所以C项的表述是错误的。

根据《全国人大议事规则》第二十九条，列入会议议程的议案，在交付表决前，提案人要求撤回的，经主席团同意，会议对该议案的审议即行终止。所以D项的表述正确。

13. 根据《宪法》和《立法法》规定，关于全国人大常委会委员长会议，下列哪些选项是正确的？（2011－1－61）

A. 委员长会议可以向常委会提出法律案

B. 列入常委会会议议程的法律案，一般应当经3次委员长会议审议后再交付常委会表决

C. 经委员长会议决定，可以将列入常委会会议议程的法律案草案公布，征求意见

D. 专门委员会之间对法律草案的重要问题意见不一致时，应当向委员长会议报告

【答案】 AD

【解析】 根据《立法法》的规定，委员长会议有权向常务委员会提出法律案。选项A正确。三读是指三次常委会全体会议审议，而非委员长会议审议。选项B错误。根据新修订的《立法法》的规定，常委会的工作机构应当在常委会会议后将法律草案及其起草、修改的说明等向社会公布，征求意见，但是经委员长会议决定不公布的除外；向社会公布征求意见的时间一般不少于三十日；征求意见的情况应当向社会通报。可见，为贯彻民主立法原则，法律草案原则上应当向社会公布、征求意见；特殊情况下不公布的，需要经委员长会议作出决定。可见，C项错误。根据《立法法》规定，专门委员会之间对法律草案的重要问题意见不一致时，应当向委员长会议报告。选项D正确。

14. 根据《宪法》规定，关于全国人大的专门委员会，下列哪些选项是不正确的？（2013－1－26）

A. 各专门委员会在其职权范围内所作决议，具有全国人大及其常委会所作决定的效力

B. 各专门委员会的主任委员、副主任委员由全国人大及其常委会任命

C. 关于特定问题的调查委员会的任期与全国人大及其常委会的任期相同

扫码听课

扫码听课

大咖点拨区

D. 全国人大及其常委会领导专门委员会的工作

【答案】ABC

【解析】专门委员会是全国人大的辅助性的工作机构,在全国人大及其常委会的领导下,研究、审议、拟订有关议案。A项错误,D项正确。各委员会由主任1人、副主任和委员若干人组成;人选由主席团从代表中提名,大会通过;在全国人大闭会期间,常委会可以补充任命专门委员会的个别副主任委员和部分委员。B项错误。调查委员会属于临时委员会,无一定任期,调查任务一经完成,该委员会即予撤销。C项错误。

15. 根据《宪法》和法律的规定,关于立法权权限和立法程序,下列选项正确的是:(2013-1-89)

A. 全国人大常委会在人大闭会期间,可以对全国人大制定的法律进行部分补充和修改,但不得同该法律的基本原则相抵触

B. 全国人大通过的法律由全国人民代表大会主席团予以公布

C. 全国人大宪法和法律委员会审议法律案时,应邀请有关专门委员会的成员列席会议,发表意见

D. 列入全国人大常委会会议议程的法律案,除特殊情况外,应当在举行会议七日前将草案发给常委会组成人员

【答案】ACD

【解析】基本法律原则上由全国人大制定和修改。但在全国人大闭会期间,全国人大常委会有权对基本法律进行部分的补充和修改,但不得同该法律的基本原则相抵触。A项正确。不论是全国人大制定的基本法律,还是全国人大常委会制定的非基本法律,通过之后都应由国家主席发布主席令加以公布。B项表述错误。根据新修订的《立法法》的规定,有关的专门委员会审议法律案时,可以邀请其他专门委员会的成员列席会议,发表意见。但是,宪法和法律委员会审议法律案时,**应当邀请**有关的专门委员会的成员列席会议,发表意见。所以,C项表述正确。法律案列入全国人大常委会会议议程之后,除特殊情况外,应当在会议举行的七日前将法律草案发给常委会组成人员。D项所表述的信息正确无误。

16. 各级人民代表大会常务委员会有权审查和批准决算、听取预算的执行情况报告。根据《宪法》和《监督法》的规定,下列表述正确的是?(2008-1-93)

A. 县级以上地方各级人民政府应当在每年六月至九月期间,将上一年度的本级决算草案提请本级人大常委会审查和批准

B. 国务院应当在每年六月至九月期间向全国人大常委会报告本年度上一阶段预算的执行情况

C. 预算安排的农业、教育、科技、文化、卫生、社会保障等资金需要调减的,国务院和县级以上地方各级人民政府应当提请本级人大常委会审查和批准

D. 上级财政补助资金的安排和使用情况,是地方各级人大常委会对决算草案和预算执行情况重点审查的内容之一

【答案】ABCD

【解析】根据《常务委员会监督法》第15条第2款规定,A项说法正确。根据第16条规定,B项说法正确。根据第17条第2款规定,C项说法正确。根据第

18 条规定，D 项说法正确。

【相关法条·《常委会监督法》】

第十五条　国务院应当在每年六月，将上一年度的中央决算草案提请全国人民代表大会常务委员会审查和批准。

县级以上地方各级人民政府应当在每年六月至九月期间，将上一年度的本级决算草案提请本级人民代表大会常务委员会审查和批准。

决算草案应当按照本级人民代表大会批准的预算所列科目编制，按预算数、调整数或者变更数以及实际执行数分别列出，并作出说明。

第十六条　国务院和县级以上地方各级人民政府应当在每年六月至九月期间，向本级人民代表大会常务委员会报告本年度上一阶段国民经济和社会发展计划、预算的执行情况。

第十七条　国民经济和社会发展计划、预算经人民代表大会批准后，在执行过程中需要作部分调整的，国务院和县级以上地方各级人民政府应当将调整方案提请本级人民代表大会常务委员会审查和批准。

严格控制不同预算科目之间的资金调整。预算安排的农业、教育、科技、文化、卫生、社会保障等资金需要调减的，国务院和县级以上地方各级人民政府应当提请本级人民代表大会常务委员会审查和批准。

国务院和县级以上地方各级人民政府有关主管部门应当在本级人民代表大会常务委员会举行会议审查和批准预算调整方案的一个月前，将预算调整初步方案送交本级人民代表大会财政经济委员会进行初步审查，或者送交常务委员会有关工作机构征求意见。

第十八条　常务委员会对决算草案和预算执行情况报告，重点审查下列内容：

（一）预算收支平衡情况；

（二）重点支出的安排和资金到位情况；

（三）预算超收收入的安排和使用情况；

（四）部门预算制度建立和执行情况；

（五）向下级财政转移支付情况；

（六）本级人民代表大会关于批准预算的决议的执行情况。

除前款规定外，全国人民代表大会常务委员会还应当重点审查国债余额情况；县级以上地方各级人民代表大会常务委员会还应当重点审查上级财政补助资金的安排和使用情况。

第十九条　常务委员会每年审查和批准决算的同时，听取和审议本级人民政府提出的审计机关关于上一年度预算执行和其他财政收支的审计工作报告。

17. 全国人大常委会是全国人大的常设机关，根据宪法规定，全国人大常委会行使多项职权，但下列哪一职权不由全国人大常委会行使？（2007－1－16）

A. 解释宪法，监督宪法的实施

B. 批准省、自治区、直辖市的建置

C. 废除同外国缔结的条约和重要协定

D. 审批国民经济和社会发展计划以及国家预算部分调整方案

【答案】 B

扫码听课

大咖点拨区

【解析】《宪法》第62条规定，批准省、自治区和直辖市的建置属于全国人民代表大会的职权。所以，B项不属于人大常委会行使职权的范围。

18. 关于宪法和法律委员会，下列说法正确的有（　　）

A. 属于全国人大的专门委员会之一，没有固定任期

B. 常委会可根据需要为其任免一定数量的非代表的专家作为委员，提供专业意见

C. 统一审议向全国人大或其常委会提出的法律草案，其他委员会提出意见

D. 享有推动宪法实施、开展宪法解释、推进合宪性审查、加强宪法监督、配合宪法宣传等工作职责

【答案】CD

【解析】宪法和法律委员会属于全国人大的专门委员会之一，其成员由主席团从代表中提名，大会表决产生；每届任期5年。A项错误。常委会可根据需要为其任免一定数量的非代表的专家作顾问，列席专门委员会会议，发表意见。B项错误。CD两项正确。

19. 根据我国宪法规定，关于决定特赦，下列哪些选项是正确的？（　　）

A. 中华人民共和国国家主席决定特赦

B. 全国人民代表大会常务委员会决定特赦

C. 新中国成立以来曾经有过大赦的实践

D. 1975年宪法和1978年宪法均没有规定赦免

E. 王某被特赦之后第四年又故意犯罪，仍然可以被特赦

F. 刘某犯受贿罪，可以被特赦

G. 特赦属于法治的例外

【答案】B

【解析】《宪法》第67条第18项规定，全国人民代表大会常务委员会行使下列职权：决定特赦。所以B正确。赦免包括大赦和特赦：**一般来说，大赦既赦其刑也赦其罪，特赦只赦其刑不赦其罪。我国1954年宪法曾规定大赦与特赦两种赦免形式，但从未有过大赦的实践**。C项错误。1975年宪法没有规定赦免；1978年宪法和1982年宪法均只规定了特赦。D项错误。

累犯不得特赦。《刑法》第六十五条：被判处有期徒刑以上刑罚的犯罪分子，刑罚执行完毕或者赦免以后，在五年以内再犯应当判处有期徒刑以上刑罚之罪的，是累犯，应当从重处罚，但是过失犯罪和不满十八周岁的人犯罪的除外。E项中，王某不得被特赦。

犯贪污受贿犯罪，故意杀人、强奸、抢劫、绑架、放火、爆炸、投放危险物质或者有组织的暴力性犯罪、黑社会性质的组织犯罪，危害国家犯罪、恐怖活动犯罪，有组织犯罪的主犯以及累犯不得特赦。F项错误，刘某不得被特赦。

特赦不属于法外开恩，而是法内开恩，体现了依法治国的理念和人道主义精神，并非法治的例外。G项错误。

20. 根据《宪法》和法律的规定，下列表述错误的是？（2008-1-94）

A. 全国人大代表在全国人大各种会议上的活动不受法律追究

B. 在全国人大闭会期间，全国人大代表未经选举单位人大常委会批准，不受逮捕和刑事审判

C. 全国人大代表受原选举单位的监督

D. 全国人大代表在全国人民代表大会开会期间，有权提出对国务院或者国务院各部、各委员会的质询案

【答案】AB

【解析】根据《宪法》第75条的规定，全国人民代表大会代表在全国人民代表大会各种会议上，只是发言和表决不受法律的追究，并非是所有的活动不受法律的追究，因此A项说法错误。根据《宪法》第74条规定，在全国人民代表大会闭会期间，对代表的逮捕或者刑事审判，应该是必须"经全国人民代表大会常务委员会许可"，而不是"经选举单位人大常委会批准"。因此，B项说法错误。根据《宪法》第77条规定，全国人民代表大会代表受原选举单位的监督。原选举单位有权依法罢免之。因此，C项说法正确。根据《宪法》第73条规定，全国人民代表大会代表有权依法提出对国务院或者国务院各部、各委员会的质询案。受质询的机关必须负责答复。因此，D项说法正确。

21. 根据《宪法》和法律的规定，关于全国人大代表的权利，下列哪些选项是正确的？（2016－1－64）

A. 享有绝对的言论自由

B. 有权参加决定国务院各部部长、各委员会主任的人选

C. 非经全国人大主席团或者全国人大常委会许可，一律不受逮捕或者行政拘留

D. 有五分之一以上的全国人大代表提议，可以临时召集全国人民代表大会会议

【答案】BD

【解析】宪法规定，全国人大代表在全国人大各种会议上的发言和表决不受法律追究。可见，全国人大代表并没有绝对的言论自由，只有在全国人大各种会议上的言论不受法律追究，在其他场合的言论当然应当受到追究。A项错误。全国人大代表有权参加各项选举和表决。全国人大代表参加决定国务院组成人员（各部部长、各委员会主任在内）和中央军事委员会副主席、委员的人选，参加表决通过全国人大各专门委员会组成人员的人选。B项正确。全国人大代表有人身受特别保护权。根据宪法和全国人民代表大会组织法、代表法的规定，在全国人大开会期间，没有经过全国人大会议主席团的许可，在全国人大闭会期间，没有经过全国人大常委会的许可，全国人大代表不受逮捕或者刑事审判。C项错误。根据宪法的规定，全国人大会议每年举行一次。如果全国人大常委会认为有必要或者1/5以上的全国人大代表提议，可以临时召集。D项正确。

22. 根据《国家勋章和国家荣誉称号法》规定，下列哪些选项是不正确的？（2017－1－26）

A. 共和国勋章由全国人大常委会提出授予议案，由全国人大决定授予

B. 国家荣誉称号为其获得者终身享有

C. 国家主席进行国事活动，可直接授予外国政要、国际友人等人士"友谊勋章"

D. 国家功勋薄是记载国家勋章和国家荣誉称号获得者的名录

【答案】ABD

扫码听课

扫码听课

大咖点拨区

【解析】全国人大常委会委员长会议（根据各方面的建议）、国务院、中央军事委员会向全国人大常委会提出授予国家勋章、国家荣誉称号的议案，全国人大常委会决定授予国家勋章和国家荣誉称号。A项错误。除非依法被撤销，国家勋章和国家荣誉称号为其获得者终身享有。获得者因犯罪被依法判处刑罚或者有其他严重违法、违纪等行为，继续享有国家勋章、国家荣誉称号将会严重损害国家最高荣誉的声誉，全国人大常委会决定撤销并予以公告。可见，国家荣誉称号并非必然由其获得者终身享有，而是有被撤销的可能。B项错误。国家设立国家功勋簿，记载国家勋章和国家荣誉称号获得者及其功绩。D项认识错误，国家功勋簿不仅是记载国家勋章和国家荣誉称号获得者的名录，而且也要记载其功绩。D项错误。

23. 根据《宪法》和《立法法》规定，关于法律案的审议，下列哪些选项是正确的？（2017-1-63）

A. 列入全国人大会议议程的法律案，由宪法和法律委员会根据各代表团和有关专门委员会的审议意见，对法律案进行统一审议，向主席团提出审议结果报告和法律草案修改稿

B. 列入全国人大会议议程的法律案，在交付表决前，提案人要求撤回的，应说明理由，经主席团同意并向大会报告，对法律案的审议即行终止

C. 列入全国人大常委会会议议程的法律案，因调整事项较为单一，各方面意见比较一致的，也可经一次常委会会议审议即交付表决

D. 列入全国人大常委会会议议程的法律案，因暂不付表决经过两年没有再次列入常委会会议议程审议的，由委员长会议向常委会报告，该法律案终止审议

【答案】ABCD

【解析】《立法法》第二十条规定，列入全国人民代表大会会议议程的法律案，由宪法和法律委员会根据各代表团和有关的专门委员会的审议意见，对法律案进行统一审议，向主席团提出审议结果报告和法律草案修改稿，对重要的不同意见应当在审议结果报告中予以说明，经主席团会议审议通过后，印发会议。A项正确。

《立法法》第二十二条规定，"列入全国人民代表大会会议议程的法律案，在交付表决前，提案人要求撤回的，应当说明理由，经主席团同意，并向大会报告，对该法律案的审议即行终止。"第四十条规定，"列入常务委员会会议议程的法律案，在交付表决前，提案人要求撤回的，应当说明理由，经委员长会议同意，并向常务委员会报告，对该法律案的审议即行终止。"可见，B项正确。

列入常务委员会会议议程的法律案，一般应当经三次常务委员会会议审议后再交付表决。常务委员会会议第一次审议法律案，在全体会议上听取提案人的说明，由分组会议进行初步审议。常务委员会会议第二次审议法律案，在全体会议上听取宪法和法律委员会关于法律草案修改情况和主要问题的汇报，由分组会议进一步审议。常务委员会会议第三次审议法律案，在全体会议上听取宪法和法律委员会关于法律草案审议结果的报告，由分组会议对法律草案修改稿进行审议。常务委员会审议法律案时，根据需要，可以召开联组会议或者全体会议，对法律草案中的主要问题进行讨论。《立法法》第三十条规定，"列入常务委员会会议议程的法律案，各方面意见比较一致的，可以经两次常务委员会会议审议后交付表

决；调整事项较为单一或者部分修改的法律案，各方面的意见比较一致的，也可以经一次常务委员会会议审议即交付表决。"C 项正确。

《立法法》第四十二条规定，"列入常务委员会会议审议的法律案，因各方面对制定该法律的必要性、可行性等重大问题存在较大意见分歧搁置审议满两年的，或者因暂不付表决经过两年没有再次列入常务委员会会议议程审议的，由委员长会议向常务委员会报告，该法律案终止审议。"D 项正确。

大咖点拨区

扫码听课

24. 假如全国人民代表大会常务委员会关于民法典的某一条款作出了解释，其中规定："公民依法享有姓名权。公民行使姓名权，还应当尊重社会公德，不得损害社会公共利益。"关于该解释，下列哪些选项是正确的？（2017 - 1 - 64）

A. 我国宪法明确规定了姓名权，故该解释属于宪法解释
B. 与《民法典》具有同等效力
C. 由全国人大常委会发布公告予以公布
D. 法院可在具体审判过程中针对个案对该解释进行解释

【答案】BCD

【解析】我国宪法并未明文规定姓名权，本题中的解释很明显是针对民法典的，属于法律解释。A 项错误。全国人大常委会的法律解释由全国人大常委会发布公告予以公布，与法律具有同等法律效力。BC 两项正确。在我国，普通法院没有正式的法律解释权，但是可以在具体审判过程中针对个案对该解释进行非正式解释。D 项正确。

25. 人民代表应当出席本级人民代表大会会议，依法行使代表的职权。根据《中华人民共和国全国人民代表大会和地方各级人民代表大会代表法》的规定，下列哪一种说法是正确的？（据 2005 - 1 - 12 改）

扫码听课

A. 未经批准两次不出席本级人民代表大会会议的代表，终止代表资格
B. 因刑事案件被羁押正在受侦查、起诉、审判的代表，终止代表资格
C. 因违法受行政拘留十天以上的代表，暂时停止代表资格
D. 因故一年内不能出席本级人民代表大会会议的代表，暂时停止代表资格

【答案】A

【解析】根据《各级人大代表法》第 49 条第 3 项，选项 A 正确。根据该法第 48 条第 1 款第 1 项，选项 B 的情形是暂时停止执行代表职务，而非代表资格终止。选项 C、D 的情形不属于该法第 48 条列举的暂时停止执行代表职务的情形，错误。

26. 《全国人民代表大会常务委员会关于实行宪法宣誓制度的决定》于 2016 年 1 月 1 日起实施。关于宪法宣誓制度的表述，下列哪些选项是正确的？（2016 - 1 - 61）

扫码听课

A. 该制度的建立有助于树立宪法的权威
B. 宣誓场所应当悬挂中华人民共和国国旗或者国徽
C. 宣誓主体限于各级政府、法院和检察院任命的国家工作人员
D. 最高法院副院长、审判委员会委员进行宣誓的仪式由最高法院组织

【答案】ABD

【解析】宪法宣誓制度的建立有助于树立宪法的权威，A 项正确。该决定第八条规定，"宣誓场所应当庄重、严肃，悬挂中华人民共和国国旗或者国徽。"B

项正确。宣誓主体包括"各级人民代表大会及县级以上各级人民代表大会常务委员会选举或者决定任命的国家工作人员，以及各级人民政府、人民法院、人民检察院任命的国家工作人员。"C项错误。该决定第六条规定，"全国人民代表大会常务委员会任命或者决定任命的国家监察委员会副主任、委员，最高人民法院副院长、审判委员会委员、庭长、副庭长、审判员和军事法院院长，最高人民检察院副检察长、检察委员会委员、检察员和军事检察院检察长，中华人民共和国驻外全权代表，在依照法定程序产生后，进行宪法宣誓。宣誓仪式由国家监察委员会、最高人民法院、最高人民检察院、外交部分别组织。"D项正确。

27. 根据《全国人大组织法》规定，在必要的时候，下列哪一机构有权决定全国人民代表大会会议秘密举行？（　　　）

A. 十个以上代表团联名

B. 全国人大常委会委员长会议

C. 有各代表团团长参加的主席团会议

D. 全国人大常委会和全国人大主席团

【答案】C

【解析】根据《全国人大议事规则》第19条规定，全国人民代表大会在必要的时候，可以举行秘密会议。举行秘密会议，经主席团征求各代表团的意见后，由有各代表团团长参加的主席团会议决定。因此，C项符合题意。

28. 关于全国人大职权，下列哪些说法是正确的？（2010－1－64）

A. 选举国家主席、副主席

B. 选举国务院总理、副总理

C. 选举最高人民法院院长、最高人民检察院检察长

D. 决定特别行政区的设立与建置

【答案】AC

【解析】根据《宪法》第62条的规定，中华人民共和国主席、副主席由全国人大选举；国务院总理的人选根据中华人民共和国主席的提名，由全国人大决定；最高人民法院院长、最高人民检察院检察长由全国人大选举。AC两项正确，B项错误。全国人大有权批准省、自治区和直辖市的建置，有权决定特别行政区的设立及其制度。D项表述错误，混淆了一般省级地方和特别行政区。

29. 下列法律中，哪些不属于我国的基本法律？（　　　）

A. 《中华人民共和国人民法院组织法》

B. 《中华人民共和国人民检察院组织法》

C. 《中华人民共和国国家赔偿法》

D. 《中华人民共和国刑法》

E. 《中华人民共和国体育法》

【答案】CE

【解析】我国的基本法律，是指由全国人民代表大会制定和修改的法律。本题中，《中华人民共和国人民法院组织法》《中华人民共和国人民检察院组织法》和《中华人民共和国刑法》都是由全国人民代表大会制定的法律，属于我国的基本法律。而《国家赔偿法》《体育法》是由全国人民代表大会常务委员会制定的，所以不是我国的基本法律。因此，本题应该选CE两项。

30. 关于全国人大及其常委会的质询权，下列说法正确的是？（2010 - 1 - 93）

A. 全国人大会议期间，一个代表团可书面提出对国务院的质询案

B. 全国人大会议期间，三十名以上代表联名可书面提出对国务院各部的质询案

C. 全国人大常委会会议期间，常委会组成人员十人以上可书面提出对国务院各委员会的质询案

D. 全国人大常委会会议期间，委员长会议可书面提出对国务院的质询案

【答案】ABC

【解析】根据《全国人大组织法》第二十一条，全国人民代表大会会议期间，一个代表团或者三十名以上的代表联名，可以书面提出对国务院以及国务院各部门、国家监察委员会、最高人民法院、最高人民检察院的质询案。同法第三十条规定，常务委员会会议期间，常务委员会组成人员十人以上联名，可以向常务委员会书面提出对国务院以及国务院各部门、国家监察委员会、最高人民法院、最高人民检察院的质询案。可见，ABC 三项正确。

大咖点拨区

扫码听课

第三节　中华人民共和国主席

1. 根据《宪法》的规定，无需全国人大常委会决定，国家主席即可行使下列哪些职权？（2008 四川 - 1 - 60）

A. 代表中华人民共和国接受外国使节

B. 代表中华人民共和国进行国事活动

C. 派遣和召回驻外全权代表

D. 授予国家的勋章和荣誉称号

【答案】AB

【解析】根据《宪法》第 80 条和第 81 条的规定，进行国事活动、接受外国使节属于中华人民共和国主席的固有职权，不需要根据全国人民代表大会常务委员会的决定进行。所以本题应选 AB 两项。

扫码听课

2. 根据我国现行《宪法》规定，担任下列哪一职务的人员，应由国家主席根据全国人大和全国人大常委会的决定予以任免？（2005 - 1 - 10）

A. 国家副主席　　　　　　B. 国家军事委员会副主席

C. 最高人民法院副院长　　D. 国务院副总理

【答案】D

【解析】根据《宪法》第 80 条的规定，国务院的组成人员在全国人大或其常委会决定之后，由国家主席任免。因此，D 项入选。国家副主席，由全国人大选举；国家的中央军事委员会副主席，由全国人大或全国人大常委会根据中央军委主席的提名决定其人选；最高人民法院副院长，由全国人大常委会根据最高人民法院院长的提请决定任免。

扫码听课

大咖点拨区

扫码听课

扫码听课

扫码听课

第四节　国务院

1. 预算制度的目的是规范政府收支行为，强化预算监督。根据《宪法》和法律的规定，关于预算，下列表述正确的是：（2015 – 1 – 93）

A. 政府的全部收入和支出都应当纳入预算

B. 经批准的预算，未经法定程序，不得调整

C. 国务院有权编制和执行国民经济和社会发展计划、国家预算

D. 全国人大常委会有权审查和批准国家的预算和预算执行情况的报告

【答案】ABC

【解析】政府的全部收入和支出都应当纳入预算。A项无误。政府编制预算之后，必须报经人大批准后方才具有法律效力，一经批准，未经法定程序，不得调整。B项正确。在人大批准之后，再由政府去执行落实。C项正确。就预算的审批权而言，全年的审批权在人大手里，在执行过程中需要作部分调整的，审批权在常委会手里。D项表述错误。

2. 根据宪法和法律，下列有关国家机构职权的表述中哪些是错误的？（2002 – 1 – 88）

A. 全国人民代表大会无权决定设立国务院各部、各委员会

B. 国务院有权决定自治州的设立

C. 自治区人民代表大会常务委员会有权决定民族乡的设立

D. 全国人民代表大会常委会有权决定大赦

【答案】ACD

【解析】根据《国务院组织法》第8条的规定，全国人民代表大会有权决定国务院各部、各委员会的设立、撤销或者合并。故选项A错误。根据《宪法》第89条第15项的规定，自治州、县、自治县、市的建置和区域划分由国务院批准。故选项B表述正确。根据《宪法》第107条第2款的规定，民族乡的设立由省、直辖市的人民政府决定，故选项C错误。根据《宪法》第67条第18项的规定，全国人大常委会行使的职权是特赦而不是大赦。故选项D错误。

3. 关于国家机关的职权，下列表述错误的是？（2008 四川 – 1 – 93）

A. 全国人民代表大会无权决定设立国务院各部、各委员会

B. 国务院有权批准自治州的建置和区域划分

C. 省人民政府有权决定民族乡的建置和区域划分

D. 国家主席有权决定特赦

【答案】AD

【解析】根据《国务院组织法》第8条的规定，全国人民代表大会有权决定国务院各部、各委员会的设立、撤销或者合并。故选项A错误。根据《宪法》第89条第15项的规定，自治州、县、自治县、市的建置和区域划分由国务院批准。故选项B表述正确。根据《宪法》第107条第2款的规定，民族乡的设立由省、直辖市的人民政府决定，故选项C正确。《宪法》第67条第18项规定，全国人民代表大会常务委员会决定特赦。所以D项表述错误，应选。

4. 根据我国《宪法》的规定，关于动员和紧急状态的决定权，下列哪些选项是正确的？（2008－1－62）

A. 全国人民代表大会常务委员会有权决定全国总动员

B. 全国人民代表大会常务委员会有权决定全国进入紧急状态

C. 国务院有权决定个别省、自治区、直辖市进入紧急状态

D. 国务院有权决定局部动员

【答案】AB

【解析】根据《宪法》第67条规定，全国人民代表大会常务委员会有权决定全国总动员或者局部动员；有权决定全国或者个别省、自治区、直辖市进入紧急状态。可见，AB是正确的，CD是错误的。

5. 根据《宪法》规定，关于国务院的说法，下列哪些选项是正确的？（2010－1－61）

A. 国务院由总理、副总理、国务委员、秘书长组成

B. 国务院常务会议由总理、副总理、国务委员、秘书长组成

C. 国务院有权改变或者撤销地方各级国家行政机关的不适当的决定和命令

D. 国务院依法决定省、自治区、直辖市的范围内部分地区进入紧急状态

【答案】CD

【解析】根据《宪法》第86条规定，国务院的组成人员除总理，副总理若干人，国务委员若干人，秘书长之外，还包括各部部长，各委员会主任，审计长。所以，选项A错误。根据《宪法》第88条第2款规定，总理、副总理、国务委员、秘书长组成国务院常务会议。所以，选项B正确。根据《宪法》第89条规定，国务院有权改变或者撤销地方各级国家行政机关的不适当的决定和命令；有权依照法律规定决定省、自治区、直辖市的范围内部分地区进入紧急状态。所以，选项C、D正确。

6. 根据我国《宪法》和法律的规定，下列哪些人员是国务院组成人员？（2008－1－65）

A. 外交部副部长　　　　　　　B. 国家发展和改革委员会主任

C. 审计署审计长　　　　　　　D. 国有资产监督管理委员会主任

【答案】BC

【解析】《宪法》第86条规定："国务院由下列人员组成：总理，副总理若干人，国务委员若干人，各部部长，各委员会主任，审计长，秘书长。国务院实行总理负责制。各部、各委员会实行部长、主任负责制。国务院的组织由法律规定。"所以A错，BC正确。D项国有资产监督管理委员会是国务院直属特设机构，并非《宪法》规定的"各委员会"，所以国有资产监督管理委员会主任不是国务院组成人员。

7. 下列哪些选项属于国务院的职权范围？（　　　）

A. 编制并审批国民经济和社会发展计划和国家预算

B. 同外国缔结条约和协定

C. 撤销省级人大制定的同宪法、法律和行政法规相抵触的地方性法规和决议

D. 任命各部部长、各委员会主任

【答案】B

大咖点拨区

扫码听课

扫码听课

扫码听课

扫码听课

【解析】根据《宪法》，国民经济和社会发展计划和国家预算由国务院编制，之后提交全国人大审批，审批之后再交由国务院执行，执行过程中需要做部分调整的，在人大闭会期间交全国人大常委会审批。可见国务院只有编制和执行权，审批权在人大及其常委会手里。A项错误。C项属于全国人大常委会的职权范围。D项属于全国人大及其常委会的人事任免权范畴。因此，B为应选项。

8. 国家实行审计监督制度。为加强国家的审计监督，全国人大常委会于1994年通过了《审计法》，并于2006年进行了修正。关于审计监督制度，下列哪些理解是正确的？（2016－1－65）

A.《审计法》的制定与执行是在实施宪法的相关规定

B. 地方各级审计机关对本级人大常委会和上一级审计机关负责

C. 国务院各部门和地方各级政府的财政收支应当依法接受审计监督

D. 国有的金融机构和企业事业组织的财务收支应当依法接受审计监督

【答案】ACD

【解析】宪法实施既有直接实施，也有间接实施。宪法的间接实施主要是指宪法通过法律规范的具体化来作用于具体的人和事，国家的其他法律和法律性文件是以宪法为基础并且不能与宪法相抵触。A项表述符合法理。地方各级审计机关属于本级人民政府的工作部门，实行双重负责制，因此应对本级人民政府和上一级审计机关负责并报告工作，审计业务以上级审计机关领导为主。B项错误。审计机关对国务院各部门和地方各级人民政府的财政收支，对国家的财政金融机构和企事业组织的财务收支，实行审计监督。C、D项正确。

第五节　中央军事委员会

中华人民共和国中央军事委员会领导全国武装力量。关于中央军事委员会，下列哪一表述是错误的？（2015－1－26）

A. 实行主席负责制　　　　　B. 每届任期与全国人大相同

C. 对全国人大及其常委会负责　　D. 副主席由全国人大选举产生

【答案】D

【解析】中央军委作为军事机关，实行首长负责制，所以A项正确。中央军委每届任期五年，与全国人大相同。B项正确。根据宪法规定，中央军委主席对全国人大及其常委会负责，注意宪法说的是中央军委主席而不是中央军委，所以C项存在缺陷。军委主席由全国人大选举产生，并向它负责。全国人大根据军委主席的提名，决定副主席、委员等其他组成人员的人选。可见，军委副主席是决定而非选举，D项错误。相对而言，C项错误比较隐蔽，D项错误更为明显，选D。

第六节 地方各级人民代表大会和地方各级人民政府

1. 广东省政府拟撤销下设的环境保护厅，设立新的生态环境厅。对此，下列说法正确的有（　　）

A. 广东省政府应报请广东省人大批准，并报国务院备案

B. 广东省政府应报请广东省人大常委会批准，并报生态环境部备案

C. 广东省政府应报国务院批准，并报广东省人大常委会备案

D. 广东省政府应报中共中央批准，并报广东省人大备案

【答案】C

扫码听课

【解析】《地方人大和地方政府组织法》第六十四条规定："地方各级人民政府根据工作需要和精干的原则，设立必要的工作部门。县级以上的地方各级人民政府设立审计机关。地方各级审计机关依照法律规定独立行使审计监督权，对本级人民政府和上一级审计机关负责。省、自治区、直辖市的人民政府的厅、局、委员会等工作部门的设立、增加、减少或者合并，由本级人民政府报请国务院批准，并报本级人民代表大会常务委员会备案。自治州、县、自治县、市、市辖区的人民政府的局、科等工作部门的设立、增加、减少或者合并，由本级人民政府报请上一级人民政府批准，并报本级人民代表大会常务委员会备案。"可见，广东省政府设立生态环境厅，应当报国务院备案，并报广东省人大常委会备案。C项正确。

2. 我国《宪法》第二条明确规定："人民行使国家权力的机关是全国人民代表大会和地方各级人民代表大会。"关于全国人大和地方各级人大，下列选项正确的是：（2015-1-91）

A. 全国人大代表全国人民统一行使国家权力

B. 全国人大和地方各级人大是领导与被领导的关系

C. 全国人大在国家机构体系中居于最高地位，不受任何其他国家机关的监督

D. 地方各级人大设立常务委员会，由主任、副主任若干人和委员若干人组成

【答案】AC

扫码听课

【解析】全国人大是最高国家权力机关，代表全国人民统一行使国家权力。A项无误。B项错误，因为上下级人大之间没有隶属关系，是监督与被监督的关系。全国人大受人民的监督，但不受任何"其他国家机关"的监督，因为从宪法的文面以及全国人大作为最高国家权力机关的性质来说，这就是正确的。D项错误明显，乡级人大不设立常委会。

3. 根据我国有关法律规定，下列做法错误的是？（2008四川-1-94）

A. 某县共有人大代表500名，经其中的101名代表提议，临时召集本级人民代表大会会议

B. 某直辖市人大依法罢免该市某一失职的中级人民法院院长

C. 全国人大常委会撤销同法律相抵触的地方性法规

D. 全国人大专门委员会认为地方性法规同法律相抵触，向制定机关提出书面

扫码听课

审查意见

【答案】B

【解析】根据《地方各级人民代表大会和地方各级人民政府组织法》规定，经过五分之一以上代表提议，可以临时召集本级人民代表大会会议。A项表述正确。对于直辖市内中级人民法院院长的任免权归于直辖市的人大常委会，而不是人大行使。所以，B项表述错误。根据《宪法》第67条第8项规定，全国人大常委会有权撤销省、自治区、直辖市国家权力机关制定的同宪法、法律和行政法规相抵触的地方性法规和决议。所以，C项表述正确。根据《立法法》的规定，全国人民代表大会专门委员会在审查中认为行政法规、地方性法规、自治条例和单行条例同宪法或者法律相抵触的，可以向制定机关提出书面审查意见。所以，D项正确。

4. 根据《地方组织法》规定，关于乡镇人大主席，下列选项正确的是？(2009－1－93)

A. 乡镇人大主席、副主席由乡镇人大从本级人大代表中选出

B. 乡镇人大主席、副主席主持乡镇人大会议

C. 乡镇人大主席在乡镇人大闭会期间，可以担任国家行政机关的职务

D. 乡镇人大主席、副主席为乡镇人大会议主席团成员

【答案】AD

【解析】根据《地方各级人民代表大会和地方各级人民政府组织法》规定，乡、民族乡、镇的人民代表大会从代表中选出主席、副主席。选项A正确。乡、民族乡、镇的人民代表大会主席、副主席不得担任国家行政机关的职务；如果担任国家行政机关的职务，必须向本级人民代表大会辞去主席、副主席的职务。选项C错误。根据同法第15条的规定，乡镇人大会议的主持者是主席团，乡、民族乡、镇的人民代表大会主席、副主席为主席团的成员。选项B错误，选项D正确。

5. 根据我国《宪法》和法律的规定，下列关于地方各级人民代表大会会议的哪些说法是正确的？(2006－1－61)

A. 地方各级人民代表大会每次会议举行预备会议，预备会议由本级人民代表大会常委会主持

B. 乡、民族乡、镇的人民代表大会举行会议时，选举主席团。乡、民族乡、镇的人民代表大会的主席、副主席为主席团成员

C. 地方各级人民代表大会每届第一次会议，由上届本级人民代表大会常务委员会或者乡、民族乡、镇的上届人民代表大会主席团主持

D. 地方各级人民代表大会会议每年至少举行一次

【答案】BD

【解析】根据《地方各级人大和政府组织法》规定，只有县级以上地方各级人民代表大会每次会议前举行预备会议，乡镇人大不举行。A项错误。根据同法第15条规定，B项正确。根据同法第16条规定，地方各级人民代表大会每届第一次会议，在本届人民代表大会代表选举完成后的两个月内，由上届本级人民代表大会常务委员会或者乡、民族乡、镇的上届人民代表大会主席团召集，而非主持，所以C项错误。根据同法第11条规定，D项正确。

扫码听课

扫码听课

6. 根据《宪法》和法律的规定，关于国家机构，下列哪些选项是正确的？（2014－1－60）

A. 全国人民代表大会代表受原选举单位的监督

B. 中央军事委员会实行主席负责制

C. 地方各级审计机关依法独立行使审计监督权，对上一级审计机关负责

D. 市辖区的政府经本级人大批准可设立若干街道办事处，作为派出机关

【答案】AB

【解析】全国和地方各级人民代表大会的代表受选民和原选举单位的监督。选民或者选举单位都有权罢免自己选出的代表。A项正确。

现行《宪法》规定，中央军事委员会实行主席负责制。中央军事委员会主席有权对中央军事委员会职权范围内的事务作出最后决策。当然，中央军事委员会是作为一个集体来领导我国武装力量的，主席负责制并不否定民主集中制。中央军事委员会主席在对重大问题作出决策之前，必须进行集体研究和讨论，然后再集中正确的意见作出决策。B项正确。

县级以上人民政府设审计机关，依法独立行使审计监督权。审计机关实行双重负责制，同时对本级人民政府和上一级审计机关负责。C项错误。

市辖区、不设区的市的人民政府，经上一级人民政府批准，可以设立若干街道办事处，作为它的派出机关。可见，设立街道办属于行政系统内部事务，不需要经过人大批准。D项错误。

7. 根据《监督法》的规定，关于监督程序，下列哪一选项是不正确的？（2014－1－26）

A. 政府可委托有关部门负责人向本级人大常委会作专项工作报告

B. 以口头答复的质询案，由受质询机关的负责人到会答复

C. 特定问题调查委员会在调查过程中，应当公布调查的情况和材料

D. 撤职案的表决采用无记名投票的方式，由常委会全体组成人员的过半数通过

【答案】C

【解析】各级人民代表大会常务委员会每年选择若干关系改革发展稳定大局和群众切身利益、社会普遍关注的重大问题，有计划地安排听取和审议本级人民政府、人民法院和人民检察院的专项工作报告。专项工作报告由人民政府、人民法院或者人民检察院的负责人向本级人民代表大会常务委员会报告，人民政府也可以委托有关部门负责人向本级人民代表大会常务委员会报告。A项正确。质询案以口头答复的，由受质询机关的负责人到会答复。质询案以书面答复的，由受质询机关的负责人签署。B项正确。特定问题调查委员会在调查过程中，可以不公布调查的情况和材料。C项错误。撤职案的表决采用无记名投票的方式，由常务委员会全体组成人员的过半数通过。D项正确。

8. 甲市政府对某行政事业性收费项目的依据和标准迟迟未予公布，社会各界意见较大。关于这一问题的表述，下列哪些选项是正确的？（2016－1－66）

A. 市政府应当主动公开该收费项目的依据和标准

B. 市政府可向市人大常委会要求就该类事项作专项工作报告

C. 市人大常委会组成人员可依法向常委会书面提出针对市政府不公开信息的

扫码听课

扫码听课

扫码听课

大咖点拨区

质询案

D. 市人大举行会议时，市人大代表可依法书面提出针对市政府不公开信息的质询案

【答案】ABCD

【解析】《政府信息公开条例》第20条第8项规定，行政机关应当按照本条例第十九条的规定，主动公开本行政机关的下列政府信息……（八）行政事业性收费项目及其依据、标准……。A项正确。县级以上地方各级人大常委会有权监督本级政府、法院和检察院的工作。其形式之一就是听取和审议"一府两院"的专项工作报告。与此相适应，《各级人民代表大会常务委员会监督法》第九条规定，"人民政府、人民法院和人民检察院可以向本级人民代表大会常务委员会要求报告专项工作。"B项正确。省、自治区、设区的市的人大常委会组成人员5人以上联名，县级人大常委会组成人员3人以上联名，可以提出对本级政府、法院、检察院的质询案，由主任会议决定交受质询机关答复。C项正确。人大代表有权提出议案、质询案、罢免案等。县级以上地方各级人大代表10人以上联名，有权提出对本级人民政府及其所属各工作部门、人民法院、人民检察院的质询案。D项正确。

9. 根据《地方组织法》规定，关于地方各级人民政府工作部门的设立，下列选项正确的是？（2009－1－94）

A. 县人民政府设立审计机关

B. 县人民政府工作部门的设立、增加、减少或者合并由县人大批准，并报上一级人民政府备案

C. 县人民政府在必要时，经上级人民政府批准，可以设立若干区公所作为派出机关

D. 县人民政府的工作部门受县人民政府统一领导，并且依照法律或者行政法规的规定受上级人民政府主管部门的业务指导或者领导

【答案】AD

【解析】根据《地方各级人民代表大会和地方各级人民政府组织法》规定，县级以上的地方各级人民政府设立审计机关；审计机关依照法律规定独立行使审计监督权，对本级人民政府和上一级审计机关负责。选项A正确。根据该法规定，自治州、县、自治县、市、市辖区的人民政府的局、科等工作部门的设立、增加、减少或者合并，由本级人民政府报请上一级人民政府批准，并报本级人民代表大会常务委员会备案。故选项B错误。县、自治县的人民政府在必要的时候，**经省、自治区、直辖市的人民政府批准**，可以设立若干区公所，作为它的派出机关。选项C错误。自治州、县、自治县、市、市辖区的人民政府的各工作部门受人民政府统一领导，并且依照法律或者行政法规的规定受上级人民政府主管部门的业务指导或者领导。选项D正确。

10. 根据《宪法》和《地方组织法》规定，下列哪一选项是正确的？（2010－1－22）

A. 县级以上的地方各级人民代表大会常务委员会由主任、副主任若干人，秘书长、委员若干人组成

B. 县级以上的地方各级人民代表大会常务委员会根据需要，可以设法制委员

会等专门委员会

　　C. 县级以上的地方各级人民代表大会可以组织关于特定问题的调查委员会

　　D. 县级以上的地方各级人民代表大会会议由本级人民代表大会常务委员会召集并主持

【答案】C

【解析】根据《地方人大和政府组织法》规定，县级人大常务委员会由主任、副主任若干人和委员若干人组成，省、自治区、直辖市、自治州、设区的市的人大常委会的组成人员除主任、副主任和委员之外，还包括秘书长。可见，县级人大常委会不设秘书长。选项A错误。

　　同法第三十条规定，"省、自治区、直辖市、自治州、设区的市的人民代表大会根据需要，可以设法制委员会、财政经济委员会、教育科学文化卫生委员会等专门委员会；县、自治县、不设区的市、市辖区的人民代表大会根据需要，可以设法制委员会、财政经济委员会等专门委员会。各专门委员会受本级人民代表大会领导；在大会闭会期间，受本级人民代表大会常务委员会领导。"可见，县级以上地方各级人大根据需要，均可以设专门委员会。但是县级以上人大常委会无权设立专门委员会，故而选项B不正确。

　　同法第三十一条规定，"县级以上的地方各级人民代表大会可以组织关于特定问题的调查委员会。主席团或者十分之一以上代表书面联名，可以向本级人民代表大会提议组织关于特定问题的调查委员会，由主席团提请全体会议决定。"可见，选项C正确。

　　同法第十二条规定，"县级以上的地方各级人民代表大会会议由本级人民代表大会常务委员会召集。"第十六条规定，"地方各级人民代表大会每届第一次会议，在本届人民代表大会代表选举完成后的两个月内，由上届本级人民代表大会常务委员会或者乡、民族乡、镇的上次人民代表大会主席团召集。"第十三条规定，"县级以上的地方各级人民代表大会举行会议的时候，由主席团主持会议。"可见，县级以上的地方各级人民代表大会会议由本级人民代表大会常务委员会召集，选举主席团主持会议。选项D错误。

　　11. 关于撤职案的审议和决定，下列哪些选项符合《监督法》规定？（2009-1-61）

　　A. 县长可以向县人大常委会提出撤销个别副县长职务的撤职案

　　B. 县级以上地方各级人大常委会主任会议可以依法向本级人大常委会提出撤职案

　　C. 撤职案应当写明撤职的对象和理由并提供有关材料

　　D. 撤职案由人大常委会全体组成人员的三分之二以上的多数通过

【答案】BC

【解析】根据《各级人民代表大会常务委员会监督法》第45条第1款的规定，县级以上地方各级人民政府、人民法院和人民检察院，常委会主任会议，常委会1/5以上组成人员联名，可以向本级人民代表大会常务委员会提出对政府副职首长和其他组成人员、两院组成人员的撤职案。可见，县长不属于提案主体。A项错误，选项B正确。根据同法第46条第1款，选项C正确。根据同法第46条第3款，撤职案的表决采用无记名投票的方式，由常务委员会全体组成人员的

扫码听课

过半数通过。选项 D 错误。

12. 根据《宪法》和《监督法》的规定，下列选项正确的是？（2011－1－88）

A. 县级以上地方各级政府应当在每年 6 月至 9 月期间，将上一年度的本级决算草案提请本级人大常委会审查和批准

B. 人大常委会认为必要时，可以对审计工作报告作出决议；本级政府应在决议规定的期限内，将执行决议的情况向常委会报告

C. 最高法院作出的属于审判工作中具体应用法律的解释，应当在公布之日起 30 日内报全国人大常委会备案

D. 撤职案的表决采取记名投票的方式，由常委会全体组成人员的过半数通过

【答案】ABC

【解析】根据《监督法》第 15 条第 2 款，A 项表述正确。根据同法第 20 条第 1 款，B 项正确。根据同法第 31 条规定，C 项正确。根据同法第 46 条的规定，撤职案的表决采取"无记名"投票的方式，由常委会全体组成人员的过半数通过，而不是采取"记名"投票的方式。D 项错误。

13. 根据《各级人民代表大会常务委员会监督法》的规定，各级人大常务委员会对属于其职权范围内的事项，需要作出决议、决定，但对有关重大事实不清的，可以组织特定问题的调查委员会。关于特定问题的调查委员会，下列哪一选项是正确的？（2008－1－18）

A. 经五分之一以上常务委员会组成人员书面联名提议或有关专门委员会提议，可以组织关于特定问题的调查委员会

B. 经调查委员会聘请，有关专家可以作为调查委员会的委员参加调查工作

C. 调查委员会在调查过程中，可以不公布调查的情况和材料

D. 调查委员会应当向有关专门委员会提出调查报告

【答案】C

【解析】根据《各级人民代表大会常务委员会监督法》第 40 条第 2 款规定，五分之一以上常务委员会组成人员书面联名，可以向本级人民代表大会常务委员会提议组织关于特定问题的调查委员会。但"有关专门委员会提议"不会产生类似后果，故 A 项错误。根据同法第 41 条规定，调查委员会可以聘请有关专家参加调查工作，但是该专家不是以调查委员会委员的身份参加。故 B 项错误。根据同法第 42 条第 3 款规定，调查委员会在调查过程中，可以不公布调查的情况和材料。所以 C 是正确的。根据同法第 43 条规定，调查委员会应当向产生它的常务委员会提出调查报告。可见，D 项错误。

14. 某县人大闭会期间，赵某和钱某因工作变动，分别辞去县法院院长和检察院检察长职务。法院副院长孙某任代理院长，检察院副检察长李某任代理检察长。对此，根据《宪法》和法律，下列哪一说法是正确的？（2017－1－27）

A. 赵某的辞职请求向县人大常委会提出，由县人大常委会决定接受辞职

B. 钱某的辞职请求由上一级检察院检察长向该级人大常委会提出

C. 孙某出任代理院长由县人大常委会决定，报县人大批准

D. 李某出任代理检察长由县人大常委会决定，报上一级检察院和人大常委会批准

【答案】A

【解析】《地方人大和政府组织法》第27条第1款规定："县级以上的地方各级人民代表大会常务委员会组成人员和人民政府领导人员，人民法院院长，人民检察院检察长，可以向本级人民代表大会提出辞职，由大会决定是否接受辞职；大会闭会期间，可以向本级人民代表大会常务委员会提出辞职，由常务委员会决定是否接受辞职。常务委员会决定接受辞职后，报本级人民代表大会备案。人民检察院检察长的辞职，须报经上一级人民检察院检察长提请该级人民代表大会常务委员会批准。"可见，县级以上地方各级法院院长和检察院检察长原则上是向本级人大提出辞职，由大会决定是否接受辞职；在人大闭会期间，向本级人大常委会提出，由常委会决定是否接受辞职。A项正确，B项错误。

《地方人大和政府组织法》第44条规定，县级以上的地方各级人民代表大会常务委员会行使下列职权："……（九）在本级人民代表大会闭会期间，决定副省长、自治区副主席、副市长、副州长、副县长、副区长的个别任免；在省长、自治区主席、市长、州长、县长、区长和人民法院院长、人民检察院检察长因故不能担任职务的时候，从本级人民政府、人民法院、人民检察院副职领导人员中决定代理的人选；决定代理检察长，须报上一级人民检察院和人民代表大会常务委员会备案；"C项错误，基层法院的代理院长由县人大常委会决定后，不需要报人大批准；D项错误，基层检察院的代理检察长由县人大常委会决定后，报上一级检察院和人大常委会备案，而非批准。

第七节 人民法院与人民检察院

1. 关于省内按地区设立的中级人民法院院长、副院长的任免，下列哪些表述是正确的？（2006－1－58）

A. 中级人民法院院长由省高级人民法院任免

B. 中级人民法院院长由省人民代表大会选举

C. 中级人民法院副院长由省人民代表大会常务委员会任免

D. 中级人民法院副院长由省高级人民法院任免

【答案】C

【解析】在省、自治区内按地区设立的和在直辖市内设立的中级人民法院院长，由省级人大常委会根据主任会议的提名决定任免；副院长、审判委员会委员、庭长、副庭长和审判员由高级法院院长提请省级人大常委会任免。本题答案为C。

2. 根据《宪法》和法律的规定，关于国家机关组织和职权，下列选项正确的是：（2013－1－90）

A. 全国人民代表大会修改宪法、解释宪法、监督宪法的实施

B. 国务院依照法律规定决定省、自治区、直辖市的范围内部分地区进入紧急状态

C. 省、自治区、直辖市政府在必要的时候，经国务院批准，可以设立若干派出机关

大咖点拨区

扫码听课

扫码听课

D. 地方各级检察院对产生它的国家权力机关和上级检察院负责

【答案】BD

【解析】解释宪法的职权归全国人大常委会。A项错误。省、自治区政府在必要的时候，经国务院批准，可以设立行政公署；直辖市无权。因此C项错误。

3. 我国宪法规定，法院、检察院和公安机关办理刑事案件，应当分工负责，互相配合，互相制约。对此，下列哪些选项是正确的？（2017－1－65）

A. 分工负责是指三机关各司其职、各尽其责

B. 互相配合是指三机关以惩罚犯罪分子为目标，通力合作，互相支持

C. 互相制约是指三机关按法定职权和程序互相监督

D. 公、检、法三机关之间的这种关系，是权力制约原则在我国宪法上的具体体现

【答案】ACD

【解析】我国宪法规定，法院、检察院和公安机关办理刑事案件，应当分工负责，互相配合，互相制约。其中，分工负责意味着三机关分别各有其职权和职责，应当各自行使其职权。A项正确。互相配合是指三机关在办理刑事案件的过程中，在分工负责的基础上，保证刑事诉讼程序的依法进行。B项错误。互相制约是指三机关在办理刑事案件的过程中，应当互相制衡、互相约束，防止发生错误，及时纠正错误，做到不错不漏、不枉不纵。CD两项正确。

4. 根据《宪法》和法律规定，下列哪些选项是正确的？（2009－1－65）

A. 中华人民共和国主席对全国人大及其常委会负责

B. 国务院对全国人大负责并报告工作，在全国人大闭会期间对全国人大常委会负责并报告工作

C. 最高人民法院、最高人民检察院对全国人大及其常委会负责

D. 中央军事委员会对全国人大负责并报告工作，在全国人大闭会期间对全国人大常委会负责并报告工作

【答案】BC

【解析】国家主席不参与行政工作，不对全国人大负行政责任。选项A错误。《宪法》第92条规定，国务院对全国人民代表大会负责并报告工作；在全国人民代表大会闭会期间，对全国人民代表大会常务委员会负责并报告工作。选项B正确。《宪法》第133条规定，最高人民法院对全国人民代表大会和全国人民代表大会常务委员会负责。同时，第138条规定，最高人民检察院对全国人民代表大会和全国人民代表大会常务委员会负责。选项C正确。根据《宪法》第94条，中央军事委员会主席对全国人大及其常委会负责，但是不报告工作。另外，《宪法》仅是对中央军事委员会主席作出了"对全国人民代表大会和全国人民代表大会常务委员会负责"的规定，而没有针对中央军事委员会是否向全国人大及其常委会负责进行规定。选项D错误。

第八节　监察委员会

1. 根据《宪法》《监察法》以及全国人大常委会的有关决定，关于监察委员

会，下列说法错误的有(　　)

A. 监察机关有权制定监察法规

B. 上级监察机关必要时可管理下级监察机关处理的事务

C. 地方各级监察机关由本级人大产生，受其监督

D. 上级监察机关与下级监察机关是领导与被领导的关系

【答案】A

【解析】只有国家监察委员会有权制定监察法规。A项错误。上下级监察委员会是领导关系，上级监察机关可以办理下一级监察机关管辖范围内的监察事项，必要时也可以办理所辖各级监察机关管辖范围内的监察事项。因此BD两项正确。地方各级监察委员会由本级人民代表大会产生，负责本行政区域内的监察工作。地方各级监察委员会对本级人民代表大会及其常务委员会和上一级监察委员会负责，并接受其监督。可见，C项表述无误。

2. 根据《宪法》和《监察法》，下列说法正确的有(　　)

A. 监察委员会依照法律规定独立行使监察权，不受立法机关、行政机关、社会团体和个人的干涉

B. 监察机关办理职务违法和职务犯罪案件，不受审判机关、检察机关、执法部门制约

C. 监察机关在工作中需要协助的，有关机关和单位应当根据监察机关的要求依法予以协助

D. 国家监察委员会副主任、委员，由国家监察委员会主任提名，全国人民代表大会决定

E. 各级监察委员会主任每届任期五年，连续任职不得超过两届

F. 地方各级监察委员会对本级人民政府和上一级监察委员会负责，并接受其监督

G. 监察委员会对涉嫌贪污贿赂、滥用职权、玩忽职守、权力寻租、利益输送、徇私舞弊以及浪费国家资财等职务违法和职务犯罪进行调查，对公职人员的道德操守情况进行监督检查不属于其职权范围

H. 国有企业管理人员、村民委员会中从事管理的人员以及公立大学中从事管理的人员，均属于监察委员会监察的范围

I. 某省监察机关可以办理下设的市级监察机关管辖范围内的监察事项，但无权办理辖区内县级监察机关管辖范围内的监察事项

J. 某自治区监察委员会可以将其管辖范围内的案件指定给该自治区内某县监察委员会管辖

【答案】CHJ

【解析】监察委员会依照法律规定独立行使监察权，不受行政机关、社会团体和个人的干涉，但需要受立法机关监督。A项错误。监察机关办理职务违法和职务犯罪案件，应当与审判机关、检察机关、执法部门互相配合，互相制约。B项错误。

监察机关在工作中需要协助的，有关机关和单位应当根据监察机关的要求依法予以协助。C项正确。

国家监察委员会由主任、副主任若干人、委员若干人组成，主任由全国人民

代表大会选举，副主任、委员由国家监察委员会主任提请全国人民代表大会常务委员会任免。D项错误。

国家监察委员会主任每届任期同全国人民代表大会每届任期相同，连续任职不得超过两届。E项错误。地方各级监察委员会对本级人民代表大会及其常务委员会和上一级监察委员会负责，并接受其监督。F项错误。

监察委员会依照本法和有关法律规定履行监督、调查、处置职责：（一）对公职人员开展廉政教育，对其依法履职、秉公用权、廉洁从政从业以及道德操守情况进行监督检查；（二）对涉嫌贪污贿赂、滥用职权、玩忽职守、权力寻租、利益输送、徇私舞弊以及浪费国家资财等职务违法和职务犯罪进行调查；（三）对违法的公职人员依法作出政务处分决定；对履行职责不力、失职失责的领导人员进行问责；对涉嫌职务犯罪的，将调查结果移送人民检察院依法审查、提起公诉；向监察对象所在单位提出监察建议。G项错误。

监察机关对下列公职人员和有关人员进行监察：（一）中国共产党机关、人民代表大会及其常务委员会机关、人民政府、监察委员会、人民法院、人民检察院、中国人民政治协商会议各级委员会机关、民主党派机关和工商业联合会机关的公务员，以及参照《中华人民共和国公务员法》管理的人员；（二）法律、法规授权或者受国家机关依法委托管理公共事务的组织中从事公务的人员；（三）国有企业管理人员；（四）公办的教育、科研、文化、医疗卫生、体育等单位中从事管理的人员；（五）基层群众性自治组织中从事管理的人员；（六）其他依法履行公职的人员。可见，H项正确。

上级监察机关可以办理下一级监察机关管辖范围内的监察事项，必要时也可以办理所辖各级监察机关管辖范围内的监察事项。I项错误。

上级监察机关可以将其所管辖的监察事项指定下级监察机关管辖，也可以将下级监察机关有管辖权的监察事项指定给其他监察机关管辖。监察机关认为所管辖的监察事项重大、复杂，需要由上级监察机关管辖的，可以报请上级监察机关管辖。J项正确。

3. 关于监察委员会的留置权，下列说法正确的有（　　）

A. 被调查人涉嫌贪污贿赂、失职渎职等严重职务违法或者职务犯罪，监察机关尚未掌握其违法犯罪事实及证据，但被调查人可能逃跑的，经监察机关依法审批，可以将其留置在特定场所

B. 对涉嫌行贿犯罪的涉案人员王某，监察机关也可以依法采取留置措施

C. 依法应当留置的被调查人如果在逃，监察机关可以决定在本行政区域内通缉，发布通缉令，追捕归案

D. 调查人员采取留置措施，均应当依照规定出示证件，出具书面通知，由二人以上进行

E. 监察机关采取留置措施，应当由监察委员会主任决定

F. 地方各级监察机关采取留置措施，应当报上一级监察机关批准

G. 留置时间不得超过三个月；在特殊情况下，可以延长两次，每次延长时间不得超过三个月

H. 省级监察机关采取留置措施的，延长留置时间应当报国家监察委员会批准

I. 监察机关对被调查人采取留置措施后，必须在二十四小时以内，通知被留

扫码听课

置人员所在单位和家属

J. 监察机关应当保障被留置人员的饮食、休息和安全，提供医疗服务

K. 被留置人员涉嫌犯罪移送司法机关后，被依法判处管制、拘役和有期徒刑的，留置一日折抵一日

L. 留置法定期限届满，监察机关不予以解除的，被调查人及其近亲属有权向该机关申请复查，该监察机关应当在收到复查申请之日起二个月内作出处理决定

M. 留置法定期限届满，监察机关不予以解除的，被调查人及其近亲属有权向上一级监察机关申诉，受理申诉的监察机关应当在受理申诉之日起一个月内作出处理决定

【答案】BDHJ

【解析】被调查人涉嫌贪污贿赂、失职渎职等严重职务违法或者职务犯罪，监察机关已经掌握其部分违法犯罪事实及证据，仍有重要问题需要进一步调查，并有下列情形之一的，经监察机关依法审批，可以将其留置在特定场所：（一）涉及案情重大、复杂的；（二）可能逃跑、自杀的；（三）可能串供或者伪造、隐匿、毁灭证据的；（四）可能有其他妨碍调查行为的。可见，留置的要件包括如下四个方面：（1）被调查人涉嫌贪污贿赂、失职渎职等严重职务违法或者职务犯罪；（2）监察机关已经掌握其部分违法犯罪事实及证据，仍有重要问题需要进一步调查；（3）有上列四种情形之一；（4）经监察机关依法审批。A项错误。

对涉嫌行贿犯罪或者共同职务犯罪的涉案人员，监察机关可以依照前述规定采取留置措施。B项正确。

依法应当留置的被调查人如果在逃，监察机关可以决定在本行政区域内通缉，由公安机关发布通缉令，追捕归案。通缉范围超出本行政区域的，应当报请有权决定的上级监察机关决定。C项错误，应由公安机关发布通缉令。

调查人员采取讯问、询问、留置、搜查、调取、查封、扣押、勘验检查等调查措施，均应当依照规定出示证件，出具书面通知，由二人以上进行，形成笔录、报告等书面材料，并由相关人员签名、盖章。D项正确。

监察机关采取留置措施，应当由监察机关领导人员集体研究决定。设区的市级以下监察机关采取留置措施，应当报上一级监察机关批准。省级监察机关采取留置措施，应当报国家监察委员会备案。EF两项错误。

留置时间不得超过三个月。在特殊情况下，可以延长一次，延长时间不得超过三个月。G项错误。

省级以下监察机关采取留置措施的，延长留置时间应当报上一级监察机关批准。监察机关发现采取留置措施不当的，应当及时解除。H项正确。

对被调查人采取留置措施后，应当在二十四小时以内，通知被留置人员所在单位和家属，但有可能毁灭、伪造证据，干扰证人作证或者串供等有碍调查情形的除外。有碍调查的情形消失后，应当立即通知被留置人员所在单位和家属。I项错误。

监察机关应当保障被留置人员的饮食、休息和安全，提供医疗服务。讯问被留置人员应当合理安排讯问时间和时长，讯问笔录由被讯问人阅看后签名。J项正确。

被留置人员涉嫌犯罪移送司法机关后，被依法判处管制、拘役和有期徒刑

大咖点拨区

的，留置一日折抵管制二日，折抵拘役、有期徒刑一日。K项错误。

监察机关及其工作人员有下列行为之一的，被调查人及其近亲属有权向该机关申诉：（一）留置法定期限届满，不予以解除的；（二）查封、扣押、冻结与案件无关的财物的；（三）应当解除查封、扣押、冻结措施而不解除的；（四）贪污、挪用、私分、调换以及违反规定使用查封、扣押、冻结的财物的；（五）其他违反法律法规、侵害被调查人合法权益的行为。受理申诉的监察机关应当在受理申诉之日起一个月内作出处理决定。申诉人对处理决定不服的，可以在收到处理决定之日起一个月内向上一级监察机关申请复查，上一级监察机关应当在收到复查申请之日起二个月内作出处理决定，情况属实的，及时予以纠正。LM两项错误。

4. 关于监察委员会运用技术调查措施调查案件的职权，下列说法正确的有（　　）

A. 监察机关调查涉嫌贪污贿赂、失职渎职等重大职务违法和职务犯罪，根据需要，经过严格的批准手续，可以采取技术调查措施

B. 监察机关办理涉嫌重大贪污贿赂等职务犯罪案件，都采取技术调查措施

C. 经批准采取的技术调查措施，按照规定由相关的监察委员会执行

D. 批准采取技术调查措施的决定应当明确采取技术调查措施的种类和适用对象，自签发之日起三个月以内有效

E. 对于复杂、疑难案件，期限届满仍有必要继续采取技术调查措施的，经过批准，有效期可以延长一次，延长时间不得超过三个月

【答案】D

【解析】《监察法》第28条第1款规定："监察机关调查涉嫌重大贪污贿赂等职务犯罪，根据需要，经过严格的批准手续，可以采取技术调查措施，按照规定交有关机关执行。"可见，其一，技术调查措施仅适用于监察机关在调查涉嫌"重大贪污贿赂等职务犯罪"的案件，职务违法行为不得采取技术调查措施。A项错误。其二，监察机关对涉嫌重大贪污贿赂等职务犯罪案件是否采取技术调查措施要"根据需要"，即要采取审慎的原则，根据调查犯罪的实际需要采取，而非必然采取该措施。B项错误。其三，监察委员会经批准采取技术调查措施，要按照规定交由公安机关等有关机关执行，监察机关不能自己执行。C项错误。

《监察法》第28条第2款规定："批准决定应当明确采取技术调查措施的种类和适用对象，自签发之日起三个月以内有效；对于复杂、疑难案件，期限届满仍有必要继续采取技术调查措施的，经过批准，有效期可以延长，每次不得超过三个月。对于不需要继续采取技术调查措施的，应当及时解除。"D项符合法律规定，但E项表述错误。因为对于复杂、疑难案件，期限届满仍有必要继续采取技术调查措施的，经过批准，有效期可以延长多次，每次不得超过三个月。

5. 监察机关开展监督、调查，根据监督、调查的结果采取的下列措施中，哪些是正确的做法？（　　）

A. 对有职务违法行为的公职人员，均按照管理权限，直接或者委托有关机关、人员，进行谈话提醒、批评教育、责令检查，或者予以诫勉

B. 某市财政局局长王某为成为副市长的候选人，在市人大会议期间搞非组织活动，以非法手段破坏选举，构成职务违法。市监察委员会委托其所在的财政局给予其撤职的政务处分

C. 对不正确履行职责负有责任的领导人员，监察委员会要求有权作出问责决定的机关作出问责决定

D. 对监察对象所在单位廉政建设和履行职责存在的问题等提出监察建议

E. 监察机关经调查，对涉嫌犯罪取得的财物，依法予以没收、追缴或者责令退赔

F. 在调查贪污贿赂、失职渎职等职务犯罪案件过程中，被调查人死亡的，监察机关应当撤销案件

G. 被调查人逃匿，在通缉一年后不能到案的，监察机关有权提请人民法院裁定没收其违法所得

【答案】D

【解析】《监察法》第45条第1款规定："监察机关根据监督、调查结果，依法作出如下处置：（一）对有职务违法行为但情节较轻的公职人员，按照管理权限，直接或者委托有关机关、人员，进行谈话提醒、批评教育、责令检查，或者予以诫勉；（二）对违法的公职人员依照法定程序作出警告、记过、记大过、降级、撤职、开除等政务处分决定；（三）对不履行或者不正确履行职责负有责任的领导人员，按照管理权限对其直接作出问责决定，或者向有权作出问责决定的机关提出问责建议；（四）对涉嫌职务犯罪的，监察机关经调查认为犯罪事实清楚，证据确实、充分的，制作起诉意见书，连同案卷材料、证据一并移送人民检察院依法审查、提起公诉；（五）对监察对象所在单位廉政建设和履行职责存在的问题等提出监察建议。"

根据第一项，"进行谈话提醒、批评教育、责令检查，或者予以诫勉"不是针对所有具有职务违法行为的公职人员，而是针对有职务违法行为但"情节较轻"的公职人员，A项表述有误。

根据第二项，对违法的公职人员，监察委员会有权依照法定程序直接作出警告、记过、记大过、降级、撤职、开除等政务处分决定，而不需要委托其所在单位给予政务处分。B项错误。

根据第三项，对不履行或者不正确履行职责负有责任的领导人员，监察委员会按照管理权限对其直接作出问责决定，或者向有权作出问责决定的机关提出问责建议。注意，监察委员会向有问责决定权的机关提出的是建议而非要求。C项错误。

《监察法》第46条规定："监察机关经调查，对违法取得的财物，依法予以没收、追缴或者责令退赔；对涉嫌犯罪取得的财物，应当随案移送人民检察院。"E项错误。

《监察法》第48条规定："监察机关在调查贪污贿赂、失职渎职等职务犯罪案件过程中，被调查人逃匿或者死亡，有必要继续调查的，经省级以上监察机关批准，应当继续调查并作出结论。被调查人逃匿，在通缉一年后不能到案，或者死亡的，由监察机关提请人民检察院依照法定程序，向人民法院提出没收违法所得的申请。"可见，被调查人逃匿或者死亡，并不影响调查工作的继续开展，只要经省级以上监察机关批准即可继续调查。F项错误。需要没收违法所得时，监察机关应提请人民检察院，由后者依照法定程序向人民法院提出没收违法所得的申请，再由人民法院依法审理并作出裁定。G项错误。

大咖点拨区

第七章　国家象征

1. 根据《国旗法》，下列的说法正确的有(　　)

A. 升挂国旗时，应当举行升旗仪式

B. 公共文化体育设施应当在开放日升挂、悬挂国旗

C. 列队举持国旗和其他旗帜行进时，国旗应当在其他旗帜之前

D. 下半旗时，应当先将国旗升至杆顶，然后降至旗顶与杆顶之间的距离为旗杆全长的二分之一处

【答案】BC

【解析】升挂国旗时，可以举行升旗仪式，也可以不举行；A 项错误。下半旗时，应当先将国旗升至杆顶，然后降至旗顶与杆顶之间的距离为旗杆全长的三分之一处。D 项错误。

2. 根据《国徽法》，下列的说法正确的有(　　)

A. 国徽及其图案不得用于商标、授予专利权的外观设计、商业广告

B. 国徽及其图案可以用于日常生活的陈设布置

C. 国家出版的法律、法规正式版本的封面应当印有国徽图案

D. 国家主席以职务名义对外使用的请柬，可以印有国徽图案

【答案】AC

【解析】国徽及其图案不得用于日常用品、日常生活的陈设布置。B 项错误。中华人民共和国主席、副主席，全国人民代表大会常务委员会委员长、副委员长，国务院总理、副总理、国务委员，中央军事委员会主席、副主席，国家监察委员会主任，最高人民法院院长和最高人民检察院检察长以职务名义对外使用的信封、信笺、请柬等，应当印有国徽图案。D 项错误。

3. 2017 年 9 月 1 日下午，《中华人民共和国国歌法》获十二届全国人大常委会第二十九次会议表决通过，于 2017 年 10 月 1 日起施行。根据该法，下列说法不正确的有(　　)

A. 我国历部宪法都规定了国歌

B. 在举行重大体育赛事的时候，可以奏唱国歌

C. 在举行宪法宣誓仪式的时候，应当奏唱国歌

D. 中小学应当将国歌作为爱国主义教育的重要内容，组织学生学唱国歌，教育学生了解国歌的历史和精神内涵、遵守国歌奏唱礼仪

【答案】AB

【解析】国歌是在 2004 年宪法修改时才写入宪法的，A 项错误。《国歌法》第 4 条规定，在下列场合，应当奏唱国歌：（一）全国人民代表大会会议和地方各级人民代表大会会议的开幕、闭幕；中国人民政治协商会议全国委员会会议和地方各级委员会会议的开幕、闭幕；（二）各政党、各人民团体的各级代表大会等；（三）宪法宣誓仪式；（四）升国旗仪式；（五）各级机关举行或者组织的重

大庆典、表彰、纪念仪式等；（六）国家公祭仪式；（七）重大外交活动；（八）重大体育赛事；（九）其他应当奏唱国歌的场合。B项错误，C项正确。D项明显正确。

4. 根据《国徽法》，下列使用国徽图案的做法正确的有(　　　)

A. 最高人民检察院公报的封面使用了国徽图案

B. 国家主席对外使用的请柬上使用了国徽图案

C. 某企业家在其办公室内将国徽图案作为陈设布置

D. 在某党员的私人追悼会上使用了国徽图案

【答案】AB

【解析】应当印有国徽图案的文书、出版物包括全国人民代表大会常务委员会、中华人民共和国主席和国务院颁发的荣誉证书、任命书、外交文书；中华人民共和国主席、全国人民代表大会常务委员会委员长、国务院总理、中央军事委员会主席、最高人民法院院长和最高人民检察院检察长以职务名义对外使用的信封、信笺、请柬等；全国人民代表大会常务委员会公报、国务院公报、最高人民法院公报和最高人民检察院公报的封面；国家出版的法律、法规正式版本的封面。AB两项正确。国徽及其图案不得用于：商标、广告；日常生活的陈设布置；私人庆吊活动；国务院办公厅规定不得使用国徽及其图案的其他场合。CD两项使用不正确。

大咖点拨区

扫码听课

大咖点拨区

第四编　司法制度与法律职业道德

第一章　概　述

第一节　司法与司法制度的概念

扫码听课

1. 司法与行政都是国家权力的表现形式，但司法具有一系列区别于行政的特点。下列哪些选项体现了司法区别于行政的特点？（2014－1－83）

A. 甲法院审理一起民事案件，未按照上级法院的指示作出裁判

B. 乙法院审理一起刑事案件，发现被告人另有罪行并建议检察院补充起诉，在检察院补充起诉后对所有罪行一并作出判决

C. 丙法院邀请人大代表对其审判活动进行监督

D. 丁法院审理一起行政案件，经过多次开庭审理，在原告、被告及其他利害关系人充分举证、质证、辩论的基础上作出判决

【答案】ABD

【解析】A 项体现了司法独立。B 项体现了被动性。D 项体现了交涉性。C 项不是司法所特有的，行政活动也要受人大监督。

扫码听课

2. 下列有关审判制度的哪种说法是错误的？（2006－1－47）

A. 我国的审判制度是在"议行合一"的制度框架下建立的

B. 按照我国现行法律的规定，独立行使审判权的主体是法院

C. 世界上许多国家的诉讼活动实行审判中心主义，其侦查起诉程序被称为"审判前程序"

D. 实行三权分立的国家，其法院和政府均隶属于议会，议会对它们的权力进行制约

【答案】D

【解析】我国的国体是人民民主专政，政体是人民代表大会制度。人民代表大会是国家的议行机关，代表人民行使权力。我国的审判机关是由人民代表大会选举产生的，因此，审判制度是在"议行合一"的制度框架下建立的。故 A 正确。《人民法院组织法》第 4 条规定："人民法院依照法律规定独立行使审判权，不受行政机关、社会团体和个人的干涉。"故 B 正确。许多国家刑事诉讼的目的是为了查明犯罪事实，追究刑事责任。而查明犯罪事实，追究刑事责任是审判机关的职责。侦查、起诉只是帮助法院查明犯罪事实，正确追究刑事责任而已。故 C 正确。实行三权分立的国家，其法院、政府和议会是相互独立的，相互制衡的，三者互不隶属。故 D 错误。

3. 我国司法承担着实现公平正义的使命，据此，下列哪些说法能够成立？（2013－1－83）

A. 中国特色社会主义司法制度是我国实现公平正义的重要保障

B. 司法通过解决纠纷这一主要功能，维持社会秩序和正义

C. 没有司法效率，谈不上司法公正，公平正义也将难以实现，因此应当选择"公正优先，兼顾效率"的价值目标

D. 在符合法律基本原则的前提下，司法兼顾法理和情理更利于公平正义的实现

扫码听课

【答案】ABCD

【解析】司法是解决纠纷、保证公平正义的最后一道防线，可见在我国，要想实现公平正义必然离不开我国的司法制度。A项正确。司法在社会生活中承担着广泛的功能，其中解决纠纷是司法的主要功能。司法通过解决纠纷，既实现了正义，又维护了秩序。B项正确。司法公正与司法效率相伴相随、两位一体，司法公正本身就含有对司法效率的要求，没有效率，谈不上公正；不公正，效率也没有意义。公正优先、兼顾效率，这是我国司法的重要价值立场。C项正确。我国法律反映了社会公平正义的主要方面，但并不能覆盖社会公平正义的全部内容。因此，社会主义公平正义的实现，必须注重法理与情理的相互统一，用法理为情理提供正当性支持，以情理强化法理施行的社会效果。在不违背基本原则的情况下，如果能兼顾法理和情理，寻求相关利益的平衡和妥协，则无疑更有助于实现实质性的公平正义。D项正确。

4. 关于司法、司法制度的特征和内容，下列哪一表述不能成立？（2012－1－45）

A. 中国特色社会主义司法制度包括司法规范体系、司法组织体系、司法制度体系、司法人员管理体系

B. 法院已成为现代社会最主要的纠纷解决主体，表明司法的被动性特点已逐渐被普遍性特点所替代

C. 解决纠纷是司法的主要功能，它构成司法制度产生的基础、决定运作的主要内容和直接任务，也是其他功能发挥的先决条件

D. "分权学说"作为西方国家一项宪法原则，进入实践层面后，司法的概念逐步呈现技术性、程序性特征

扫码听课

【答案】B

【解析】ACD三项没有问题。被动性是司法的根本属性之一，法律适用活动的惯常机制是"不告不理"，司法程序的启动离不开权利人或特定机构的提请或诉求，司法者从来都不能主动发动一个诉讼，因为这与司法权的性质相悖，这在现代社会会更加强化，不会被替代。B项表述错误。

【特别注意】分权学说是在1787年被载入美国宪法之后，才完成由学术层面进入现实层面的。

5. 保证公正司法，提高司法公信力，一个重要的方面是加强对司法活动的监督。下列哪一做法属于司法机关内部监督？（2015－1－45）

A. 建立生效法律文书统一上网和公开查询制度

B. 逐步实行人民陪审员只参与审理事实认定、不再审理法律适用问题

扫码听课

大咖点拨区

C. 检察院办案中主动听取并重视律师意见

D. 完善法官、检察官办案责任制，落实谁办案谁负责

【答案】D

【解析】《中共中央关于全面推进依法治国若干重大问题的决定》强调要构建开放、动态、透明、便民的阳光司法机制，推进审判公开、检务公开、警务公开、狱务公开，依法及时公开执法司法依据、程序、流程、结果和生效法律文书，杜绝暗箱操作。加强法律文书释法说理，建立生效法律文书统一上网和公开查询制度。A项正确。《中共中央关于全面推进依法治国若干重大问题的决定》强调，要坚持人民司法为人民，依靠人民推进公正司法，通过公正司法维护人民权益。在司法调解、司法听证、涉诉信访等司法活动中保障人民群众参与。完善人民陪审员制度，保障公民陪审权利，扩大参审范围，完善随机抽选方式，提高人民陪审制度公信度。逐步实行人民陪审员不再审理法律适用问题，只参与审理事实认定问题。B项正确。检察院办案中主动听取并重视律师意见属于保障律师权益，强化社会对司法活动的监督，C项正确。《中共中央关于全面推进依法治国若干重大问题的决定》强调，要明确司法机关内部各层级权限，健全内部监督制约机制。司法机关内部人员不得违反规定干预其他人员正在办理的案件，建立司法机关内部人员过问案件的记录制度和责任追究制度。完善主审法官、合议庭、主任检察官、主办侦查员办案责任制，落实谁办案谁负责。D项表述正确。可见，ABCD四项均正确，但题干要求的是选择属于内部监督的项目，可见，只能选择D项。

6. 司法公正体现在司法活动各个方面和对司法人员的要求上。下列哪一做法体现的不是司法公正的内涵？（2014－1－45）

A. 甲法院对社会关注的重大案件通过微博直播庭审过程

B. 乙法院将本院公开审理后作出的判决书在网上公布

C. 丙检察院为辩护人查阅、摘抄、复制案卷材料提供便利

D. 丁检察院为暴力犯罪的被害人提供医疗和物质救助

【答案】D

【解析】司法公正包括六大构成要素：公开性、中立性、平等性、参与性、合法性和案件处理的正确性。AB两项涉及的是司法公开，正确。C项中，检察院为辩护人提供便利，一方面体现了程序合法，另一方面也体现了司法为民，自然体现了司法公正的要求，因此也正确。D项中，检察院所为并不属于司法职权范围，也并非司法活动，而属于伦理道德范畴，与"司法"公正无关，错误。

7. 关于法官在司法活动中如何理解司法效率，下列哪一说法是不正确的？（2014－1－46）

A. 司法效率包括司法的时间效率、资源利用效率和司法活动的成本效率

B. 在遵守审理期限义务上，对法官职业道德上的要求更加严格，应力求在审限内尽快完成职责

C. 法官采取程序性措施时，应严格依法并考虑效率方面的代价

D. 法官应恪守中立，不主动督促当事人或其代理人完成诉讼活动

【答案】D

【解析】司法效率强调的是司法机关在司法活动中，提高办案效率，不拖延

积压案件，及时审理和结案，合理利用和节约司法资源；不断改进工作，迅速及时进行司法活动，在司法、诉讼的各个具体环节都要遵守法定的时限。司法效率包括司法的时间效率、资源利用效率和司法活动的成本效率三个方面。A项正确。近年来我国法院努力提高司法效率，强化审限意识，严格禁止超审限审理案件。B项正确。在司法过程中，"公正优先、兼顾效率"是基本原则，因此自然要求合理地进行诉讼程序的制度设计，在采取程序性措施时，严格依法并考虑效率方面的代价。C项正确。法官在保障司法公正的同时，也应提高司法效率，严格遵守法定办案时限，节约司法资源，监督当事人及时完成诉讼活动。法官在审判活动中特别是在法庭上的一项重要职责就是监督当事人遵守诉讼程序和各种时限规定，有效控制各项诉讼活动的时间，掌握案件审理的合理进度，避免因当事人的原因或法官指挥不当而导致的拖延。法官应在不违反其中立地位的前提下，积极督促当事人或其代理人提高效率，减少拖延。D项错误。

8. 中国特色社会主义司法制度是一个科学系统，既包括体制机制运行体系，也包括理念文化等丰富内容。关于我国司法制度的理解，下列哪一选项是正确的？（2017－1－46）

A. 我国司法制度主要由四个方面的体系构成：司法规范体系、司法组织体系、司法制度体系、司法文化体系

B. 司法组织体系主要包括审判组织体系、律师组织体系、公证组织体系

C. 人民调解制度和死刑复核制度是独具中国特色的司法制度，司法解释制度和案例指导制度是中外通行的司法制度

D. 各项司法制度既是司法机关职责分工、履行职能的依据和标准，也是监督和规范司法行为的基本规则

扫码听课

【答案】D

【解析】中国特色社会主义司法制度是一个科学系统，不仅包括司法规范、组织、机构、程序、机制、制度和人力资源体系，也包括独具中国特色的司法理念、理论、政策、文化和司法保障等内容。主要由四个方面构成：（1）司法规范体系；（2）司法组织体系：主要指审判组织体系和检察组织体系；（3）司法制度体系：主要是六大制度（侦查制度、检察制度、审判制度、监狱制度、律师制度和公证制度），还包括人民调解制度、人民陪审制度、死刑复核制度、审判监督制度、司法解释制度和案例指导制度等；（4）司法人员管理体系：司法人员指有侦查、检察、审判、监管职责的工作人员和辅助人员。可见，A项错误，不包括司法文化体系；B项错误，司法组织体系不包括律师组织体系和公证组织体系；C项错误，司法解释制度和案例指导制度也是独具中国特色的司法制度。

9. 关于建立各级党政机关和领导干部支持法院、检察院依法公正行使职权的制度，下列说法中不正确的有？（　　　）

A. 建立领导干部干预司法活动、插手具体案件处理的记录、通报和责任追究制度

B. 任何领导干部都不得要求司法机关违反法定职责或法定程序处理案件

C. 司法机关内部人员不得违反规定为案件当事人转递涉案材料或打听案情

D. 对于司法机关内部人员的干预、说情，应当予以拒绝

E. 对于司法机关内部人员不依正当程序转递涉案材料的，应当先接收，然后

扫码听课

按照法定程序处理

F. 司法机关领导干部和上级司法机关工作人员不得对下级司法人员正在办理的案件提出指导性意见

G. 法院领导干部因履行监督职责的需要对某法官正在办理的案件提出意见的，不得以口头形式提出

【答案】EFG

【解析】对于司法机关内部人员不依正当程序转递涉案材料的，应当告知其按照程序办理，而不应接收。E项错误。司法机关领导干部和上级司法机关工作人员因履行领导、监督职责，需要对正在办理的案件提出指导性意见的，应当依照程序以书面形式提出；但如果以口头形式提出的，由办案人员记录在案。FG两项均错误。

10. 关于法律职业及其特征，下列哪些说法是正确的？（　　）

A. 在我国，法律职业主要是指应用类法律人才和学术类法律人才

B. 法官、检察官也要遵守公务员法等法律法规的规定

C. 法官、检察官属于法律的实践人员，其专业水平的高低与职业道德水平的高低无关

D. 法官、检察官、律师、公证员均属于法律职业人员，具有同质性，其职业道德没有什么不同

【答案】B

【解析】在我国，法律职业主要是指应用类法律人才，包括律师、法官、检察官和公证员。A项错误。法官、检察官作为依法履行公职、纳入国家行政编制、由国家财政负担工资福利的工作人员，自然要遵守公务员法等法律法规。B项正确。法官、检察官、律师、公证员属于法律的实践人员，其专业水平的高低与职业道德水平的高低是密切联系的。C项错误。一般认为，法律职业具有职业性、同质性、法律性、行业性等特征，不同行业的职业道德也是有差别的。D项错误。

第二节　法律职业道德的概念和特征

1. 关于法律职业道德，下列哪一表述是不正确的？（2013 - 1 - 45）

A. 基于法律和法律职业的特殊性，法律职业人员被要求承担更多的社会义务，具有高于其他职业的职业道德品行

B. 互相尊重、相互配合为法律职业道德的基本原则，这就要求检察官、律师尊重法官的领导地位，在法庭上听从法官的指挥

C. 选择合适的内化途径和适当的内化方法，才能使法律职业人员将法律职业道德规范融进法律职业精神中

D. 法律职业道德教育的途径和方法，包括提高法律职业人员道德认识、陶冶法律职业人员道德情感、养成法律职业人员道德习惯等

【答案】B

【解析】在现代社会中，法律职业是一种高度专业化的职业。与一般社会道德相比，法律职业道德具有主体的特定性、职业的特殊性和更强的约束性等特

征。所谓的更强的约束性，意味着法律职业人员一旦违反职业道德，将可能承担更大范围的责任。这自然也就要求法律职业人员承担更多的社会义务，要求他们具有高于其他职业的职业道德素养和品行。选项 A 说法正确。

互相尊重、相互配合是法律职业道德的基本原则，法律职业人员一方面不应超越职权擅自干预和妨碍其他法律职业人员正常办案，另一方面也要谦恭有礼，遵守有关法庭礼仪。但检察官、律师和法官在法庭上不是领导与被领导的关系。法律职业人员在人格和依法履行职责上是平等的。互相尊重、互相配合并非要求检察官、律师在法庭上听从法官的指挥。因此，B 项错误明显。

在现代社会生活中，道德具有教育示范、调节规范和潜移默化影响人们行为和意识的作用，只有通过选择合适的内化途径和适当的外化方法，才能使法律职业人员将法律职业道德规范融进法律职业精神中。法律职业者作为内化的主体，应当有意识地将被动学习和主动学习结合起来。选项 C 说法正确。

法律职业道德教育的途径和方法，主要包括提高法律职业人员道德认识、陶冶法律职业人员道德情感、锻炼法律职业人员道德意志、养成法律职业人员道德习惯等方面。选项 D 说法正确。

2. 关于法律职业道德的理解，下列哪一说法不能成立？（2012 – 1 – 46）

A. 法律职业道德与其他职业道德相比，具有更强的公平正义象征和社会感召作用

B. 法律职业道德与一般社会道德相比，具有更强的约束性

C. 法律职业道德的内容多以纪律规范形式体现，具有更强的操作性

D. 法律职业道德通过严格程序实现，具有更强的外在强制性

【答案】D

【解析】与法律的外在强制性不同，道德主要用于自律，是对自己内心的约束。在实践中，只有选择合适的内化途径和适当的内化方法才能够使法律职业者将法律职业道德融进法律职业精神中。所以，法律职业道德的实现，既包括外在监督，也包括法律职业者的自律；后者并非通过严格程序来实现，而且其不具有强制性。选项 D 说法不能成立。

3. 根据有关规定，我国法律职业人员因其职业的特殊性，业外活动也要受到约束。下列哪些说法是正确的？（2014 – 1 – 85）

A. 法律职业人员在本职工作和业外活动中均应严格要求自己，维护法律职业形象和司法公信力

B. 业外活动是法官、检察官行为的重要组成部分，在一定程度上也是司法职责的延伸

C. 《律师执业行为规范》规定了律师在业外活动中不得为的行为

D. 《公证员职业道德基本准则》要求公证员应当具有良好的个人修养和品行，妥善处理个人事务

【答案】ABCD

【解析】法律职业道德既调整法律职业人员的业务内的活动，也调整业务外的活动。本题的四个选项均符合法律职业道德的要求。

4. 法律在社会中负有分配社会资源、维持社会秩序、解决社会冲突、实现社会正义的功能，这就要求法律职业人员具有更高的法律职业道德水准。据此，关

大咖点拨区

扫码听课

扫码听课

扫码听课

于提高法律职业道德水准，下列哪些表述是正确的？（2016-1-83）

A. 法律职业道德主要是法律职业本行业在职业活动中的内部行为规范，不是本行业对社会所负的道德责任和义务

B. 通过长期有效的职业道德教育，使法律职业人员形成正确的职业道德认识、信念、意志和习惯，促进道德内化

C. 以法律、法规、规范性文件等形式赋予法律职业道德以更强的约束力和强制力，并加强道德监督，形成他律机制

D. 法律职业人员违反法律职业道德和纪律的，应当依照有关规定予以惩处，通过惩处教育本人及其他人员

【答案】BCD

【解析】职业道德是人们在职业实践活动中形成的行为规范，体现职业活动的客观要求。职业道德既是本行业人员在职业活动中的行为规范，又是行业对社会所负的道德责任和义务。A项错误。

法律职业道德教育的途径和方法，主要包括提高法律职业人员的道德认识、确立法律职业人员的道德信念、陶冶法律职业人员的道德情感、锻炼法律职业人员的道德意志、养成法律职业人员的道德习惯等方面。通过这些途径和渠道，外在的法律职业道德规范会和法律人自己原有的观点、信念，结合在一起，内化为自己人格的一部分。B项正确。

法律职业道德具有正式性，其表现形式较正式，除了一般的规章制度、工作守则、行为须知之外，还通过法律、法规等规范性文件的形式表现出来。相应地，法律职业道德也具有了更高性，其要求法律职业人员具有更高的法律职业道德水准，要求较为明确，约束力和强制力也更为明显。法律职业人员违反了法律职业道德和纪律，应当依照有关规定予以惩处，通过惩处教育本人及其他人员。CD两项正确。

5. 司法人员恪守司法廉洁，是司法公正与公信的基石和防线。违反有关司法廉洁及禁止规定将受到严肃处分。下列属于司法人员应完全禁止的行为是：（2016-1-98）

A. 为当事人推荐、介绍诉讼代理人、辩护人

B. 为律师、中介组织介绍案件

C. 在非工作场所接触当事人、律师、特殊关系人

D. 向当事人、律师、特殊关系人借用交通工具

【答案】ABD

【解析】党的十八届四中全会的《决定》明确规定，要"依法规范司法人员与当事人、律师、特殊关系人、中介组织的接触、交往行为。严禁司法人员私下接触当事人及律师、泄露或者为其打探案情、接受吃请或者收受其财物、为律师介绍代理和辩护业务等违法违纪行为，坚决惩治司法掮客行为，防止利益输送。"AB两项即属于此类被严格禁止的行为。

司法人员在案件办理过程中，应当在工作场所、工作时间接待当事人、律师、特殊关系人、中介组织。因办案需要，确需与当事人、律师、特殊关系人、中介组织在非工作场所、非工作时间接触的，应依照相关规定办理审批手续并获批准；因不明情况或者其他原因在非工作时间或非工作场所接触当事人、律师、

特殊关系人、中介组织的，应当在三日内向本单位纪检监察部门报告有关情况。可见，司法人员在非工作场所接触当事人、律师、特殊关系人，是难以完全避免的，C 项错误。

司法人员应当避免与案件产生任何实质性的利益联系，不得向当事人、律师、特殊关系人、中介组织借款、租借房屋，借用交通工具、通讯工具或者其他物品。D 项符合题意，属于完全禁止的行为。

6. 法律职业道德具有不同于一般职业道德的职业性、实践性、正式性及更高标准的特征。关于法律职业道德的表述，下列哪些选项是正确的？（2017 - 1 - 83）

A. 法律职业人员专业水平的发挥与职业道德水平的高低具有密切联系

B. 法律职业道德基本原则和规范的形成，与法律职业实践活动紧密相连

C. 纵观伦理发展史和法律思想史，法律职业道德的形成与"实证法"概念的阐释密切相关

D. 法律职业道德基本原则是对每个法律从业人员职业行为进行职业道德评价的标准

【答案】ABD

【解析】职业道德是人们在职业实践活动中形成的行为规范，体现职业活动的客观要求。职业道德既是本行业人员在职业活动中的行为规范，又是行业对社会所负的道德责任和义务。B 项正确。法律职业道德是法官、检察官、律师、公证员等法律职业人员应当遵循的符合法律职业要求的心理意识、行为准则和行为规范的总和，是社会道德体系的重要组成部分，是社会道德在法律职业领域中的具体体现和升华。相比于其他的职业道德，具有更强的象征意义和感召作用。法律职业的整体状况以及与法律职业相关的制度构成了法律职业形成和发展的内环境。法律职业人员专业水平的发挥与职业道德水平的高低具有密切联系。A 项正确。早在实证法概念提出之前，人类就对司法的公正性、公开性等职业道德产生了明确的认识。C 项不正确。法律职业道德基本原则当然可以用来作为对每个法律从业人员职业行为进行职业道德评价的标准，D 项正确。

第二章　审判制度和法官职业道德

第一节　审判制度概述

1. 72 岁村民甲以其子乙长期不提供衣食、不送医院治病为由，诉请法院判令乙履行赡养义务。为宣传法律，教育群众，法院决定将该案在当事人所在村庄公开审理，村民均可旁听。乙提出法院侵犯其隐私，剥夺其司法民主方面的有关权利。下列哪些说法是正确的？（2011 - 1 - 83）

A. 司法民主要求所有案件均应无例外公开审理，以促进人民当家作主权利的实现

B. 法院就地审理体现了司法目的民主，体现司法为民理念

C. 法院公开审判遵循了司法公开制度的规定，符合司法程序民主要求

D. 法院就地审理未经乙同意，违反司法主体民主和司法体制民主

【答案】BC

【解析】司法的民主性是指司法应充分体现人民的意志和利益，审判活动应体现民主性，并应受到人民的有效监督。但是，并非所有案件均应公开审理，根据法律规定，有些案件不应当公开审理，如涉及国家秘密的案件。选项 A 错误。本题中法院为宣传法律、教育群众而就地公开审判，体现了司法目的的民主，体现司法为民理念。选项 B 正确。根据法律规定，除特定案件外，民事案件一律公开审判，而本案不属于依法不公开审理的案件，因此，法院公开审判遵循了司法公开制度的规定，符合司法程序民主要求。选项 C 正确，选项 D 错误。

2. 法院的下列哪些做法是符合审判制度基本原则的？（2016 - 1 - 84）

A. 某法官因病住院，甲法院决定更换法官重新审理此案

B. 某法官无正当理由超期结案，乙法院通知其三年内不得参与优秀法官的评选

C. 对某社会高度关注案件，当地媒体多次呼吁法院尽快结案，丙法院依然坚持按期审结

D. 因人身损害纠纷，原告要求被告赔付医疗费，丁法院判决被告支付全部医疗费及精神损害赔偿金

【答案】ABC

【解析】我国审判制度的基本原则包括审判独立原则、不告不理原则、直接言词原则、及时审判原则等等。本题涉及到如下三项原则：

（1）不告不理原则：未经控诉一方提起控诉，法院不得自行主动对案件进行裁判；法院审理案件的范围（诉讼内容与标的）由当事人确定，法院无权变更、撤销当事人的诉讼请求；案件在审理中，法院只能按照当事人提出的诉讼事实和

主张进行审理，对超过当事人诉讼主张的部分不得主动审理。D 项中，丁法院判决的内容超出了当事人的诉讼请求，违背了不告不理原则，因此错误；

（2）及时审判原则：人民法院应当及时审理案件，提高办案效率；但是，法院要坚持公正优先，兼顾效率的原则，不能单纯为了追求效率，放弃司法公正的要求。B 项中，某法官无正当理由超期结案，拖延办案，贻误工作，违背了及时审判原则，所以乙法院通知其三年内不得参与优秀法官的评选，这种处理方式是正确的；C 项中，对于社会高度关注的案件，法院顶住压力，坚持依照法定程序、按照法定审理时限的要求审结，避免受到媒体的不当影响，是正确的；

（3）集中审理原则，又称不中断审理原则，是指法院开庭审理案件，应当在不更换审判人员的条件下连续进行，不得中断审理的诉讼原则。该原则主要包括以下几个方面：一个案件组成一个审判庭进行审理，每起案件自始至终应由同一法庭进行审判；在案件审理开始后尚未结束前不允许法庭再审理其他任何案件；法庭成员不得更换，对于因故不能继续参加审理的，应由始终在场的候补法官、候补陪审员替换，否则应重新审判；集中证据调查与法庭辩论；庭审不中断并迅速作出裁判。《最高人民法院关于人民法院合议庭工作的若干规定》第 3 条就体现了集中审理原则，其中规定："合议庭组成人员确定后，除因回避或者其他特殊情况，不能继续参加案件审理的之外，不得在案件审理过程中更换。更换合议庭成员，应当报请院长或者庭长决定。合议庭成员的更换情况应当及时通知诉讼当事人。"A 项中，某法官因病住院，这属于特殊情况，甲法院决定更换法官的，因为新换的法官对此前的程序不熟悉，因此安排其重新审理此案，符合集中审理原则，是妥当的。

3. 某法院推行办案责任制后，直接由独任法官、合议庭裁判的案件比例达到 99.9%，提交审委会讨论的案件仅占 0.1%。对此，下列说法正确的是：（2017 - 1 - 87）

A. 对提交审委会讨论的案件，法官、合议庭也可以不执行审委会的决定

B. 办案责任制体现了"让审理者裁判、让裁判者负责"的精神

C. 提交审委会讨论的案件应以审委会的名义发布裁判文书

D. 法庭审理对于查明事实和公正裁判具有决定性作用

【答案】BD

【解析】审判委员会的决定，合议庭必须执行，但在裁决书上仍由合议庭成员署名。AC 两项错误。落实主审法官、合议庭办案责任制，"让审理者裁判、由裁判者负责"，实现权责统一，对于查明事实、公正裁判意义重大。BD 两项正确。

第二节 审判机关

1. 最高法院设立巡回法庭有利于方便当事人诉讼、保证案件审理更加公平公正。关于巡回法庭的性质及职权，下列说法正确的是：（2017 - 1 - 99）

A. 巡回法庭是最高法院的派出机构、常设审判机构

B. 巡回法庭作出的一审判决当事人不服的，可向最高法院申请复议一次

扫码听课

扫码听课

大咖点拨区

C. 巡回法庭受理本巡回区内不服高级法院一审民事、行政裁决提起的上诉

D. 巡回区内应由最高法院受理的死刑复核、国家赔偿等案件仍由最高法院本部审理或者办理

【答案】ACD

【解析】巡回法庭是最高人民法院派出的常设审判机构。巡回法庭作出的判决、裁定和决定，是最高人民法院的判决、裁定和决定，是终审判决。A项正确，B项错误。

巡回法庭审理或者办理巡回区内应当由最高人民法院受理的以下案件：（一）全国范围内重大、复杂的第一审行政案件；（二）在全国有重大影响的第一审民商事案件；（三）不服高级人民法院作出的第一审行政或者民商事判决、裁定提起上诉的案件；（四）对高级人民法院作出的已经发生法律效力的行政或者民商事判决、裁定、调解书申请再审的案件；（五）刑事申诉案件；（六）依法定职权提起再审的案件；（七）不服高级人民法院作出的罚款、拘留决定申请复议的案件；（八）高级人民法院因管辖权问题报请最高人民法院裁定或者决定的案件；（九）高级人民法院报请批准延长审限的案件；（十）涉港澳台民商事案件和司法协助案件；（十一）最高人民法院认为应当由巡回法庭审理或者办理的其他案件。可见，C项正确。

知识产权、涉外商事、海事海商、死刑复核、国家赔偿、执行案件和最高人民检察院抗诉的案件暂由最高人民法院本部审理或者办理。D项正确。

2. 关于我国司法制度，下列哪一选项是错误的？（2011－1－46）

A. 我国实行两审终审、人民陪审员、审判公开等审判制度，促进实现审判活动科学化、规范化

B. 基层法院除审判案件外，还处理不需要开庭审判的民事纠纷和轻微的刑事案件，但不能指导人民调解委员会的工作

C. 我国实行立案监督、侦查监督、审判监督等检察制度，实现对诉讼活动的法律监督

D. 检察官独立不同于"除了法律没有上司"的法官独立，要受到"检察一体化"的限制

【答案】B

【解析】选项A说法明显正确。基层人民法院的职权除了审判刑事、民事和行政的第一审案件，处理不需要开庭审判的民事纠纷和轻微的刑事案件之外，还应指导人民调解委员会的工作。因此，B项错误。根据《人民法院组织法》的规定，基层人民法院对人民调解委员会的调解工作进行业务指导。检察机关作为法律监督机关，有权对诉讼活动进行法律监督，包括立案监督、侦查监督和审判监督等。选项C说法正确。我国的检察体制实行"检察一体化"，上级检察院领导下级检察院的工作。选项D说法正确。

3. 关于审判委员会，下列哪些说法是正确的？（ ）

A. 审判委员会会议只能由院长主持

B. 审判委员会举行会议时，本级人民检察院检察长或者检察长委托的副检察长可以列席会议

C. 审判委员会会议召开专业委员会会议，应当有其组成人员的三分之二以上

扫码听课

扫码听课

多数出席方能举行

D. 各级人民法院根据审判工作需要，可以按照审判委员会委员专业和工作分工，召开刑事审判、民事行政审判等专业委员会会议

E. 审判委员会由院长、副院长、庭长、副厅长和若干资深法官组成，成员应当是单数

F. 最高人民法院发布指导性案例，应当由审判委员会全体会议讨论通过

【答案】B

【解析】审判委员会会议由院长或者院长委托的副院长主持。A项错误。审判委员会举行会议时，同级人民检察院检察长或者检察长委托的副检察长可以列席。B项正确。审判委员会召开全体会议和专业委员会会议，应当有其组成人员的过半数出席。C项错误。审判委员会会议分为全体会议和专业委员会会议。中级以上人民法院根据审判工作需要，可以按照审判委员会委员专业和工作分工，召开刑事审判、民事行政审判等专业委员会会议。D项错误。审判委员会由院长、副院长和若干资深法官组成，成员应当是单数。E项错误。最高人民法院对属于审判工作中具体应用法律的问题进行解释，应当由审判委员会全体会议讨论通过；发布指导性案例，可以由审判委员会专业委员会会议讨论通过。F项错误。

第三节 法 官

1. 关于法官惩戒委员会，下列说法正确的有（ ）

A. 各级人民法院设立法官惩戒委员会

B. 法官惩戒委员会由法官代表组成

C. 法官惩戒委员会审议惩戒事项时，当事法官无权申请有关人员回避

D. 法官惩戒委员会提出审查意见后，人民法院依照有关规定作出是否予以惩戒的决定，并给予相应处理

【答案】D

【解析】最高法院和省、自治区、直辖市设立法官惩戒委员会，其日常工作由相关人民法院的内设职能部门承担。A项错误。法官惩戒委员会由法官代表、其他从事法律职业的人员和有关方面代表组成，其中法官代表不少于半数。B项错误。法官惩戒委员会负责从专业角度审查认定法官是否存在违反审判职责的行为，提出构成故意违反职责、存在重大过失、存在一般过失或者没有违反职责等审查意见。法官惩戒委员会审议惩戒事项时，当事法官有权申请有关人员回避，有权进行陈述、举证、辩解。C项错误。法官惩戒委员会作出的审查意见应当送达当事法官。当事法官对审查意见有异议的，可以向惩戒委员会提出，惩戒委员会应当对异议及其理由进行审查，作出决定。法官惩戒委员会提出审查意见后，人民法院依照有关规定作出是否予以惩戒的决定，并给予相应处理。D项正确。

2. 关于法官的条件和任免，下列表述中哪些是错误的？（ ）

A. 外国人和无国籍人不得担任我国法官职务

B. 担任法官必须年满25周岁

C. 曾因犯罪受过刑事处罚或曾被开除公职的人员，不得担任法官

扫码听课

扫码听课

D. 法官不得兼任律师，不得兼任行政机关、检察机关、企业事业单位的职务，不得在大学从事实践性教学工作

E. 法官从人民法院离任后2年内，不得担任诉讼代理人或辩护人

F. 法官的配偶、子女担任该法官所任职法院办理案件的诉讼代理人或辩护人的，该法官应当主动申请回避

【答案】BDE

【解析】《法官法》已经删除了关于法官任职年龄的要求。B项错误。法官不得兼任律师，不得兼任行政机关、检察机关、企业事业单位的职务，不得兼任人大常委会的组成人员，但因工作需要，经单位选派或者批准，可以在高等学校、科研院所协助开展实践性教学、研究工作，并遵守国家有关规定。D项错误。法官从人民法院离任后2年内，不得以律师身份担任诉讼代理人或辩护人。E项错误。

第四节 法官职业道德

1. 法官职业道德适用的对象包括下列哪些人员？（2002 - 1 - 76）

A. 各级法官　　　　　　　　　B. 人民法院的行政人员

C. 人民陪审员　　　　　　　　D. 退休的法官

【答案】ABCD

【解析】法官退休后应当遵守国家相关规定，不利用自己的原有身份和便利条件过问、干预执法办案，避免因个人不当言行对法官职业形象造成不良影响。人民陪审员依法履行审判职责期间，应当遵守《法官职业道德准则》。人民法院其他工作人员参照执行《法官职业道德准则》。

2. 下列关于法官应当遵守的职业道德准则的表述哪一项是不正确的？（2004 - 1 - 48）

A. 法官在审判过程中可以用适当方式向双方当事人表明自己对案件审理结果的观点或态度

B. 法官对与当事人实体权利和诉讼权利有关的措施和裁判应当依法说明理由

C. 法官不得向上级人民法院就二审案件提出个人的处理建议和意见

D. 法官不得擅自过问下级人民法院正在审理的案件

【答案】A

【解析】A项表述违背了法官审理案件应当保持中立的职业道德准则要求。法官审理案件应当保持中立。法官在宣判前，不得通过言语、表情或者行为流露自己对裁判结果的观点或者态度。

3. 法官李某的下列哪些行为违反了法官职业道德规范？（2010 - 1 - 89）

A. 庭审时，发现当事人高某聘请的律师赵某明显不负责任，提醒高某可另行委托律师钱某

B. 办案时，发现原告律师程某系自己高中同学，主动提出回避申请

C. 庭审前，向所办案件当事人委托的张律师指出某一证据效力不足

D. 讲座时，提出司法腐败主要是当事人行贿所致

扫码听课

扫码听课

扫码听课

【答案】ACD

【解析】法官在履行职责时，应当切实做到实体公正和程序公正，并通过自己在法庭内外的言行体现出公正，避免公众对司法公正产生合理的怀疑。选项A、C违反法官职业道德规范。法官在审判活动中，除了应当自觉遵守法定回避制度外，如果认为自己审理某案件时可能引起公众对该案件公正裁判产生合理怀疑的，应当提出不宜审理该案件的请求。选项B不违反法官职业道德规范。法官从事各种职务外活动，应当避免使公众对法官的公正司法和清正廉洁产生合理怀疑，避免影响法官职责的正常履行，避免对人民法院的公信力产生不良影响。选项D违反法官职业道德规范。

4. 关于法官任免和法官行为，下列哪一说法是正确的？（2013－1－46）

A. 唐某系某省高院副院长，其子系该省某县法院院长。对唐某父子应适用任职回避规定

B. 楼法官以交通肇事罪被判处有期徒刑一年、缓刑一年。对其无须免除法官职务

C. 白法官将多年办案体会整理为《典型案件法庭审理要点》，被所在中级人民法院推广到基层法院，收效显著。对其应予以奖励

D. 陆法官在判决书送达后，发现误将上诉期15日写成了15月，立即将判决收回，做出新判决书次日即交给当事人。其行为不违反法官职业规范规定

【答案】C

【解析】有夫妻关系、直系血亲关系、三代以内旁系血亲以及近姻亲关系的，不得同时担任上下相邻两级法院的院长、副院长。而省高院和县法院不属于上下相邻两级法院，因此A项错误。

《法官法》第13条规定，曾因犯罪受过刑事处罚的，或者曾被开除公职的人员，不得担任法官。这里的犯罪既包括故意犯罪，也包括过失犯罪。这说明，人民法院工作人员被依法判处刑罚的，必须依法免除其职务。B项错误。

法官应当牢固树立程序意识，坚持实体公正与程序公正并重，严格按照法定程序执法办案，避免办案中的随意行为。而判决书中出现笔误，依法应当通过裁定书加以补正。因此，D项错误。

5. 下列哪一选项属于违反法官职业道德规范的情形？（2011－1－47）

A. 甲市中级人民法院陈法官的妹妹接到乙县法院开庭传票，晚上到哥哥家咨询开庭注意事项。陈法官只叮嘱其妹庭上发言要有针对性，不要滔滔不绝

B. 乙市某法学院针对甲市中级人民法院在审案件组织模拟法庭，乙市中级人民法院钱法官应邀担任审判长。庭审后，钱法官就该案件审理和判决向同学们谈了看法

C. 林法官担任某法学院兼职博士生导师，每年招收法学博士研究生1名

D. 某省高级法院朱院长担任法学会法律文书学研究会副会长

【答案】B

【解析】参加学术活动并不违反职业道德，反而属于法官自觉提高业务水平、追求进步的表现。因此，CD两项所述情形没有问题。A项属于人之常情，且陈法官并没有就案件的实体问题发表意见，只是谈了形式性的法庭发言注意事项，可以容许。B项错在就所在法院尚未判决的在审案件发表个人看法，为职业道德规

范所禁止。

6. 依据法官职业道德规范，关于法官行为，下列哪些评论是正确的？（2008 - 1 - 89）

A. 徐法官在接待当事人的过程中，针对当事人对判决书提出的质疑，以不屑的口吻说："你一个文盲加法盲，有什么资格来质问我？"评论：徐法官的行为不符合司法礼仪

B. 蓝法官在开庭调解时，为营造轻松和谐的气氛，身着便装，谈笑风生。评论：蓝法官的行为违反法庭规则

C. 周法官在当地出席大学同学私人投资的公司开业典礼，并在被公开介绍法官身份后登台致贺词。评论：周法官的此行为违反了不得以职业、身份、声誉谋取利益的义务

D. 谢法官正在承办一宗合同纠纷案件。该案被告向谢法官的配偶林某任职的A 公司表示，愿将一个工程项目发包给该公司，条件是让林某任该项目的主管。林某将此事告诉了谢法官，并提及发包人是该案的被告。谢法官听后未置一词。评论：谢法官的行为违反了约束家庭成员的义务

【答案】ABD

【解析】法官应当尊重当事人和其他诉讼参与人的人格尊严，认真、耐心地听取当事人和其他诉讼参与人发表意见；除非因维护法庭秩序和庭审的需要，开庭时不得随意打断或者制止当事人和其他诉讼参与人的发言；使用规范、准确、文明的语言，不得对当事人或其他诉讼参与人有任何不公的训诫和不恰当的言辞。A 项中徐法官接待当事人的时候所说的话是不规范、不文明的语言，属于不符合司法礼仪的行为。法官开庭时应当遵守法庭规则，并监督法庭内所有人员遵守法庭规则，保持法庭的庄严，按照有关规定穿着法官袍或者法官制服、佩戴徽章，并保持整洁；准时出庭，不缺席、迟到、早退，不随意出进；集中精力，专注庭审，不做与审判活动无关的事。B 项中蓝法官没有按照要求着装，属于违反法庭规则的行为。法官应当妥善处理个人事务，不得为了获得特殊照顾而有意披露自己的法官身份；不得利用法官的声誉和影响为自己、亲属或者他人谋取私人利益。C 项中周法官并未谋取利益，也不违反相应准则。所以 C 是错误的。法官必须向其家庭成员告知法官行为守则和职业道德的要求，并督促其家庭成员不得违反有关规定。谢法官的配偶林某接受了案件被告的好处，而林某也将情况向谢法官说出，谢法官并没有回绝。谢法官的行为违反了约束家庭成员的义务。因此 D 是正确的，应该选。

7. 下列哪些属于法官张某违反法官职业道德规定的情形？（2007 - 1 - 88）

A. 年底前，张某要求当事人撤诉，明年再起诉，理由是年底不结案就会影响全年结案率

B. 张某之妻从事律师职业

C. 张某私下通知当事人王某接受对方的调解意见，否则将败诉

D. 张某与对方当事人同时出现在某研讨会上

【答案】AC

【解析】法官应当遵守法律规定的诉讼期限，在法定期限内尽快地立案、审理、判决。张某要求当事人撤诉明年再起诉，该行为是违反法官职业道德的，A

项当选。我国法律并不禁止配偶从事律师职业。因此，B 项不当选。法官不得违背当事人的意愿，以不正当的手段迫使当事人撤诉或者接受调解。因此，张某私下通知当事人王某接受对方的调解意见，否则将败诉的做法违反法官职业道德，C 项当选。法官可以参加有助于法制建设和司法改革的学术研究和其他社会活动，只要这些活动符合法律规定、不妨碍公正司法和维护司法权威、不影响审判工作即可。因此，D 项不当选。

8. 张法官与所承办案件当事人的代理律师系某业务培训班同学，偶有来往，为此张法官向院长申请回避，经综合考虑院长未予批准。张法官办案中与该律师依法沟通，该回避事项虽被对方代理人质疑，但审判过程和结果受到一致肯定。对照《法官职业道德基本准则》，张法官的行为直接体现了下列哪一要求？（2017 - 1 - 48）

A. 严格遵守审限　　　　　　B. 约束业外活动

C. 坚持司法便民　　　　　　D. 保持中立地位

【答案】D

【解析】《法官职业道德基本准则》第 13 条规定，法官要自觉遵守司法回避制度，审理案件保持中立公正的立场，平等对待当事人和其他诉讼参与人，不偏袒或歧视任何一方当事人，不私自单独会见当事人及其代理人、辩护人。可见，D 项符合要求。

扫码听课

第五节　法官职业责任

1. 银行为孙法官提供了利率优惠的房屋抵押贷款，银行王经理告知孙法官，是感谢其在一年前的合同纠纷中作出的公正判决而进行的特殊安排，孙法官接受该笔贷款。关于法院对孙法官行为的处理，下列说法正确的是：（2016 - 1 - 100）

A. 法院认为孙法官的行为系违反廉政纪律的行为

B. 如孙法官主动交代，并主动采取措施有效避免损失的，法院应从轻给予处分

C. 由于孙法官行为情节轻微，如经过批评教育后改正，法院可免予处分

D. 确认属于违法所得的部分，法院可根据情况作出责令退赔的决定

【答案】ACD

扫码听课

【解析】《人民法院工作人员处分条例》第 59 条规定，法官接受案件当事人、相关中介机构及其委托人的财物、宴请或者其他利益的，给予警告、记过或者记大过处分；情节较重的，给予降级或者撤职处分；情节严重的，给予开除处分。违反规定向案件当事人、相关中介机构及其委托人借钱、借物的，给予警告、记过或者记大过处分。本题中，银行是孙法官审理的一起合同纠纷案件的当事人，其为感谢孙法官的公正裁判，而提供了利率优惠的房屋抵押贷款。孙法官接受该优惠，属于违反廉政纪律的行为。A 项正确。

《人民法院工作人员处分条例》第 13 条规定，有下列情形之一的，应当在本条例分则规定的处分幅度以内从轻处分：（一）主动交待违纪违法行为的；（二）主动采取措施，有效避免或者挽回损失的；（三）检举他人重大违纪违法行为，

情况属实的；（四）法律、法规和本条例分则中规定的其他从轻情节。第14条规定，主动交待违纪违法行为，并主动采取措施有效避免或者挽回损失的，应当在本条例分则规定的处分幅度以外降低一个档次给予减轻处分；如果应当给予警告处分，又有减轻处分情形的，免予处分。就本题而言，B项称，孙法官主动交代，并主动采取措施有效避免损失的，则属于应当减轻处分的情况，法院应在本条例分则规定的处分幅度以外降低一个档次给予减轻处分。B项错误。

《人民法院工作人员处分条例》第15条规定，违纪违法行为情节轻微，经过批评教育后改正的，可以免予处分。C项表述符合法律规定。

《人民法院工作人员处分条例》第18条规定，对违纪违法取得的财物和用于违纪违法的财物，应当没收、追缴或者责令退赔。没收、追缴的财物，一律上缴国库；对违纪违法获得的职务、职称、学历、学位、奖励、资格等，应当建议有关单位、部门按规定予以纠正或者撤销。D项中法院的处理符合法律规定。

2. 根据《法官法》及《人民法院工作人员处分条例》对法官奖惩的有关规定，下列哪一选项不能成立？（2012－1－48）

A. 高法官在审判中既严格程序，又为群众行使权利提供便利；既秉公执法，又考虑情理，案结事了成绩显著。法院给予其嘉奖奖励

B. 黄法官就民间借贷提出司法建议被采纳，对当地政府完善金融管理、改善服务秩序发挥了显著作用。法院给予其记功奖励

C. 许法官违反规定会见案件当事人及代理人，此事被对方当事人上网披露，造成不良影响。法院给予其撤职处分

D. 孙法官顺带某同学（律师）参与本院法官聚会，半年后该同学为承揽案件向聚会时认识的某法官行贿。法院领导严告孙法官今后注意

【答案】C

【解析】《人民法院工作人员处分条例》第31条，违反规定会见案件当事人及其辩护人、代理人、请托人的，给予警告处分；造成不良后果的，给予记过或者记大过处分。本题中据此可知，许法官因为已经造成了不良影响，故依法应给予记过或者记大过处分，而不是撤职。故选项C不能成立。

大咖点拨区

第三章　检察制度和检察官职业道德

第一节　概　述

1. 关于司法制度与法律职业的表述，下列哪一选项不能成立？（2011 - 1 - 49）

A. 为了客观、中立、公正地进行事实判断、解决纷争，在组织技术上，司法机关只服从法律，不受上级机关、行政机关的干涉

B. 根据检察权统一行使原则，我国各级检察机关构成不可分割的统一整体，其特点是在行使职权、执行职务时实行"上命下从"；每个检察机关和检察官的活动是检察机关全部活动的有机组成部分，均需依照法律赋予的权力进行

C. 法律职业以法官、检察官、律师为代表，法律职业之间具备同质性而无行业属性，因此多数国家规定担任法官、检察官、律师须通过专门培养和训练

D. 法律职业道德的基本原则是指法律职业道德的基本尺度、基本纲领和基本要求。法律职业道德的基本原则主要包括忠实执行宪法和法律、互相尊重互相配合、清正廉洁遵纪守法等方面

【答案】C

【解析】人民法院、人民检察院独立行使审判权、检察权，不受行政机关、社会团体和个人的干涉。选项 A 表述成立。C 项的错误非常明显，在各种法律职业中，律师、法官、检察官既有同质性，也有不同的行业属性。检察权统一行使原则，又称检察一体原则，是指各级检察机关、检察官依法构成统一的整体，在行使职权、执行职务的过程中实行"上命下从"，即根据上级检察机关、检察官的指示和命令进行工作。选项 B 表述成立。我国法律职业道德的基本原则主要有以下几项：忠实执行宪法和法律，维护法律的尊严；以法律为根据，以法律为准绳；严明纪律，保守秘密；互相尊重，相互配合；恪尽职守，勤勉尽责；清正廉洁，遵纪守法。选项 D 表述成立。

2. 检察一体原则是指各级检察机关、检察官依法构成统一的整体，下级检察机关、下级检察官应当根据上级检察机关、上级检察官的批示和命令开展工作。据此，下列哪一表述是正确的？（2016 - 1 - 47）

A. 各级检察院实行检察委员会领导下的检察长负责制

B. 上级检察院可建议而不可直接变更、撤销下级检察院的决定

C. 在执行检察职能时，相关检察院有协助办案检察院的义务

D. 检察官之间在职务关系上可相互承继而不可相互移转和代理

【答案】C

【解析】检察一体原则，又称为检察权统一行使原则，是指各级检察机关、

扫码听课

检察官依法构成统一的整体，上下级检察机关、检察官之间存在着上命下从的领导关系；各地各级检察机关之间具有职能协助的义务；检察官之间和检察院之间在职务上可以发生相互承继、移转、代理关系；等等。C项正确，D项错误。检察一体原则具体而言，包括以下内容：

（1）人民检察院内部实行的是检察长负责制与检察委员会集体领导相结合的领导体制。检察长是人民检察院的首长，统一领导检察院的工作，对检察院的工作享有组织领导权、决定权、任免权、提请任免权、代表权等权力，负有全面的领导责任；

（2）检察委员会实行民主集中制，在检察长的主持下，讨论决定重大案件和问题；如果检察长在重大问题上不同意多数人的决定，可以报请本级人大常委会决定；可见，不能将检察委员会和检察长理解为领导关系，A项错误。

（3）各级检察机关、检察官依法构成统一的整体，在行使职权、执行职务的过程中实行"上命下从"，即上级检察院领导下级检察院的工作，下级检察院根据上级检察机关、检察官的指示和命令进行工作。比如上级检察院有权通过指示、批复、规范性文件指导工作；有权领导下级检察院办案，包括决定案件的管辖和指挥其办案，纠正或撤销下级检察院的决定；等等。检察官独立行使检察权，要受到检察一体原则的限制。B项错误。

第二节　检察机关和检察官

1. 关于检察官的行为，下列哪一观点是正确的？（2012－1－49）

A. 房检察官在同乡聚会时向许法官打听其在办案件审理情况，并让其估计判处结果。根据我国国情，房检察官的行为可以被理解

B. 关检察长以暂停工作要挟江检察官放弃个人意见，按照陈科长的判断处理某案。关检察长的行为与依法独立行使检察权的要求相一致

C. 容检察官在本地香蕉滞销、蕉农面临重大损失时，多方奔走将10万斤香蕉销往外地，为蕉农挽回了损失，本人获辛苦费5000元。容检察官没有违反有关经商办企业、违法违规营利活动的规定

D. 成检察官从检察院离任5年后，以律师身份担任各类案件的诉讼代理人或者辩护人，受到当事人及其家属的一致肯定。成检察官的行为符合《检察官法》的有关规定

【答案】D

【解析】根据《检察官法》第37条的规定："检察官从人民检察院离任后两年内，不得以律师身份担任诉讼代理人或者辩护人。检察官从人民检察院离任后，不得担任原任职检察院办理案件的诉讼代理人或者辩护人，但是作为当事人的监护人或者近亲属代理诉讼或者进行辩护的除外。检察官被开除后，不得担任诉讼代理人或者辩护人，但是作为当事人的监护人或者近亲属代理诉讼或者进行辩护的除外。"可见，离任后5年后以律师身份担任诉讼代理人和辩护人，符合职业道德要求。

2. 根据我国检察官法有关任职回避的规定，下列表述哪一项是不正确的？

（　　）

A. 杨某和蒋某系夫妻，二人不得同时在同一人民检察院不同业务部门担任检察员

B. 何甲和何乙系姐弟，二人不得同时在同一人民检察院起诉科担任检察员

C. 检察官袁某从人民检察院离任后2年内，不得担任诉讼代理人或者辩护人

D. 林某为县人民检察院检察官，其子小林在该检察院辖区内以律师身份担任辩护人，林某应当回避

【答案】AC

【解析】根据《检察官法》第24条的规定，检察官之间有夫妻关系、直系血亲关系、三代以内旁系血亲以及近姻亲关系的，不得同时担任同一检察院的领导职务，也不得一方担任领导职务、另一方担任非领导职务。不得同时在同一业务部门担任非领导职务。因此，原理上，夫妻只要不在同一业务部门，可以同时担任检察员，A项错误，B项正确。根据同法第37条，检察官从人民检察院离任后两年内，不得以律师身份担任诉讼代理人或者辩护人，但可以非律师身份担任诉讼代理人或辩护人。C项表述不准确。检察官的配偶、子女在该检察官所任职人民检察院辖区内以律师身份担任诉讼代理人、辩护人，或者为诉讼案件当事人提供其他有偿法律服务的，该检察官应当实行任职回避。D项正确。

第三节　检察官职业道德

大咖点拨区

1. 关于检察官职业道德和纪律，下列哪一做法是正确的？（2014-1-47）

A. 甲检察官出于个人对某类案件研究的需要，私下要求邻县检察官为其提供正在办理的某案情况

B. 乙检察官与其承办案件的被害人系来往密切的邻居，因此提出回避申请

C. 丙检察官发现所办案件存在应当排除的证据而未排除，仍将其作为起诉意见的依据

D. 丁检察官为提高效率，在家里会见本人所承办案件的被告方律师

【答案】B

【解析】检察官应自觉维护程序公正和实体公正，不私自探询其他检察官、其他人民检察院或者其他司法机关正在办理的案件情况和有关信息；不违反规定会见案件当事人、诉讼代理人、辩护人及其他与案件有利害关系的人员。AD项错误。检察官应当客观求实，以事实作为处理案件的客观基础，以证据作为认定事实的客观依据。C项错误。检察人员如果与本案当事人有其他关系（如本题B项中的密切近邻），可能影响公正处理案件的，应当自行回避，当事人及其法定代理人也有权要求他们回避。B项正确。

扫码听课

2. 王检察官的下列哪一行为符合检察官职业道德的要求？（2011-1-48）

A. 穿着检察正装、佩戴检察标识参加单位组织的慰问孤寡老人的公益活动

B. 承办一起两村械斗引起的伤害案，受害人系密切近邻，但为早日结案未主动申请回避

C. 参加朋友聚会，谈及在办案件犯罪嫌疑人梁某交代包养了4个情人，但嘱

扫码听课

咐朋友不要外传

D. 业余时间在某酒吧任萨克斯管主奏，对其检察官身份不予否认，收取适当报酬

【答案】A

【解析】检察官不得穿着检察正装、佩戴检察标识到营业性娱乐场所进行娱乐、休闲活动或者在公共场所饮酒，不参与赌博、色情、封建迷信活动。但，穿着正装学雷锋做好事，这是允许的。A项正确。

3. 建立领导干部、司法机关内部人员过问案件记录和责任追究制度，规范司法人员与当事人、律师、特殊关系人、中介组织接触交往行为，有利于保障审判独立和检察独立。据此，下列做法正确的是：（2017－1－98）

A. 某案承办检察官告知其同事可按规定为案件当事人转递涉案材料

B. 某法官在参加法官会议时，提醒承办法官充分考虑某案被告家庭现状

C. 某检察院副检察长依职权对其他检察官的在办案件提出书面指导性意见

D. 某法官在参加研讨会中偶遇在办案件当事人的律师，拒绝其研讨案件的要求并向法院纪检部门报告

【答案】ACD

【解析】《司法机关内部人员过问案件的记录和责任追究规定》第2条规定，"司法机关内部人员应当依法履行职责，严格遵守纪律，不得违反规定过问和干预其他人员正在办理的案件，不得违反规定为案件当事人转递涉案材料或者打探案情，不得以任何方式为案件当事人说情打招呼。"也就是说转递涉案材料必须按照规定处理，A项正确。

法官裁判案件应当考虑相关因素，即必须考虑也只能考虑法律规定的与该案件有关的各种因素，不得考虑无关因素而影响其决定。B项中，被告家庭现状就属于无关因素。

检察一体，又称"检察一体制""检察一体化""检察官一体"，有时也称为"检察一体主义"或者"检察一体原则"，是人们对检察制度中有关上命下从的权力运行方式的概括。检察一体原则意味着，在上下级检察机关和检察官之间存在着上命下从的领导关系。在检察系统，它是指上级人民检察院对下级人民检察院的领导、上级检察官对下级检察官的领导、最高人民检察院对地方各级人民检察院和专门人民检察院的领导。最高人民检察院的决定，地方各级人民检察院和专门人民检察院必须执行；上级人民检察院的决定，下级人民检察院必须执行。最高人民检察院可以撤销或者变更地方各级人民检察院和专门人民检察院的决定；上级人民检察院可以撤销或者变更下级人民检察院的决定。在人民检察院内部，它是指检察长对其他检察官的领导、上级检察官对下级检察官的领导以及检察委员会对本院检察官的集体领导。因此，C项的做法并无不当。

司法人员在案件办理过程中，应当在工作场所、工作时间接待当事人、律师、特殊关系人、中介组织。因办案需要，确需与当事人、律师、特殊关系人、中介组织在非工作场所、非工作时间接触的，应依照相关规定办理审批手续并获批准；因不明情况或者其他原因在非工作时间或非工作场所接触当事人、律师、特殊关系人、中介组织的，应当在三日内向本单位纪检监察部门报告有关情况。D项正确。

大咖点拨区

第四节　检察官职业责任

1. 根据法官、检察官纪律处分有关规定，下列哪一说法是正确的？（2016 - 1 - 46）

A. 张法官参与迷信活动，在社会中造成了不良影响，可予提醒劝阻，其不应受到纪律处分

B. 李法官乘车时对正在实施的盗窃行为视而不见，小偷威胁失主仍不出面制止，其应受到纪律处分

C. 何检察官在讯问犯罪嫌疑人时，反复提醒犯罪嫌疑人注意其聘请的律师执业不足 2 年，其行为未违反有关规定

D. 刘检察官接访时，让来访人前往国土局信访室举报他人骗取宅基地使用权证的问题，其做法是恰当的

【答案】D

【解析】《人民法院工作人员处分条例》分别从政治纪律、办案纪律、廉政纪律、组织人事纪律、财经纪律、失职行为、违反管理秩序和社会道德的行为等方面，对法院工作人员的职务行为和日常生活行为进行了全面的规范。参与迷信活动，属于违反管理秩序和社会道德的行为，如果造成不良影响，应给予警告、记过或记大过处分。可见，A 项错误，张法官参与迷信活动，已然在社会中造成了不良影响，因此应当给予纪律处分。

维持社会治安属于公安机关的职权范围，而且法官的特点是不告不理，主动出手施救并非法官的长项。B 项中，李法官乘车时对正在实施的盗窃行为视而不见，小偷威胁失主也不出面制止，这属于违背日常社会道德规范的行为，但与其职业道德没有关系，批评教育即可，不应受到纪律处分。B 项错误。需要注意的是，《检察人员纪律处分条例（试行）》第 97 条规定：遇到国家财产和人民群众生命财产受到严重威胁时，能救而不救，情节较重的，给予警告、记过或者记大过处分；情节严重的，给予降级、撤职或者开除处分。可见，如果是检察人员遇到了 B 项中的情况，则有施救的义务，否则应当受到纪律处分。

检察官在职业活动中要尊重律师的职业尊严，支持律师履行法定职责，依法保障和维护律师参与诉讼活动的权利；秉持清正廉洁的职业操守，理性履职，不私下为所办案件的当事人介绍辩护人或者诉讼代理人。C 项中，何检察官在讯问犯罪嫌疑人时，反复提醒犯罪嫌疑人注意其聘请的律师执业不足 2 年，暗示犯罪嫌疑人聘请的律师能力不足，试图诱导当事人更换律师，明显不妥当，C 项错误。

检察机关作为国家的法律监督机关，主要是监督相应的国家机关及其工作人员依法履职。对于私人的违法行为，原则上应根据法律规定由有关机关依法处理。来访人举报他人骗取宅基地使用权证，属于行使检举权的范畴，应向有关机关提出。刘检察官接访时，发现该事项不属于检察院职权范围，让来访人前往国土局信访室举报，其做法是恰当的。D 项正确。

2. 2016 年 10 月 20 日，《检察人员纪律处分条例》修订通过。关于规范检察人员的行为，下列哪些说法是正确的？（2017 - 1 - 84）

扫码听课

扫码听课

大咖点拨区

A. 领导干部违反有关规定组织、参加自发成立的老乡会、校友会、战友会等，属于违反组织纪律行为

B. 擅自处置案件线索，随意初查或者在初查中对被调查对象采取限制人身自由强制措施的，属于违反办案纪律行为

C. 在分配、购买住房中侵犯国家、集体利益的，属于违反廉洁纪律行为

D. 对群众合法诉求消极应付、推诿扯皮，损害检察机关形象的，属于违反群众纪律行为

【答案】ABCD

【解析】《检察人员纪律处分条例》区分了检察人员违反政治纪律的行为、违反组织纪律行为、违反办案纪律行为、违反廉洁纪律行为、违反群众纪律行为、违反工作纪律行为、违反生活纪律行为，并分别规定了处分。其中，对组织不忠诚，搞小团体主义属于违反组织纪律的行为，A项正确。在办案过程中不遵守程序法规范，对于办案线索、证据随意处置，违规采取强制措施，违规搜查住宅的，属于违反办案纪律的行为，B项正确。在办案过程中，收受财物、礼品，向相关主体提供财物礼品，接受宴请或者相关的特殊安排，利用职务便利牟利，侵占国家集体财产的，均属于违反廉洁纪律的行为，C项正确。不能密切联系群众，刁难群众，态度恶劣，见死不救，这都属于典型的违反群众纪律的行为，D项正确。

第四章　律师制度与律师职业道德

第一节　律　师

1. 下列哪一种情况不违反《律师法》的规定？（2008 四川－1－49）

A. 甲律师原在深圳某律师事务所执业，迁居后转入北京某律师事务所，同时仍在深圳某律师事务所执业

B. 大学教授乙在学校不知道的情况下，申请兼职律师执业并要求受理机关保密

C. 丙律师在担任县人大常委会委员期间，代理了一起为农民工追讨工资的诉讼

D. 丁先生法律本科毕业后，尚未取得律师执业证书，在一家律师事务所参与非诉讼法律事务

【答案】D

【解析】根据《律师法》第10条，律师只能在一个律师事务所执业。A项违反规定。根据同法第12条，高等院校、科研机构中从事法学教育、研究工作的人员，必须经所在单位同意后，方可申请兼职律师执业。B项违反《律师法》的规定。根据同法第11条第2款，律师担任各级人民代表大会常务委员会组成人员的，任职期间不得从事诉讼代理或者辩护业务。因此，C项违反《律师法》的规定。没有取得律师执业证书的人员，不得以律师名义从事法律服务业务。D项中，丁虽然未取得律师职业证书，但是，他并没有以律师名义从事法律服务，也没有以律师名义代理诉讼或辩护业务，而仅是参与一些非诉法律事务，此种行为不违反《律师法》的规定。

扫码听课

2. 为促进规范司法，维护司法公正，最高检察院要求各级检察院在诉讼活动中切实保障律师依法行使执业权利。据此，下列选项正确的是：（2015－1－100）

A. 检察院在律师会见犯罪嫌疑人时，不得派员在场

B. 检察院在案件移送审查起诉后律师阅卷时，不得派员在场

C. 律师收集到犯罪嫌疑人不在犯罪现场的证据，告知检察院的，其相关办案部门应及时审查

D. 法律未作规定的事项，律师要求听取意见的，检察院可以安排听取

【答案】AC

【解析】最高人民检察院2014年12月23日发布了《关于依法保障律师执业权利的规定》，其中第5条规定，人民检察院应当依法保障律师在刑事诉讼中的会见权。人民检察院办理直接受理立案侦查案件，除特别重大贿赂犯罪案件外，其他案件依法不需要经许可会见。律师在侦查阶段提出会见特别重大贿赂案件犯

扫码听课

罪嫌疑人的，人民检察院应当严格按照法律和相关规定及时审查决定是否许可，并在三日以内答复；有碍侦查的情形消失后，应当通知律师，可以不经许可会见犯罪嫌疑人；侦查终结前，应当许可律师会见犯罪嫌疑人。人民检察院在会见时不得派员在场，不得通过任何方式监听律师会见的谈话内容。可见，A项正确。

同法第6条规定，人民检察院应当依法保障律师的阅卷权。自案件移送审查起诉之日起，人民检察院应当允许辩护律师查阅、摘抄、复制本案的案卷材料；经人民检察院许可，诉讼代理人也可以查阅、摘抄、复制本案的案卷材料。人民检察院应当及时受理并安排律师阅卷，无法及时安排的，应当向律师说明并安排其在三个工作日以内阅卷。人民检察院应当依照检务公开的相关规定，完善互联网等律师服务平台，并配备必要的速拍、复印、刻录等设施，为律师阅卷提供尽可能的便利。律师查阅、摘抄、复制案卷材料应当在人民检察院设置的专门场所进行。必要时，人民检察院可以派员在场协助。B项表述有误。

同法第7条规定，人民检察院应当依法保障律师在刑事诉讼中的申请收集、调取证据权。律师收集到有关犯罪嫌疑人不在犯罪现场、未达到刑事责任年龄、属于依法不负刑事责任的精神病人的证据，告知人民检察院的，人民检察院相关办案部门应当及时进行审查。可见，C项正确。

该法第8条同时规定："法律未作规定但律师要求听取意见的，也应当及时安排听取。"D项错误，不是"可以"，而是"应当"。

3. 法院、检察院、公安机关、国家安全机关、司法行政机关应当尊重律师，健全律师执业权利保障制度。下列哪一做法是符合有关律师执业权利保障制度的？（2016－1－48）

A. 县公安局仅告知涉嫌罪名，而以有碍侦查为由拒绝告知律师已经查明的该罪的主要事实

B. 看守所为律师提供网上预约会见平台服务，并提示律师如未按期会见必须重新预约方可会见

C. 国家安全机关在侦查危害国家安全犯罪期间，多次不批准律师会见申请并且说明理由

D. 在庭审中，作无罪辩护的律师请求就被告量刑问题发表辩护意见，合议庭经合议后当庭拒绝律师请求

【答案】C

【解析】辩护律师接受犯罪嫌疑人、被告人委托或者法律援助机构的指派后，应当告知办案机关，并可以依法向办案机关了解犯罪嫌疑人、被告人涉嫌或者被指控的罪名及当时已查明的该罪的主要事实，犯罪嫌疑人、被告人被采取、变更、解除强制措施的情况，侦查机关延长侦查羁押期限等情况，办案机关应当依法及时告知辩护律师。可见，律师受委托或指派后，告知办案机关，这是义务；受托后，是否向办案机关了解相关信息，这是律师的权利，可以了解，也可以不了解；但一旦律师要求了解，对办案机关来说，依法及时告知相关信息就是义务，所以是应当，不得拒绝。A项错误。

看守所应当设立会见预约平台，采取网上预约、电话预约等方式为辩护律师会见提供便利，但不得以未预约会见为由拒绝安排辩护律师会见。可见，会见预约平台是所有的看守所都必须设立的；其次，设立会见预约平台是为了给辩护律

扫码听课

师提供便利；但未预约，也可会见，看守所不得拒绝。预约并非会见的必要条件。B项错误。

辩护律师在侦查期间要求会见危害国家安全犯罪、恐怖活动犯罪、特别重大贿赂犯罪案件在押的犯罪嫌疑人的，应当向侦查机关提出申请；侦查机关应当依法及时审查辩护律师提出的会见申请，在三日以内将是否许可的决定书面答复辩护律师，并明确告知负责与辩护律师联系的部门及工作人员的联系方式：（1）对许可会见的，应当向辩护律师出具许可决定文书；（2）因有碍侦查或者可能泄露国家秘密而不许可会见的，应当向辩护律师说明理由。有碍侦查或者可能泄露国家秘密的情形消失后，应当许可会见，并及时通知看守所和辩护律师。可见，三类犯罪在侦查阶段的会见，应当申请；既然要申请，侦查机关就应当审查。不论许可不许可，都要书面答复，不许可要说明理由。C项正确。

法庭审理过程中，律师就回避，案件管辖，非法证据排除，申请通知证人、鉴定人、有专门知识的人出庭，申请通知新的证人到庭，调取新的证据，申请重新鉴定、勘验等问题当庭提出申请，或者对法庭审理程序提出异议的，法庭原则上应当休庭进行审查，依照法定程序作出决定：（1）其他律师有相同异议的，应一并提出，法庭一并休庭审查；（2）法庭决定驳回申请或者异议的，律师可当庭提出复议。经复议后，律师应当尊重法庭的决定，服从法庭的安排。可见，庭审中，律师就重要事项提出申请或异议，法庭原则上应当"休庭"去审查。D项当庭拒绝申请是错误的。

4. 刘律师出身建筑世家并曾就读建筑专业，现主要从事施工纠纷法律服务。开发商李某因开发的楼房倒塌被诉至法院，欲委托刘律师代理诉讼。关于接受委托和代理案件，刘律师的下列哪些做法符合律师职业有关规定？（2009-1-88）

A. 接受委托，了解并运用建筑和房地产知识分析案件，寻求对李某有利的理由

B. 接受委托，告知李某楼房倒塌系建筑风水原因，使其接受败诉结果

C. 明知不懂房地产开发业务会影响代理效果，但为经济效益极力宣扬建筑世家背景并接受委托

D. 考虑到不懂房地产业务会影响代理效果，决定不接受委托

【答案】AD

【解析】根据《律师执业行为规范（试行）》第36条的规定，律师应当充分运用自己的专业知识，根据法律的规定完成委托事项，维护委托人的利益。因此，A项正确；B项中刘律师依据封建迷信思想要求委托人接受败诉结果，不符合律师执业有关规定；D项中如果刘律师专业知识欠缺，考虑到不能更好地维护委托人的合法利益的情况下拒绝委托是符合律师职业有关规定的，D项正确。律师在执业推广中，不得提供虚假信息或者夸大自己的专业能力，不得明示或者暗示与司法、行政等关联机关的特殊关系。据此可知，C项中刘律师为了谋取代理业务而向委托人作出虚假宣传的行为是不符合律师执业有关规定的。因此，C项错误。

5. 律师在推进全面依法治国进程中具有重要作用，律师应依法执业、诚信执业、规范执业。根据《律师执业管理办法》，下列哪些做法是正确的？（2017-1-85）

A. 甲律师依法向被害人收集被告人不在聚众斗殴现场的证据，提交检察院要

求其及时进行审查

　　B．乙律师对当事人及家属准备到法院门口静坐、举牌、声援的做法，予以及时有效的劝阻

　　C．丙律师在向一方当事人提供法律咨询中致电对方当事人，告知对方诉讼请求缺乏法律和事实依据

　　D．丁律师在社区普法宣传中，告知群众诉讼是解决继承问题的唯一途径，并称其可提供最专业的诉讼代理服务

　　【答案】AB

　　【解析】刑事诉讼法规定，辩护律师经证人或者其他有关单位和个人同意，可以向他们收集与本案有关的材料，也可以申请人民检察院、人民法院收集、调取证据，或者申请人民法院通知证人出庭作证；辩护律师经人民检察院或者人民法院许可，并且经被害人或者其近亲属、被害人提供的证人同意，可以向他们收集与本案有关的材料。A项正确。

　　《律师执业管理办法》第37条规定，"律师承办业务，应当引导当事人通过合法的途径、方式解决争议，不得采取煽动、教唆和组织当事人或者其他人员到司法机关或者其他国家机关静坐、举牌、打横幅、喊口号、声援、围观等扰乱公共秩序、危害公共安全的非法手段，聚众滋事，制造影响，向有关部门施加压力。"B项做法正确。

　　同法第35条规的，"律师承办业务，应当诚实守信，不得接受对方当事人的财物及其他利益，与对方当事人、第三人恶意串通，向对方当事人、第三人提供不利于委托人的信息、证据材料，侵害委托人的权益。"C项属于向对方当事人提供信息的行为，错误。

　　同法第41条规定，"律师应当按照有关规定接受业务，不得为争揽业务哄骗、唆使当事人提起诉讼，制造、扩大矛盾，影响社会稳定。"D项属于此类错误行为。

第二节　律师事务所

　　1．根据我国《律师法》的规定，下列哪一选项是正确的？（2008－1－48）

　　A．律师事务所变更名称、负责人、章程、合伙协议的，应当报原审核部门备案

　　B．律师服务机构一般采用公司形式，但在经济社会发展欠发达地区仍可保留少数合作制律师事务所

　　C．个人律师事务所实行无限责任，因此在成立条件上比合伙律师事务所要宽松

　　D．律师事务所采用特殊的普通合伙形式的，当个别合伙人因故意或重大过失造成对外债务时，其他合伙人不承担对外责任

　　【答案】D

　　【解析】根据《律师法》第21条的规定，律师事务所变更名称、负责人、章程、合伙协议的，应当报原审核部门批准，而非备案。所以A项错误的。根据同

法第 15 条、第 16 条和第 17 条的规定，律师服务结构最常见的组织形式是合伙制而不是公司制。所以 B 是错误的。而设立个人律师事务所，设立人还应当是具有五年以上执业经历的律师，且设立人对律师事务所的债务承担无限责任，可见，设立个人律师事务所的条件要严于合伙律师事务所，C 项错误。根据同法第 15 条第 2 款的规定，合伙律所是依法成立的由合伙人依照合伙协议约定，共同出资、共同管理、共同收益、共担风险的律师执业机构；而在特殊的普通合伙律所中，一个合伙人或者数个合伙人在执业活动中因故意或者重大过失造成合伙企业债务的，应当承担无限责任或者无限连带责任，其他合伙人不承担对外责任，只以其在合伙企业中的财产份额为限承担责任。因此 D 项的说法是正确的。

2. 律师事务所应当建立健全执业管理和各项内部管理制度，履行监管职责，规范本所律师执业行为。根据《律师事务所管理办法》，某律师事务所下列哪一做法是正确的？（2017－1－49）

A. 委派钟律师担任该所出资成立的某信息咨询公司的总经理

B. 合伙人会议决定将年度考核不称职的刘律师除名，报县司法局和律协备案

C. 对本所律师执业表现和遵守职业道德情况进行考核，报律协批准后给予奖励

D. 对受到 6 个月停止执业处罚的祝律师，在其处罚期满 1 年后，决定恢复其合伙人身份

【答案】B

【解析】《律师事务所管理办法》第 44 条规定，律师事务所应当在法定业务范围内开展业务活动，不得以独资、与他人合资或者委托持股方式兴办企业，并委派律师担任企业法定代表人、总经理职务，不得从事与法律服务无关的其他经营性活动。A 项错误明显。

同办法第 43 条规定，律师事务所应当建立违规律师辞退和除名制度，对违法违规执业、违反本所章程及管理制度或者年度考核不称职的律师，可以将其辞退或者经合伙人会议通过将其除名，有关处理结果报所在地县级司法行政机关和律师协会备案。B 项正确。

同办法第 58 条规定，律师事务所应当建立律师执业年度考核制度，按照规定对本所律师的执业表现和遵守职业道德、执业纪律的情况进行考核，评定等次，实施奖惩，建立律师执业档案和诚信档案。律所有权实施奖惩，不需要报律协批准。C 项错误。

同办法第 28 条第 1 款、第 2 款规定，"律师事务所变更合伙人，包括吸收新合伙人、合伙人退伙、合伙人因法定事由或者经合伙人会议决议被除名。新合伙人应当从专职执业的律师中产生，并具有三年以上执业经历，但司法部另有规定的除外。受到六个月以上停止执业处罚的律师，处罚期满未逾三年的，不得担任合伙人。"第 57 条第 2 款规定，"已担任合伙人的律师受到六个月以上停止执业处罚的，自处罚决定生效之日起至处罚期满后三年内，不得担任合伙人。"可见，D 项错误。

3. 以下哪一种行为违反了律师管理规定？（2005－1－50）

A. 苏律师在看守所会见犯罪嫌疑人时，接受其投诉办案人员刑讯逼供的控告材料并转送有关机关

B. 某律师事务所为开拓业务，在全国十个城市申请开设了分所

C. 某律师事务所在办理购房按揭贷款业务时，凡客户以现金交纳代理费的，只出具本所内部收据不开发票

D. 某律师事务所代为保管委托人的资金，并约定将存款利息作为律师费

【答案】C

【解析】根据《律师法》第28条和第30条的规定，选项A合法。根据《律师法》第19条的规定，选项B合法。根据《律师服务收费管理办法》第18条的规定，律师事务所收取律师服务费，应向委托人开具合法票据。据此，选项C错误。选项D"约定将存款利息作为律师费"的规定符合自愿原则，合法。

【相关法条·《律师服务收费管理办法》】

第十八条　律师事务所向委托人收取律师服务费，应当向委托人出具合法票据。

第三节　律师职业道德

扫码听课

1. 王某和李某斗殴，李某与其子李二将王某打伤。李某在王某提起刑事自诉后聘请省会城市某律师事务所赵律师担任辩护人。关于本案，下列哪一做法符合相关规定？（2015－1－48）

A. 赵律师同时担任李某和李二的辩护人，该所钱律师担任本案王某代理人

B. 该所与李某商定辩护事务按诉讼结果收取律师费

C. 该所要求李某另外预交办案费

D. 该所指派实习律师代赵律师出庭辩护

【答案】C

【解析】《律师执业管理办法》第28条规定，律师接受犯罪嫌疑人、被告人委托后，不得接受同一案件或者未同案处理但实施的犯罪存在关联的其他犯罪嫌疑人、被告人的委托担任辩护人。《律师执业行为规范》第51条规定，同一律所的不同律师不得同时担任同一刑事案件的被害人的代理人和犯罪嫌疑人、被告人的辩护人，但在该县区域内只有一家律师事务所且事先征得当事人同意的除外，A项错误。刑事诉讼、行政诉讼、国家赔偿案件以及群体性诉讼案件不得适用风险代理收费，因此B项错误。律师收取的费用可以分为律师费和办案费用。律师费是指律所因本所执业律师为当事人提供法律服务，而根据国家法律规定或双方的自愿协商，向当事人收取的一定数量的费用。办案费用是指律师事务所在提供法律服务过程中代委托人支付的诉讼费、仲裁费、鉴定费、公证费和查档费等费用，其不属于律师服务费，由委托人另行支付。主要包括：（1）司法、行政、仲裁、鉴定、公证等部门收取的费用；（2）合理的通讯费、复印费、翻译费、交通费、食宿费等；（3）经委托人同意的专家论证费；（4）委托人同意支付的其他费用。律师需要由委托人负担的律师费以外的费用，应本着节俭的原则合理使用。C项做法并无不妥。辩护人只能由律师担任，实习律师不可。D项错误。

2. 王律师为扩大业务范围采用的下列哪一做法是错误的？（2007－1－48）

A. 在晚报上发布介绍自己专业范围、所在律师事务所和联系方法的广告

B. 加入当地的企业家协会并免费提供法律咨询服务

C. 向所有的同学发函，承诺给介绍案源者 10% 的回报

D. 参加房地产专题研讨会，在会上发表"按揭"法律问题研究报告，并向与会者派发名片

【答案】C

【解析】律师进行执业推广，可以通过简介等方式介绍自己的业务领域和专业特长；可以举办或者参加各种形式的专题、专业研讨会，以推荐自己的专业特长；可以以自己或者律师事务所的名义参加各种社会公益活动，参加各类依法成立的社团组织。律师在执业推广中，不得向中介人或者推荐人以许诺兑现任何物质利益或者非物质利益的方式，获得有偿提供法律服务的机会。所以 C 项是正确选项。

3. 律师的下列哪些行为构成对委托人的虚假承诺？（2007 - 1 - 89）

A. 依据事实、证据和担保法的有关规定，在诉讼中主张全部免除委托人的担保责任，但法院未采纳其意见

B. 与当事人签订法律服务合同前讨论案情时表示："如果此案交给我办，至少能追回一百万元"

C. 接受辩护委托后，经过与被告人见面、详细查阅案卷、调查证据后，被告人尚有犯罪疑点的情况下，向委托人表示一定能让被告人无罪释放

D. 在分析案情的基础上向当事人提出案件很难胜诉，建议当事人争取和解

【答案】BC

【解析】律师依法辩护、代理案件提出的正确意见未被采纳或因枉法裁判，使律师的预先分析意见没有实现，不能认为律师的意见是虚假承诺。A 正确。律师不得为谋取代理或辩护业务而向委托人作虚假承诺。B 项错误。律师在接受刑事辩护委托后，应当依据事实和法律提出无罪、罪轻或减轻、免除其刑事责任的辩护意见；刑事辩护证据不足以否认有罪指控，不得承诺经过辩护必然获得无罪结果。因此，C 项错误。律师根据委托人提供的事实和证据，依据法律规定对案件进行分析后，应向委托人提出预见性、分析性的结论意见，但应避免虚假承诺。因此，D 项正确。

4. 某律师事务所一审代理了原告张某的案件。一年后，该案再审。该所的下列哪一做法与律师执业规范相冲突？（2014 - 1 - 48）

A. 在代理原告案件时，拒绝与该案被告李某建立委托代理关系

B. 在拒绝与被告李某建立委托代理关系时，承诺可在其他案件中为其代理

C. 得知该案再审后，主动与原告张某联系

D. 张某表示再审不委托该所，该所遂与被告李某建立委托代理关系

【答案】D

【解析】律所接受委托前，应进行利益冲突审查并作出是否接受委托的决定。律师与委托人存在利益关系或利益冲突的，不得承办该业务并应主动提出回避。律所或律师不得在同一案件中为双方当事人担任代理人，或代理与本人或近亲属有利益冲突的法律事务。可见，A 项做法正确。B 项中只是承诺可在"其他案件中"代理被告，与本案没有利益冲突，正确。律师承办业务，应及时向委托人通报委托实现办理进展情况；需要变更委托事项、权限的，需要征得委托人同意和授权；对于已经出现的和可能出现的不可克服的困难、风险，应及时通知委托

人，并向律所报告。C项中，对于案件出现的新的进展，律师积极与委托人联系，明显正确。在委托关系终止后，同一律所或同一律师在同一案件后续审理或处理中不得再接受对方当事人委托。D项错误。

5. 某律师事务所律师代理原告诉被告买卖合同纠纷案件，下列哪一做法是正确的？（2016－1－49）

A. 该律师接案时，得知委托人同时接触他所律师，私下了解他所报价后以较低收费接受委托

B. 在代书起诉状中，律师提出要求被告承担精神损害赔偿20万元的诉讼请求

C. 在代理合同中约定，如胜诉，在5万元律师代理费外，律师事务所可按照胜诉金额的一定比例另收办案费用

D. 因律师代理意见未被法庭采纳，原告要求律师承担部分诉讼请求损失，律师事务所予以拒绝

【答案】D

【解析】律师业既存在全行业的整体利益，也存在律师的个体利益，二者相辅相成。律师之间客观上存在竞争，但也需要合作，二者缺一不可。必须防止律师采用不正当手段与同行进行业务竞争，损害其他律师及律师事务所合法权益和律师业形象行为的出现。为了争揽业务，不正当地获取其他律师和律师事务所收费报价或其他提供法律服务的条件，再以较低收费揽收业务，这属于以不正当的竞争手段排挤对手的做法，违背了公平竞争的理念。A项错误。

律师代书，是以当事人名义写的，写完后交给当事人凭它去进行法律行为，当事人自己承担由此引起的法律后果。律师除了按当事人需求书写文书之外，并不进行任何法律行为，对其书写的法律文书引起的后果不负责任。所以，律师代写的法律文书应当反映当事人的意志和要求，不能超越、缩小和曲解当事人的要求。但律师代书只能反映委托人的合法意志，对当事人提出的一些无理、非法的要求，律师应予以说服、规劝，甚至拒绝代书。B项中，律师在代书起诉状时，超越了当事人的要求，增加了诉讼请求，是错误的。

律师收取的费用可以分为律师费和办案费用。律师费是指律所因本所执业律师为当事人提供法律服务，而根据国家法律规定或双方的自愿协商，向当事人收取的一定数量的费用。办案费用是指律师事务所在提供法律服务过程中代委托人支付的诉讼费、仲裁费、鉴定费、公证费和查档费等费用，其不属于律师服务费，由委托人另行支付。主要包括：（1）司法、行政、仲裁、鉴定、公证等部门收取的费用；（2）合理的通讯费、复印费、翻译费、交通费、食宿费等；（3）经委托人同意的专家论证费；（4）委托人同意支付的其他费用。可见，C项表述有问题，按照胜诉金额收取的只能是律师服务费，而不能是办案费用，后者只能是律师代为支付了多少，委托人就另行支付多少，不能按比例收取。

律师的辩护、代理意见未被采纳，不属于虚假承诺，律师事务所当然有权拒绝当事人的无理要求。D项正确。

第四节　法律援助制度

大咖点拨区

扫码听课

1. 根据《法律援助法》的规定，下列哪些情形下，当事人申请法律援助的，不受经济困难条件的限制？（　　）

A. 依法请求国家赔偿

B. 英雄烈士近亲属为维护英雄烈士的人格权益

C. 请求工伤事故、交通事故、食品药品安全事故、医疗事故人身损害赔偿

D. 遭受虐待、遗弃或者家庭暴力的受害人主张相关权益

【答案】BD

【解析】《法律援助法》第31条规定："下列事项的当事人，因经济困难没有委托代理人的，可以向法律援助机构申请法律援助：（一）依法请求国家赔偿；（二）请求给予社会保险待遇或者社会救助；（三）请求发给抚恤金；（四）请求给付赡养费、抚养费、扶养费；（五）请求确认劳动关系或者支付劳动报酬；（六）请求认定公民无民事行为能力或者限制民事行为能力；（七）请求工伤事故、交通事故、食品药品安全事故、医疗事故人身损害赔偿；（八）请求环境污染、生态破坏损害赔偿；（九）法律、法规、规章规定的其他情形。"可见，AC两项错误。

《法律援助法》第32条规定："有下列情形之一，当事人申请法律援助的，不受经济困难条件的限制：（一）英雄烈士近亲属为维护英雄烈士的人格权益；（二）因见义勇为行为主张相关民事权益；（三）再审改判无罪请求国家赔偿；（四）遭受虐待、遗弃或者家庭暴力的受害人主张相关权益；（五）法律、法规、规章规定的其他情形。"所以，BD两项正确。

2. 下列哪一种情况不构成法律援助机构拒绝为申请人提供法律援助的理由？（　　）

A. 申请代理的事项是主张因见义勇为行为产生的民事权益

B. 申请人提交的证明材料不齐全，又未按要求作出补充

C. 申请人提出申请后，自行委托了其他代理人

D. 申请人提出申请后，继承了一大笔遗产

【答案】A

扫码听课

【解析】《法律援助法》第32条规定："有下列情形之一，当事人申请法律援助的，不受经济困难条件的限制：（一）英雄烈士近亲属为维护英雄烈士的人格权益；（二）因见义勇为行为主张相关民事权益；（三）再审改判无罪请求国家赔偿；（四）遭受虐待、遗弃或者家庭暴力的受害人主张相关权益；（五）法律、法规、规章规定的其他情形。"可见，主张因见义勇为行为产生的民事权益属于法律援助范围，A项符合题意。

《法律援助法》第43条规定："法律援助机构应当自收到法律援助申请之日起七日内进行审查，作出是否给予法律援助的决定；决定给予法律援助的，应当自作出决定之日起三日内指派法律援助人员为受援人提供法律援助；决定不给予法律援助的，应当书面告知申请人，并说明理由。申请人提交的申请材料不齐全

的，法律援助机构应当一次性告知申请人需要补充的材料或者要求申请人作出说明。申请人未按要求补充材料或者作出说明的，视为撤回申请。"B项所述情况下，法律援助机构当然可以拒绝提供援助。

根据《法律援助法》第48条的规定，有下列情形之一的，法律援助机构应当作出终止法律援助的决定：（一）受援人以欺骗或者其他不正当手段获得法律援助；（二）受援人故意隐瞒与案件有关的重要事实或者提供虚假证据；（三）受援人利用法律援助从事违法活动；（四）受援人的经济状况发生变化，不再符合法律援助条件；（五）案件终止审理或者已经被撤销；（六）受援人自行委托律师或者其他代理人；（七）受援人有正当理由要求终止法律援助；（八）法律法规规定的其他情形。可见，出现CD两项所述情况时，法律援助机构应当终止援助。

3. 根据《法律援助法》，下列哪些表述是正确的？（ ）

A. 区检察院提起公诉的案件，被告人没有委托辩护人的，区法院可以通知区法律援助中心为被告人提供法律援助

B. 家住A县的乙在邻县涉嫌犯罪被邻县检察院批准逮捕，其因经济困难可向A县法律援助中心申请法律援助

C. 强制医疗案件的被申请人或者被告人没有委托诉讼代理人的，人民法院应当通知法律援助机构指派律师为其提供法律援助

D. 被羁押的犯罪嫌疑人、被告人、服刑人员，以及强制隔离戒毒人员等涉嫌刑事犯罪，没有委托辩护人，监管场所应当通知法律援助机构指派律师为其提供法律援助

【答案】AC

【解析】《法律援助法》第25条规定："刑事案件的犯罪嫌疑人、被告人属于下列人员之一，没有委托辩护人的，人民法院、人民检察院、公安机关应当通知法律援助机构指派律师担任辩护人：（一）未成年人；（二）视力、听力、言语残疾人；（三）不能完全辨认自己行为的成年人；（四）可能被判处无期徒刑、死刑的人；（五）申请法律援助的死刑复核案件被告人；（六）缺席审判案件的被告人；（七）法律法规规定的其他人员。其他适用普通程序审理的刑事案件，被告人没有委托辩护人的，人民法院可以通知法律援助机构指派律师担任辩护人。"A项正确。

《法律援助法》第38条规定："对诉讼事项的法律援助，由申请人向办案机关所在地的法律援助机构提出申请；对非诉讼事项的法律援助，由申请人向争议处理机关所在地或者事由发生地的法律援助机构提出申请。"可见，B项的情况下，应当向邻县法律援助中心申请援助。

《法律援助法》第28条规定："强制医疗案件的被申请人或者被告人没有委托诉讼代理人的，人民法院应当通知法律援助机构指派律师为其提供法律援助。"C项正确。

《法律援助法》第39条："被羁押的犯罪嫌疑人、被告人、服刑人员，以及强制隔离戒毒人员等提出法律援助申请的，办案机关、监管场所应当在二十四小时内将申请转交法律援助机构。犯罪嫌疑人、被告人通过值班律师提出代理、刑事辩护等法律援助申请的，值班律师应当在二十四小时内将申请转交法律援助机构。"可见，D项中的情况属于申请援助而非指定援助的范围，所以错误。

4. 某法律援助机构实施法律援助的下列做法，哪一项是正确的？（2014 - 1 - 50）

A. 经审查后指派律师担任甲的代理人，并根据甲的经济情况免除其80%的律师服务费

B. 指派律师担任乙的辩护人以后，乙自行另外委托辩护人，故决定终止对乙的法律援助

C. 为未成年人丙指派熟悉未成年人身心特点但无律师执业证的本机构工作人员担任辩护人

D. 法律援助机构收到人民法院通知后，为死刑复核案件的被告人赵某指派了已经专职执业满两年且具有良好声誉的律师刘某担任辩护人

【答案】B

【解析】《法律援助法》第2条规定："本法所称法律援助，是国家建立的为经济困难公民和符合法定条件的其他当事人无偿提供法律咨询、代理、刑事辩护等法律服务的制度，是公共法律服务体系的组成部分。"可见，我国的法律援助不是"缓交费"，也不是"减费"，而是完全免费的。A项错误。

根据《法律援助法》第48条第1款的规定，有下列情形之一的，法律援助机构应当作出终止法律援助的决定：（一）受援人以欺骗或者其他不正当手段获得法律援助；（二）受援人故意隐瞒与案件有关的重要事实或者提供虚假证据；（三）受援人利用法律援助从事违法活动；（四）受援人的经济状况发生变化，不再符合法律援助条件；（五）案件终止审理或者已经被撤销；（六）受援人自行委托律师或者其他代理人；（七）受援人有正当理由要求终止法律援助；（八）法律法规规定的其他情形。可见，B项正确。

《法律援助法》第25条规定："刑事案件的犯罪嫌疑人、被告人属于下列人员之一，没有委托辩护人的，人民法院、人民检察院、公安机关应当通知法律援助机构指派律师担任辩护人：（一）未成年人；（二）视力、听力、言语残疾人；（三）不能完全辨认自己行为的成年人；（四）可能被判处无期徒刑、死刑的人；（五）申请法律援助的死刑复核案件被告人；（六）缺席审判案件的被告人；（七）法律法规规定的其他人员。其他适用普通程序审理的刑事案件，被告人没有委托辩护人的，人民法院可以通知法律援助机构指派律师担任辩护人。"可见，为未成年人涉嫌犯罪的案件提供法律援助，必须指派律师担任辩护人。C项错误。

《法律援助法》第26条规定："对可能被判处无期徒刑、死刑的人，以及死刑复核案件的被告人，法律援助机构收到人民法院、人民检察院、公安机关通知后，应当指派具有三年以上相关执业经历的律师担任辩护人。"D项错误。

5. 来某县打工的农民黄某欲通过法律援助帮其讨回单位欠薪。根据《法律援助法》的规定，有关部门下列做法正确的是：（　　　）

A. 县法律援助中心以黄某户籍不在本县为由拒绝受理其口头申请

B. 黄某向设立提出该法律援助中心的县司法局提出异议

C. 县司法局在受理黄某异议之日起一个月内进行了审查，函令县法律援助中心向其提供法律援助

D. 县某律所拒绝接受法律援助中心指派，县司法局对该所给予警告的行政处罚

【答案】B

【解析】《法律援助法》第38条规定："对诉讼事项的法律援助，由申请人向办案机关所在地的法律援助机构提出申请；对非诉讼事项的法律援助，由申请人向争议处理机关所在地或者事由发生地的法律援助机构提出申请。"请求支付劳动报酬，属于非诉讼事项，应由申请人向争议处理机关所在地或者事由发生地的法律援助机构提出申请。A项中，黄某来某县打工被拖欠劳动报酬，所以该县属于事由发生地，县法律援助中心应当受理。

《法律援助法》第49条："申请人、受援人对法律援助机构不予法律援助、终止法律援助的决定有异议的，可以向设立该法律援助机构的司法行政部门提出。司法行政部门应当自收到异议之日起五日内进行审查，作出维持法律援助机构决定或者责令法律援助机构改正的决定。申请人、受援人对司法行政部门维持法律援助机构决定不服的，可以依法申请行政复议或者提起行政诉讼。"由此可知，B项正确，C项错误。

《法律援助法》第62条规定："律师事务所、基层法律服务所有下列情形之一的，由司法行政部门依法给予处罚：（一）无正当理由拒绝接受法律援助机构指派；（二）接受指派后，不及时安排本所律师、基层法律服务工作者办理法律援助事项或者拒绝为本所律师、基层法律服务工作者办理法律援助事项提供支持和保障；（三）纵容或者放任本所律师、基层法律服务工作者怠于履行法律援助义务或者擅自终止提供法律援助；（四）法律法规规定的其他情形。"《律师法》第50条规定，律师事务所有下列行为之一的，由设区的市级或者直辖市的区人民政府司法行政部门视其情节给予警告、停业整顿一个月以上六个月以下的处罚，可以处十万元以下的罚款；有违法所得的，没收违法所得；情节特别严重的，由省、自治区、直辖市人民政府司法行政部门吊销律师事务所执业证书：（一）违反规定接受委托、收取费用的；（二）违反法定程序办理变更名称、负责人、章程、合伙协议、住所、合伙人等重大事项的；（三）从事法律服务以外的经营活动的；（四）以诋毁其他律师事务所、律师或者支付介绍费等不正当手段承揽业务的；（五）违反规定接受有利益冲突的案件的；**（六）拒绝履行法律援助义务的**；（七）向司法行政部门提供虚假材料或者有其他弄虚作假行为的；（八）对本所律师疏于管理，造成严重后果的。律师事务所因前款违法行为受到处罚的，对其负责人视情节轻重，给予警告或者处二万元以下的罚款。可见，律师事务所拒绝履行法律援助义务的，有处罚权的是设区的市级或者直辖市的区人民政府司法行政部门，县级司法局无权。D项错误。

6. 根据《法律援助法》的规定，下列关于法律援助的哪些说法是不能成立的？（　　）

A. 再审改判无罪请求国家赔偿，当事人申请法律援助的，不受经济困难条件的限制

B. 未成年人、老年人、残疾人等特定群体申请法律援助，申请人有材料证明自己属于无固定生活来源的人员，法律援助机构免予核查经济困难状况

C. 我国的法律援助实行部分无偿服务、部分为"缓交费"或"减费"形式有偿服务的制度

D. 人民法院、人民检察院、公安机关办理刑事案件，发现法定的指定援助的

情形的，应当在七日内通知法律援助机构指派律师；法律援助机构收到通知后，应当在三日内指派律师并通知人民法院、人民检察院、公安机关

【解析】CD

【解析】《法律援助法》第32条规定："有下列情形之一，当事人申请法律援助的，不受经济困难条件的限制：（一）英雄烈士近亲属为维护英雄烈士的人格权益；（二）因见义勇为行为主张相关民事权益；（三）再审改判无罪请求国家赔偿；（四）遭受虐待、遗弃或者家庭暴力的受害人主张相关权益；（五）法律、法规、规章规定的其他情形。"A项正确。

《法律援助法》第42条规定："法律援助申请人有材料证明属于下列人员之一的，免予核查经济困难状况：（一）无固定生活来源的未成年人、老年人、残疾人等特定群体；（二）社会救助、司法救助或者优抚对象；（三）申请支付劳动报酬或者请求工伤事故人身损害赔偿的进城务工人员；（四）法律、法规、规章规定的其他人员。"B项正确。

《法律援助法》第2条规定："本法所称法律援助，是国家建立的为经济困难公民和符合法定条件的其他当事人无偿提供法律咨询、代理、刑事辩护等法律服务的制度，是公共法律服务体系的组成部分。"可见，我国的法律援助不是"缓交费"，也不是"减费"，而是完全免费的。C项错误。

《法律援助法》第36条规定："人民法院、人民检察院、公安机关办理刑事案件，发现有本法第二十五条第一款、第二十八条规定情形的，应当在三日内通知法律援助机构指派律师。法律援助机构收到通知后，应当在三日内指派律师并通知人民法院、人民检察院、公安机关。"第43条规定："法律援助机构应当自收到法律援助申请之日起七日内进行审查，作出是否给予法律援助的决定。决定给予法律援助的，应当自作出决定之日起三日内指派法律援助人员为受援人提供法律援助；决定不给予法律援助的，应当书面告知申请人，并说明理由。"D项错误。

第五章　公证制度与公证员职业道德

第一节　公证员与公证机构

1. 公证制度是司法制度重要组成部分，设立公证机构、担任公证员具有严格的条件及程序。关于公证机构和公证员，下列哪一选项是正确的？（2017－1－50）

A. 公证机构可接受易某申请为其保管遗嘱及遗产并出具相应公证书

B. 设立公证机构应由省级司法行政机关报司法部依规批准后，颁发公证机构执业证书

C. 贾教授在高校讲授法学 11 年，离职并经考核合格，可以担任公证员

D. 甄某交通肇事受过刑事处罚，因此不具备申请担任公证员的条件

【答案】C

【解析】《公证法》第 12 条规定，根据自然人、法人或者其他组织的申请，公证机构可以办理下列事务：（一）法律、行政法规规定由公证机构登记的事务；（二）提存；（三）保管遗嘱、遗产或者其他与公证事项有关的财产、物品、文书；（四）代写与公证事项有关的法律事务文书；（五）提供公证法律咨询。可见，公证机构接受自然人申请为其保管遗嘱、遗产的前提是有公证活动的存在，即先有相应的遗嘱公证，然后才会有遗嘱、遗产的保管问题。因此 A 项错误。

《公证法》第 9 条规定，设立公证机构，由所在地的司法行政部门报省、自治区、直辖市人民政府司法行政部门按照规定程序批准后，颁发公证机构执业证书。B 项错误。

《公证法》第 19 条规定，从事法学教学、研究工作，具有高级职称的人员，或者具有本科以上学历，从事审判、检察、法制工作、法律服务满十年的公务员、律师，已经离开原工作岗位，经考核合格的，可以担任公证员。C 项正确。

第 20 条规定，有下列情形之一的，不得担任公证员：（一）无民事行为能力或者限制民事行为能力的；（二）因故意犯罪或者职务过失犯罪受过刑事处罚的；（三）被开除公职的；（四）被吊销公证员、律师执业证书的。交通肇事罪是典型的过失犯罪，但并非职务过失犯罪，因此，D 项表述有误。

2. 根据我国《公证法》规定，对下列哪一事项公证机关可予办理公证？（2008－1－49）

A. 马某拿着一份合同复印件到公证机关要求公证，经公证人员审查发现该合同有多处涂改痕迹

B. 女青年李某 29 岁，至今未婚，到公证机关办理处女公证

C. 张某与王某大学毕业工作多年，各自都有些积蓄，为避免婚后因财产问题

发生纠纷，双方决定到公证机关办理婚前财产公证

D. 杨父因正在读初中的儿子整天沉迷于网络游戏，多次劝说无效，遂决定与儿子解除父子关系，到公证机关申请公证

【答案】C

【解析】《公证法》第2条规定："公证是公证机构根据自然人、法人或者其他组织的申请，依照法定程序对民事法律行为、有法律意义的事实和文书的真实性、合法性予以证明的活动。"所以公证就是要证明文书的真实性、合法性。A项中马某的合同复印件有多处涂改，不能判断合同的真实性，所以公证机关不予办理公证。选项B，"处女公证"不属于公证机构的公证事项范围，正规医疗机构出具的相关证明完全可以证明一个人是否处女。C项属于对财产分割的公证，公证机构自然可给予公证。我国现行法律规定，生父母与亲生子女是不能解除父母子女关系的，因此公证机构不会给予公证。所以D是错误的。

第二节 公证程序与公证效力

1. 关于我国公证的业务范围、办理程序和效力，下列哪一选项符合《公证法》的规定？（2015 - 1 - 50）

A. 申请人向公证机关提出保全网上交易记录，公证机关以不属于公证事项为由拒绝

B. 自然人委托他人办理财产分割、赠与、收养关系公证的，公证机关不得拒绝

C. 因公证具有较强的法律效力，要求公证机关在办理公证业务时不能仅作形式审查

D. 法院发现当事人申请执行的公证债权文书确有错误的，应裁定不予执行并撤销该公证书

【答案】C

【解析】证据保全属于公证的业务范围。在证据有灭失或难以获得的危险，如证物容易腐烂、变质，证人长期出国等情况时，为了将来进行诉讼的需要，可以申请对相关的证人证言、书证、物证、视听资料、现场情况等进行证据保全。公证机构依法采取一定措施收集、固定并保管，以保持证据的真实性和证明力。可见，A项错误。当事人申请办理公证，可以委托他人代理，但申办遗嘱、遗赠扶养协议、赠与、认领亲子、收养关系、解除收养关系、生存状况、委托、声明、保证及其他与自然人人身有密切关系的公证事项，应当由其本人亲自办。B项错误。英美法系国家的公证制度侧重于形式证明，只证明真实性，即证明当事人在公证人面前签署文件的行为属实；大陆法系国家则侧重于证明真实性与合法性。我国属于后一公证体系，既做形式审查，也做实质审查。C项正确。《公证法》第37条第2款规定，债权文书确有错误的，人民法院裁定不予执行，并将裁定书送达双方当事人和公证机构。可见，法院不会直接撤销该公证书，D项错误。

2. 甲病危，欲将部分财产留给保姆，咨询如何处理。下列哪一意见是正确的？（2011 - 1 - 50）

扫码听课

扫码听课

大咖点拨区

A. 甲行走不便，可由身为公证员的侄子办理公证遗嘱

B. 甲提出申请，可由公证机构到医院办理公证遗嘱

C. 公证机构无权办理甲的遗嘱文书及财产保管事务

D. 甲如对该财产曾有其他形式遗嘱，以后公证的遗嘱无效

【答案】B

【解析】申办遗嘱、遗赠扶养协议、赠与、认领亲子、收养关系、解除收养关系、生存状况、委托、声明、保证及其他与自然人人身有密切关系的公证事项，应当由其本人亲自申办，不得委托。另外，公证员也不能为本人及近亲属办理公证。选项A错误。公证人员可以前往现场办理公证业务，这是为人民服务的表现。选项B正确。《公证法》第12条第3项规定，根据自然人、法人或者其他组织的申请，公证机构可以办理保管遗嘱、遗产或者其他与公证事项有关的财产、物品、文书。选项C错误。根据《民法典》第1142条第3款的规定，遗嘱人立有数份遗嘱，内容相互抵触的，以最后的遗嘱为准。选项D错误。

3. 关于公证制度和业务，下列哪一选项是正确的？（2016－1－50）

A. 依据统筹规划、合理布局设立的公证处，其名称中的字号不得与国内其他公证处的字号相同或者相近

B. 省级司法行政机关有权任命公证员并颁发公证员执业证书，变更执业公证处

C. 黄某委托其子代为办理房屋买卖手续，其住所地公证处可受理其委托公证的申请

D. 王某认为公证处为其父亲办理的放弃继承公证书错误，向该公证处提出复议的申请

【答案】C

【解析】公证机构名称中的字号，应当由两个以上文字组成，并不得与所在省、自治区、直辖市内设立的其他公证机构的名称中的字号相同或者近似。A项错在"国内"。担任公证员，应当由符合公证员条件的人员提出申请，经公证机构推荐，由所在地的司法行政部门报省、自治区、直辖市人民政府司法行政部门审核同意后，报请国务院司法行政部门任命，并由省、自治区、直辖市人民政府司法行政部门颁发公证员执业证书。B项说由省级司法行政机关任命，是错误的。

我国公证机构的主要公证业务是证明民事法律行为，如合同、继承、委托、声明、赠与、遗嘱、财产分割、招标投标、拍卖等。公证机构根据当事人的申请办理相关公证事项，对民事法律行为的真实性、合法性予以证明。其中，委托公证证明的是委托人的授权委托行为真实、合法，属于公证的业务范围。申请办理涉及不动产的公证，应当向不动产所在地的公证机构提出，但申请办理涉及不动产的委托、声明、赠与、遗嘱的公证，可以向住所地、经常居住地、行为地或事实发生地的公证机构提出。C项正确。

当事人、公证事项的利害关系人认为公证书有错误的，可以向出具该公证书的公证机构提出复查。公证书的内容违法或者与事实不符的，公证机构应当撤销该公证书并予以公告，该公证书自始无效；公证书有其他错误的，公证机构应当予以更正。可见，D项表述有误，规范的表述是申请复查，而非申请复议。

第三节　公证员职业道德

1. 关于法律职业人员职业道德，下列哪一说法是不正确的？（2014－1－49）

A. 法官职业道德更强调法官独立性、中立地位

B. 检察官职业道德是检察官职业义务、职业责任及职业行为上道德准则的体现

C. 律师职业道德只规范律师的执业行为，不规范律师事务所的行为

D. 公证员职业道德应得到重视，原因在于公证证明活动最大的特点是公信力

【答案】C

【解析】法律职业队伍中存在法官、检察官、律师、公证员等具体行业之分，在职业道德上有不同要求。由于法官职业的特殊性，决定了对法官职业道德在独立性、中立性方面的要求较其他职业道德更高、更严格。A项正确。检察官的职业道德是检察官职业义务、职业责任及职业行为上道德准则的体现。B项正确。律师职业道德既规范律师（包括了公职律师、实习律师、律师助理），也规范律所。C项错误。公证是公证机构或公证员对公民、法人及其他组织的法律行为、有法律意义的文书和事实的真实性、合法性进行证明，其最大的特点是公信力。正因为公信力才更强调公证员的职业道德。所以，D项正确。

【未来考察趋势预测】法官职业道德既规范职业内活动、也规范职业外行为。检察职业道德既调整检察机关内部关系，培养检察官的共同体意识；也用来调整检察机关及检察官与其服务对象即民众之间的关系。

2. 下列哪一选项属于违反律师或公证有关制度及执业规范规定的情形？（2012－1－50）

A. 刘律师受当事人甲委托为其追索1万元欠款，因该事项与另一委托事项时间冲突，经甲同意后另交本所律师办理，但未告其支出增加

B. 李律师承办当事人乙的继承纠纷案，表示乙依法可以继承2间房屋，并作为代理意见提交法庭，未被采纳，乙仅分得万元存款

C. 林公证员对丙以贵重金饰用于抵押的事项，办理了抵押登记

D. 王公证员对丁代理他人申办合同和公司章程公证的事项，出具了公证书

【答案】A

【解析】依据《律师执业行为规范》第57条的规定，非经委托人的同意，不能因转委托而增加委托人的费用支出。故据此可知，刘律师其未告知支出增加的情形违反了该规定。选项A违反规定。

3. 下列哪些行为违反了相关法律职业规范规定？（2013－1－85）

A. 某律师事务所明知李律师的伯父是甲市中院领导，仍指派其到该院代理诉讼

B. 检察官高某在办理一起盗车并杀害车内行动不便的老人案件时，发现网上民愤极大，即以公诉人身份跟帖向法院建议判处被告死刑立即执行

C. 在法庭上，公诉人车某发现李律师发微博，当庭予以训诫，审判长怀法官未表明态度

D. 公证员张某根据甲公司董事长申请，办理了公司章程公证，张某与该董事长系大学同学

【答案】 BC

【解析】 法律禁止法官的配偶、子女担任该法官所任职单位办理案件的诉讼代理人或者辩护人。据此，A项的做法没有问题。公证员不得为本人及近亲属办理公证或者办理与本人及近亲属有利害关系的公证。D项中，公证员张某与该公司董事长仅是大学同学，且只是根据其申请办理公司章程公证，并无不妥。

检察官应依法独立行使检察权，独立于行政机关、企事业单位、社会团体、其他社会成员个人以及新闻媒体、公众舆论，不受任何外在的非法干预、不为人情所利用、不受社会舆论所干扰。B项中高某已然明显受到网络舆论的影响。根据《法官法》，法官应充分保障当事人和其他诉讼参与人的诉讼权利，避免办案中的随意行为。C项中，公诉人训诫李律师，双方发生直接冲突，而审判长竟然不表明态度，不符合职业道德规范。

4. 法律职业人员在业内、业外均应注重清正廉洁，严守职业道德和纪律规定。下列哪些行为**违反了**相关职业道德和纪律规定？（2015-1-84）

A. 赵法官参加学术研讨时无意透露了未审结案件的内部讨论意见

B. 钱检察官相貌堂堂，免费出任当地旅游局对外宣传的"形象大使"

C. 孙律师在执业中了解到委托人公司存在严重的涉嫌偷税犯罪行为，未向税务机关举报

D. 李公证员代其同学在自己工作的公证处申办学历公证

【答案】 AD

【解析】 法官应当保守审判工作秘密，A项赵法官泄露了内部讨论意见，错误。B项中，检察官担任本地形象大使，是积极正面的形象，而且免费担任，做法并无不妥。律师应当保守在执业活动中知悉的国家秘密、商业秘密，不得泄露当事人的隐私。律师对在执业活动中知悉的委托人和其他人不愿泄露的有关情况和信息，应当予以保密。但是委托人或者其他人准备或者正在实施危害国家安全、公共安全以及严重危害他人人身安全的犯罪事实和信息除外。涉嫌偷税犯罪，不属于危害国家安全、公共安全的事项，可以不举报。C项正确。《公证程序规则》第11条规定："公证员、公证机构的其他工作人员不得代理当事人在本公证机构申办公证。"因此，就D项而言，公证员代理当事人在自己工作的公证处申办公证，很明显不妥当。

第四节 公证职业责任

下列哪一法律职业人员的行为不违背相应职业纪律要求？（2009-1-50）

A. 金法官向自己审理案件中受尽屈辱的原告推荐社会知名律师为其代理诉讼

B. 闻律师在办理无偿的法律援助案件后，收取受援人交通费

C. 公证员黄某在派发的名片上印有"法学硕士、法学副教授"的头衔

D. 曾律师发起举办了"金融危机下律师业的挑战"研讨会并邀请一些教授、法官、检察官、公证员朋友出席

【答案】 D

【解析】 法律职业者参加学术会议、发表论文等学术活动，不违背相关职业道德。

第五编 中国法律史

第一章 中国古代法制史

第一节 西周以降的法制思想与法律

一、西周时期

1. 《左传》云："礼，所以经国家，定社稷，序民人，利后嗣者也"，系对周礼的一种评价。关于周礼，下列哪一表述是正确的？（2015 - 1 - 16）
　　A. 周礼是早期先民祭祀风俗自然流传到西周的产物
　　B. 周礼仅属于宗教、伦理道德性质的规范
　　C. "礼不下庶人"强调"礼"有等级差别
　　D. 西周时期"礼"与"刑"是相互对立的两个范畴
【答案】C
【解析】礼是中国古代社会长期存在的、维护血缘宗法关系和宗法等级制度的一系列精神原则以及言行规范的总称，是对社会生活起着调整作用的习惯法，其起源于原始社会祭祀鬼神时所举行的仪式。"礼起于祀"，周礼的确立基于早期先民的祭祀风俗，但是却经过周公的总结升华。西周初年，成王年幼即位，周公辅政，通过制礼作乐的立法活动，建立起一套以《周礼》为核心的礼乐典章制度和礼仪道德规范。因此，A 项错在"自然流传"。礼在当时已经具备了习惯法的性质。质言之，西周时期的礼已具备法的性质。首先，其完全具有法的三个基本特性，即规范性、国家意志性和强制性。其次，对社会生活各个方面都有着实际的调整作用。B 项错误。"礼不下庶人"强调的是礼有等级差别，禁止任何越礼的行为；"刑不上大夫"强调的是贵族官僚在适用刑罚上的特权。C 项正确。西周时强调"出礼入刑"。"礼"正面、积极规范人们的言行，而"刑"则对一切违背礼的行为进行处罚。其关系正如《汉书·陈宠传》所说的"礼之所去，刑之所取，失礼则入刑，相为表里"，两者共同构成西周法律的完整体系。质言之，如有超出礼节规定和有悖于道义的行为，就会受到刑罚的制裁。可见，礼与刑是相辅相成、不可分割的关系。D 项错误。

2. 关于西周法制的表述，下列哪一选项是正确的？（2013 - 1 - 16）
　　A. 周初统治者为修补以往神权政治学说的缺陷，提出了"德主刑辅，明德慎罚"的政治法律主张
　　B. 《汉书·陈宠传》称西周时期的礼刑关系为"礼之所去，刑之所取，失礼

扫码听课

扫码听课

则入刑，相为表里"

C. 西周的借贷契约称为"书约"，法律规定重要的借贷行为都须订立书面契约

D. 西周时期在宗法制度下已形成子女平均继承制

【答案】B

【解析】西周初期统治者的基本政治观和治国方针是"以德配天，明德慎罚"。汉代中期以后，这一思想才被儒家发挥成"德主刑辅，礼刑并用"的基本策略。所以，A 项错误。西周时期的买卖契约称为"质剂"，借贷契约称为"傅别"，C 项错误。西周时期的继承制度是嫡长子继承制，主要是政治身份的继承，土地、财产的继承是其次。D 项错误。

3. 西周商品经济发展促进了民事契约关系的发展。《周礼》载："听买卖以质剂"。汉代学者郑玄解读西周买卖契约形式："大市谓人民、牛马之属，用长券；小市为兵器、珍异之物，用短券。"对此，下列哪一说法是正确的？（2016－1－15）

A. 长券为"质"，短券为"剂"

B. "质"由买卖双方自制，"剂"由官府制作

C. 契约达成后，交"质人"专门管理

D. 买卖契约也可采用"傅别"形式

【答案】A

【解析】在西周时期，借贷契约称为"傅别"，买卖契约称为"质剂"。D 项错误。买卖奴隶、牛马等大市用的较长的契券称为"质"，买卖兵器、珍异之物等小市用的较短的契券称为"剂"。A 项正确。"质"、"剂"均由官府制作，并由"质人"专门管理。B 项错误。"质人"对"质"、"剂"的管理，不以契约达成为条件。C 项错误。

4. 《汉书·陈宠传》就西周礼刑关系描述说："礼之所去，刑之所取，失礼则入刑，相为表里。"关于西周礼刑的理解，下列哪一选项是正确的？（2017－1－15）

A. 周礼分为五礼，核心在于"亲亲""尊尊"，规定了政治关系的等级

B. 西周时期五刑，即墨、劓、剕（刖）、宫、大辟，适用于庶民而不适用于贵族

C. "礼"不具备法的性质，缺乏国家强制性，需要"刑"作为补充

D. 违礼即违法，在维护统治的手段上"礼""刑"二者缺一不可

【答案】D

【解析】礼是中国古代社会长期存在的、维护血缘宗法关系和宗法等级制度的一系列精神原则以及言行规范的总称，是对社会生活起着调整作用的习惯法，其起源于原始社会祭祀鬼神时所举行的仪式。A 项错误，周礼规定的并非是政治关系，而是宗法关系和宗法等级制度。西周时期的礼已具备法的性质。首先，其完全具有法的三个基本特性，即规范性、国家意志性和强制性。其次，对社会生活各个方面都有着实际的调整作用。C 项错误。在礼和刑的关系上，周礼强调"礼不下庶人，刑不上大夫"。前者强调礼有等级差别，禁止任何越礼的行为；后者强调贵族官僚在适用刑罚上的特权。这是在公开维护平民百姓与贵族官僚之间

的不平等，强调官僚贵族的法律特权。可见，礼适用于贵族，也适用于平民。B项错误。

在礼与刑的关系上，主张"出礼入刑"。"礼"正面、积极规范人们的言行，而"刑"则对一切违背礼的行为进行处罚。其关系正如《汉书·陈宠传》所说的"礼之所去，刑之所取，失礼则入刑，相为表里"，两者共同构成西周法律的完整体系。质言之，如有超出礼节规定和有悖于道义的行为，就会受到刑罚的制裁。D项表述无误。

5. 《尚书·康诰》："人有小罪，非眚，乃惟终……有厥罪小，乃不可不杀。"其中，"非眚"是指(　　)

A. 故意　　　　　B. 过失　　　　　C. 惯犯　　　　　D. 偶犯

【答案】A

【解析】西周时期已经开始区分故意与过失。其中，故意称为"非眚"，过失称为"眚"。A项正确。《尚书·康诰》有云："人有小罪，非眚，乃惟终……有厥罪小，乃不可不杀。乃有大罪，非终，乃惟眚灾…时乃不可杀。"大意是：虽犯小罪，却不是由于过失，或者是惯犯，就不可不杀；反之，罪虽大，但不是惯犯，又出于过失，就不可处死。

6. 唐代大诗人白居易在诗歌《井底引银瓶》中有句："到君家舍五六年，君家大人频有言。聘则为妻奔是妾，不堪主祀奉蘋蘩。终知君家不可住，其奈出门无去处。岂无父母在高堂？亦有亲情满故乡。潜来更不通消息，今日悲羞归不得。为君一日恩，误妾百年身。寄言痴小人家女，慎勿将身轻许人！"结合法制史的有关知识，下列说法正确的有(　　)

A. 古代男子休妾适用七出且无需适用三不去

B. 妾没有资格参与家族祭祀活动

C. 古代妻和妾都要经过六礼，妻妾法律地位不同

D. 纳妾按照重婚处理是在民国时期

【答案】AB

【解析】白居易的诗歌讲的就是一个跟男子淫奔的女孩，到了夫家之后的遭遇。在古代，经过正式行聘的才是正妻，私奔的只能成为妾室，没有资格参与家族祭祀。但是，明明知道夫家不能够住下去，可是离开之后却没有其他去处。虽然娘家父母健在，但由于悲愤羞愧无法归乡。所以，这首诗告诫那些痴情的小姑娘，千万慎重，不要将终生轻易许人。就本题而言，妾的法律地位与妻子不同，纳妾无须经过正式的六礼程序，妾也没有资格参与家族祭祀活动，男子休妾也没有三不去限制。AB两项正确。

中华民国时期1930年的民法亲属编虽禁止重婚，但其司法院1931年院字第647号解释却声称"娶妾并非婚姻，自无所谓重婚"，致使纳妾现象在当时普遍存在。中华人民共和国成立后取缔了这一制度，并对在1950年婚姻法颁布后纳妾的，依重婚处理。但对该法颁布之前所纳之妾，由于系历史原因形成的，如双方不愿解除这种关系的，则予维持，法律承认妻、妾均为夫的配偶关系。可见，D项错误。

7. 《尚书·康诰》中说："人有小罪，非眚，乃惟终……有厥罪小，乃不可不杀。"这里的"惟终"是指(　　)

A. 惯犯　　　　B. 偶犯　　　　C. 故意　　　　D. 过失

【答案】A

【解析】西周时期已经开始区分惯犯和偶犯。其中，惯犯称为"惟终"，偶犯称为"非终"。A项正确。《尚书·康诰》有云："人有小罪，非眚，乃惟终……有厥罪小，乃不可不杀。乃有大罪，非终，乃惟眚灾…时乃不可杀。"大意是：虽犯小罪，却不是由于过失，或者是惯犯，就不可不杀；反之，罪虽大，但不是惯犯，又出于过失，就不可处死。

二、春秋、战国时期

1. 春秋时期，针对以往传统法律体制的不合理性，出现了诸如晋国赵鞅"铸刑鼎"，郑国执政子产"铸刑书"等变革活动。对此，下列哪一说法是正确的？（2016－1－16）

A. 晋国赵鞅"铸刑鼎"为中国历史上首次公布成文法

B. 奴隶主贵族对公布法律并不反对，认为利于其统治

C. 打破了"刑不可知，则威不可测"的壁垒

D. 孔子作为春秋时期思想家，肯定赵鞅"铸刑鼎"的举措

【答案】C

【解析】公元前536年，郑国执政子产将郑国的法律条文铸在象征诸侯权位的鼎上，向社会公布，这是中国历史上第一次公布成文法的活动。公元前513年，晋国赵鞅把前任执政范宣子所编刑书正式铸于鼎上，公之于众，这是中国历史上第二次公布成文法的活动。A项错误。成文法的公布，否定了"刑不可知，则威不可测"的旧传统，对奴隶主旧贵族操纵和使用法律的特权是严重的冲击，是新兴地主阶级的一次重大胜利，遭到了奴隶主贵族的反对。B项错误，C项正确。孔子对晋国赵鞅"铸刑鼎"予以激烈批判，甚至说"晋其亡乎，失其度矣！"意即晋国要亡国了，因为赵鞅"铸刑鼎"公布成文法，打破了传统的不公布法律的法度。D项错误。

2. 《法经》在中国法律制度史上具有重要的地位。下列有关《法经》的表述哪一项是不准确的？（2003－1－6）

A. 《法经》为李悝所制定

B. 《盗法》、《贼法》两篇列为《法经》之首，体现了"王者之政莫急于盗贼"的思想

C. 《法经》的篇目为秦汉律及以后封建法律所继承并不断发展

D. 《法经》系中国历史上第一部成文法典

【答案】D

【解析】《法经》是中国历史上第一部比较系统的成文法典。故D不准确。它是战国时期魏国李悝在总结春秋以来各国公布成文法经验的基础上制定的。故A是准确的。《法经》共六篇：《盗法》，《贼法》，《网法》，《捕法》，《杂法》，《具法》。其中《盗法》、《贼法》是关于惩罚危害国家安全、危害他人及侵犯财产的法律规定。李悝认为"王者之政莫急于盗贼"，所以将此两篇列为法典之首。故B准确。《法经》的体例和内容，为后世封建成文法典的进一步完善奠定了重要的基础。故C准确。

3. 关于古罗马《十二铜表法》与我国战国时期李悝的《法经》的区别，下列说法正确的有(　　)

A. 前者规定了社会生活私法的方方面面，后者重视刑法

B. 两者都诸法合体、私法为主

C. 十二铜表法和法经是同一时期

D. 十二铜表是英美法系的起源，法经是中国古代法律的重要组成部分

【答案】AC

【解析】从产生的时代来看，《法经》与《十二铜表法》都产生于公元前5世纪。《法经》是李悝为魏文侯编纂的，从李悝的生卒年月（公元前455年至公元前395年）可以推定《法经》诞生于公元前5世纪下半叶。而《十二铜表法》，是于公元前450年制定完毕，在公元前449年公布的。《法经》与《十二铜表法》虽处于同一时代，但由于两者所处国家的历史、经济、文化等方面的不同，因此也在背景、渊源上呈现出巨大的差异。

公元前451年和450年，古罗马"十人立法委员会"分两次颁布《十二表法》，将罗马人的社会与家庭生活全面纳入法律范围，巩固了共和政体。《十二表法》篇目依次为：传唤、审理、索债、家长权、继承和监护、所有权和占有、土地和房屋、私犯、公法、宗教法、前五表及后五表的追补。其特点是诸法合体、私法为主，程序法先于实体法等。它成为罗马国家第一部成文法，对后世的大陆法系影响很大。D项错误。而法经的主体内容是刑法，以刑法为主。B项错误，A项正确。

4. 关于公元前359年商鞅在秦国变法，下列哪一选项是正确的？（2007-1-8）

A. 商鞅取消郡县制，实行分封制，剥夺了旧贵族对地方政权的垄断权

B. 商鞅"改法为律"，突出了法律规范的伦理基础

C. 商鞅推行"连坐"制度，鼓励臣民相互告发奸谋

D. 商鞅提出"轻罪重刑"，反对赦免罪犯，认为凡有罪者皆应受罚

【答案】D

【解析】商鞅取消分封制，建立了郡县制。A项错误。商鞅改法为律，扩充了法律的内容，强调法律规范的普遍性，具有"范天下不一而归于一"的功能。作为法家的代表，商鞅也不强调法律规范的伦理基础。B项错误。商鞅变法的内容之一，就是实行连坐制度，其具体内容包括邻伍连坐、军事连坐、职务连坐、家庭连坐等，而鼓励告奸并非连坐制度的内容。可见，C项存在一定的缺陷。而D项完全没有问题，为应选项。

三、秦代法制

1. 秦律明确规定了司法官渎职犯罪的内容。关于秦朝司法官渎职的说法，下列哪一选项是不正确的？（2014-1-16）

A. 故意使罪犯未受到惩罚，属于"纵囚"

B. 对已经发生的犯罪，由于过失未能揭发、检举，属于"见知不举"

C. 对犯罪行为由于过失而轻判者，属于"失刑"

D. 对犯罪行为故意重判者，属于"不直"

【答案】B

【解析】秦代有关司法官吏渎职的犯罪，主要包括四种：其一是"见知不举"罪，即明知犯罪行为的存在，但不去举发；其二是"不直"罪，即罪应重而故意轻判，应轻而故意重判；其三是"纵囚"罪，指应当论罪而故意不论罪，以及设法减轻案情，故意使案犯达不到定罪标准，从而判其无罪；最后是"失刑"罪，指因过失而量刑不当。若系故意量刑不当，则构成"不直"罪。可见，四种司法官吏渎职犯罪中，只有失刑属于过失犯罪，其他均为故意犯罪。B项错误。

2. 据史书载，以下均为秦朝刑事罪名。下列哪一选项最不具有秦朝法律文化的专制特色？（2011－1－16）

A．"偶语诗书"　　　　　　　　B．"以古非今"

C．"非所宜言"　　　　　　　　D．"失刑"

【答案】D

【解析】题干询问体现秦朝法律文化的专制特色，ABC三项均与维护皇权专制有关，只有D项属于司法官员的渎职犯罪，专制特色极轻，故而入选。

3. 秦汉时期的刑罚主要包括笞刑、徒刑、流放刑、肉刑、死刑、羞辱刑等，下列哪些选项属于徒刑？（2012－1－56）

A．候　　　　B．隶臣妾　　　　C．弃市　　　　D．鬼薪白粲

【答案】ABD

【解析】徒刑属于在剥夺人身自由的同时强制其服劳役的刑罚。在秦代，徒刑包括城旦舂、鬼薪白粲、隶臣妾、司寇和候等。ABD三项正确。弃市属于死刑，不符合题意。

4. 秦统治者总结前代法律实施方面的经验，结合本朝特点，形成了一些刑罚适用原则。对于秦律原则的相关表述，下列哪一选项是正确的？（2017－1－16）

A．关于刑事责任能力的确定，以身高作为标准，男、女身高六尺二寸以上为成年人，其犯罪应负刑事责任

B．重视人的主观意识状态，对故意行为要追究刑事责任，对过失行为则认为无犯罪意识，不予追究

C．对共犯、累犯等加重处罚，对自首、犯后主动消除犯罪后果等减轻处罚

D．无论教唆成年人、未成年人犯罪，对教唆人均实行同罪，加重处罚

【答案】C

【解析】秦代规定，凡属未成年犯罪，不负刑事责任或减轻刑事处罚；进而以身高来判定是否成年，将大约六尺五寸作为成年的标准。A项错误。秦代区分故意（端）与过失（不端），故意诬告者，实行反坐；主观上没有故意的，按告不审从轻处理。可见，过失行为也要追究责任。B项错误。秦律只是规定对于教唆未成年人犯罪者加重处罚；教唆未满15岁的人抢劫杀人，虽分赃仅为十文钱，教唆者也要处以碎尸刑。可见，D项错误。

另外，秦律规定，在处罚侵犯财产罪上，共犯罪较个体犯罪处罚从重，集团犯罪（5人以上）较一般犯罪处罚从重；本身已犯罪，再犯诬告他人罪，加重处罚；凡携带所借公物外逃，主动自首者，不以盗窃论处，而以逃亡论处；若犯罪后能主动消除犯罪后果，可以减免处罚。可见，C项正确。

5. 秦始皇时期，某地有甲乙两家相邻而居，但积怨甚深。有一天，该地发生

了一起抢劫杀人案件，乙遂向官府告发系甲所为。甲遭逮捕并被定为死罪。不久案犯被捕获，始知甲无辜系被乙诬告。依据秦律，诬告者乙应获下列哪种刑罚？(2006－1－15)

A. 死刑　　B. 迁刑　　C. 城旦舂　　D. 笞一百

【答案】A

【解析】秦律规定，故意捏造事实与罪名诬告他人，即构成诬告罪。诬告者实行反坐原则，即以被诬告人所受的处罚，反过来制裁诬告者。本题案例中甲被乙诬告而被定为死罪，根据秦代诬告反坐的刑罚适用原则，对乙应以甲被判处的刑罚加以制裁，即乙应当被判处死刑。故本题选A。

四、汉代法制

1. 汉代曾发生这样一件事情：齐太仓令获罪当处墨刑，其女缇萦上书请求将自己没为官奴，替父赎罪。这一事件导致了下列哪一项法律制度改革？(2005－1－17)

A. 汉高祖规定“上请”制度　　B. 汉文帝废除肉刑

C. 汉文帝确立“官当”制度　　D. 汉景帝规定“八议”制度

【答案】B

【解析】汉代中期，汉文帝鉴于当时继续沿用秦代黥、劓、斩左右趾等肉刑，不利于政权的稳固，而且当时经济发展，社会稳定，出现了前所未有的盛世，也为改革刑制提供了良好的社会条件。因此，汉文帝以十三年缇萦上书为契机，开始实行刑制改革，逐步废除肉刑。选项B明显正确。另外，汉代的上请制度就是通过请示皇帝给有罪贵族官僚某些优待的制度。选项A错误。官当是封建社会允许官吏以官职爵位折抵徒刑的一种特权制度。它正式出现在《北魏律》与《陈律》中。选项C本身错误。曹魏时期的“八议”制度是对封建特权人物犯罪后实行减免处罚的法律规定。它包括议亲、议故、议贤、议能、议功、议贵、议勤、议宾。八议制度在曹魏律首次入律，选项D本身错误。

2. 汉宣帝地节四年下诏曰：自今子首匿父母、妻匿夫、孙匿大父母，皆勿坐。其父母匿子、夫匿妻、大父母匿孙，罪殊死，皆上请廷尉以闻。亲亲得相首匿正式成为中国封建法律原则和制度。对此，下列哪一选项是错误的？(2010－1－13)

A. 近亲属之间相互首谋隐匿一般犯罪行为，不负刑事责任

B. 近亲属之间相互首谋隐匿所有犯罪行为，不负刑事责任

C. 亲亲得相首匿的本意在于尊崇伦理亲情

D. 亲亲得相首匿的法旨在于宽宥缘自亲情发生的隐匿犯罪亲属的行为

【答案】B

【解析】汉宣帝时期确立了亲亲得相首匿的原则，主张亲属间首谋藏匿犯罪可以不负或减轻刑事责任。具体而言，对卑幼亲属首匿尊长亲属的犯罪行为，不追究刑事责任；但尊长亲属首匿卑幼亲属，则应减轻，罪应处死的，可上请廷尉或皇帝宽贷。B项表述没有区分上述两种具体情况，表述错误。

3. 汉武帝时，有甲、乙二人争言相斗，乙以佩刀刺甲，甲之子丙慌忙以杖击乙，却误伤甲。有人认为丙“殴父也，当枭首。”董仲舒引用《春秋》事例，主

大咖点拨区

扫码听课

扫码听课

扫码听课

张"论心定罪",认为丙"非律所谓殴父,不当坐"。关于此案的下列哪种评论是错误的?(2006-1-16)

A. "论心定罪"是儒家思想在刑事司法领域的运用

B. 以《春秋》经义决狱的主张是旨在建立一种司法原则

C. "论心定罪"仅为一家之言,历史上不曾被采用

D. "论心定罪"有可能导致官吏审判案件的随意性

【答案】C

【解析】《春秋》决狱是法律儒家化在司法领域的体现,其在汉代被采用用司法原则,其特点是根据儒家的经典《春秋》等著作中提倡的精神原则审判案件,而不仅仅依据汉律审案。故而,AB正确,C项错误。《春秋》决狱实行"论心定罪"原则,其要旨是必须根据案情事实,追究行为人的动机,如犯罪人主观动机符合"忠"、"孝"精神,即使其行为构成社会危害,也可以减免刑事处罚。相反,犯罪人主观动机严重违背儒家倡导的精神,即使没有造成严重危害后果,也要认定犯罪给予严惩。以《春秋》经义决狱为司法原则,对传统的司法和审判是一种积极的补充。但如果仅以主观动机的善、恶判断有罪无罪或者罪行轻重,也会为司法官吏主观擅断提供依据。据此,D项表述正确。

五、魏晋南北朝法制

魏晋南北朝时期法律发生了许多发展变化,对后世法律具有重要影响。下列哪些表述正确揭示了这些发展变化?(2004-1-60)

A.《北齐律》共12篇,首先将刑名与法例律合为名例律一篇

B.《魏律》以《周礼》"八辟"为依据,正式规定了"八议"制度

C.《北周律》首次规定了"重罪十条"

D.《北魏律》与《陈律》正式确立了"官当"制度

【答案】ABD

【解析】C项错在"重罪十条"首次规定在《北齐律》中,而不是《北周律》。北齐为维护封建国家根本利益,在《北齐律》中首次规定"重罪十条",是对危害统治阶级根本利益的十种重罪的总称。把"重罪十条"置于律首,作为严厉打击的对象,增加了法律的威慑力量。ABD均表述正确。

扫码听课

第二节　唐宋至明清时期的法制

一、唐律与中华法系

1. 关于《永徽律疏》,下列哪些选项是错误的?(2008-1-58)

A.《永徽律疏》又称《唐律疏议》,是唐太宗在位时制定的

B.《永徽律疏》首次确立了"十恶"即"重罪十条"制度

C.《永徽律疏》对主要的法律原则和制度做了精确的解释,而且尽可能以儒家经典为根据

D.《永徽律疏》是对《贞观律》的解释,在中国立法史上的地位不如《贞

扫码听课

观律》

【答案】ABD

【解析】《唐律疏议》(《永徽律疏》)是唐高宗李治在位时期完成的，并非在唐太宗在位时制定。唐太宗在位时制定的法典名叫《贞观律》。A项错误。《北齐律》首次确立了"重罪十条"制度，隋《开皇律》在重罪十条的基础上正式确定了"十恶"制度，十恶与重罪十条并不等同。所以 B 也是错误的。《永徽律疏》总结了汉魏晋以来的立法和法律的经验，不仅对主要的法律原则和制度做了精确的解释，而且尽可能以儒家经典为根据，C 项正确。《永徽律疏》是针对高宗永徽二年修订的《永徽律》进行的逐条逐句的解释，而不是对《贞观律》进行解释。《贞观律》确定了唐律的主要内容和风格，但是历史地位上是不如《永徽律疏》的，因为《永徽律疏》的完成标志着中国古代立法达到了最高水平。所以 D 项错误。

2. 关于唐律中五刑，下列哪一选项是正确的？(2007 – 1 – 9)

A. 笞刑、羞辱刑、流放刑、经济刑、死刑

B. 笞刑、徒刑、流放刑、株连刑、死刑

C. 笞刑、杖刑、徒刑、流刑、死刑

D. 杖刑、徒刑、流刑、肉刑、死刑

【答案】C

【解析】唐律中的五刑，又称为封建五刑，包括：笞刑、杖刑、徒刑、流刑、死刑。奴隶制五刑则包括墨、劓、刖、宫、大辟。因此正确答案是 C。

扫码听课

3. 永徽四年（公元653年），唐高宗李治的妹夫房遗爱谋反案发，犯"十恶"罪。依《永徽律疏》的规定，对房遗爱应何处置？(2007 – 1 – 57)

A. 可适用"八议"免于死刑　　　B. 应被判处死刑

C. 可以赦免　　　　　　　　　　D. 不适用自首

【答案】BD

【解析】唐律将"十恶"罪规定在名例律之首，并在分则各篇中对这些犯罪相应规定了最严厉的刑罚。唐律规定凡犯"十恶"者，不适用八议等规定，且为常赦所不原。唐律规定，谋反等重罪或造成严重危害后果无法挽回的犯罪不适用自首。因为房遗爱犯的是谋反之罪，所以对房遗爱不可以适用八议免于死刑，应判处死刑，不可以赦免，并且不适用自首。

扫码听课

4. 唐朝开元年间，旅居长安的突某（来自甲国）将和某（来自乙国）殴打致死。根据唐律关于"化外人"犯罪适用法律的原则，下列哪一项是正确的？(2006 – 1 – 17)

A. 适用当时甲国的法律　　　　B. 适用当时乙国的法律

C. 当时甲国或乙国的法律任选其一　D. 适用唐朝的法律

【答案】D

【解析】《唐律·名例律》规定："诸化外人，同类自相犯者，各依本俗法；异类相犯者，以法律论。"即同国籍外国侨民在中国犯罪的，按其所属本国法律处理，实行属人主义原则；不同国籍侨民在中国犯罪的，按唐律处罚，实行属地主义原则。故本题答案为 D。

扫码听课

5. 《唐律·名例律》规定："诸断罪而无正条，其应出罪者，则举重以明轻；

扫码听课

其应入罪者，则举轻以明重"。关于唐代类推原则，下列哪一说法是正确的？（2014－1－17）

A. 类推是适用法律的一般形式，有明文规定也可"比附援引"

B. 被类推定罪的行为，处罚应重于同类案件

C. 被类推定罪的行为，处罚应轻于同类案件

D. 唐代类推原则反映了当时立法技术的发达

【答案】D

【解析】《唐律·名例律》规定："诸断罪而无正条，其应出罪者，则举重以明轻；其应入罪者，则举轻以明重。"也就是说，对律文无明文规定的同类案件，凡应减轻处罚的，则列举重罪处罚规定，比照以解决轻案；凡应加重处罚的罪案，则列举轻罪处罚规定，比照以解决重案。可见，类推针对的是法无明文规定的情形。A项错误。其二，类推定罪，既可能举轻以明重，也可能举重以明轻，也就是说对系争犯罪行为的处罚既可能重于同类案件，也可能轻于同类案件。BC两项错误。但认为唐代类推原则的完善反映了当时立法技术的发达，是没有错误的。D项正确。

6.《唐律疏议·贼盗》载"祖父母为人杀私和"疏："若杀祖父母、父母应偿死者，虽会赦，仍移乡避仇。以其与子孙为仇，故令移配。"下列哪些理解是正确的？（2013－1－56）

A. 杀害同乡人的祖父母、父母依律应处死刑者，若遇赦虽能免罪，但须移居外乡

B. 该条文规定的移乡避仇制体现了情法并列、相互避让的精神

C. 该条文将法律与社会生活相结合统一考虑，表现出唐律较为高超的立法技术

D. 该条文侧面反映了唐律"礼律合一"的特点，为法律确立了解决亲情与法律相冲突的特殊模式

【答案】ABCD

【解析】A项属于对题干本身的理解、解释，正确。该条文规定的移乡避仇制非常鲜明地体现了唐律在依法处理的同时考虑到天理人情，考虑到受害人家属的情感需要，因此B项正确。这种做法既考虑到法律规范的要求，又考虑到实际社会生活，自然体现了唐律高超的立法技术。C项正确。该条文确立了解决亲情与法律相冲突的特殊模式，具有中国特色，也从侧面反映了唐律"礼律合一"的特点，D项正确。

7.《折狱龟鉴》载一案例：张泳尚书镇蜀日，因出过委巷，闻人哭，惧而不哀，遂使讯之。云："夫暴卒。"乃付吏穷治。吏往熟视，略不见其要害。而妻教吏搜顶发，当有验。乃往视之，果有大钉陷其脑中。吏喜，辄矜妻能，悉以告泳。泳使呼出，厚加赏方，问所知之由，并令鞫其事，盖尝害夫，亦用此谋。发棺视尸，其钉尚在，遂与哭妇俱刑于市。关于本案，张泳运用了下列哪一断案方法？（2012－1－17）

A.《春秋》决狱   B. "听讼"、"断狱"

C. "据状断之"   D. 九卿会审

【答案】C

【解析】张泳并没有根据《春秋》断案，题干中也没有强调审断案件时应重视行为人在案情中的主观动机。因此，A 项错误。"听讼""断狱"是西周时期审理民事案件和刑事案件的不同称谓，并非断案方法。B 项错误。九卿会审是明代著名的会审制度，本案中，只有张泳一人审案，故 D 项错误。唐宋律中规定，对于那些人赃并获，经拷讯仍拒不认罪的，也可"据状断之"。而本案中，张泳是在广泛搜集证据，并根据证据定罪的，因此属于"据状断之"。

8. 唐代诉讼制度不断完善，并具有承前启后的特点。下列哪一选项体现了唐律据证定罪的原则？（2017－1－17）

A. 唐律规定，审判时"必先以情，审察辞理，反复参验，犹未能决，事须拷问者，立案同判，然后拷讯，违者杖六十"

B.《断狱律》说："若赃状露验，理不可疑，虽不成引，即据状断之"

C. 唐律规定，对应议、请、减和老幼残疾之人"不合拷讯"

D.《断狱律》说："（断狱）皆须具引律、令、格、式正文，违者笞三十"

【答案】B

扫码听课

【解析】唐代允许刑讯逼供，但是在拷讯之前，必须先审核口供的真实性；然后反复查验证据；证据确凿，仍狡辩否认的，经主审官与参审官共同决定，可以刑讯。未依法定程序拷讯的，承审官要负刑事责任。A 项体现了这一点。对那些人赃俱获，经拷讯仍拒不认罪的，也可"据状断之"，即根据证据定罪。B 项体现了这一点，属于应选项。具有特权身份的人（如应议、请、减之人）或者老幼废疾之人（年 70 岁以上 15 岁以下、一肢废、腰脊折、痴哑、侏儒等）禁止刑讯，但是"不合拷讯，皆据众证定罪"，即必须有 3 人以上证实其犯罪事实，才能定罪。C 项体现了这一点。D 项强调的是依法裁判，与题干要求不符。

9. 唐永徽年间，甲由祖父乙抚养成人。甲好赌欠债，多次索要乙一祖传玉坠未果，起意杀乙。某日，甲趁乙熟睡，以木棒狠击乙头部，以为致死（后被救活），遂夺玉坠逃走。唐律规定，谋杀尊亲处斩，但无致伤如何处理的规定。对甲应当实行下列哪一处罚？（2015－1－17）

A. 按"诸断罪而无正条，其应入罪者，则举轻以明重"，应处斩刑

B. 按"诸断罪而无正条，其应出罪者，则举重以明轻"，应处绞刑

C. 致伤未死，应处流三千里

D. 属于"十恶"犯罪中的"不孝"行为，应处极刑

【答案】A

扫码听课

【解析】本题考察的是十恶。在十恶当中，殴打或谋杀祖父母、父母等尊亲属的行为被称为"恶逆"；而控告、咒骂祖父母、父母；未经祖父母、父母同意私立门户、分异财产；对祖父母、父母供养有缺；为父母尊长服丧不如礼等行为，则被称为"不孝"。本题中的行为明显属于恶逆，D 项错误。由于十恶属于大罪，处罚极重，不能赦免、也不适用自首，所以有十恶不赦之说。因此，题干中的情形必定是死刑，C 项错误。就 AB 而言，斩、绞都是死刑，但是 B 项中所谓的"出罪"，是指不追究刑事责任，与判处绞刑自相矛盾，因此只能选 A 项。

10. 关于唐代的刑罚制度，下列说法不正确的是（　　）

A. 唐律中规定的死刑分为绞、斩、凌迟三种

B. 唐律中的流刑主要分三等，从流 2000 里到 3000 里，每等加 500 里，不附

扫码听课

加劳役；但被判加役流者，应流3000里，服劳役三年

C. 唐律区分了公罪和私罪，公罪从重，私罪从轻

D. 犯罪被揭发或被官府查知逃亡后，又投案的，称为"自首"，自首者可以免罪，但赃物必须如数偿还

【答案】ABCD

【所涉考点】唐律中的刑罚原则

【解析】唐律承用隋《开皇律》所确立的五刑，但具体规格稍有不同。笞、杖、徒三种刑罚都是五等。流刑分三等，由2000里到3000里，每等加500，皆劳役一年；另外有加役流，流三千里，劳役三年，作为死刑的宽贷措施。可见，流刑均附带有劳役刑，所以，B项错误。死刑分斩、绞二种。因此，A项表述错误。唐律严格区分公罪和私罪：公罪指"缘公事致罪而无私曲者"，即执行公务中，由于公务上的关系造成某些失误或差错，而不是为了追求私利的犯罪；私罪是指与公事无关的犯罪或者虽与公事有关，但却存在利用职权、徇私枉法的情况。公罪从轻，私罪从重；适用官当时，也要区分公罪和私罪，犯公罪者可以多当1年徒刑。这样做的目的是为了保护各级官吏执行公务、行使职权的积极性，提高国家的统治效能；同时，也有助于防止某些官吏假公济私，以权谋私，保证法制的统一。所以，C项错误。唐律还严格区分了自首和自新。犯罪未被举发而能主动到官府交待罪行的，称为自首；犯罪被揭发或被官府查知逃亡后，再投案者，被称为自新。可见，自新是被迫的，与自首性质不同。对自新采取减轻刑事处罚的原则，而自首则一般可以免罪，但为防止犯罪行为人非法获财，还要求自首者必须按法律规定如数偿还赃物。唐律规定，轻罪已发，能首重罪，免其重罪；审问它罪而能自首余罪的，免其余罪。可见，D项错误，混淆了自新和自首。

【设题陷阱及常见错误分析】(1)凌迟始于五代时期的西辽，唐代尚未产生。(2)"虽缘公事，意涉阿曲"，即利用职权，徇私枉法，虽因公事，也以私罪论处。(3)对于谋反等重罪或造成严重危害后果无法挽回的犯罪，不适用自首；凡"于人损伤，于物不可备偿"，"越渡关及奸，并私习天文者，并不在自首之列"，因为这些犯罪的后果已不能挽回。

11. 宋代时，寿州有个人杀了其邻居一家好几十口人。关于该案，下列说法正确的有(　　)

A. 此人构成"不道"罪

B. 此人可以适用八议的规定

C. 如果此人自首，在刑罚适用上可以有相应的减免

D. 如果遇到大赦，则此人的罪行可以被赦免

E. 在唐律中，此类犯罪只规定在名例律之首

【答案】A

【解析】宋承唐律，"谓杀一家非死罪三人，支解人，造畜蛊毒、厌魅"，即杀一家非死罪三人、肢解人以及用巫术害人的行为，属于"十恶"重罪中的"不道"。A项正确。所谓"十恶"，是隋唐以后历代法律中规定的严重危害统治阶级根本利益的、常赦不原的十种最严重犯罪，渊源于北齐律的"重罪十条"。隋《开皇律》在"重罪十条"的基础上加以损益，确定了十恶制度。"十恶"重罪包括谋反、谋大逆、谋叛、恶逆、不道、大不敬、不孝、不睦、不义和内乱。唐

扫码听课

律承袭此制，将这些犯罪集中规定在名例律之首，并在分则各篇中对这些犯罪相应规定了最严厉的刑罚。凡犯十恶者，不适用八议、自首等规定，且为常赦所不原，此即俗语所谓"十恶不赦"的渊源。这些特别规定充分体现了唐律的本质和重点在于维护皇权、特权、传统的伦理纲常及伦理关系。BCDE 四项不正确。

二、两宋的法律

1. 关于《宋刑统》，下列说法正确的是( )

A. 《宋刑统》的全称是《宋建隆重详定刑统》，编纂体例可追溯至唐宣宗时颁行的《大中刑律统类》

B. 在具体编纂上，仍以传统的刑律为主，但收录了五代时通行的部分敕、令、格、式，形成一种律令合编的法典结构

C. 是历史上第一部刊印颁行的法典

D. 篇目和内容与《唐律疏议》大体相同

【答案】ABCD

【解析】宋太祖建隆四年，在窦仪等人的奏请下，开始修订宋朝新的法典。完成后，太祖诏"付大理寺刻板摹印，颁行天下"，成为历史上第一部刊印颁行的法典。其全称《宋建隆重详定刑统》，刑统的编纂体例可追溯至唐宣宗时颁行的《大中刑律统类》。因此，AC 两项正确。篇目、内容与《唐律疏议》大体相同。D 项正确。在具体编纂上，仍以传统的刑律为主，同时将有关敕、令、格、式和朝廷禁令、州县常科等条文，甚至收录了五代时通行的部分敕、令、格、式，形成一种律令合编的法典结构。B 项正确。总之，《宋刑统》是一部具有统括性和综合性的法典。

【设题陷阱及常见错误分析】历史上第一部刊印颁行的法典是《宋刑统》；刑统的编纂体例可追溯至唐宣宗时颁行的《大中刑律统类》。

2. 关于宋代法律和法制，下列哪一选项是错误的？（2009 – 1 – 14）

A. 《宋刑统》为我国历史上第一部刊印颁行的法典

B. 宋代法律因袭唐制，对借与贷作了区分

C. 宋仁宗朝敕、例地位提高，"凡律所不载者，一断于敕、例"

D. 宋建隆四年颁行"折杖法"

【答案】C

【解析】《宋刑统》由宋太祖建隆四年（公元963年）修订，成为历史上第一部刊印颁行的法典，全称《宋建隆重详定刑统》，简称《宋刑统》。选项 A 正确。宋代法律因袭唐制，对借与贷作了区分。借指使用借贷，而贷则指消费借贷。当时把不付息的使用借贷称为负债，把付息的消费借贷称为出举。选项 B 正确。仁宗前基本是"敕律并行"；宋神宗朝敕地位提高，"凡律所不载者，一断于敕"，敕已达到足以破律、代律的地步。选项 C 错误。宋建隆四年颁行"折杖法"，意在笼络人心，改变五代以来刑罚严苛的弊端。选项 D 正确。

3. 下列有关我国唐宋时期法制的表述哪些是正确的？（2004 – 1 – 59）

A. 《永徽律疏》不仅是中华法系的代表性法典，也是中国封建法制的最高成就

B. 《宋刑统》不仅是一部具有统括性和综合性的法典，也是中国历史上第一

部刊印颁行的法典

　　C. 自首、类推、化外人、区分公罪与私罪等原则都是唐律中重要的刑罚原则

　　D. 唐代和宋代在中央司法机构的设置上是一致的，即在皇帝以下设置大理寺、刑部、御史台三大司法机构，分掌中央司法审判职权

【答案】ABCD

【解析】《永徽律疏》总结了汉魏晋以来立法和注律的经验，不仅对主要的法律原则和制度作了精确的解释与说明，而且尽可能引用儒家经典作为律文的理论根据。《永徽律疏》的完成，标志着中国古代立法达到了最高水平。故 A 项正确；宋太祖建隆四年（公元 963 年），在工部尚书判大理寺卿窦仪等人的奏请下，开始修订宋朝新的法典，同年 7 月完成，由太祖诏"付大理寺刻板摹印，颁行天下"，成为历史上第一部刊印颁行的法典。B 项正确。C 项表述正确。唐代沿袭隋制，皇帝以下设置大理寺、刑部、御史台三大司法机构，执行各自的司法职能。宋沿唐制，在中央设置大理寺、刑部、御史台，分掌中央司法审判职权。所以 D 项也正确。

　　4. 杜甫有诗云："朝回日日典春衣，每日江头尽醉归。酒债寻常行处有，人生七十古来稀。"对诗歌涉及的典当制度，下列哪一选项可以成立？（2009 - 1 - 13）

　　A. 唐代的典当形成了明确的债权债务关系

　　B. 唐代的典当契约称为"质剂"

　　C. 唐代的典当称为"活卖"

　　D. 唐代法律规定开典当行者构成"坐赃"

【答案】A

【解析】"质剂"是西周时买卖契约的称法，所以选项 B 错误。宋代买卖契约分为"绝卖""活卖"和"赊卖"。绝卖是一般买卖；活卖是附条件的买卖，当所附条件完成，买卖才算最终成立。可见，"活卖"是宋代的制度，唐代尚无此一概念，选项 C 错误。《唐律》中的"坐赃"，指官吏或常人非因职权之便非法收受财物的行为。《唐律·杂律》中规定，官吏因事接受他人财物的即构成"坐赃"，同时禁止监临主守官在辖区内役使百姓、借贷财物，违者以坐赃论处。可见，坐赃罪与开典当行无关。选项 D 错误。从杜甫诗歌中可以看出，在唐代，典当比较普遍，典衣所得去买酒，说明典当在唐代已经形成了明确的债权债务关系。

　　5. 关于中国古代婚姻家庭与继承法律制度，下列哪一选项是错误的？（2007 - 1 - 10）

　　A. 西周时期"七出""三不去"的婚姻解除制度为宗法制度下夫权专制的典型反映，然而"三不去"制度更着眼于保护妻子权益

　　B. 西周的身份继承实行嫡长子继承制，而财产继承则实行诸子平分制

　　C. 宋承唐律，但也有变通，如《宋刑统》规定，夫外出 3 年不归、6 年不通问，准妻改嫁或离婚

　　D. 宋代法律规定遗产除由兄弟均分外，允许在室女享有部分的财产继承权

【答案】B

【解析】女子若有"三不去"的理由，夫家即不能随意休弃。可见，"三不去"是对妻子权利的保护。所以 A 项正确。西周时期，在宗法制下形成嫡长子继

承制。这种继承主要是政治身份的继承，土地、财产的继承是其次。故 B 项错误。在离婚方面，宋仍然实行唐制"七出"与"三不去"制度，但是也有少许变通。例如《宋刑统》规定：夫外出 3 年不归，6 年不通问，准妻改嫁或离婚。所以 C 项正确。宋代法律在继承关系上，有较大的灵活性。除沿袭以往遗产兄弟均分制外，允许在室女享有部分财产继承权。所以 D 项正确。

6. 南宋时，富人甲去世，妻已亡，家中有继子乙及在室女丙。关于甲的遗产继承，依当时法律，下列哪一选项是正确的？（2008 四川 – 1 – 9）

A. 乙享有全部财产继承权，丙没有继承权

B. 丙享有全部财产继承权，乙没有继承权

C. 乙享有 1/4 财产的继承权，丙享有 3/4 财产的继承权

D. 乙、丙都没有继承权，财产收为官府所有

【答案】C

【解析】根据南宋法律的规定，对于无男子承继的家庭，确立继承人有两种方式：一是"夫亡而妻在"，立继从妻，称为"立继"；凡"夫妻俱亡"，立继从其尊长亲属，称为"命继"。继子与绝户之女均享有继承权，但只在在室女的，在室女享有 3/4 的财产继承权，继子享有 1/4 的财产继承权；只有出嫁女的，出嫁女享有 1/3 的财产继承权，继子享有 1/3 的财产继承权，另外 1/3 收为官府所有。所以在有继子和在室女的情况下，作为继子的乙有 1/4 的财产继承权，而作为在室女的丙有 3/4 财产继承权。因此，本题的正确答案是 C。

7. 随着商品经济的繁荣，两宋时期的买卖、借贷、租赁、抵押、典卖、雇佣等各种契约形式均有发展。据此，下列哪一说法是错误的？（2017 – 1 – 18）

A. 契约的订立必须出于双方合意，对强行签约违背当事人意愿的，要"重蜫典宪"

B. 买卖契约中的"活卖"，是指先以信用取得出卖物，之后再支付价金，且须订立书面契约

C. 付息的消费借贷称为出举，并有"（出举者）不得迴利为本"的规定，防止高利贷盘剥

D. 宋代租佃土地契约中，可实行定额租，佃农逾期不交租，地主可诉请官府代为索取

【答案】B

【解析】在宋代，债的发生上，强调双方的"合意"性，对强行签约违背当事人意愿的，要"重蜫典宪"；同时维护家长的财产支配权。A 项正确。宋代的三种买卖契约都须书面订立，取得官府承认，才合法有效。其中，绝卖为一般买卖；活卖为附条件的买卖；当所附条件完成，买卖才算最终成立；赊卖是采取类似商业信用或预付方式，而后收取出卖物的价金。B 项错误。

借贷契约，宋袭唐制，区分借与贷。借指使用借贷，而贷则指消费借贷。把不付息的使用借贷称为负债，把付息的消费借贷称为出举。同时规定出举者不得超过规定实行高利贷盘剥，"（出举）不得迴利为本"。C 项正确。

就租佃契约而言，地主与佃农签订租佃土地契约中，必须明定纳租与纳税的条款；地主同时要向国家缴纳田赋；佃农过期不交地租，地主可向官府投诉，由官府代索。D 项正确。

大咖点拨区

扫码听课

扫码听课

8. 南宋庆元年间，某地发生一桩"杀妻案"。死者丈夫甲被当地州府逮捕，受尽拷掠，只得招认"杀妻事实"。但在该案提交本路（路为宋代设置的地位高于州县的地方行政区域）提刑司审核时，甲推翻原口供，断然否认杀妻指控。提刑司对本案可能做出的下列处置中，哪一种做法符合当时"翻异别勘"制度的规定？(2005-1-16)

A. 发回原审州府重审　　　　　　B. 指定本路管辖的另一州级官府重审

C. 直接上报中央刑部审理　　　　D. 直接上报中央御史台审理

【答案】B

【解析】"翻异别勘"，是指犯人否认其口供，且"所翻情节，实碍重罪"时，案件则改由平级的另一法官或另一司法机关重审。改换法官审理为"别推"，改换司法机关审理为"别移"。为了防止犯人"妄行翻异"，宋代法律规定，翻异一般不超过三次。此制度在一定程度上防止了冤案的发生和审判权的滥用。本案原由州府审理，因此选项B正确。

9. 南宋时，孟女在14岁时，由父母主婚，嫁给一男子为妻。婚后，该男子纳有一妾。其后，该男子外出三年不归，杳无音信。孟女之父提出离婚，将孟女嫁予其舅舅的儿子。关于本案，下来说法正确的有(　　　)

A. 孟女丈夫纳妾的做法违背"一夫一妻制"原则

B. 夫离家三年不归，妻子可以改嫁或离婚

C. 孟女与其舅舅的儿子结婚，是被当时的法律所禁止的

D. 孟女14岁结婚，违反了法定婚龄的规定

【答案】B

【解析】中国古代的"一夫一妻制"并非一男一女，而是指一个男子只能娶一个正妻，但可以纳妾。A项错误。在宋代，离婚方面，仍实行唐制"七出"与"三不去"制度，但也有少许变通。夫外出三年不归，六年不通问，准妻改嫁或离婚；但是"妻擅走者徒三年，因而改嫁者流三千里，妾各减一等"。如果夫亡，妻"不守志"者，"若改嫁，其现在的部曲、奴婢、田宅不得费用"，从而严格维护家族财产不得转移的固有传统。B项正确。宋代结婚年龄的规定是："男年十五，女年十三以上，并听婚嫁。"违犯成婚年龄的，不准婚嫁。孟女14岁结婚符合规定。D项错误。宋代禁止五服以内亲属结婚，但对姑舅两姨兄弟姐妹结婚并不禁止。C项错误。

三、明代的法律

1. 关于中国古代的司法机关，下列说法正确的有(　　　)

A. 西周时期的中央司法长官称为廷尉

B. 《北齐律》中正式将廷尉改为大理寺，以增强中央司法机关的审判职能

C. 宋代中央司法审判权归刑部，大理寺掌复核，都察院是中央监察机构

D. 明代为加强地方司法监督，在州县之上，设立提点刑狱司，作为中央在地方各路的司法派出机构

【答案】B

【解析】西周时期的中央司法长官称为大司寇。秦汉时期的中央司法机关的长官称为廷尉，审理全国案件。可见，A项错误，刺史在汉武帝以后才设立。魏

晋南北朝时期，《北齐律》正式设置大理寺，以大理寺卿、少卿为正副长官，作为中央司法审判机关；同时进一步提高尚书台的地位，为隋唐时期刑部尚书执掌审判复核提供了前提。因此 B 项正确。唐代沿袭隋朝制度，皇帝以下设置大理寺（审判）、刑部（复核）、御史台（监察）三大司法机关。宋袭唐制。C 项明显错误，弄错了刑部和大理寺的职掌，且唐代还没有都察院。而到了明代，则改变了隋唐以降的大理寺、刑部、御史台体系，中央司法机构改为刑部（审判）、大理寺（复核驳正）、都察院（纠察）。此外，明代沿宋制，省设**提刑按察司**，掌刑名按劾之事，有权判处徒刑及以下案件，徒刑以上案件须报送中央刑部批准执行。由此，D 项错误明显。提点刑狱司是宋代的设置。

【设题陷阱及常见错误分析】（1）秦代和西汉时期负责法律监督的是御史大夫，西汉武帝之后还设置了监督中央百官和京师地方司法官吏的司隶校尉、专司监督各地行政和法律工作的刺史；东汉时由御史中丞负责法律监督。（2）宋代的提点刑狱司：宋太宗时起加强地方司法监督，在州县之上，设立提点刑狱司，作为中央在地方各路的司法派出机构，定期巡视州县，监督审判，详录囚徒；凡地方官吏审判违法，轻者，可以立即处断；重者，则上报皇帝裁决。（3）明代的申明亭：明代在各州县及乡设立"申明亭"，张贴榜文，申明教化，由民间德高望重的耆老受理当地民间纠纷，加以调处解决，维护社会秩序。

2. 中国古代关于德与刑的关系理论，经历了一个长期的演变和发展过程。下列哪些说法是正确的？（2014－1－56）

A. 西周时期确立了"以德配天，明德慎罚"的思想，以此为指导，道德教化与刑罚处罚结合，形成了当时"礼"、"刑"结合的宏观法制特色

B. 秦朝推行法家主张，但并不排斥礼，也强调"德主刑辅，礼刑并用"

C. 唐律"一准乎礼，而得古今之平"，实现了礼与律的有机统一，成为了中华法系的代表

D. 宋朝以后，理学强调礼和律对治理国家具有同等重要的地位，二者"不可偏废"

【答案】 ACD

【解析】 法家强调"以法治国"，不强调礼。而且秦代实施焚书坑儒的措施；"德主刑辅"的思想是在汉代才提出来的。这些信息都说明 B 项错误。朱熹有意提高了礼、刑关系中刑的地位，认为礼、律二者对治国同等重要，"不可偏废"；又从"礼律合一"角度对"明刑弼教"进一步说明："故圣人之治，为之教以明之，为之刑以弼之，虽其所施或先或后或缓或急。"D 项正确。

3. 明太祖朱元璋在洪武十八年（公元 1385 年）至洪武二十年（公元 1387 年）间，手订四编《大诰》，共 236 条。关于明《大诰》，下列哪些说法是正确的？（2014－1－57）

A. 《大明律》中原有的罪名，《大诰》一般都加重了刑罚

B. 《大诰》的内容也列入科举考试中

C. "重典治吏"是《大诰》的特点之一

D. 朱元璋死后《大诰》被明文废除

【答案】 ABC

【解析】 大诰是明初的一种特别刑事法规。"大诰"之名来自儒家经典《尚

大咖点拨区

扫码听课

扫码听课

书·大诰》，原为周公东征殷遗民时对臣民的训诫。朱元璋为防止"法外遗奸"，将其亲自审理的案例加以整理汇编，并加上因案而发的"训导"，作为训诫臣民的特别法令颁布天下。大诰具有与《大明律》相同的法律效力。《明大诰》对于律中原有的罪名，一般都加重处罚，集中体现了朱元璋"重典治世"的思想。A项正确。"重典治吏"是大诰的又一特点，其中大多数条文专为惩治贪官污吏而定，以此强化统治效能。C项正确。大诰的另一特点是滥用法外之刑：四编大诰中开列的刑罚如族诛、枭首、断手、斩趾等，都是汉律以来久不载于法令的酷刑。大诰也是中国法制史上空前普及的法规，每户人家必须有一本大诰，科举考试中也列入大诰的内容。B项正确。明太祖死后，大诰被束之高阁，不具法律效力。可见，朱元璋去世后，大诰只是被搁置，而非明文废除，D项错误。

4. 下列中国古代法律制度，哪些是直接受儒家思想的影响而形成的？（2005 - 1 - 64）

A. 汉代的《春秋》决狱

B. 明代的"九卿会审"

C.《魏律》规定的"八议"制度

D.《晋律》和《北齐律》确立的"准五服制罪"制度

【答案】ACD

【解析】汉代中期以后，随着儒家正统思想的确立，汉代实行《春秋》决狱、"论心定罪"的原则。三国两晋南北朝时期，体现儒家思想的伦理纲常观念进一步体现在法律中：曹魏统治时期，"八议"入律；其后，《晋律》与《北齐律》中相继确立"准五服制罪"的制度。因此，ACD都选。明代的"九卿会审"是审理皇帝交办的案件，以及罪犯不服判决案件，由六部尚书、大理寺卿、左都御史、通政使九卿联合审判，最后报奏皇帝裁决。这是一种慎刑思想的反映。而慎刑思想在西周时期就有渊源，即所谓"明德慎罚"思想。因此，B不是直接受儒家思想的影响而形成的。

5. 关于《明大诰》，下列哪些选项是正确的？（2008 四川 - 1 - 58）

A.《明大诰》是朱元璋在位时，为防止"法外遗奸"而制定的

B.《明大诰》强调"重典治吏"，其中多数条文是专为惩治贪官污吏而定

C.《明大诰》对《大明律》中原有的罪名，一般都加重了处罚

D.《明大诰》在当时家喻户晓，是中国法制史上空前普及的法规

【答案】ABCD

【解析】大诰是明初的一种特别刑事法规。大诰之名来自儒家经典《尚书·大诰》，原为周公东征殷遗民时对臣民的训诫。为防止"法外遗奸"，明太祖将其亲自审理的案例加以整理汇编，并加上因案而发的"训导"，作为训诫臣民的特别法令颁布天下。《明大诰》具有与《大明律》相同的法律效力，集中体现了朱元璋"重典治世"的思想。大诰对于律中原有的罪名，一般都加重处罚。大诰的另一特点是滥用法外之刑，如族诛、枭首、断手、斩趾等，都是汉律以来久不载于法令的酷刑。"重典治吏"是大诰的又一特点，其中大多数条文专为惩治贪官污吏而定，以此强化统治效能。大诰也是中国法制史上空前普及的法规，每户人家必须有一本大诰，科举考试中也列入大诰的内容。明太祖死后，大诰被束之高阁，不具法律效力。因此，本题ABCD四项均为正确表述。

大咖点拨区

扫码听课

扫码听课

6. 关于中国古代法律历史地位的表述，下列哪一选项是正确的？（2012 – 1 – 18）

A. 《法经》是中国历史上第一部比较系统的成文法典

B. 《北魏律》在中国古代法律史上起着承先启后的作用

C. 《宋刑统》是中国历史上第一部刊印颁行的仅含刑事内容的法典

D. 《大明会典》以《元典章》为渊源，为《大清会典》所承继

【答案】A

【解析】《法经》是中国历史上第一部比较系统的成文法典，是战国时期魏文侯的相李悝制定的。故 A 项正确。在中国法律史上起着承前启后作用的是《北齐律》，而非《北魏律》。B 项错误。《宋刑统》是一部统合性、综合性的法的，是中国历史上第一部刊印颁行的版本，可见并非仅含有刑法内容。C 项错误。《大明会典》基本仿照《唐六典》，以六部官制为纲，分述其执掌和事例。其内容、性质和作用，说明其仍属于行政法典。D 项错误。

7. 关于明代法律制度，下列哪一选项是错误的？（2011 – 1 – 17）

A. 明朱元璋认为，"夫法度者，朝廷所以治天下也"

B. 明律确立"重其所重，轻其所轻"刑罚原则

C. 《大明会典》仿《元六典》，以六部官制为纲

D. 明会审制度为九卿会审、朝审、大审

【答案】C

【解析】《大明会典》基本仿照《唐六典》，以六部官制为纲，分述其职权和事例，在每一官职之下，先载律令，次载事例。所以，《大明会典》就其内容、性质与作用而言，仍属行政法典，起着调整国家行政法律关系的作用。因此，C 项明显错误，当选。

8. 关于中国古代刑罚制度的说法，下列哪一选项是错误的？（2010 – 1 – 15）

A. "八议"制度自曹魏《魏律》正式入律，其思想渊源为《周礼·秋官》的"八辟丽邦法"之说

B. "秋冬行刑"制度自唐代始，其理论渊源为《礼记·月令》关于秋冬季节"戮有罪，严断刑"之述

C. "大诰"是明初的一种特别刑事法规，其法律形式源自《尚书·大诰》周公对臣民之训诫

D. "明刑弼教"作为明清推行重典治国政策的思想基础，其理论依据源自《尚书·大禹谟》"明于五刑，以弼五教"之语

【答案】B

【解析】"八议"《曹魏律》正式入律，乃是一种对封建特权人物犯罪实行减免处罚的法律规定，其思想渊源为《周礼》的"八辟"。故 A 说法正确。汉代统治者根据"天人感应"理论，对死刑的执行，实行"秋冬行刑"制度。秋冬行刑制度，对后世有深远影响，唐律规定"立春后不决死刑"亦溯源于此。故 B 项"秋冬行刑"制度自唐代始说法错误，应是汉代。明大诰是朱元璋创立的刑事特别法，其名来源于《尚书·大诰》，"重典治吏"是其一大特点，故 C 项正确。"明刑弼教"一词最早见于《尚书·大禹谟》，朱熹加以新的阐释，有意提高了刑的地位，刑不再是次要地位、从属地位，而是可以"先刑后教"，这为明清推行

重典治国提供了理论基础，故 D 项说法正确。

9. 关于明清时期的司法制度，下列哪些选项是正确的？（2008 四川 - 1 - 59）

A. 明清时期各中央司法机构的职能与隋唐时期相反，刑部负责审判，大理寺负责复核

B. 明朝的廷杖之制是根据皇帝意志而形成的法外用刑惯例

C. 明清会审制度是慎刑思想的反映，但是导致多方干预司法，使实际执法与法律制度日益脱节

D. "申明亭"为明代法定的基层调解机构，对维护社会秩序有一定积极作用

【答案】ABCD

【解析】明清时期刑部负责审理中央百官犯罪、审核地方上报的重案（死刑交大理寺复核）、审理发生在京师的笞杖刑以上案件、处理地方上诉案及秋审事宜、主持司法行政与律例修订事宜。大理寺掌复核驳正，以及死刑复核。而隋唐时期的大理寺掌审判，而刑部掌案件复核。可见，明清时期大理寺和刑部的职能与隋唐正好相反。因此，A 项说法正确。廷杖是由皇帝下令，锦衣卫施刑，司礼监监刑，在朝堂上杖责大臣的制度。因此，B 项说法正确。明清时期的会审制度是一种慎刑思想的反映，但却导致多方干预司法，以致皇帝家奴也插手司法；最终结果是司法更加冤滥，法律制度与实际执法日益脱节，加速了王朝整个政体的腐朽。因此，C 项说法正确。申明亭是明太祖朱元璋于洪武五年（1372）创建的读法、明理、彰善抑恶、剖决争讼小事、辅弼刑治之所。每里推选一年高有德之人掌其事，曰老人，老人除执掌教化外，老人还剖断里中人户争讼之事。可见，老人有调解中间人的作用，在创立之初，申明亭对维护社会秩序有一定的积极作用。因此，D 项说法正确。

四、清代的法制（近代以前）

1. 根据清朝的会审制度，案件经过秋审或朝审程序之后，分四种情况予以处理：情实、缓决、可矜、留养承嗣。对此，下列哪一说法是正确的？（2014 - 1 - 18）

A. 情实指案情属实、罪名恰当者，奏请执行绞监候或斩监候

B. 缓决指案情虽属实，但危害性不能确定者，可继续调查，待危害性确定后进行判决

C. 可矜指案情属实，但有可矜或可疑之处，免于死刑，一般减为徒、流刑罚

D. 留养承嗣指案情属实、罪名恰当，但被害人有亲老丁单情形，奏请皇帝裁决

【答案】C

【解析】本题命题人挖坑很深，难度极高。案件经过秋审或朝审复审程序后，分为四种情况分别处理：其一"情实"，指案情属实、罪名恰当者，奏请执行死刑；其二为"缓决"，指案情虽属实，但危害性不大者，可减为流三千里，或发烟瘴极边充军，或再押监候；其三为"可矜"，指案情属实，但有可矜或可疑之处，可免于死刑，一般减为徒、流刑罚；其四为"留养承嗣"，指案情属实、罪名恰当，但有亲老丁单情形，合乎申请留养条件者，按留养奏请皇帝裁决。可见，C 项表述正确。A 项错在"情实"应奏请执行死刑，而非"监候"；B 项错

在"缓决"危害性不大，而非危害性不能确定；D项错在"留养承嗣"针对的是被告人，而非被害人。

2．"名例律"作为中国古代律典的"总则"篇，经历了发展、变化的过程。下列哪一表述是不正确的？（2013－1－18）

A．《法经》六篇中有"具法"篇，置于末尾，为关于定罪量刑中从轻从重法律原则的规定

B．《晋律》共20篇，在刑名律后增加了法例律，丰富了刑法总则的内容

C．《北齐律》共12篇，将刑名与法例律合并为名例律一篇，充实了刑法总则，并对其进行逐条逐句的疏议

D．《大清律例》的结构、体例、篇目与《大明律》基本相同，名例律置首，后为吏律、户律、礼律、兵律、刑律、工律

扫码听课

【答案】C

【解析】对法典进行逐条逐句的疏议的是《唐律疏议》。唐高宗在永徽三年下令召集律学通才和一些重要臣僚对《永徽律》进行逐条逐句的解释，继承汉晋以来，特别是晋代张斐、杜预注释律文的已有成果，历时1年，撰《律疏》30卷，与《永徽律》合编，后经高宗批准，将疏议分附于律文之后颁行。计分12篇，共30卷，称为《永徽律疏》。至元代后，人们以疏文皆以"议曰"二字始，故又称为《唐律疏议》。C项错误。其它各项均正确。

3．清乾隆年间，甲在京城天安门附近打伤乙被判笞刑，甲不服判决，要求复审。关于案件的复审，下列哪些选项是正确的？（2012－1－57）

A．应由九卿、詹事、科道及军机大臣、内阁大学士等重要官员会同审理

B．应在霜降后10日举行

C．应由大理寺官员会同各道御史及刑部承办司会同审理

D．应在小满后10日至立秋前1日举行

扫码听课

【答案】CD

【解析】热审是对发生在京师的笞杖刑案件进行重审的制度，于每年小满后10日至立秋前1日，由大理寺官员会同各道御史及刑部承办司会同审理，快速决放在监笞杖刑案犯。题干中的信息，说明本题适用热审。因此，选CD两项。A项属于秋审，B项属于朝审。

4．乾隆年间，四川重庆府某甲"因戏而误杀旁人"，被判处绞监候。依据清代的会审制度，对某甲戏杀案的处理，适用下列哪一项程序？（2006－1－18）

A．上报中央列入朝审复核定案　　B．上报中央列入秋审复核定案

C．移送京师列入热审复核定案　　D．上报中央列入三司会审复核定案

扫码听课

【答案】B

【解析】秋审是最重要的死刑复审制度，因在每年秋天（农历八月）举行得名。秋审审理对象是全国上报的斩、绞监候案件。朝审是对刑部判决的重案及京师附近的斩、绞监候案件进行的复审，于每年霜降后十日举行。热审是对发生在京师的笞杖刑案件进行重审的制度，于每年小满后十日至立秋前一日举行而得名。三司会审是指由刑部、大理寺、都察院组成的中央三大司法机关（称为三司）对重大疑难案件的共同会审。题干中的信息说明，本案属于全国上报的绞监候案件，因此适用秋审。故本题选B项。

5. 中国古代社会的死刑复奏制度是指奏请皇帝批准执行死刑判决的制度。关于这一制度，下列哪些选项是正确的？（2008 - 1 - 57）

A. 北魏太武帝时正式确立了死刑复奏制度

B. 唐朝的死刑案件在地方实行"三复奏"，在京师实行"五复奏"

C. 明清时期的朝审制度取代了死刑复奏制度

D. 死刑复奏制度的建立和完善既加强了皇帝对司法、审判的控制，又体现了皇帝对民众的体恤

【答案】ABD

【解析】死刑复奏制度是指奏请皇帝批准执行死刑判决的制度。北魏太武帝时正式确立这一制度。所以 A 是正确的。在死刑的执行上，唐代沿用了隋朝的死刑复奏制度，在地方实行三复奏，在京师实行五复奏。B 项说法正确。明清时期的朝审制度始于明天顺三年（1459 年），明英宗命每年霜降之后，三法司会同公侯、伯爵、在吏部尚书（或户部尚书）主持下会审重案囚犯，从此形成制度。可见，朝审制度只是对死刑的复审，并不涉及到死刑的执行制度，所以 C 项是错误的。死刑复奏制度的建立和完善，一方面加强了皇帝对司法、审判的控制，另一方面也体现了皇帝对民众的体恤，因此 D 项所述正确。

6. 乾隆五十一年，四川发生一起杀人案：唐达根与宋万田本不相识，因赴集市买苞谷遂结伴同行。途中山洞避雨，宋万田提议二人赌钱。后宋万田得赢，唐达根将钱如数送上。归途，宋万田再次提议赌钱，唐达根得赢。宋万田声称唐达根要骗不肯给钱，唐达根与之争吵进而双方互殴，争斗中唐达根将宋万田打死。依据《大清律例》及《大清律辑注》，你认为唐达根有可能被官府认定犯下列哪些罪行？（2010 - 1 - 58）

A. 唐达根系没有预谋、临时起意将宋万田打死，应定"故杀"

B. 唐达根系恼羞成怒，欲夺赌钱故意将宋万田打死，应定"谋杀"

C. 唐达根系无心之下，斗殴中不期将宋万田打死，应定"斗殴杀"

D. 唐达根系无怨恨杀人动机，"以力共戏"将宋万田打死，应定"戏杀"

【答案】AC

【解析】《唐律》贼盗、斗讼篇中依犯罪人主观意图区分了"六杀"，即"谋杀""故杀""斗杀""误杀""过失杀""戏杀"。"谋杀"是指预谋杀人；"故杀"是指事先虽无预谋，但情急杀人时已有杀人的意念；二者的区别标准是有无事先预谋。"斗杀"指在斗殴中出于激愤失手将人杀死；"误杀"指由于种种原因错置了杀人对象；"过失杀"指"耳目所不及，思虑所不到"，即出于过失杀人；"戏杀"指"以力共戏"而导致杀人。该原则被后来的法律继承，包括《大清律例》。从本题中可以看出，唐达根并无事先预谋，而是情急时临时起意杀人，应为故杀，故 A 项正确，B 项错误。唐达根和宋万田属于斗殴而非嬉戏中产生了杀人的后果，应当定"斗杀"，故 C 项正确，D 项错误。

【一招制敌】只看是否事前有预谋，即可区分谋杀与故杀。

第二章　清末、民国时期的法制

第一节　清末改革

一、清末"预备立宪"

1. 关于清末变法修律，下列哪些选项是正确的？（2011 - 1 - 57）

A. 在指导思想上，清末修律自始至终贯穿着"仿效外国资本主义法律形式，固守中国封建法制传统"的原则

B. 在立法内容上，清末修律一方面坚行君主专制体制和封建伦理纲常"不可率行改变"，一方面标榜"吸引世界大同各国之良规，兼采近世最新之学说"

C. 在编纂形式上，清末修律改变了传统的"诸法合体"形式，明确了实体法之间、实体法与程序法之间的差别，形成了近代法律体系的雏形

D. 在法系承袭上，清末修律标志着延续几千年的中华法系开始解体，为中国法律的近代化奠定了初步基础

【答案】ABCD

【解析】本题各项是教材原话，均表述正确，考生可以直接记忆各项。

2. 下列哪一个法律文件是中国近现代历史上第一部宪法性文件？（2008 - 1 - 13）

A.《重大信条十九条》　　　　　B.《钦定宪法大纲》

C.《中华民国约法》　　　　　　D.《中华苏维埃共和国宪法大纲》

【答案】B

【解析】清廷宪政编查馆于1908年8月颁布了以君上大权为核心的《钦定宪法大纲》，是中国近代史上第一部宪法性文件，是中国历史上第一次将君主的权力写入了一个明确的文件，这本身就是对君主权力的限制；而且还破天荒地将民众的权利作为附则写入。《宪法重大信条十九条》是清政府于辛亥革命武昌起义爆发后抛出的又一个宪法性文件，其形式上被迫缩小了皇帝的权力，相对扩大了议会和总理的权力，但仍强调皇权至上，且对人民权利只字未提，更暴露其虚伪性，也未能挽回清王朝的败局。中华民国北京政府于1914年5月1日公布的《中华民国约法》（袁记约法），共10章68条，受袁世凯一手操纵制定。它与《临时约法》有着根本性的差别：其一，以根本法的形式彻底否定了《临时约法》确立的民主共和制度，代之以个人独裁；其二，用总统独裁否定了责任内阁制；其三，用有名无实的立法院取消了国会制；其四，为限制、否定《临时约法》规定的人民基本权利提供了宪法根据。它是对《临时约法》的反动，是军阀专制全面确立的标志。《中华苏维埃共和国宪法大纲》是1931年11月在江西瑞金由第一次

扫码听课

扫码听课

全国苏维埃代表大会通过的。因此，本题的正确答案是B。

3. 武昌起义爆发后，清王朝于1911年11月3日公布了《宪法重大信条十九条》。关于该宪法性文件，下列哪一说法是错误的？（2014－1－19）

A. 缩小了皇帝的权力　　　　　　B. 扩大了人民的权利

C. 扩大了议会的权力　　　　　　D. 扩大了总理的权力

【答案】B

【解析】清政府于辛亥革命武昌起义爆发后，匆匆命令资政院迅速起草宪法以应对危机。资政院仅用3天时间即拟定，并于11月3日公布，此即《宪法重大信条十九条》，简称"十九信条"。"十九信条"在形式上被迫缩小了皇帝的权力，相对扩大了议会和总理的权力，但仍强调皇权至上，且对人民权利只字未提，彻底暴露了其虚伪性。可见，B项错误明显。

4. 下列关于中国古代法制思想和法律制度的说法，哪些是正确的？（2005－1－63）

A. "礼法结合"为中国古代法制的基本特征

B. 夏商时代的法律制度明显受到神权观念的影响

C. 西周的"以德配天、明德慎罚"思想到汉代中期以后被儒家发挥成为"德主刑辅、礼刑并用"的策略

D. 清末修律使中华法系"依伦理而轻重其刑"的特点没有受到冲击

【答案】ABC

【解析】礼在中国古代社会具有重要地位。礼是中国古代社会长期存在的、维护血缘宗法等级制度的一系列精神原则以及言行规范的总称，以"亲亲""尊尊"为基本原则。西周时期，规定了"出礼入刑""礼不下庶人、刑不上大夫"。以后的古代法制首次影响极大。魏晋南北朝时期，法律内容的变化表明礼法结合进一步发展；唐朝承袭并发展了礼法并用的统治方法，使得法律统治"一准乎礼"，真正实现了礼法统一。因此，A项表述正确。夏商时期强调奉天伐罪，假托神意压服臣民，明显受到神权观念影响。B项正确。西周统治者提出了"以德配天、明德慎罚"思想，这在汉代中期以后，被儒家发挥成为"德主刑辅、礼刑并用"的基本策略，从而为礼法结合的中国传统法制奠定了理论基础。C项正确。清末变法修律，参照西方资产阶级法律体系和法律原则建立起来的一整套法律制度和司法体制，导致中华法系走向解体。随着修律过程中一系列新的法典法规的出现，中国封建法律制度的传统格局开始被打破。可见，清末修律使中华法系"依伦理而轻重其刑"的特点受到了冲击。因此，D项错误。

5. 关于清末"预备立宪"，下列哪一选项可以成立？（2007－1－11）

A. 1908年颁布的《钦定宪法大纲》作为中国近代史上第一部宪法性文件，确立了资产阶级民主共和国的国家制度

B. 《十九信条》取消了皇权至上，大大缩小了皇帝的权力，扩大了国会与内阁总理的权力

C. 清末成立的资政院是中国近代第一届国家议会

D. 清末各省成立了谘议局作为地方督抚的咨询机关，权限包括讨论本省兴革事宜、预决算等

【答案】D

【解析】1908 年颁布的《钦定宪法大纲》自始至终贯穿着"君为臣纲""皇权至高无上"的中心内容，其实质是给封建君主专制制度披上"宪法"的外衣，以法律的形式确认君主的绝对权力，谈不上确立了资产阶级民主共和国的国家制度。所以 A 项错误。《十九信条》其内容，在形式上被迫缩小了皇帝的权力，相对扩大了议会和总理的权力，但仍强调皇权至上。所以 B 项错误。清末的资政院其性质是承旨办事的御用机构，与近代社会的国家议会有根本性的不同。所以 C 项错误。清末的谘议局是清政府在"预备立宪"期间设立的各省督抚控制的地方咨询机关。其权限包括讨论本省兴革事宜、决算预算、选举资政院议员、申复资政院或本省督抚的咨询等。所以 D 项是正确的。

6. 关于中国法律制度发展和演进，下列哪些表述是正确的？（2009 - 1 - 57）

A. 商鞅"改法为律"扩充了法律内容，强调了法律规范的普遍性

B. 汉武帝顺应历史发展废除肉刑进行刑制改革，为建立封建刑罚制度奠定了重要基础

C. 三国两晋南北朝时期更广泛、更直接地把儒家的伦理规范上升为法律规范，使礼、法更大程度上实现融合

D. 清末变法修律基本上是仿效外国资本主义的法律形式，固守中国的封建法制传统

【答案】ACD

【解析】商鞅的"改法为律"强调法律规范的普遍性，强调"一律"，具有"范天下不一而归于一"的功能。选项 A 正确。废除肉刑的是汉文帝和汉景帝，不是汉武帝。选项 B 错误。三国两晋南北朝时期，法律内容有所发展，主要表现在礼法结合的进一步发展。在汉代中期以后的法律儒家化的基础上，更广泛、更直接地把儒家的伦理规范上升为法律规范，使礼、法更大程度上实现融合。比如"八议"入律，"官当"制度确立，"重罪十条"的产生，"准五服制罪"的确立，死刑复奏制度等。选项 C 正确。在立法指导思想上，清末修律自始至终贯穿着"仿效外国资本主义法律形式，固守中国封建法制传统"的方针。选项 D 正确。

二、清末主要修律内容

1. 下列有关清末制定的刑事法典的表述何者为正确？（2004 - 1 - 86）

A. 清末刑法典修订的成果是《大清律例》和《大清新刑律》

B. 《大清新刑律》结构分总则和分则两篇，后附《暂行章程》

C. 《大清新刑律》完成前的过渡性法典为《大清现行刑律》

D. 《大清律例》是中国历史上第一部近代意义上的专门刑法典

【答案】BC

【解析】清末刑法典修订的成果是《大清现行刑律》与《大清新刑律》，《大清律例》是清初的立法成果。A 项错误。《大清现行刑律》是清政府在《大清律例》的基础上稍加修改，作为《大清新刑律》完成前的一部过渡性法典，于 1910 年 5 月 15 日颁行。起草工作始于 1906 年，由于引发了礼教派的攻击和争议，至 1911 年 1 月才正式公布，但并未真正施行。C 项正确。《大清新刑律》是清廷于 1911 年 1 月 25 日公布的中国历史上第一部近代意义上的专门刑法典，但仍保持着旧律维护专制制度和封建伦理的传统。D 项错误。《大清新刑律》分总则和分

则两篇,后附《暂行章程》5条。B项正确。在内容方面,其抛弃了旧律诸法合体的编纂形式,以罪名和刑罚等专属刑法范畴的条文作为法典的唯一内容;在体例上抛弃了旧律的结构形式,将法典分为总则和分则;确立了新刑罚制度,规定刑罚分主刑、从刑;采用了一些近代西方资产阶级的刑法原则和刑法制度,如罪刑法定原则和缓刑制度等。

【特别提示】《大清新刑律》为历年考察重点,请考生务必重点记忆。

2. 中国历史上曾进行多次法制变革以适应社会的发展。关于这些法制变革的表述,下列哪一选项是错误的?(2013-1-19)

A. 秦国商鞅实施变法改革,全面贯彻法家"明法重刑"的主张,加大量刑幅度,对轻罪也施以重刑,以实现富国强兵目标

B. 西汉文帝为齐太仓令之女缇萦请求将自己没官为奴、替父赎罪的行为所动,下令废除肉刑

C. 唐代废除了宫刑制度,创设了鞭刑和杖刑,以宽减刑罚,缓解社会矛盾

D. 《大清新刑律》抛弃了旧律诸法合体的编纂形式,采用了罪刑法定原则,规定刑罚分为主刑、从刑

【答案】C

【解析】北朝与南朝相继宣布废除,结束了使用宫刑的历史。北魏时期开始改革以往五刑制度,增加鞭刑与杖刑,后北齐、北周相继采用。因此C项错误。其他各项均无误。

3. 中国清末修订法律馆于1911年8月完成《大清民律草案》。下列有关该草案的表述哪一项是错误的?(2003-1-7)

A. 《大清民律草案》的结构顺序是:总则、债、物权、亲属、继承

B. 日本法学家参与了《大清民律草案》的起草工作

C. 《大清民律草案》的基本思路体现了"中学为体、西学为用"的精神

D. 《大清民律草案》经正式公布,但未及实施,清王朝即告崩溃

【答案】D

【解析】《大清民律草案》只是停留在"草案"层次上,并没有正式颁布与施行,因此D选项错误。

4. 1903年,清廷发布上谕:"通商惠工,为古今经国之要政,急应加意讲求,著派载振、袁世凯、伍廷芳,先定商律,作为则例。"下列哪一说法是正确的?(2016-1-19)

A. 《钦定大清商律》为清朝第一部商律,由《商人通例》、《公司律》和《破产律》构成

B. 清廷制定商律,表明随着中国近代工商业发展,其传统工商政策从"重农抑商"转为"重商抑农"

C. 商事立法分为两阶段,先由新设立商部负责,后主要商事法典改由修订法律馆主持起草

D. 《大清律例》、《大清新刑律》、《大清民律草案》与《大清商律草案》同属清末修律成果

【答案】C

【解析】清末的商事立法,大致可以分为前后两个阶段:1903~1907年为第

一阶段；1907～1911 年为第二阶段。在第一阶段，商事立法主要由新设立的商部负责，其修订的《商人通例》9 条和《公司律》131 条，在 1904 年 1 月（清光绪二十九年十二月）奏准颁行，定名为《钦定大清商律》，是为清朝第一部商律。此外，清政府还陆续颁布了《公司注册试办章程》《商标注册试办章程》《破产律》等。可见，《破产律》并不在《钦定大清商律》之中。A 项错误。在清末商事立法的第二阶段，主要商事法典改由修订法律馆主持起草；单行法规仍由各有关机关拟订，经宪政编查馆和资政院审议后请旨颁行。C 项正确。《大清律例》于乾隆元年开始重新修订，于乾隆五年完成，颁行天下。它是封建性质的传统法典，并非清末修律的产物。D 项错误。清末修律具有不彻底性，其自然未能摆脱重农抑商的传统国策，相关立法也属于半殖民地半封建性质，而非资本主义法律。B 项错误。

三、清末司法体制的变化

1. 鸦片战争后，清朝统治者迫于内外压力，对原有的法律制度进行了不同程度的修改与变革。关于清末法律制度的变革，下列哪一选项是正确的？（2015－1－18）

A. 《大清现行刑律》废除了一些残酷的刑罚手段，如凌迟

B. 《大清新刑律》打破了旧律维护专制制度和封建伦理的传统

C. 改刑部为法部，职权未变

D. 改四级四审制为四级两审制

【答案】A

【解析】《大清现行刑律》是在《大清律例》的基础上稍加修改，作为《大清新刑律》完成前的过渡性法典，于 1910 年 5 月 15 日颁行。与《大清律例》相比，其有如下变化：改律名为"刑律"；取消了六律总目，将法典各条按性质分隶 30 门；对纯属民事性质的条款不再科刑；废除了一些残酷的刑罚手段，如凌迟；增加了一些新罪名，如妨害国交罪等。但在表现形式和内容上，其都不能说是一部近代意义的专门刑法典。可见，A 项正确。整体的清末变法改革都是中学为体、西学为用，打破专制制度和封建伦理是不可能的。B 项错误。清政府对旧的诉讼体制和审判制度进行了一系列改革，但也仅流于形式。在司法机关的变化方面，主要是改刑部为法部，由原先的审判机关改为掌管全国司法行政事务；改大理寺为大理院，为全国最高审判机关；实行审检合署。C 项错误。在诉讼制度方面，确立一系列近代意义上的诉讼制度，实行四级三审制；规定了刑事案件公诉制度、证据、保释制度；审判制度上实行公开、回避等制度；初步规定了法官及检察官考试任用制度；改良监狱及狱政管理制度。D 项错误。

2. 关于中国古代诉讼、审判制度的说法，下列哪些选项是正确的？（2009－1－58）

A. 西周时期"听讼"为审理民事案件，"断狱"为审理刑事案件

B. 唐代县以下乡官、里正对犯罪案件具有纠举责任，对轻微犯罪与民事案件具有调解处理的权力

C. 明代的大审是一种会审制度，每三年举行一次

D. 清末改大理寺为大理院，为全国最高审判机关

大咖点拨区

【答案】 ABD

【解析】 西周时期区分"狱"与"讼"。民事案件称为"讼",刑事案件称为"狱",审理民事案件称为"听讼",审理刑事案件叫做"断狱"。选项 A 正确。唐代地方司法机关仍由行政长官兼理。州县长官在进行司法审判时,均设佐史协助处理。州一级设法曹参军或司法参军,县一级设司法佐、史等。县以下乡官、里正对犯罪案件具有纠举责任,对轻微犯罪与民事案件具有调解处理的权力,结果须呈报上级。选项 B 正确。明代的大审,始于成化十七年(公元 1481 年),宪宗命司礼监(宦官二十四衙之首)一员在堂居中而坐,尚书各官列居左右,从此"九卿抑于内官之下"。《明史·刑法志》载"自此定例,每五年辄大审。"可见,大审是每五年一次。选项 C 错误。清末司法机关的变化。改刑部为法部,掌管全国司法行政事务;改大理寺为大理院,为全国最高审判机关;实行审检合署。选项 D 正确。

【特别提示】 清末改革中司法体制的变迁,是历年考试考察的重点,请考生重点记忆。

3. 下列有关清末变法修律和司法体制变革的表述哪一项是错误的?(2004 - 1 - 16)

A. 清末修律在法典编纂形式上改变了传统的"诸法合体"形式,明确了实体法之间、实体法与程序法之间的差别

B. 清末修律使延续了几千年的中华法系开始解体,同时也为中国法律的近代化奠定初步基础

C. 在司法机关改革方面,清末将大理寺改为大理院,作为全国最高审判机关;改刑部为法部,掌管全国检察和司法行政事务,实行审检分立

D. 清末初步规定了法官及检察官考试任用制度

【答案】 C

【解析】 ABD 均正确表达了清末变法修律和司法体制变革的内容。清末在司法机关的改革方面,改刑部为法部,掌管全国司法行政事务;改大理寺为大理院,为全国最高审判机关;实行审检合署。C 项错误。

4. 1903 年 5 月 1 日,在上海英租界发行的《苏报》刊载邹容的《革命军》自序和章炳麟的《客帝篇》,公开倡导革命,排斥满人。5 月 14 日,《苏报》又指出:《革命军》宗旨专在驱除满族,光复中国。清廷谕令两江总督照会租界当局严加查办,于 6 月底逮捕章炳麟,不久,邹容自动投案。由谳员孙建臣、上海知县汪瑶庭、英国副领事三人组成的审判庭对邹容等人进行审理,最后判处章炳麟徒刑三年,邹容徒刑两年。对这一案件的说法,下列哪一选项是正确的?(2009 - 1 - 15)

A. 这表明清廷实行公开审判原则

B. 这表明外国人在租界内对中国司法裁判权的直接干涉

C. 这表明外国人在租界内的领事裁判权受到了限制

D. 这表明清廷变法修律得到了国际社会的承认

【答案】 B

【解析】 由谳员孙建臣、上海知县汪瑶庭、英国副领事三人组成的审判庭对邹容等人进行审理,而不是由清廷独立审理,表明了外国人在租界内对中国司法

扫码听课

扫码听课

裁判权的直接干涉，反映了领事裁判权的某种特别表现形式。因此，B 项最为准确地表现了这一点。

5. 清末外国在华领事裁判权制度中设有一种特殊的审判机构，即"会审公廨"。下列关于这一机构的表述哪些是正确的？（2003 - 1 - 36）

A. 会审公廨是 1864 年清廷与欧洲列强协议建立的

B. 在会审公廨中，凡涉及外国人案件，必须有领事官员参加会审

C. 在会审公廨中，凡中国人与外国人间诉讼案，由本国领事裁判或陪审

D. 会审公廨设在租界内

【答案】BCD

【解析】会审公廨是 1864 年清廷与英美法三国驻上海领事协议在租界内设立的特殊审判机构。而 A 选项称是"清廷与欧洲列强协议建立的"，并不确切，不应选。其他各项均表述正确。

扫码听课

第二节　民国时期的法律思想和制度

1. 三民主义是民族主义、民权主义与民生主义的简称，即资产阶级革命派的政治纲领，也是孙中山政治法律思想的核心内容。下列哪一选项是民族主义的内容？（　）

A. 推翻君主专制政体，创立共和政体

B. 核实地价，征收地价税，实行"平均地权"

C. 驱除鞑虏，恢复中华

D. 取消了不切实际的预防资本主义的主张，而以比较现实的"节制资本"取而代之

【答案】C

【解析】A 项中的内容属于民权主义的内容，BD 两项属于民生主义的内容，C 项属于民族主义的内容。因此 C 项符合题意。

扫码听课

2. 孙中山将政治的意义分为"政"和"治"两个方面，认为政治之中，包含有两个力量：一个是政权，另一个是治权。下列哪些属于政权的内容？（　　）

A. 选举权　　　　B. 复决权　　　　C. 立法权　　　　D. 考试权

【答案】AB

【解析】根据孙中山的理论，政权应该完全交由人民执掌，人民除有选举权之外，还被赋予创制权、复决权与罢免权，以之共同来管理监督政府。与人民拥有的四权相对，政府同样需要行政权、立法权、司法权、考试权、监察权五种治权。AB 两项正确。

扫码听课

3. 下列哪些观点体现了章太炎的思想？（　　）

A. 反对代议政治，认为代议制不仅有碍于民族主义、民权主义、民生主义的实现

B. 建立民主的立宪政体，当务之急是在中国推行议会政治

C. 法律应当保护下层民众的利益，否则就不是良好的法律

D. 用五权宪法组织的政府，才是完全政府，才是完全的政府机关

扫码听课

【答案】AC

【解析】B项是宋教仁的思想，D项是孙中山的思想。章太炎推崇民主共和，坚决反对君主专制与国家至上的观念。他认为，国民才是国家的主人，统治者仅负公仆之责，应遵循人民的意志治理国家。国家或政府的存在，应该保护人民，只是为了保护个人才有必要。章太炎反对代议政治，认为代议制不仅有碍于民族主义、民权主义、民生主义的实现，而且难以避免政府为一些强权人物所操纵。因此章太炎主张"分四权"的权力分立政治体制。所谓"四权"即行政权、立法权、司法权、教育权。后来章太炎又对"四权"作修正，增加了纠察权，与孙中山的五权宪法理论，在思想形式上极为接近。他认为，法律应当保护下层民众的利益，否则就不是良好的法律，其立法观念包括："抑强辅微""抑官伸民""抑富振穷"；概括起来就是"损上益下"。章太炎还强调法治，反对人治。通过总结历代治乱经验，他主张"专以法律为治"，赞赏先秦法家以法治国，执法严明，信赏必罚的"法治"精神，而批判儒家引经附法、原心论罪等传统观念。可见，AC两项正确。

4. 下列哪些观点体现了宋教仁的思想？（　　　）

A. 只有建立议会政治以监督政府机关，民主政治方有实现的希望

B. 政党在共和立宪国为实际左右其统治权力之机关

C. 主张建立责任内阁制

D. 对中央与地方的权限进行划分，大抵对外的行政多归于中央，对内的行政多归于地方；消极的维持安宁的行政多归于中央，积极的增进幸福的行政多归于地方

【答案】ABCD

【解析】宋教仁的法律思想包括如下几点：其一，建立民主的立宪政体，认为当务之急是在中国推行议会政治，只有建立议会政治以监督政府机关，民主政治方有实现的希望；其二，在共和立宪国家，法律上的国家主权属于国民全体，但真正能够发出意思或指示的，则为事实上的政党，"是故政党在共和立宪国实可谓为直接发动其合成心力作用之主体，亦可谓为实际左右其统治权力之机关"；第三，主张建立责任内阁制，坚信"总统当为不负责任，由国务院负责，内阁制之精神，实为共和国之良好制也"；第四，将地方行政主体划分为地方自治行政主体与地方官治行政主体，认为应以政务的性质与施行方便为标准，对中央与地方的权限进行划分，大抵对外的行政多归于中央，对内的行政多归于地方；消极的维持安宁的行政多归于中央，积极的增进幸福的行政多归于地方：试图在中央集权制与地方分权制之间寻求折中与平衡。可见，ABCD四项均正确

5. 中华民国第一部全国性的临时宪法性文件是（　　　）

A.《中华民国临时约法》　　　B.《天坛宪草》

C."贿选宪法"　　　　　　　D.《修正中华民国临时政府组织大纲》

【答案】D

【解析】南京临时政府成立后，于1912年1月2日在南京公布《修正中华民国临时政府组织大纲》，成为中华民国第一部全国性的临时宪法性文件。可见，D项正确。

6. 南京临时政府时期颁布的下列哪些文件具有革除传统社会陋习的意义？（ ）

    A. 《大总统令内务部禁止买卖人口文》

    B. 《革除前清官厅称呼文》

    C. 《大总统令内务部通饬禁烟文》

    D. 《整饬官方慎重铨选文》

【答案】C

【解析】D 项属于整饬吏治任人唯贤的文件。AB 两项属于保障人权废除帝制等级特权的文件。C 项属于革除传统社会陋习的文件，除此之外，剪辫、缠足、赌博、长袍马褂的禁止也具有类似的意义。

扫码听课

7. 把总统任期改为 10 年，而且规定可以连选连任；还规定换届之时，参政院可以议决现任总统连任，且毋须改选；总统继位人可由现任总统指定。这是下列哪一文件的做法？（ ）

    A. 1914 年《中华民国约法》   B. 1923 年《中华民国宪法》

    C. 1947 年《中华民国宪法》   D. 1914 年《修正大总统选举法》

【答案】D

【解析】参政院又公布了《修正大总统选举法》，使总统任期改为 10 年，而且可以连选连任；还规定换届之时，参政院可以议决现任总统连任，且毋须改选；总统继位人可由现任总统指定。

扫码听课

8. 关于《中华民国临时约法》，下列哪些选项是正确的？（ ）

    A. 是辛亥革命的直接产物，它以民权主义学说为指导思想，规定了国家的资产阶级共和国性质

    B. 肯定和确立了三权分立的原则，在国家政权体制上，采行美国的总统制，规定临时大总统行使行政权力

    C. 确认了保护私有财产的原则，有利于资本主义的发展

    D. 采行两院制：众议院拥有立法权，参议院拥有对总统决定重大事件的同意权和对总统、副总统的弹劾权

【答案】AC

【所涉考点】《中华民国临时约法》

扫码听课

【解析】《中华民国临时约法》是辛亥革命的直接产物，它以民权主义学说为指导思想，确立了资产阶级民主共和国的国家制度，规定了国家的资产阶级共和国性质。A 项正确。《临时约法》肯定和确立了三权分立的原则，但为了限制袁世凯的权力，在国家政权体制上，改总统制为责任内阁制。同时规定，临时大总统、副总统和国务院行使行政权力，参议院是立法机关，法院是司法机关。参议院除拥有立法权外，还有对总统决定重大事件的同意权和对总统、副总统的弹劾权。可见，临时约法采行的是一院制。BD 两项错误。《临时约法》还规定人民享有人身、财产、居住、信教等自由和选举、被选举、考试、请愿、诉讼等权利，体现了资产阶级宪法中一般民主自由原则。此外，还确认了保护私有财产的原则，清楚表明了《临时约法》的资产阶级性质，客观上有利于资本主义的发展。C 项正确。

【设题陷阱及常见错误分析】（1）《临时约法》是中国历史上最初、也是唯

——部具有资产阶级共和国性质的宪法性文件，但不是首部正式颁行的宪法；(2)《临时约法》不是五权宪法，而是依照三权分立原则设计的。

9. 关于中华民国南京临时政府的司法制度，下列说法正确的是(　　)

A. 地方审判机构的设置未及制定新法，暂沿清末司法改革后的体制，称"审判厅"，分县、府、省三级，行四级三审判

B. 各级地方审判厅内设同级检察厅，行使监督之权

C. 改革审判制度，废除刑讯体罚

D. 律师辩护制度、公审制度、陪审制度，在临时政府司法实践中已经采用

【答案】ABCD

【解析】南京临时政府建立新型的司法机关，地方审判机构的设置未及制定新法，暂沿清末司法改革后的体制，称"审判厅"，分县、府、省三级，行四级三审判；法官独立审判，不受上级官厅干涉；法官在任中不得减俸或转职，非依法律受刑罚宣告，或应免职之惩戒处分，不得解职。各级地方审判厅内设同级检察厅，行使监督之权。AB 两项正确。南京临时政府改革审判制度，陆续颁布《大总统令内务司法两部通饬所属禁止刑讯文》《司法部咨各省都督停止刑讯文》《大总统令内务司法部通饬所属禁止体罚文》，废除刑讯体罚。C 项正确。南京临时政府采用律师制度，仿照西方国家律师制度草拟了《律师法草案》，律师辩护制度、公审制度、陪审制度，在临时政府司法实践中已经采用。D 项正确。

10. 关于中华民国时期的宪法文件，下列说法正确的是(　　)

A. 作为北洋政府时期第一部宪法草案，《天坛宪草》体现了国民党通过制宪限制袁世凯权力的意图

B. 1914 年的《中华民国约法》（"袁记约法"）虽然用总统制否定了责任内阁制，但在形式上仍然维持了《临时约法》确立的民主共和制度

C. 1923 年公布的《中华民国宪法》（即"贿选宪法"）为了平衡各派军阀的关系，专门规定了"国权"和"地方制度"

D. 1947 年的《中华民国宪法》采行的是总统制，以便利和维护蒋介石的个人专制统治

【答案】AC

【所涉考点】天坛宪草　袁记约法　贿选宪法　中华民国宪法（1947）

【解析】《天坛宪草》即《中华民国宪法（草案）》，1913 年完成，因在天坛起草而得名，这是北洋政府时期第一部宪法草案。其采用资产阶级三权分立的宪法原则，确认民主共和制度；肯定了责任内阁制、规定国会对总统行使重大权力的牵制权、限制总统任期，体现了国民党通过制宪限制袁世凯权力的意图。A 项正确。民国北京政府于 1914 年公布的《中华民国约法》，因受袁世凯一手操纵而得名"袁记约法"。其用总统独裁否定了责任内阁制、用有名无实的立法院取消了国会制，以根本法的形式彻底否定了《临时约法》确立的民主共和制度，代之以个人独裁。它是对《临时约法》的反动，是军阀专制全面确立的标志。B 项错误。北洋政府 1923 年公布的《中华民国宪法》（又称为"贿选宪法"、"曹锟宪法"），是中国近代史上首部正式颁行的宪法，其企图用漂亮的辞藻和虚伪的民主形式掩盖军阀专制的本质；同时，为了平衡各派大小军阀的关系，巩固中央大权，专门规定"国权"和"地方制度"。C 项正确。1947 年公布施行的《中华民

国宪法》，其基本精神与《训政时期约法》和"五五宪草"一脉相承；其所设计的政权体制则不伦不类，既非国会制、内阁制，又非总统制，实际上是用不完全责任内阁制与实质的总统制的矛盾条文，掩盖总统即蒋介石的个人专制统治的本质。因此，D 项错误。

【设题陷阱及常见错误分析】北洋政府 1923 年公布的《中华民国宪法》（即"贿选宪法"），是中国近代史上首部正式颁行的宪法。

第三节　中国共产党民主政权宪法性文件

1. 关于中国共产党民主政权的宪法性文件，下列说法正确的有（　　）

A.《中华苏维埃共和国宪法大纲》规定苏维埃国家性质是工人和农民的民主专政国家，将地主资产阶级（军阀、官僚、地主、资本家、豪绅、僧侣及一切剥削人的人）拒绝于政权之外，剥夺他们的言论、出版、集会、结社等自由

B.《中华苏维埃共和国宪法大纲》规定苏维埃国家政治制度是工农兵代表大会，保证工农大众参加国家管理，实行民主集中制和议行合一原则

C.《陕甘宁边区宪法原则》规定，根据地政权的人员构成实行"三三制"原则，即共产党员占 1/3，非党左派进步人士占 1/3，中间派占 1/3

D.《陕甘宁边区施政纲领》规定了人民代表会议制的政权组织形式，以保证人民管理政权机关

【答案】AB

【解析】《陕甘宁边区施政纲领》规定，根据地政权的人员构成实行"三三制"原则，即共产党员占 1/3，非党左派进步人士占 1/3，中间派占 1/3。C 项错误。

《陕甘宁边区宪法原则》采取人民代表会议制的政权组织形式，以保证人民管理政权机关。D 项错误。

2. 关于中国共产党民主政权的宪法性文件，下列说法不正确的有（　　）

A.《陕甘宁边区施政纲领》规定苏维埃国家性质是工人和农民的民主专政国家，将地主资产阶级（军阀、官僚、地主、资本家、豪绅、僧侣及一切剥削人的人）拒绝于政权之外，剥夺他们的言论、出版、集会、结社等自由

B.《中华苏维埃共和国宪法大纲》规定苏维埃国家政治制度是工农兵代表大会，保证工农大众参加国家管理

C.《中华苏维埃共和国宪法大纲》规定实行民主集中制和议行合一原则

D.《陕甘宁边区施政纲领》宣布不承认帝国主义在中国的一切特权，废除一切不平等条约

E.《中华苏维埃共和国宪法大纲》规定，根据地政权的人员构成实行"三三制"原则，即共产党员占 1/3，非党左派进步人士占 1/3，中间派占 1/3

F.《陕甘宁边区宪法原则》规定了人民代表会议制的政权组织形式，以保证人民管理政权机关

G.《陕甘宁边区宪法原则》规定，除司法机关、公安机关依法执行职务外，任何机关、团体不得有逮捕审讯行为

H. 《陕甘宁边区施政纲领》规定，应当调节各阶级的关系，地主减租减息，农民交租交息

I. 《陕甘宁边区施政纲领》规定，少数民族聚居区享有民族区域自治的权利

【答案】ADEI

【解析】规定苏维埃国家性质是工人和农民的民主专政国家，将地主资产阶级（军阀、官僚、地主、资本家、豪绅、僧侣及一切剥削人的人）拒绝于政权之外，剥夺他们的言论、出版、集会、结社等自由，这属于《中华苏维埃共和国宪法大纲》的内容。A项错误。宣布不承认帝国主义在中国的一切特权，废除一切不平等条约，这也是《中华苏维埃共和国宪法大纲》的内容。D项错误。

《陕甘宁边区施政纲领》规定，根据地政权的人员构成实行"三三制"原则，即共产党员占1/3，非党左派进步人士占1/3，中间派占1/3。E项错误。

《陕甘宁边区宪法原则》规定，少数民族聚居区享有民族区域自治的权利。I项错误。

客观题　主观题

内部嘟学班

▶ 录播课 ＋ 直播课

全年保姆式课程安排

01 针对在职在校学生设置	02 拒绝懒惰没计划效率低
03 全程规划督学答疑指导	04 学习任务按周精确到天

你仅需好好学习其他的都交给我们

- ✔ 每日督学管理
- ✔ 专辅1V1答题
- ✔ 主观题1V1批改
- ✔ 个人学习计划
- ✔ 个人学习档案
- ✔ 阶段测评模拟
- ✔ 考点背诵任务

扫码立即
咨询客服

扫码下载
小嘟AI课APP

文都法考

客观题 **主观题**

面授密训班

内部密训课程 ✓　内部核心资料 ✓　揭示命题套路 ✓

直击采分陷阱 ✓　传授答题思路 ✓　强化得分能力 ✓

全封闭
管理

专题式
密训

专辅跟班
指导

阶段模拟
测评

点对点
背诵检查

手把手
案例批改

1V1
督学提醒

扫码立即
咨询客服

扫码下载
小嘟AI课APP